Queer theologische Notizen

Kerstin Söderblom

Queer theologische Notizen

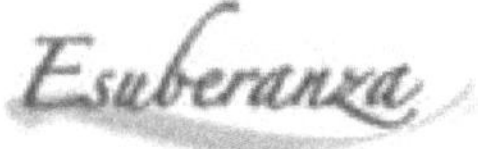

ISBN 978-90-8883-039-6
NUR 705

Bild Vorderseite - Regenbogen-Fächer: Alle Teilnehmenden der Jahrestagung des Europäischen Forums christlicher LSBT-Gruppen haben am Tagungsort in Albano/Italien im Mai 2018 einen Regenbogen-Fächer geschenkt bekommen.
Bild Rückseite - Fotograf: Gustav Kuhweide.

Erste Ausgabe 2020

Auch lieferbar als E-Buch mit ISBN 978-90-8883-041-9

Verlag: Esuberanza
Weegbree 5
3434 ER Nieuwegein
Niederlande
www.esuberanza.nl
ila@esuberanza.nl

Druck: Libri Plureos GmbH, Friedensallee 273, 22763 Hamburg

Für meine Geschwister im Europäischen Forum christlicher LSBT-Gruppen. Ihr seid einfach wunderbar!

Inhalt

Vorwort

Seit März 2015 schreibe ich regelmäßig etwa einmal im Monat Blogbeiträge für die Seite von *kreuz & queer* auf dem Online-Portal *evangelisch.de*. Von März 2015 bis April 2020 sind somit über fünfzig Beiträge entstanden. Einige der Beiträge sind aus diesem Grund nicht mehr top aktuell. Sie sind eher flüchtige Kommentare, kritische Zeitzeugenschaft und streng subjektive Gedanken zu kontroversen Debatten rund um die Verbindung von christlich und queer.

Meine queeren Miniaturen habe ich aus Anlass des fünfjährigen Bestehens des Onlineblogs *kreuz & queer* gesammelt, in verschiedene Rubriken sortiert und mit einigen Vorträgen, Essays und Beiträgen aus meinem privaten Blog ergänzt. Entstanden ist ein Sammelband, der queere Anliegen aus christlicher Perspektive und christliche Positionen aus queerer Sicht diskutiert. Die Beiträge gründen sich auf inhaltliche Recherchen, interaktive Werkstattarbeit und persönliche Erfahrungen, die ich mir in über dreißig Jahre langer Beschäftigung mit den Themen erarbeitet habe.

Ich beginne mit queeren Re-Lektüren biblischer Texte. Anschließend porträtiere ich einige Menschen, die mir wichtig sind und die sich in queeren und christlichen Zusammenhängen in Deutschland, Europa oder weltweit engagieren. Es folgen ausgewählte Vorträge und Essays zu Themen rund um christlich und queer. Danach stelle ich Blogeinträge über theologische, kirchenpolitische und gesellschaftliche Themen aus queerer Perspektive vor. Anschließend beleuchte ich internationale Ereignisse und Entwicklungen. Tagungsberichte und Buchrezensionen zu queer theo-logischen Themen runden diesen Band ab.

Alle Beiträge sind zur besseren zeitlichen Einordnung mit dem digitalen Erscheinungsdatum versehen und beginnen jeweils mit den aktuellen Einträgen.

Ich hoffe, dass meine Gedanken einen Einblick geben in verschiedene Baustellen queeren Nachdenkens über theologische und kirchenpolitische Themen. Viel Spaß beim Lesen!

Köln im Mai 2020,
Kerstin Söderblom

Queere Bibel Re-Lektüren

Einführung

Was bedeutet eigentlich queer?

Queer bedeutet ursprünglich im Englischen so viel wie quer, quer gebürstet, seltsam, merkwürdig, aber auch Falschgeld oder Kopie von einem nicht mehr vorhandenen Original. Der Begriff wurde und wird im Englischen als Schimpfwort vor allem gegenüber Lesben und Schwulen benutzt. Ende der achtziger, Anfang der neunziger Jahre des 20. Jahrhunderts haben sich Lesben, Schwule, Bisexuelle, Transidente, Trans-, Intergeschlechtliche und andere (LSBTTI*) das Schimpfwort selbst angeeignet und umgedeutet. Sie haben queer als programmatischen Begriff ihres Widerstands gegen die scheinbar naturgegebenen Normen von Heterosexualität und Zweigeschlechtlichkeit eingeführt und seitdem theoretisch und empirisch weiterentwickelt. Bis heute bleibt der Begriff queer schillernd und uneindeutig. Und genau das ist gewollt. Insofern zeigt sich der Begriff als genauso hybrid, fragmentarisch und prozesshaft wie die Theorien, für die er steht.

Kennzeichen einer queeren Theologie

Es gibt nicht die eine queere Theologie. Stattdessen gibt es vielfältige queere Impulse, Anfragen und Perspektiven. Sie beziehen sich auf biblisch-exegetische Auslegungstraditionen genauso wie auf kirchengeschichtliche, dogmatische, seelsorgerliche oder andere praktisch-theologische Themen. Queer ist insofern keine theologische Disziplin, sondern eine übergreifende Forschungsperspektive. Theoretische Bezugspunkte sind queere Theorien, feministische und gendersensible Forschungen. Daher bietet eine queere Theologie kein geschlossenes theologisches System, sondern sie erschließt prozesshaft spezifische Aspekte einer inklusiven Theologie der Vielfalt. Sie nimmt Erfahrungen von Minderheiten als Subjekte auf und bezieht deren Lebenswirklichkeiten auf theologische Themen. Sie ist eine kontextuelle Theologie, die in die theologische Werkstatt einlädt. Ziel ist es, Menschen aus verschiedenen Minderheitspositionen zum Mitdenken und

Mitarbeiten zu ermächtigen. Damit steht sie in der Tradition von Befreiungstheologien.

Ein weiteres Ziel queerer Theologie ist es, (Hetero-)Normierungen und dualistische Geschlechterkategorisierungen in theologischen Ansätzen aufzudecken, traditionelle Auslegungsnarrative zu hinterfragen und zu erweitern. Dafür nehmen Ansätze queerer Theologien Erkenntnisse verschiedener (feministischer und lesbisch-schwuler) Befreiungs-theologien und postkolonialer wie kontextueller Theologien auf, die patriarchale Machtsysteme und hegemoniale Männlichkeitsdiskurse dekonstruieren. Sie zeigen aber auch, wo die genannten theologischen Ansätze die Perspektiven von LSBTTI* nicht ernst nehmen oder sogar ausgrenzen.

Queere Theologien benennen Unterschiede der Menschen in ihren verschiedenen Kontexten, Lebenswelten, Lebensformen und Geschlechtsidentitäten und suchen Wege, diese Unterschiede kritisch zu reflektieren und ins Theologietreiben aktiv mit einzubeziehen. Der praktische Vollzug dieser theologischen Arbeit des Hinterfragens und Verflüssigens von scheinbar gesetzten Normen wird auch mit dem Kunstverb *queeren* bezeichnet.

Eine queere Bibelexegese re-interpretiert traditionelle Bibelauslegungen. Biblische Texte werden quer gebürstet und homoerotische Spuren oder Hinweise für uneindeutige Geschlechtsidentitäten werden aufgespürt, kontextualisiert und gedeutet. Einige Autor*innen sprechen in diesem Zusammenhang vom *hermeneutischen Cruising*.

Kontextuell und intersektional

Ansätze queerer Theologien entstehen im universitären und im nicht akademischen Umfeld zumeist durch Mitglieder von (queeren) Minderheitengruppen, die theologische Themen kritisch bearbeiten. Bedeutsam ist, dass diese Menschen sich erlauben, aus traditionell-theologischen Referenzrahmen auszubrechen und biblische und theologische Texte auf ihre persönlichen Lebens- und Alltagserfahrungen zu beziehen und daraus theologische Erkenntnisse und Aspekte für eine queere Spiritualität. Dadurch werden traditionelle Handlungs- und Deutungsmuster dekonstruiert und in neue Bedeutungszusammenhänge gestellt. Darüber hinaus werden vorhandene Macht-, Unrecht- und Gewaltstrukturen in Kirche und Gesellschaft benannt und analysiert. Strukturen von Sexismus, Rassismus, Antisemitismus, Kolonialismus, Behinderten-, Homo- und Transfeindlichkeit werden dabei auf ihre wechselseitigen Zusammenhänge untersucht. Denn sie entspringen oft ähnlichen Vorurteilsstrukturen, Stereotypen und Stigmatisierungen von Menschen und Gruppen. Es wird aufgezeigt, wie die Betroffenen solcher Ausgrenzungsmuster zu *Anderen* gemacht werden. Dieses *Othering* wird durch rigide Konstruktionen von Heteronormativität und binärer Zweigeschlechtlichkeit untermauert. Davon abweichende Personen werden abgewertet, benachteiligt oder sogar ausgeschlossen, oft genug auch von christlichen Kirchen. Solche diskriminierenden Mechanismen werden im Rahmen von queeren Analysen benannt.

Akteur*innen von queeren Theologien sind haupt- und ehrenamtlich Aktive in christlichen Gemeinschaften und (religiösen) Bildungseinrichtungen, Forschende und Lehrende an den Hochschulen, Aktive in Gemeinden und Gremien und weit darüber hinaus.

Ziel ist es, queere Lebenswirklichkeiten ins Theologietreiben mit einzubeziehen und Menschen, die sich als queer bezeichnen, zu stärken. Ziel ist es weiterhin, Minderheitengruppen nicht gegeneinander auszuspielen und die Verantwortung für gesellschaftliche Veränderung nicht allein auf die sogenannten Betroffenen abzuschieben. Stattdessen wird Veränderung als gesamtgesellschaftliche Aufgabe und gleichzeitig als theologische und religionspädagogische Herausforderung angesehen. Insofern sind Aspekte einer queeren Theologie auch für eine inklusive Theologie und *Religionspädagogik der Vielfalt* bedeutsam.

Steh auf und geh! Die Heilung am Teich Bethesda

21.11.2019

Die Heilung eines Kranken am Teich Bethesda (Johannes 5,1-16) habe ich aus queerer Sicht gelesen und in eine heutige Lebenssituation übertragen.

38 Jahre

38 Jahre war er nun schon alt. 38 Jahre Leben. 38 Jahre Doppelleben. Wie konnte es bloß soweit kommen? Kai hatte es bisher nicht geschafft, reinen Tisch zu machen. Endlich mal sagen, wie es wirklich war.

Bisher war der Gewinn, nichts zu sagen größer als die Befreiung endlich den Mund auf zu tun. Aber Kai war darüber krank geworden. Krank an seiner Seele, krank in seiner Selbstachtung. Krank, weil sein Doppelleben krank war. Er verachtete sich zutiefst, weil er sich selbst und seine Lieben verraten hatte. Trotzdem. Er traute sich nicht, die Wahrheit zu sagen.

Er war so aufgewachsen: Schwulsein war pervers, sündig, eklig, krank. Das durfte auf keinen Fall sein. Und wer so fühlte, der war es nicht wert, Teil der Gesellschaft zu sein. So hatte er es auf dem Schulhof gehört, so hatte er es in seiner kirchlichen Jugendgruppe gehört, so hatte er es von seinen Eltern gehört. Aber er war doch gar nicht eklig, pervers, krank. So war er nicht. Und wenn er es nicht sagte und lebte, würde es doch auch niemand merken, oder? Von da an versuchte er alles, um seine wahren Gefühle zu verstecken. Er wurde hart, trug eine Maske und wurde krank an Körper und Seele. Und er blieb es. Der Gewinn nichts zu sagen und sich nicht zu zeigen, war größer als die Erleichterung, endlich alles rauszulassen.

Heilung am Teich Bethesda

Und ein kranker Mann saß seit 38 Jahren am Teich Bethesda. Einem Ort, an dem Kranke geheilt werden können. Er konnte selbst nicht aufstehen und nicht gehen. 38 Jahre war er alt, aber er sah schon aus wie sechzig. Dreckig war er und seine Kleider waren nur noch Fetzen. Seine Haut war trocken und runzlig, er hatte unendlich viele Falten im Gesicht und sah furchtbar aus. Er stank zum Himmel und wollte da weg. Aber bisher hatte er es auch mit Hilfe von anderen nicht geschafft, als erster im Teich zu sein, wenn sich das Wasser bewegte, um dann im Teich unterzutauchen. Das musste er aber, um geheilt zu werden. So hieß es. Immer war er zu spät. Immer war jemand anders schneller. Immer kam etwas dazwischen. So wurde er schwächer und schwächer. Nach 38 Jahren saß er immer noch da, ekelte sich vor sich selbst und wartete. Eines Tages kam Jesus zu ihm und fragte ihn:

„Mensch, willst du gesund werden?"

Als Antwort wiederholte der seine Leidensgeschichte. Er wollte es erklären. Er wollte berichten, warum er krank war und dafür nichts konnte, warum er es noch nicht geschafft hatte, als erster an den Teich zu kommen, warum er immer noch dasaß. Er wollte, dass der Fremde ihn verstand. Der Fremde hörte ihm zu. Dann sagte er:

„Steh auf, nimm deine Matte und geh!"

Erst verstand der Mann nicht. Aber Jesus sah ihn auffordernd an, ohne mit der Wimper zu zucken. Da versuchte er es. Seine Gelenke knackten, seine Beine knickten ein. Aber er blieb dran. Erstaunt stellte er fest, dass er tatsächlich aufstehen konnte. Ganz allein. Er hatte Angst, dass er gleich wieder umfallen würde. Er schwankte und sah sich unsicher um. Er stank, und in seinen dreckigen Lumpen sah er schrecklich aus. Er schämte sich und schnaufte furchtbar. Er war es nicht gewohnt zu stehen. Aber es klappte. Trotz allem. Es konnte eigentlich gar nicht sein. Aber er stand. Er konnte nach 38 Jahren tatsächlich auf eigenen Beinen stehen und gehen. Ein Wunder war geschehen. Er hatte es geschafft.

Ungläubig nahm er seine Matte und erzählte allen, die es hören wollten, von seinem Erlebnis. Er war unsicher, was er eigentlich sagen sollte. Es war alles so überwältigend. Wie hatte der Fremde das nur geschafft? Und wie hatte er das bloß geschafft? Er wusste ja gar nicht, wie Leben ohne Sitzen gehen kann. Er war doch krank gewesen und jetzt das. Und Angst hatte er auch, wie es weitergehen sollte. Weil nun alles so anders war. Aber er war auch glücklich und dankbar, dass er sich bewegen konnte.

Doppelleben

Kai meditierte seit einer Weile einmal die Woche abends in einer Kirchengemeinde unweit seines Arbeitsplatzes. Atemübungen, schweigend sitzen, ein Gebetwort mit in die Stille nehmen. Zum Schluss jeder Sitzung ein Segenswort der Pfarrerin. Es tat ihm gut. Er wurde ruhiger. Er versuchte seine Gebete von früher wieder zu finden. Aber das gelang ihm nicht. Es blieb das Schweigen. Einatmen, ausatmen. Während einer Meditationssitzung hörte er im Schweigen eine Stimme in sich:

„Kai, willst du gesund werden?"

„Ja schon", sagte er zu sich selbst. „Aber meine Angst ist einfach zu groß. Was wird meine Frau sagen? Und was werden meine Eltern sagen, wenn sie erfahren, dass ich Männer liebe. Ich kenne ihre ablehnende Meinung zu Homosexualität. Und wie wird mein Arbeitgeber reagieren, wenn sie rauskriegen, dass ich schwul bin? Sie werden mich doch hochkant rausschmeißen. Sie werden mich meiden und sich über mich lustig machen. Sie werden über mich herziehen: ‚Haha…, der ist 'ne Tunte, er liebt Männer, eine verdammte Schwuchtel ist er.' "

Ertrag der Krankheit

Innere Stimme: „Kai, willst du gesund werden?"

Sein innerer Dialog ging weiter: „Ja schon, aber ich traue mich nicht. Meine Frau weiß von nichts. Schwulen Sex habe ich bisher nur im Geheimen gehabt. Keine festen Beziehungen, kein Wort darüber. Ich habe ein Magengeschwür. Mein Doppelleben ist mir auf den Magen geschlagen. Und ich habe einen Pfeifton in den Ohren. Als ob meine Ohren meine Lügen nicht mehr hören wollen. Ich schlafe schlecht, fühle mich matt und antriebslos. Ich habe mit Depressionen zu kämpfen. Aber ich gehe nicht zum Therapeuten, und ich gehe auch nicht zum Arzt. Ich weiß ja, woher es kommt. Wenn ich reinen Tisch machen würde bei meiner Frau, meinen Eltern, meinen Freunden und meinen Kollegen, dann ... ja was dann? Ich traue mich einfach nicht. Ich fühle mich krank. Aber so krank wie ich bin, geht's mir immer noch besser, als wenn ich ehrlich wäre. Dann wäre mein ganzes Leben zerstört."

Preis der Heilung

Innere Stimme: „Kai, steh auf und mach endlich den Mund auf! Geh und bring dein Leben in Ordnung. Steh auf und werde gesund!"

Kai war verblüfft und verstört. So eine klare Ansage hatte er noch nie gehört. Nach der Meditationssitzung war er ganz aufgewühlt. Er zog sich seine Jacke an und ging auf die Straße. Dort ging er ziellos umher. Stundenlang war er so unterwegs. Dann fasste er einen Entschluss. Seit langem wartete er schon auf diesen Moment. Und dann tat er es. Er sagte es seiner Frau, telefonierte mit seinem besten Freund und danach mit seinen Eltern. Er besuchte nach und nach alle, die ihm wichtig waren und sagte ihnen, was es zu sagen gab. Er fing dabei an zu weinen, ihm fehlten die Worte, er stotterte, und dann war es endlich draußen.

Als er es seiner Frau erzählte, herrschte danach erst einmal Stille. Sie war schockiert und fassungslos. Dann wurde sie wütend und schrie ihn an: „Warum hast du mir das nicht früher gesagt? Warum hast du mir Theater vorgespielt? Warum hast du ein Doppelleben gelebt? Mit anderen Sexpartnern und so? Mir wird übel, wenn ich nur daran denke. Warum hast du kein Vertrauen zu mir gehabt, oder zumindest zu einem Therapeuten? Keine Sorge, dass du schwul bist, ist nicht mein Problem. Aber wenn du ehrlich gewesen wärst, dann hättest du vielleicht ganz anders gelebt, mit mir oder ohne mich, keine Ahnung. Auf jeden Fall hättest du dir und der Welt die Wahrheit sagen müssen. Du hast eine Lüge gelebt und mich da mit reingezogen!"

Kai konnte darauf nichts erwidern, nichts erklären, nichts sagen. Er hörte sich den Wutanfall seiner Frau an und nickte. Er konnte sie verstehen. Sie hatte recht. Er war leer im Kopf und hatte keine Worte. Trotzdem konnte er auch verstehen, warum er so lange gebraucht hatte, den Mund aufzumachen. Nur erklären konnte er es nicht.

Jetzt war er also aufgestanden. Er hatte sich seine bequeme Doppelleben-Matte weggezogen und sich den Boden unter den Füßen gleich mit. Es war schrecklich, schmerzhaft, und er schämte sich. Warum hatte er so lange gewartet und so lange die Unwahrheit gesagt?

Seine Frau war wütend, verletzt und wollte nichts mehr mit ihm zu tun haben. Er war untröstlich und traurig. Aber wenn er ehrlich war, war er trotz allem auch erleichtert. Endlich war es draußen. Endlich hatte er das gesagt, wovor er sich Jahre lang gefürchtet hatte. Es war schwer gewesen, und er hatte seiner Frau und seinen Eltern wehgetan. Aber irgendwo in seinem Inneren wusste er auch, dass es der richtige Schritt war. Ja, er hätte es schon viel früher machen müssen. Er hätte vielleicht gar nicht heiraten dürfen. Aber er liebte doch auch seine Frau. Das Leben war eben nicht nur schwarz oder weiß. Es war alles viel komplizierter und verworrener. Und er hatte gehofft, dass seine

Bewegungslosigkeit und Antriebslosigkeit irgendwann vorbei gingen. Er hatte gewartet und gewartet. Und dabei war er krank geworden.

Und nun war es heraus. Sein Leben lag in Scherben. Aber tief in seinem Inneren wusste er, dass er nun wieder in den Spiegel schauen und sich ansehen konnte. Mit Wunden und Narben, mit Falten, zerzausten Haaren und Bartstoppeln. Nur so hatte er eine Chance, dass in ihm irgendwann etwas heilen könnte. Dass vielleicht sein Magengeschwür nachlassen würde, dass seine Ohren und seine Seele zur Ruhe kommen könnten. Er wusste auch, dass er dafür professionelle Hilfe brauchte. Darum würde er sich kümmern.

Ob er sich mit seiner Frau je wieder versöhnen würde, wusste er nicht. Aber er hatte etwas verstanden: Nur wenn er ehrlich zu sich selbst ist, kann er es vielleicht irgendwann schaffen, sich mit sich selbst und anderen zu versöhnen und ein Leben in Würde zu führen.

Komm heraus! Die Auferweckung des Lazarus

22.05.2019

Für die Textmeditation zitiere ich den Bibeltext und formuliere zu einigen Schlüsselworten aus dem Text eigene Assoziationen. Dadurch versuche ich, momenthaft eine Wort-Brücke zwischen dem Bibeltext und meinem Lebensumfeld im 21. Jahrhundert aus queerer Perspektive herzustellen. Die biblische Textgrundlage steht im Johannesevangelium (Johannes 11,1-45).

„1 Es lag aber einer krank, Lazarus aus Betanien, dem Dorf Marias und ihrer Schwester Marta. 2 Maria aber war es, die den Herrn mit Salböl gesalbt und seine Füße mit ihrem Haar getrocknet hatte. Deren Bruder Lazarus war krank."

Krank

Was krank macht: Verstecken, verstummen, Masken tragen. Doppelleben führen. Nicht ehrlich sein können. „Ja, meine beste Freundin fährt mit mir in den Urlaub." „Wie schön, dass Sie nicht alleine fahren müssen." Gute Miene zum bösen Spiel. Versteckt fühle ich mich sicherer. Wer weiß, was sonst die Familie, Nachbarn, Vorgesetzte sagen. Ich fühle mich nicht sicher. Das macht mich krank.

„3 Da sandten die Schwestern zu Jesus und ließen ihm sagen: Herr, siehe, der, den du liebhast, liegt krank."

Der, den du lieb hast

Jesus liebt Lazarus. Lazarus liebt Jesus. Heißt: sie mögen sich. Sie verstehen sich. Mehr geht nicht. Alles andere ist undenkbar. Ist ungehörig, unsittlich, unmöglich. Jesus, der Sohn Gottes. Na klar, er liebte alle seine Lieben. Hat er nicht gesagt: Liebe deinen Nächsten wie dich selbst? Na also. Überinterpretieren ist nicht zulässig. Liebhaben und liebhaben. Das sind zwei ganz verschiedene Sachen. Jesus liebt Lazarus. Lazarus liebt Jesus.

„4 Als Jesus das hörte, sprach er: Diese Krankheit ist nicht zum Tode, sondern zur Verherrlichung Gottes, dass der Sohn Gottes dadurch verherrlicht werde.

5 Jesus aber hatte Marta lieb und ihre Schwester und Lazarus. 6 Als er nun hörte, dass er krank war, blieb er noch zwei Tage an dem Ort, wo er war."

Verzögerung

Ich will los. Aber ich werde aufgehalten. Hier noch ein Termin, da noch eine Verpflichtung. Sachzwänge. Verantwortung. Ich komme nicht los. Jeder Schritt ein Kampf. Jeder Tritt wackelig, zu viel. Es dauert… zu lang.

„7 Danach spricht er zu den Jüngern: Lasst uns wieder nach Judäa ziehen! 8 Die Jünger aber sprachen zu ihm: Rabbi, eben noch wollten die Juden dich steinigen, und du willst wieder dorthin ziehen?"

Er ist anders

Er ist fremd. Er irritiert. Er spielt nicht nach den bekannten Regeln. Er hält sich nicht an die bekannten Gesetze. Er ist anders. Wir müssen ihn stoppen. Bekämpfen. Entzaubern. Beseitigen. Steinigen. Wer ohne Sünde ist, werfe den ersten Stein.

„9 Jesus antwortete: Hat nicht der Tag zwölf Stunden? Wer bei Tage umhergeht, der stößt sich nicht; denn er sieht das Licht dieser Welt. 10 Wer aber bei Nacht umhergeht, der stößt sich; denn es ist kein Licht in ihm."

Tag und Nacht

Licht ist hell, klar, sicher, positiv, sagt man. Nacht ist dunkel, gefährlich, erschreckend, brutal, sagt man. Ich bin ein Kind der Nacht. Verstecke mich, brauche den Schutz der Dunkelheit. Brauche die späten Stunden für versteckte Treffen, verschämte Begegnungen, Liebe ohne Sichtbarkeit. Verstecktes Leben. Leben im Schrank. Mit Maske. In der Dunkelheit. Ich gehe am Tag unter. In der Scheinwelt. Im Rampenlicht der Lügen und Geschichten. Ich brauche die Dunkelheit zum Überleben. Was ich erst spät erkenne: Ich brauche auch das Licht.

„11 Das sagte er, und danach spricht er zu ihnen: Lazarus, unser Freund, schläft, aber ich gehe hin, dass ich ihn aufwecke. 12 Da sprachen die Jünger zu ihm: Herr, wenn er schläft, wird's besser mit ihm. 13 Jesus aber sprach von seinem Tode; sie meinten aber, er rede von der Ruhe des Schlafs."

Schlaf und Traum, Tod und Leben

Jeder Schlaf ist ein Tod. Und jeder Tod ist ein Schlaf. Schlafen gehen, wenn leben zu anstrengend ist. Rückzug. Unter die Bettdecke. Ab in die Dunkelheit. Helligkeit und Licht ertrage ich kaum. Wenn die Lügen zu viel werden. Das Doppelleben zu kompliziert. Wenn die Maske drückt und den Atem nimmt. Dann ist Schlaf ein Segen. Jeder Schlaf ist ein Tod. Und jeder Tod ist ein Schlaf.

„14 Da sagte ihnen Jesus frei heraus: Lazarus ist gestorben; 15 und ich bin froh um euretwillen, dass ich nicht da gewesen bin, auf dass ihr glaubt. Aber lasst uns zu ihm gehen! 16 Da sprach Thomas, der Zwilling genannt wird, zu den anderen Jüngern: Lasst uns mit ihm gehen, dass wir mit ihm sterben!"

Lasst uns mit ihm gehen

Durch die Nacht. Durch Hindernisse. Durch Gefahren. Gemeinsam, nicht allein. Lasst uns mit ihm gehen. Das Ziel nicht kennen. Nur mitgehen. Mit-leben. Mit-sterben. Nicht allein. Im Leben. Im Sterben. Nicht allein.

„17 Da kam Jesus und fand Lazarus schon vier Tage im Grabe liegen. 18 Betanien aber war nahe bei Jerusalem, etwa fünfzehn Stadien entfernt. 19 Viele waren zu Marta und Maria gekommen, sie zu trösten wegen ihres Bruders. 20 Als Marta nun hörte, dass Jesus kommt, ging sie ihm entgegen; Maria aber blieb im Haus sitzen."

Wie konnte das passieren?

Wir hatten ja keine Ahnung. Wenn wir das gewusst hätten. Wir hätten uns eher gekümmert. Wie tragisch. So ein sympathischer junger Mann. Das hätten wir nie gedacht. Er ist doch nicht so einer. Nein, er sieht doch so normal aus. Das kann nicht sein. Wie konnte das passieren? Was sollen die Eltern denken? Was sollen die Nachbarn sagen? Was haben sie falsch gemacht? Das haben sie nicht verdient. Das ist das Ende.

„21 Da sprach Marta zu Jesus: Herr, wärst du hier gewesen, mein Bruder wäre nicht gestorben. 22 Aber auch jetzt weiß ich: Was du bittest von Gott, das wird dir Gott geben. 23 Jesus spricht zu ihr: Dein Bruder wird auferstehen. 24 Marta spricht zu ihm: Ich weiß, dass er auferstehen wird bei der Auferstehung am

Jüngsten Tage. 25 Jesus spricht zu ihr: Ich bin die Auferstehung und das Leben. Wer an mich glaubt, der wird leben, ob er gleich stürbe; 26 und wer da lebt und glaubt an mich, der wird nimmermehr sterben."

Glaubst du das?

Glaubst du an das Leben? Glaubst du daran frei zu sein? Frei vom Doppelleben. Frei von Angst. Frei zu sein, die ich bin. Nicht mehr lebendig begraben. Nicht mehr im Grab der Lügen. Nicht mehr im Grab der Masken und Verstrickungen. Endlich frei. Glaubst du das?

„27 Sie spricht zu ihm: Ja, Herr, ich glaube, dass du der Christus bist, der Sohn Gottes, der in die Welt kommt. 28 Und als sie das gesagt hatte, ging sie hin und rief ihre Schwester Maria und sprach heimlich zu ihr: Der Meister ist da und ruft dich."

Heimlich

Heimlich, dass es keiner hört,
Heimlich, dass es keiner sieht, keiner weiß.
Heimlich ein Kuss.
Heimlich ein anderes Leben.
Heimlich jemand ins Vertrauen ziehen.
Endlich was sagen.
Endlich aus der Gruft von Lügen und Schweigen steigen.
Ein Anfang.
Endlich.

„29 Als Maria das hörte, stand sie eilends auf und kam zu ihm. 30 Jesus aber war noch nicht in das Dorf gekommen, sondern war noch dort, wo ihm Marta begegnet war. 31 Als die, die bei ihr im Hause waren und sie trösteten, sahen, dass Maria eilends aufstand und hinausging, folgten sie ihr, weil sie dachten: Sie geht zum Grab, um dort zu weinen. 32 Als nun Maria dahin kam, wo Jesus war, und sah ihn, fiel sie ihm zu Füßen und sprach zu ihm: Herr, wärst du hier gewesen, mein Bruder wäre nicht gestorben."

Wärst du nur da gewesen

Vielleicht wäre ich mutiger gewesen. Weniger isoliert, weniger verängstigt, weniger erstarrt, weniger außer mir. Wärst du nur da gewesen, hätte ich mehr Mut gehabt aufzustehen. Aus der Gruft der Lügen. Aus dem scheinbaren Schutz des Schweigens, der Dunkelheit. Aus dem Leben, das nicht meins ist. Wärst du nur…

„33 Als Jesus sah, wie sie weinte und wie auch die Juden weinten, die mit ihr kamen, ergrimmte er im Geist und erbebte 34 und sprach: Wo habt ihr ihn hingelegt? Sie sprachen zu ihm: Herr, komm und sieh! 35 Und Jesus gingen die Augen über."

Über die Augen

Über die Augen kommen die Tränen. Über die Augen werden die Grenzen flüssig zwischen hell und dunkel, klar und verschwommen, richtig und falsch, tot und lebendig, normal und unnormal. Über die Augen kommen die Tränen. Wird Trauer sichtbar. Alles fließt, verändert sich. Irgendwann hält dich nichts mehr. Über die Augen kommen die Tränen. Zu ungelebtem Leben. Verpassten Gelegenheiten. Verlorener Mut. Über die Augen.

„36 Da sprachen die Leute: Siehe, wie hat er ihn so liebgehabt! 37 Einige aber unter ihnen sprachen: Er hat dem Blinden die Augen aufgetan; konnte er nicht auch machen, dass dieser nicht sterben musste? 38 Da ergrimmte Jesus abermals und kommt zum Grab. Es war aber eine Höhle, und ein Stein lag davor. 39 Jesus spricht: Hebt den Stein weg!"

Der Stein

Ein Stein liegt auf meiner Brust.
Blockiert mein Leben und mein Atmen.
Ein Stein blockiert meinen Weg.
Im Innen wie im Außen.
Der Stein:
Blockade, Hindernis, Mauer. Schlussstein, Baustein, Nierenstein.
Der Stein auf meiner Brust. Blockiert mein Leben.
Hebt ihn weg!
Den Stein.

„39 Spricht zu ihm Marta, die Schwester des Verstorbenen: Herr, er stinkt schon; denn er liegt seit vier Tagen. 40 Jesus spricht zu ihr: Habe ich dir nicht

gesagt: Wenn du glaubst, wirst du die Herrlichkeit Gottes sehen? 41 Da hoben sie den Stein weg. Jesus aber hob seine Augen auf und sprach: Vater, ich danke dir, dass du mich erhört hast. 42 Ich wusste, dass du mich allezeit hörst; aber um des Volkes willen, das umhersteht, sagte ich's, damit sie glauben, dass du mich gesandt hast. 43 Als er das gesagt hatte, rief er mit lauter Stimme: Lazarus, komm heraus!"

Komm heraus!
Komm heraus aus deiner Gruft!
Komm heraus aus deiner Hölle!
Komm heraus aus deiner Versteinerung!
Geh los! Trau dich! Vertraue ihm!
Höre auf seine Stimme!
Komm heraus!
Sei nicht länger lebendig begraben.
Sondern lebe!

„44 Und der Verstorbene kam heraus, gebunden mit Grabtüchern an Füßen und Händen, und sein Gesicht war verhüllt mit einem Schweißtuch. Jesus spricht zu ihnen: Löst die Binden und lasst ihn gehen!"

Löst die Binden und last ihn gehen!
Hin zu sich selbst.
Hin zu seinem Leben.
Hin zu seiner Liebe.
Hin zu sich selbst.
So wie er ist.
Ohne Binden. Ohne Fesseln. Ohne Masken. Ohne Grab.
Löst die Binden und lasst ihn gehen.
Lasst ihn sein eigenes Leben leben.
Ohne Hass und Gewalt. Ohne Scham. Ohne Verunsicherung.
Löst die Binden und lasst ihn gehen!
Lasst mich gehen. Lasst uns gehen.
Und plötzlich gehst du.
Wackelig. Ungläubig. Vorsichtig.
Ohne Binden. Ohne Fesseln.
Lazarus kommt heraus.

Du kommst heraus.
Du erlaubst dir zu gehen.
Heraus aus der Gruft.
Du erlaubst dir zu weinen, zu lachen.
Aufzustehen.
Auferstehen.
Zu neuem Leben.

Die Textmeditation ist inspiriert von einer Predigt zum Bibeltext von Birgit Mattausch und einer Radioandacht von Sandra Zeidler.

Der Regenbogen: Bundeszeichen

11.01.2019 (Veröffentlichung auf eigener Homepage)

Der Regenbogen ist ein wichtiges queeres Erkennungszeichen. Er ist aber auch in der Bibel ein zentrales Symbol.

„Gott sprach zu den Menschen: Meinen Bogen habe ich gesetzt in die Wolken; der soll das Zeichen sein des Bundes zwischen mir und der Erde." (1. Buch Mose 9,13).

Nach den Zerstörungen der Sintflut hatte Gott einen Bund mit den Menschen geschlossen. Beide Seiten sind seitdem Vertragspartner. Gott wollte nicht mehr zornig sein auf die Menschen.

Gott sprach zu ihnen: „Ich meine es gut mit euch. Ich werde euch nicht vernichten. Was ich dafür erwarte: Wendet euch nicht mehr von mir ab. Geht verantwortlich miteinander und mit der gesamten Schöpfung um. Dann werden wir gut miteinander klarkommen. Als Bundeszeichen schenke ich euch den Regenbogen. Er wird euch immer an unseren Bund erinnern."

Der Regenbogen ist das Zeichen für diesen unauflöslichen Bund. Er steht für die Vielfalt der gesamten Schöpfung. Darin ist jeder Mensch nach Gottes Ebenbild einzigartig und doch ganz verschieden geschaffen. Unabhängig von Herkunft, Hautfarbe, Geschlechtsidentität und sexueller Orientierung. Und auch die verschiedenen Lebewesen und Pflanzen, Berge und Täler, Meere und Seen, Farben und Formen gehören zu Gottes bunter Schöpfung dazu.

Der Regenbogen erinnert die Menschen außerdem an ihre Verpflichtung, achtsam und verantwortlich mit sich selbst, miteinander und mit der gesamten Schöpfung umzugehen. Einhaltung der Menschenrechte, Klimaschutz, Umweltschutz und ein friedliches Miteinander mit allen Menschen sollten demnach selbstverständlich sein.

Gleichzeitig ist der Regenbogen Solidaritäts- und Erkennungszeichen der schwul-lesbischen, bi, trans* und queeren Bewegung weltweit. Die Regenbogenfahne entwarf der amerikanische Künstler Gilbert Baker 1978 für den *Gay-Freedom-Day*, den Vorläufer der *Gay-Pride-Paraden*. Seitdem schmückt der Regenbogen Cafés, Bars, Restaurants und

Geschäfte, die queere Menschen und alle anderen willkommen heißen. Das Symbol des Regenbogens verspricht sichere Orte, an denen allen Menschen Wertschätzung und Achtung entgegengebracht wird.

Die Farben des Regenbogens stehen für die Vielfalt der Lebens- und Liebesformen. Sie gehören zusammen. Sie verschwimmen jedoch nicht zu einem Einheitsgrau. Niemand muss sich verstecken und verbiegen und seine persönliche Farbe unkenntlich machen. Stattdessen leuchtet der Regenbogen und ermutigt zu Vielfalt. Denn der Regenbogen leuchtet nur deshalb so faszinierend, weil alle Farben für sich stehen und sie trotzdem gleichzeitig eine Einheit bilden.

Diese Einheit in Vielfalt ist Gottes Vermächtnis an die Menschen. Ich wünsche mir, dass möglichst viele an zahlreichen Orten ihres Lebens diese Vielfalt als Bereicherung erleben und miteinander gestalten können.

Liebe statt Macht: David und Jonathan

28.03.2018

Es ging um Macht und Einfluss, um Ruhm und Ehre und um die Nachfolge als König. Aber es ging noch um mehr: um eine außergewöhnliche Männerfreundschaft. Die Geschichte kann in der Bibel nachgelesen werden (1. Samuel 28 - 2. Samuel 1).

Hintergrund

Die Geschichte trug sich etwa 1000 vor Christus im heutigen Israel zu. Die Soldaten von König Saul, dem ersten König von Israel, kämpften gegen die Philister. Es war ein Volk, das an der Mittelmeerküste lebte. Sie siedelten ungefähr dort, wo sich heute der Gazastreifen befindet. Die Kriegsparteien lieferten sich eine Schlacht nach der anderen. Keine Seite konnte den Krieg endgültig für sich entscheiden. Das ist der Hintergrund der Geschichte von David und Jonathan.

Nach biblischem Zeugnis kam es zu einer bedeutsamen Schlacht zwischen Israel und den Philistern. Goliath war ein riesiger Mann und der stärkste Krieger der Philister. Er forderte die Soldaten von Saul, dem König Israels, heraus. Einer sollte gegen ihn kämpfen. Der Gewinner des Kampfs sollte auch die ganze Schlacht gewinnen. Kein Soldat des Königs traute sich gegen Goliath anzutreten. Da meldete sich David freiwillig. David war ein junger Schafhirt und kam aus Bethlehem. Er hatte ältere Brüder, die am Krieg gegen die Philister beteiligt waren. Er sollte eigentlich seinen Brüdern nur Verpflegung bringen. Aber als er die Kampfansage von Goliath hörte, meldete er sich. Er trug weder Rüstung noch besaß er Waffen. Alle waren entsetzt und wollten David davon abhalten gegen Goliath zu kämpfen. Doch der blieb unbeirrt. So kam es zum Kampf. David hatte eine Steinschleuder dabei. Mit einem gezielten Schuss traf er Goliath am Kopf. Der ging zu Boden. David lieh sich ein Schwert von einem Soldaten und hieb ihm den Kopf ab. Die Schlacht war damit zu Ende. Sauls Soldaten hatten gesiegt. Alle waren begeistert von Davids Mut und seinem Kampfgeist. König Saul wollte wissen, wer dieser David war. Man brachte ihn zu ihm. Und Saul behielt David am Königshof.

Am Königshof

So kam der junge Hirtenjunge an den Königshof nach Jerusalem. Dort lernte er Jonathan kennen. Er war einer der Söhne von König Saul. Jonathan war begeistert vom charismatischen David. In der Bibel steht, dass er David liebte wie sein eigenes Leben. Und zum Zeichen seiner Liebe und Treue schenkte er David seine Rüstung, sein Schwert, seinen Bogen und seinen Gürtel.

> *„Nach dem Gespräch Davids mit Saul schloss Jonathan David in sein Herz, und Jonathan liebte David wie sein eigenes Leben. Er schloss mit David einen Bund, denn er hatte ihn lieb wie sein eigenes Herz. Er zog den Mantel, den er anhatte, aus und gab ihn David, ebenso seine Rüstung, sein Schwert, seinen Bogen und seinen Gürtel." (1. Samuel 18,1-4).*

Diese biblische Passage ist bemerkenswert. Jonathan lieferte sich David vollkommen aus. Er ging damit ein hohes Risiko ein. Er machte sich verwundbar, zeigte sich ohne Visier und Schutz. Das war für Männer damals eine ganz untypische Verhaltensweise. Welche Garantie hatte Jonathan, dass David ihn nicht ausnutzen würde? Keine. Seine Liebe kannte keine Grenzen. Er vertraute David. Und er schloss sogar einen Bund mit ihm. Und David ließ sich auf den Bund ein. Allerdings lässt sich aus der biblischen Passage nicht erkennen, was David zu dem Bundschluss dachte.

Es war ein schicksalhafter Moment. Der Königssohn schwor dem Hirtensohn die Treue. Was für eine Umkehrung der Hierarchie! War Jonathan nicht klar, dass er damit seine Chance auf die Thronnachfolge massiv verringerte? War ihm egal, dass er als Königssohn eigentlich seinen Einfluss und seine Macht stärken sollte, statt seine Loyalität einem Mann aus einer einfachen Hirtenfamilie zu versprechen? Konnte das gut gehen?

Tatsächlich standen Fragen von Stand, Macht und Einfluss zwischen ihnen. Aber das kümmerte Jonathan nicht. Er bildete David zum Krieger aus und brachte ihm alles über die Kriegsführung bei. Und David wurde ein erfolgreicher Krieger. Er gewann eine Schlacht nach der anderen gegen die Philister und wurde weit über den Hof des Königs hinaus bekannt.

König Saul beobachtete diese Entwicklung misstrauisch. Ihm gefiel nicht, dass David und Jonathan beste Freude wurden. Außerdem war er eifersüchtig und neidisch auf David. David schien alles zu gelingen, was er anpackte. Er hatte mit seiner Klugheit den starken Goliath erschlagen. Und auch in weiteren Schlachten ging David stets als Sieger hervor. Saul wurde dagegen immer schwermütiger und unbeweglicher. Er sah seine Macht als König in Gefahr. David hatte viel für ihn getan. Doch er war zu mächtig und beliebt geworden. Saul erlebte ihn nur noch als gefährlichen Konkurrenten um Macht und Ehre. Er musste Davids Einfluss stoppen. Also beschloss er David zu töten. David hatte das geahnt und war nach einer Schlacht nicht wieder an den Hof von König Saul zurückgekehrt.

Sauls Entwicklung war tragisch. Er erkannte, dass mit David das geschah, was er als junger Mann selbst erlebt hatte. Er war auserwählt, gesalbt und zum König gemacht worden. Er war beliebt, mächtig und stark gewesen. Und nun kam dieser Hirtensohn aus Bethlehem daher und stahl ihm die Show. Er war rasend vor Zorn.

Für seinen Sohn Jonathan musste es eine schreckliche Situation gewesen sein. Er erlebte die Wut und Verzweiflung seines Vaters. Und gleichzeitig war er David verfallen. Er wurde zwischen den beiden aufgerieben. Und seine eigene Zukunft als potenzieller Nachfolger von Saul schien er darüber ganz zu vergessen. Oder sie war ihm nicht so wichtig. Stattdessen setzte sich Jonathan bei seinem Vater für David ein. Er vermittelte und sprach sich für David aus. Zunächst gelang ihm das, und David kehrte an den Königshof zurück.

Aber der scheinbare Friede hielt nicht lange an. Saul verfiel wieder in Schwermut. David spielte für ihn auf einer Laute, um ihn aufzuheitern. Das hatte er auch zu Beginn seiner Zeit am Hof oft für den König getan. Doch statt dankbar zu sein, warf Saul einen Speer nach ihm. Daraufhin floh David endgültig vom Königshof. Er machte ein geheimes Treffen mit Jonathan aus. Nun übernahm David das Kommando. Er bat Jonathan seinem Vater eine Ausrede vorzulegen, warum David zu einem Festmahl am Hof nicht erscheinen würde. Doch Saul erkannte die Ausrede und wurde noch zorniger. Voller Wut schrie er seinen Sohn Jonathan an:

„Du Sohn einer ehrlosen Mutter. Ich weiß sehr wohl, dass du dir den Sohn Isais erkoren hast, dir und deiner Mutter, die dich geboren hat, zur Schande! Doch solange der Sohn Isais auf Erden lebt, wirst weder du noch dein Königtum Bestand haben." (1. Samuel 20,30 f.).

Saul verfluchte seinen Sohn und nannte dessen Freundschaft zu David eine Schande. Es ist ein deutlicher Hinweis darauf, dass Saul wusste, dass es zwischen Jonathan und David nicht nur um Freundschaft ging. Höhnisch wertete er die Freundschaft ab. Saul spürte die Liebe zwischen David und Jonathan und hielt sie für gefährlich. Denn sie sprengte alle bekannten Normen und Regeln, die auf Machterhalt und Ordnung in der Königsfamilie ausgerichtet waren. Saul wurde darüber so zornig, dass er sogar einen Speer nach seinem eigenen Sohn warf. Da war Jonathan klar, dass die Kluft zwischen Saul und David nicht mehr zu kitten war. Der Abgrund war unüberbrückbar. Aus der Konkurrenz zwischen beiden war ein Kampf auf Leben und Tod geworden. Jonathan konnte da nicht mehr vermitteln. Er musste sich nun entscheiden. Er blieb äußerlich bei seinem Vater. Aber im Herzen blieb er auf Davids Seite.

Heimliches Treffen

Jonathan und David trafen sich heimlich und erneuerten ihren Bund. Jonathan bat David, seine Nachkommen und die von Saul zu verschonen. Vielleicht ahnte Jonathan bereits, dass er selbst keine Zukunft mehr am Hof hatte. Dann nahmen sie Abschied.

„David fiel auf sein Antlitz zur Erde und beugte sich dreimal nieder, und sie küssten einander und weinten miteinander, David aber am allermeisten. Und Jonathan sprach zu David. Geh hin mit Frieden! Für das, was wir beide geschworen haben im Namen Gottes, dafür stehe Gott zwischen mir und dir, zwischen meinen Nachkommen und deinen Nachkommen in Ewigkeit. Und David machte sich auf und ging seines Weges. Jonathan aber ging in die Stadt." (1. Samuel 20,41 f.).

Es war das letzte Mal, dass die beiden sich sehen sollten. Es ist eine berührende Abschiedsszene. Und sie wird erstaunlich offenherzig erzählt. Beide küssten sich und weinten. Und David am meisten. Hier wird zum ersten Mal auch von David berichtet, dass er Jonathan geliebt hat. Die beiden Männer mussten Abschied nehmen. Ihre Liebe durfte nicht sein und hatte keine Zukunft. Zwei Männer, die weinten. Nach dem damaligen Männerbild konnte das nicht gut gehen. Sie waren Männer und Soldaten. Sie sollten mutig und stark sein. Weinen war da nicht vorgesehen. Schon gar nicht ein Weinen umeinander. Das galt damals und gilt vielerorts auch heute noch. Dass sich die beiden auch noch küssten und liebten, machte die Sache nicht einfacher.

Besondere Freundschaft

Zwar ist durch außerbiblische Quellen nachgewiesen, dass Männer auch zur damaligen Zeit homoerotische Liebschaften hatten. Das war durchaus gängig. Gleichzeitig mussten sie aber verheiratet sein und Kinder haben. Männer sollten echte Kerle sein. Homoerotischer Sex widersprach dem nicht. Solange sie sich nicht *unmännlich* gaben und sie das gängige Männerbild nicht durchbrachen. Erst wenn sie zu feminin wirkten, zu sensibel oder scheinbar zu weiblich waren, galten sie als feminisierte oder verweichlichte Männer. Dann hatten sie Sanktionen zu fürchten und wurden aus der Gemeinschaft ausgeschlossen. Denn sie gefährdeten die bestehende Geschlechterordnung.

Die Geschichte von David und Jonathan muss schon zu biblischen Zeiten bemerkenswert gewesen sein. Sonst hätte sie es nicht in dieser offenen Sprache und Klarheit in die Bibel geschafft. Bemerkenswert ist auch, dass ihre Freundschaft in der Geschichte nicht verurteilt oder moralisiert wurde. Ihre Liebe war einfach da und prägte die Handlungsweisen der beiden Männer. Und gleichzeitig waren sie wiederum ganz verschieden. Gerade von David ist biblisch bezeugt, dass er mehrere Ehefrauen hatte. Er war ganz offensichtlich ein Frauenheld. Aber von einer so tiefen Liebe wie die zwischen David und Jonathan wird an keiner anderen Stelle in der Bibel berichtet.

Nach dem Abschied zwischen Jonathan und David kam es zu einer weiteren Schlacht gegen die Philister. Saul und Jonathan überlebten die Schlacht beide nicht. Auch seine Brüder überlebten nicht. Als David davon erfuhr, stimmte er ein Klagelied an:

„Israel, dein Stolz liegt erschlagen auf deinen Höhen. Ach, die Helden sind gefallen! Saul und Jonathan, die Geliebten und Teuren, im Leben und im Tod sind sie nicht getrennt. Sie waren schneller als Adler, waren stärker als Löwen. Ihr

Töchter Israels, um Saul müsst ihr weinen, er hat euch in köstlichem Purpur gekleidet, hat goldenen Schmuck auf eure Gewänder geheftet. Auch, die Helden sind gefallen mitten im Kampf. Jonathan liegt erschlagen auf den Höhen. Weh ist es mir um dich, mein Bruder Jonathan, ich habe große Freude und Wonne an dir gehabt. Du warst mir sehr lieb. Wunderbarer war deine Liebe für mich als die Liebe der Frauen. Ach, die Helden sind gefallen, die Waffen des Kampfes verloren." (2. Samuel, 1,1 f.)

Liebeserklärung

Dieses Klagelied macht deutlich, wie stark David Jonathan innerlich zugetan war. Die Zeilen erinnern mich an Old Shatterhand, als er den Tod seines Blutsbruders Winnetou beklagte, ihn im Sterben küsste und völlig verzweifelt war. Die homoerotische Liebe war deutlich zu spüren. Dennoch durfte sie nicht benannt werden. Sie wurde in Ehrerbietung und in ein Lob von Tapferkeit und Heldenmut gekleidet und entsprechend codiert. Eine andere Sprache zwischen Männern war nicht möglich. Trotzdem wurde David zum Schluss seiner Klage erstaunlich eindeutig: *„Wunderbarer war deine Liebe für mich als die Liebe der Frauen."*

Deutlicher, sollte man meinen, kann eine Liebeserklärung nicht sein. Schon gar nicht in einem biblischen Buch, das Jahrhunderte vor Christi Geburt aufgeschrieben worden war. Und dennoch wurde diese Liebe wegdiskutiert, relativiert und ins Abseits gedrängt. Sie wurde als Freundschaft, bestenfalls als Bruderliebe gekennzeichnet. Denn was nicht sein konnte, durfte nicht sein. Die heteronormativen Standards ließen nichts anderes zu. Die Geschichte sollte am besten als Randnotiz im Leben des mutigen und erfogreichen Hirten Davids, der zum König von Israel aufstieg, betrachtet und vergessen werden. Dass ausgerechnet der berühmteste König des alten Israels einen Mann liebte, konnte nicht sein. Daher sollte es nicht weitererzählt werden.

Zum Schluss

Zum Schluss bleibt die Frage. Was war das denn nun für eine Beziehung zwischen den beiden Männern? Meine Antwort: Es war eine Beziehung, die mich persönlich sehr berührt hat. Es war eine Beziehung, in der die Liebenden sich verwundbar gemacht und Risiken auf sich genommen haben. Die Beziehung störte die Logik von Machterhalt, Männer-konkurrenz, Ruhm und Ehre und setzte dem etwas anderes entgegen: Liebe, Verwundbarkeit und Nähe. Attribute, die für Männer nicht unbedingt vorgesehen sind und waren.

War diese Freundschaft homoerotisch? Spielte auch Sexualität eine Rolle? Waren die beiden Männer bisexuell? Aus der biblischen Geschichte heraus lässt sich darauf keine Antwort geben. Das ist auch nicht entscheidend. Denn die Geschichte ist jenseits aller heteronormativen Handlungsmuster vor allem eine Geschichte einer ergreifenden Männerfreundschaft. Sie kommt ohne Etiketten und Kategorisierung aus. So wie die Männerfreundschaft in dem Kinofilm *Brokeback Mountain* ohne viele Worte auskommt. Und dennoch zeigt sich eines deutlich: Da haben sich zwei Männer geliebt. Sie haben sich die Treue geschworen und sich trotzt aller Machtintrigen nicht verraten. Sie vertrauten sich, küssten sich und weinten miteinander.

Wenn Beziehungen so gelebt werden, dann verdienen sie Respekt. Egal wie sie genannt werden. Denn Liebe ist vielfältig, überwältigend, und sie kann Grenzen sprengen. Menschliche Gefühle sind so viel reicher und vielschichtiger als Verbote und Normen. Solange sie im gegenseitigen Einverständnis, in Respekt und Achtung der Menschenwürde des Gegenübers gelebt werden.

David und Jonathan haben etwas von diesem Reichtum menschlicher Gefühle gezeigt. Gut, dass Menschen heutzutage solche Gefühle leben können. Auch wenn es auch heute noch vielerorts nicht einfach oder sogar lebensgefährlich ist sie zu zeigen.

Der Beitrag ist inspiriert von Folko Habbe.

Anerkennung: Der Eunuch aus Äthiopien

4.10.2017

Es gibt eine Geschichte im Neuen Testament, die erzählt von einem äthiopischen Eunuchen. Er war die erste nichtjüdische Person, die zum Christentum bekehrt wird. Ausgerechnet ein schwarzer Intersexueller (Apostelgeschichte 8,26-39).

Androgyn

In westlichen Gesellschaften sind androgyne Typen wie David Bowie und Annie Lennox vor allem in der Film-, Musik- und Medienbranche schon lange keine Seltenheit mehr. Im Gegenteil, es hat oft positive Auswirkung auf die eigene Karriere, anders zu sein. Androgyn, metrosexuell, möglichst noch gutaussehend, männlich, weiblich. Egal. Was heißt das schon? Das ist cool und spannend. Aber im Alltag bitte nicht zu sehr den Rahmen sprengen. Dann wird es kompliziert, manchmal sogar gefährlich.

Keine eindeutige Geschlechtszugehörigkeit

Was ist aber, wenn wir tatsächlich mit Personen zu tun haben, die bei ihrer Geburt keine eindeutige Geschlechtszugehörigkeit haben? *Intersexuell* heißt der Fachausdruck. Die meisten Menschen wissen wenig bis gar nichts über sie. Und erst in den letzten Jahrzehnten ist der öffentliche Diskurs über die Forderungen von Intersexuellen an die Öffentlichkeit gelangt: Das Recht selbst zu entscheiden, ob eine Geschlechtsangleichung (z.B. kosmetische Genitaloperationen im Kindesalter, Hormonbehandlungen, etc.) in die eine oder andere Richtung vorgenommen wird. Abgelehnt wird von Intersexuellen, dass Ärzte direkt nach der Geburt entscheiden, dass es eine Genitalvereinheitlichung geben muss, ohne dass die Betroffenen das selbst entscheiden können. Denn ein Zwitterwesen ist für die meisten unerträglich. Es ist in der Gesellschaft nicht vorgesehen. Aber es gibt sie in Gottes weiter Schöpfung.

Über einen Eunuchen

Umso bemerkenswerter ist es daher, dass in der Bibel ein äthiopischer Eunuch vorkommt. Die Geschichte stammt aus der Apostelgeschichte. Und die Geschichte geht so:

Jesus war nicht mehr da. Nun mussten die Jüngerinnen und Jünger und alle anderen Gläubigen um Jesus herum seine Lebensgeschichte und seine Botschaft weitertragen. Sie sollten mutig und beharrlich sein und Jesu Botschaft mit ihren eigenen Worten bezeugen. Vor allem aber, so hatte es Jesus den Seinen aufgetragen, sollten sie zu den Menschen gehen und sie im Namen des Vaters und des Sohnes und des Heiligen Geistes taufen. Das war ihr Auftrag. Der erste nichtjüdische Bekehrte, von dem in der Apostelgeschichte berichtet wurde, war ein Schwarzer Kämmerer, ein Finanzbeamter aus Äthiopien. Und dann auch noch einer, der einer sexuellen Minderheit angehörte. Er war ein *Eunuch*.

Nach der biblischen Geschichte war Philippus auf einer Wüstenstraße unterwegs. Dort begegnete er dem äthiopischen Kämmerer. Er wird in der Bibel als Eunuch bezeichnet. Auf dem Rückweg aus Jerusalem saß er in einem Wagen und las ein Kapitel aus dem Buch vom Propheten Jesaja. Als er Philippus sah, lud der Fremde Philippus ein, zu ihm in seinen Wagen zu klettern. Philippus erzählte dem Mann von Jesus und seiner Botschaft. Der Eunuch hörte aufmerksam zu. Sein Interesse war geweckt. Und am Ende der Geschichte war er ganz begeistert von den Erzählungen über Jesus. Er zeigte Philippus ein Gewässer, das am Wegesrand lag. Und er sagte: „Schau mal da drüben. Da ist Wasser. Was steht meiner Taufe noch im Weg?" (nach Apostelgeschichte 8,36).

Taufe

Er wollte sich von Philippus taufen lassen. Philippus taufte ihn tatsächlich und zog dann weiter seines Weges.

Als ich die Geschichte das erste Mal hörte, wurde mir der Sinn der Geschichte erklärt: Ich sollte allen Menschen, denen ich begegne, von Jesus und seiner Botschaft erzählen. Dann könnte ich vielleicht den einen oder die andere bekehren, auf den richtigen Weg bringen oder sogar retten. Selbst einen *armen Eunuchen*.

Die ersten Christinnen und Christen gingen damals davon aus, dass Ungläubige erst zum Judentum konvertieren müssten, bevor sie Christen werden konnten. Genauso machten das auch christliche Kirchen lange mit LSBTTIQ. Nach dem Motto: Erst bekehren wir euch. Und wenn ihr dann genug glaubt, dann werdet ihr so wie wir, also *normal.* Wir können eure sexuelle Orientierung und eure Genderidentität *wegbeten.* So glauben es auch heute noch einige Anhänger von Konversionstherapien. Die schlimmsten Auswüchse stammten von Medizinern oder Psychologen, die Elektroschocks verschrieben haben, oder von sogenannten Berufenen, die Exorzismen im Namen Gottes durchführten. Angeblich, um den Teufel oder dämonische Kräfte aus dem Körper der Betroffenen auszutreiben. Leider gibt es solche barbarischen Rituale auch heutzutage immer noch. *Nicht normale*, queere Menschen durften also nur dann in christlichen Gemeinden mitmachen, wenn sie *normal* wurden. Wenn sie sich der Mehrheitsgesellschaft anglichen oder zölibatär lebten und nicht weiter ihren *perversen* Lebensstil aufrecht hielten.

Inklusive Gemeinden

Mittlerweile geht es in christlichen Kirchen in vielen Regionen und Ländern schon lange nicht mehr darum, ob, sondern wie christliche Gemeinden inklusiv sein können und wie sie Anderslebende und Andersliebende einladen und erreichen können. Ob diese sich davon angesprochen fühlen, ist eine andere Frage. Gastfreundlich sein, reicht oft nicht aus. Gemeinden müssen mit ihren Veranstaltungen, Angeboten und Gottesdiensten auch attraktiv für LSBTTIQ und deren Lebenswelten sein. Sonst kommen sie nicht oder gehen wieder. Aber immerhin, Offenheit und Respekt sind eine wichtige Voraussetzung für inklusive Gemeinden.

Wechselseitige Bekehrung

In der Geschichte vom äthiopischen Eunuchen ging es weniger darum, dass der sich von Philippus taufen und bekehren ließ. Vielmehr ging es darum, dass Philippus vom Eunuchen bekehrt wurde. Der Eunuch las im Buch Jesaja, als er Philippus traf. Er schien also ein Jude zu sein, der die biblischen Schriften studierte und darin kundig war. Vielleicht kannte er auch die Zeilen aus dem 5. Buch Mose, nach dem kein so genannter *Entmannter* oder *Verschnittener*, zur Gemeinde Gottes kommen konnte (5. Mose 23,2). Das Gesetz hatte es Eunuchen verboten, den Tempel zu betreten. Da sie in keine der vorgesehenen Kategorien und Schubladen passten, wurden sie als *unrein* angesehen. Sie passten nicht zum Allerheiligsten. Trotzdem war der Eunuch nach Jerusalem gereist, um zu beten. Wahrscheinlich hatten die Leute ihn damals wieder weggeschickt. Es gab dort keinen Platz für ihn.

Der Eunuch hatte Gott gesucht, aber nur Ablehnung und Ausgrenzung gefunden. Auf dem Rückweg traf er auf Philippus. Und der taufte ihn. Er taufte ihn, weil der Eunuch ihn darum gebeten hatte. Philippus fing nicht damit an zu argumentieren, dass man dieses oder jenes sein oder vorher getan haben müsste, um getauft zu werden. Er tat es einfach. Die Begegnung mit dem Mann musste eindrücklich für ihn gewesen sein. Vielleicht machte sie ihn nachdenklich, vielleicht berührte sie ihn persönlich. Vielleicht fand Philippus auch gerade durch den Eunuchen heraus, was es wirklich heißt, Gott zu suchen. Denn er hatte jemanden getroffen, der trotz aller Ablehnung, Ausgrenzung und trotz aller Widerstände weiter nach Gott gesucht hatte. Wir wissen es nicht. Aber wir wissen, dass Philippus den Fremden getauft hat. Ausgerechnet einen schwarzen Eunuchen.

Die Stimme erheben: Gottes Machtanspruch

1.07.2017 (Veröffentlichung auf eigener Homepage)

Die Stimme erheben, wenn es nötig ist. Das ist nicht einfach. Dennoch ermutigt genau dazu der folgende Bibelvers:

„Man muss Gott mehr gehorchen als den Menschen." (Apostelgeschichte 5,29)

Der Satz klingt einfach. Es ist eine klare Ansage. Aber so einfach ist weder der Vers zu verstehen noch die dahinter liegende Wirklichkeit. Denn es geht um Machtansprüche. Wer hat in welchem Lebensbereich etwas zu sagen? Und wer nicht?

Hintergrund

Der biblische Vers ist im Kontext der Apostelgeschichte im ersten Jahrhundert nach Christus entstanden. Der Apostel Petrus berief sich auf die Freiheit der Verkündigung gegenüber jüdischen Religionsvertretern und auch gegenüber der römischen Besatzung. Petrus, Paulus und viele andere waren damals aufgrund ihrer Predigten ins Gefängnis gesperrt worden. Sie sollten davon abgehalten werden, Jesu Lehren und Taten zu bezeugen und sich zu ihm als Messias zu bekennen. Petrus und viele andere stellten jedoch ihr Bekenntnis zu Jesus Christus und die Verkündigung seiner Lehren über religiöse Gesetze und über politische Machtansprüche. Sie beriefen sich dabei auf ihren Glauben. Ihr Bekenntnis war öffentlich und hatte religiöse und gesellschaftspolitische Konsequenzen.

Botschaft

Und was heißt das heute? Nun zunächst einmal leben wir heute in Deutschland in einem demokratischen Rechtsstaat. Dennoch brauchen wir kritische Stimmen. Ich verstehe den Text für heute so: Es geht darum, Verantwortung zu übernehmen und das Wort zu erheben, wenn Gottes Botschaft in Gefahr ist: Wenn Geflüchteten ihr Grundrecht auf Asyl verweigert wird. Wenn Rechtspopulisten ihre Hassparolen gegen alle herausschreien, die anders sind als sie. Wenn religiöse Sprache zur Legitimation von Terror und Gewalt missbraucht wird. Wenn sozial

Schwache daran gehindert werden, am gesellschaftlichen Leben teilzunehmen. Wenn LSBTTIQ diskriminiert werden.

Die massenhaften Verhaftungen von angeblich schwulen Männern in Tschetschenien im Jahr 2017 sind nur ein trauriges Beispiel dafür. Die Männer wurden ohne Verfahren eingesperrt und gefoltert. Der Verbleib von vielen von ihnen ist nach wie vor ungewiss. Die soziale Ächtung ist ihnen auch nach der Freilassung aus dem Gefängnis sicher. Das widerspricht klar den Menschenrechten und der Menschenwürde jedes Einzelnen.

Auch die biblische Botschaft ist da klar: Alle Menschen sind Gottes Ebenbild, unabhängig von Herkunft, Hautfarbe, Geschlechtsidentität, Alter, Religionszugehörigkeit und sexueller Orientierung. Alle Menschen sind einzigartig und verschieden. Und gerade deshalb haben sie die gleiche Menschenwürde und das gleiche Recht auf Unversehrtheit und Respekt. Gottes Wort zählt mehr als menschliche Ideologien und machtpolitische Erwägungen. Aber natürlich auf dem Boden des Grundgesetzes.

„Man muss Gott mehr gehorchen als den Menschen." (Apostelgeschichte 5,29)

Der biblische Vers ermutigt auch dazu, in jeder Situation immer wieder neu hinzuhören und in Zwiesprache mit Gott zu treten. Es geht um die Zugehörigkeit zu Gott als Beziehungsgeschehen: achtsam mit der Schöpfung, respektvoll mit anderen Menschen und solidarisch mit Notleidenden.

Herauskommen: Ostern

25.04.2017 (Veröffentlichung auf eigener Homepage)

Herausdrängen
Herausdrängen aus Mauern von Angst und Vorurteilen.
Steine weg wälzen aus Sachzwängen, Befindlichkeiten, engen Grenzen.
Sich endlich trauen, sich zu zeigen, Ich zu sagen, da zu sein, Platz einzunehmen.
So wie ich bin.
So wie Gott mich geschaffen hat
und gesegnet.

Heraus
Heraus aus den Grabhöhlen fester Vorstellungen
zeigt sich ein Mensch,
bekennt sich zu sich selbst.
Seht her, so bin ich!
Von Gott gewollt und gesegnet.

Comingout I
Heraus aus den Gefängnissen von Normalitätsvorstellungen.
Was sollen denn die Nachbarn sagen?
Wie kannst du uns das nur antun?
Was haben wir bloß falsch gemacht?
Nicht mehr länger bereit sein, sich zu verstecken,
nicht mehr länger fähig, Masken zu tragen,
nicht mehr länger willig,
sich im Schrank zu verstecken.

Ostern
Da hat es uns einer vorgemacht.
Er ist herausgetreten aus Gewalt, Hass und Tod.
Er hat tödliche Erwartungshaltungen überwunden
und uns zugerufen: Seht ich lebe, lebt ihr auch!

Comingout II

Heraustreten aus den Grabhöhlen von Vorurteilen, Verleumdungen.
Sich trauen ich selbst zu sein, so wie ich bin,
von Gott geschaffen,
lesbisch, schwul, bi, trans*, inter*, queer*,
ohne Schublade, ohne Etikett, ohne Normalitätssiegel
und gesegnet.
Einfach ich.
Heraustreten aus den Grabhöhlen von Vorurteilen.
Nicht nur an Ostern.

Hosianna: Nachgedanken zu Palmsonntag

12.04.2017

Folgender Gegensatz lässt mich nicht los: Am Palmsonntag jubelten die Menschen Jesus beim Einzug in Jerusalem begeistert zu. Sie feierten ihn als Heilsbringer (Markus 11,1-11). Nur einige Tage später rief ein aufgebrachter Mob: „Kreuzigt ihn!" Wie passt das zusammen? Die feministische Theologin Hilde Raastad aus Norwegen hat sich zu diesem Thema aus persönlicher und aus queer theologischer Perspektive Gedanken gemacht. Ich habe ihre Gedanken mit ihrer Erlaubnis ins Deutsche übertragen und bearbeitet.

Palmsonntag

Palmsonntag war der Tag, an dem Jesus auf einem Esel in Jerusalem eingezogen ist. Keine Woche später wurde er gekreuzigt. Es war eine Art *Pride-Parade*, ein *Jesus-Comingout-Tag.* Verrückt? Nein! Denn die Geschichte geht so:

Jesus hatte die letzten Jahre damit verbracht, durch die Dörfer zu wandern, zu predigen, sich mit den Menschen zu unterhalten und Wunder zu tun. Er war beliebt. Die Leute scharten sich um ihn, folgten ihm nach und hörten auf ihn. Er würde sie befreien. Die Autoritäten hatten Angst vor ihm. Er war ein Held.

Dann kam Palmsonntag. Die Leute standen auf beiden Straßenseiten und warteten auf ihn. Sie wedelten mit Palmzweigen, als er auf einem Esel einzog. Sie grüßten ihn und riefen „Hosianna!" Sie feierten den Mann, den sie verehrten. Der Mann, der genau so war, wie sie ihn haben wollten. Sohn Davids, Retter Israels.

Jesu Gedanken

Viele haben sich durch die Jahrhunderte gefragt, wie Jesus sich gefühlt haben mag. Genoss er die Aufmerksamkeit? Fürchtete er den Tod? Wusste er, was auf ihn zukam? Ich glaube, er saß auf dem Esel, schaute die Leute an und dachte:

Ihr wisst nicht, wer ich bin? Ihr denkt, ich bin wunderbar. Ihr liebt mich. Ihr bewundert mich, meine Worte und mein Tun. Aber wenn ihr wüsstet, wer ich wirklich bin, würdet ihr mich hassen. Trotz allem. Ihr würdet mich umbringen.

Doppelleben

Viele LSBTTIQ kennen dieses Gefühl. Die meisten von ihnen werden geachtet und geliebt. Aber viele von ihnen zeigen sich nicht offen. Sie tragen das schreckliche Gefühl mit sich herum:

Wenn ihr wüsstet, wer ich wirklich bin, würdet ihr mich verachten! Und ihr würdet mich hassen, weil ihr an euer eigenes Bild von mir glaubt. Ihr würdet euch von mir verraten fühlen.

Also halten viele die Lüge aufrecht. In der Familie, im Leistungssport, in der Kirche, im Beruf und im öffentlichen Leben. Bis sie nicht mehr können und zusammenbrechen oder sich schließlich bekennen und offen zeigen. Endlich frei! Aber oft auch zurückgewiesen, verurteilt, isoliert.

Comingout

So viel Freiheit, so viel Freude, endlich ich selbst zu sein. Endlich so zu sein, wie Gott mich wollte.

Am Palmsonntag war Jesus noch ein Held. In den Tagen danach zeigte er sich als der, der er wirklich war: Kein politischer Führer, kein Kämpfer gegen die römische Macht, kein brillanter Philosoph. Nur ein Mann Gottes, der ohne Grenzen geliebt hat und bereit war, sein eigenes Leben dafür zu opfern. Kein Held, nur ein verwundbarer Mensch, der sich entschieden hatte, der zu sein, den Gott in ihm gesehen hat. Und die Menschen hassten ihn dafür. Sie waren enttäuscht. Einer verriet ihn, viele verleugneten ihn. Und die Meute schrie: „Kreuzigt ihn!"

Nicht nur der eine verriet ihn. Denn keiner bekannte sich zu ihm, als es darauf ankam. Jesus wusste es, als er nach Jerusalem einzog. Er wusste es, genauso wie es LSBTTIQ wissen, wenn sie mutig genug sind sich zu outen. Nichts wird einfach gut werden. Es wird sie etwas kosten. Vielleicht sogar ihr Leben. Kann ich den Preis bezahlen?

Der Preis

Jesus bezahlte den Preis. Er starb am Kreuz für Gottes Liebe. So wie LSBTTIQ den Preis bezahlen, weil sie sich trauen zu lieben und dazu zu stehen. Die meisten werden nicht gekreuzigt, viele werden heutzutage anerkannt und respektiert, so wie sie sind. Gott sei Dank! Aber immer noch zu viele werden ausgegrenzt, gedemütigt, kriminalisiert oder sogar ermordet. Nicht nur dort, wo noch immer die Todesstrafe auf Homosexualität steht. Auch andere zahlen einen hohen Preis. Denn es hat Konsequenzen, sich im Familien- und Berufsleben zu outen. Zu oft behindert es Karrieren, zieht familiäre Gräben, zerrüttet Beziehungen und Freundschaften. Warum? Weil Menschen sich trauen so zu sein, wie Gott sie geschaffen hat. Sie trauen sich, zu lieben und geliebt zu werden und das nicht mehr zu verstecken, egal wie hoch das Risiko ist. Denn sonst verlieren sie noch viel mehr: ihre Seele, ihre Würde, ihr Selbstwertgefühl.

Grenze zwischen Leben und Tod

Palmsonntag war der Tag ohne Wiederkehr für Jesus. An einem festlichen Tag stand er an der Grenze zwischen Leben und Tod. Bevor er endgültig in die Realität von Hass und Gewalt eintauchen musste. Unzählige kennen auch heute das Gefühl. Aber seit Jesu Tod und Auferstehung wissen nicht nur Gläubige, dass dahinter die Freiheit liegt. Hinter den Schmerzen, Verletzungen und Kämpfen beginnt neues Leben. Und du wirst sein, der du sein wirst: Liebend und geliebt.

In diesem Sinne wünsche ich Euch und Ihnen allen eine gesegnete Karwoche! Im Angesicht des Kreuzes sind es Tage voller Verlust, Schmerzen, Narben und Tod. Trotzdem ist die österliche Hoffnung bereits zu spüren: Hoffnung auf Befreiung und auf Neubeginn.

Füreinander Heimat sein: Ruth und Naomi

8.02.2017

Das biblische Buch Ruth ist aufgrund der großen Treue zwischen Naomi und ihrer Schwiegertochter Ruth bekannt geworden. Ich stelle die Geschichte aus queerer Perspektive vor. Das Buch Ruth gehört zu den Büchern des Alten Testaments. Die Geschichte soll sich ca. 1100 vor Christus, also noch vor der Königszeit zurzeit der Richter in Israel zugetragen haben.

Zum Inhalt

Der Bauer Elimelech und seine Frau Naomi aus Bethlehem brachen mit ihren zwei Söhnen Machlon und Kiljon ins Nachbarland Moab auf, weil in ihrer Heimat Bethlehem eine Hungersnot herrschte. Der Weg nach Moab war lang und beschwerlich. Überall lauerten Gefahren. Aber sie kamen sicher in Moab an und gründeten dort eine neue Existenz. Nach einiger Zeit heiratete der eine Sohn Machlon die Moabiterin Ruth. Der andere Sohn Kiljon heiratete die Moabiterin Orpa. Ruth und Orpa wurden herzlich in die Familie aufgenommen. Nicht lange nach dem Umzug nach Moab starb Elimelech an einer schweren Krankheit. Der Sohn Machlon starb an einem Fieber. Kurz danach verunglückte der andere Sohn Kiljon tödlich. Die drei Frauen Naomi mit ihren Schwiegertöchtern Ruth und Orpa blieben alleine zurück. Ihre Existenz war bedroht. Denn Frauen waren ohne Männer an ihrer Seite rechtlich und ökonomisch damals weder abgesichert noch geschützt. Als sei nicht schon genug Unglück geschehen, brach nun auch in Moab eine Hungersnot aus. Da entschied Naomi, wieder in ihre Heimat Israel zurückzukehren.

Naomi bereitete alles vor und eines Tages brach sie auf, um den langen Weg in ihre Heimat anzutreten. Ihre Schwiegertöchter begleiteten sie bis an die Grenze zwischen Moab und Israel. Dort kam es zur entscheidenden Wegkreuzung. Sie wurde für die drei Frauen zur Lebenskreuzung. Naomi bat ihre beiden Schwiegertöchter wieder nach Moab zurückzukehren. Sie sollten sich andere Männer suchen, um ihre Existenz zu sichern. Orpa drehte darauf nach kurzer Überlegung weinend um und kehrte nach Moab zurück. Ruth entschied sich anders.

Sie versprach Naomi, bei ihr zu bleiben und ihr treu zu dienen. Ruth entschied sich damit für ein Leben mit Naomi, obwohl sie wusste, dass zwei Witwen alleine ohne Männer in jener Zeit nicht überlebensfähig waren.

Was Ruth zu Naomi sagte:

> *„Überrede mich nicht, dich zu verlassen. Ich will mit dir gehen. Wo du hingehst, will ich auch hingehen, und wo du lebst, will ich auch leben. Dein Volk wird mein Volk sein und dein Gott wird mein Gott sein. Wo du stirbst, will ich auch sterben, und dort will ich begraben werden. Gott tue mir dies und das, nur der Tod wird mich von dir scheiden." (Ruth 1,16)*

Eine Zwischenbetrachtung

Der Ausspruch von Ruth gegenüber ihrer Schweigermutter Naomi ist bemerkenswert. Er ist ein starkes Zeichen von Liebe, Loyalität und Fürsorge. Er klingt wie der Treueschwur einer Liebenden. Tatsächlich ist dieser biblische Text aus dem Buch Ruth im Laufe der Zeit bis heute einer der beliebtesten (heterosexuellen) Trausprüche geworden. Er wird bei kirchlichen Trauungen oft verwendet. Zumeist wird er allerdings zitiert, ohne dass die Beteiligten den Zusammenhang kennen. Die wenigsten wissen, dass der Text eigentlich ein Treueschwur von einer Frau zu einer anderen ist.

Bibelwissenschaftler*innen haben zudem herausgearbeitet, dass das Wort mitgehen (hebräisch davka) dasselbe Wort ist, das im 1. Buch Mose 2,24 benutzt wird, um die Beziehung zwischen einem Mann und einer Frau bei einer Eheschließung zu beschreiben (seiner Frau *anhangen*). Diese Tatsache unterstreicht, dass es bei dem Ausspruch um einen Treueschwur geht.

Um den Satz verstehen zu können, ist es wichtig, den Kontext dieses Ausspruchs zu verdeutlichen. Die beiden Frauen lebten in einem streng patriarchalen System, in dem Männer das Sagen hatten und Witwen ohne Kinder Freiwild ohne Schutz und ohne ökonomische Absicherung waren. Aber statt zurück nach Moab zu gehen und sich einen neuen Mann zu suchen, entschied sich Ruth bei ihrer Schwiegermutter Naomi zu bleiben. Sie war dazu bereit, Naomis Sprache zu lernen, ihren Gott und ihre Religion anzunehmen und in ihrem Land zu leben. Ruth entschied sich mit allen Konsequenzen für ein Leben mit Naomi. Alle, die Migrationsgeschichten kennen oder selbst erlebt haben, wissen, wie schwierig und schmerzhaft das ist.

Queere Lesart

In einer queeren Lesart des Textes kann Ruths Entscheidung als Entscheidung für ein Lebensbündnis angesehen werden, ohne das Zusammenleben näher etikettieren zu müssen. Diese Form des Zusammenlebens ging über Generations-, Geschlechter-, Religions- und Ländergrenzen hinweg. Manche Forscher*innen bezeichnen diese Verbindung daher als Liebesverbindung zwischen zwei Frauen. Ob es so war, wissen wir nicht. Es ist auf jeden Fall denkbar. Es ist aber gar nicht nötig, dieser Verbindung einen Namen zu geben. Denn sie steht für sich. Klar ist, dass die beiden Frauen eine besonders enge Gemeinschaft und Fürsorge füreinander verbunden hat.

Wie die Geschichte weiter ging

Nach langer Wanderschaft kamen die beiden Frauen wohlbehalten in Bethlehem an. Sie zogen in das leerstehende Haus von Naomis verstorbenem Ehemann Elimelech. Ihre Situation war prekär. Sie hatten kein Einkommen und keine Absicherung.

Aber Naomi hatte aufgrund ihrer Kenntnis des jüdischen Rechts und der traditionellen Gegebenheiten eine Überlebensstrategie entworfen. Sie plante eine so genannte *Leviratsehe*, zu Deutsch Schwagerehe, zwischen Ruth und Boas (vgl. zur Leviratsehe 5. Buch Mose 25,5 f.). Boas war ein Schwager von Naomi. Im jüdischen Recht war vorgesehen, dass eine kinderlose Witwe von einem Bruder des Verstorbenen geheiratet werden sollte, damit die Frau Nachkommen bekommen und versorgt werden konnte. Anders war das Überleben für Frauen damals nicht denkbar. Naomi wusste um das Recht von Witwen auf eine Leviratsehe und plante sie für Ruth. Naomi wurde damit zur Akteurin und Strippenzieherin der nachfolgenden Geschichte. Ruth ihrerseits vertraute Naomis Plan und ließ sich darauf ein. Beide waren realistisch genug zu wissen, dass sie keine andere Wahl hatten, wenn sie überleben wollten.

Ruth besuchte daraufhin auf Anraten von Naomi regelmäßig die Weizenfelder von Boas, um dort Ähren aufzulesen. Denn der zehnte Teil der Ernte blieb nach jüdischem Recht für Arme, Fremde und Witwen liegen, um ihnen eine Existenzsicherung zu bieten. Nach einigen

Tagen wurde Boas auf Ruth aufmerksam, erkundigte sich nach ihr und machte sich mit ihr bekannt. Von da an stellte er sie unter seinen Schutz.

Wieder war es nun Naomi, die den nächsten Schritt plante. Sie wies Ruth an, abends zum Zelt von Boas zurückzukehren und sich neben ihn aufs Lager zu legen. Boas sollte sie *auslösen*, indem er sie schwängerte. Kalkuliertes Ziel war die Heirat der beiden.

Es kam genau zu diesem Familienarrangement zwischen Ruth und dem viel älteren Boas. Es war ein Arrangement im Rahmen des damals gültigen jüdischen Rechts. Die Leviratsehe war so etwas wie die Sozialversicherung für kinderlose Witwen. Boas wurde also zum *Auslöser* für Ruth, damit sie Nachkommen bekommen konnte und in der patriarchalen Logik wieder eine gesicherte Position in der Gemeinschaft einer Familie erhielt. Auch Naomi konnte dadurch wieder einen Platz in einem ökonomisch und sozial gesicherten Familienverband finden. Das Arrangement wurde auch von den anderen Frauen in Bethlehem anerkannt. Sie kommentierten die Entwicklung. Sie priesen Gott und dankten ihm, dass Naomi und Ruth einen *Löser* gefunden hatten.

Dann riefen sie:

„Naomi ist ein Sohn geboren worden." (Ruth, 4,17).

Das ist eine bemerkenswerte Wortwahl. Die Frauen sagten nicht, dass Ruth einen Sohn für Boas geboren hatte, sondern für Naomi. Dieser Kommentar der Frauen bestätigt den Eindruck, dass zwischen Ruth und Naomi eine starke Bindung bestanden haben musste. Boas gehörte in dieses Arrangement. Aber die emotionale Bindung gab es vor allem zwischen Ruth und Naomi.

Ruth und Boas nannten ihren Sohn Obed. Er ist der Großvater Davids, des späteren König Davids und des Ahnherrn Jesu. Eine Mehrgenerationen-Patchworkfamilie wurde damit König Davids Herkunftsfamilie.

Schlussbetrachtung

Ruths Liebe zu Naomi dominiert die biblische Geschichte. Ruth gab ihre Zukunft in Moab auf, um als verwitwete Frau ihrer Schwiegermutter Naomi zu folgen. Sie nahm es auf sich, in der Fremde ohne gesicherte Existenz zu leben. Liebe, Treue und Fürsorge für Naomi zählten für

Ruth mehr als ihr eigenes Schicksal. Es ging um Frauensolidarität und gegenseitige Fürsorge.

Ruth und Naomi sind die Subjekte dieser Geschichte. Sie übernahmen die Initiative. Naomi plante die nächsten Schritte, und Ruth setzte sie um. Sie nutzten dafür die patriarchale Rechtsprechung. Gleichzeitig unterliefen sie diese, indem sie sie nach ihren Interessen steuerten. Ökonomisch sicherten sie sich damit innerhalb des Systems ab. Es war eine Überlebensstrategie. Im Buch Ruth segnete Gott diese Überlebensstrategie. Ruth fand unter Gottes Flügeln (hebräisch kanap) Schutz (Ruth 2,12), so wie sie unter Boas Gewand (kanap) ausgelöst wurde (Ruth 3,9). Das hebräische Wort kanap unterstreicht den doppelten Schutz, der Ruth zuteilwurde. Und Ruth wurde schwanger und bekam einen Sohn. Damit war ihre und Naomis Altersversorgung gesichert und die Generationsabfolge bis zu König David auch.

Das Familienarrangement zwischen Boas, Ruth und Naomi nutzte einen Freiraum im Kontext eines patriarchalen Rechtssystems. Man kann dieses Arrangement nicht gleichgeschlechtlich oder queer nennen. Das sind moderne Begriffe. Aber die beiden Frauen nutzten Spielräume, um mit Boas und Sohn Obed gemeinsam leben zu können. Heute würde man Regenbogenfamilie dazu sagen.

Retten und befreien: Das Lied des Mose

31.05.2016 (eigene Homepage)

Retten und Befreien. Biblische Befreiungserfahrungen ermutigen Gläubige auch heutzutage, auf Befreiung zu hoffen. Wie das gehen kann, erzähle ich hier.

„Meine Stärke und mein Lied ist mein Gott.
Er ist für mich zum Retter geworden!" (Exodus 15,2)

Das Lied des Mose

Kurz und knapp hat Mose das Ungeheuerliche besungen, das er erlebt hatte: Gott hatte ihn und sein Volk gerettet. Gerettet wurden die Israelit*innen aus einer schier hoffnungslosen Situation. In Ägypten mussten sie Sklavenarbeit verrichten. Sie waren gefangen und hatten keine Hoffnung auf Befreiung. Aber Israels Gott berief Mose zum Führer und beauftragte ihn, die Israelit*innen aus der Gefangenschaft heraus zu führen. Das Unmögliche nahm Gestalt an. Nachdem der Pharao die Israelit*innen nicht freiwillig ziehen ließ, kamen zehn Plagen über Ägypten. Schließlich konnten die Israelit*innen fliehen. Allen voran Mose, sein Bruder Aaron und Mirjam, seine Schwester. Die Soldaten des Pharaos verfolgten sie, konnten aber nichts ausrichten. Sie ertranken im Schilfmeer, das sich laut biblischer Erzählung zuvor für die Geflüchteten geteilt hatte.

Der obige Vers ist der erste Vers von einem Lied, das Mose über Gottes Rettungsaktion gesungen hatte (Exodus 15,2-19). Die anderen Verse liefern Details davon. Aber in diesem einen Vers ist bereits alles gesagt, was sich ins kollektive Gedächtnis Israels eingraviert hat und seitdem von einer Generation zur nächsten weitergegeben wurde.

Glaubt an Gott! Denn Gott ist stark. Er hat eure Vorfahren aus der Sklaverei in Ägypten geführt und sie vor Verfolgung gerettet. Dieses so genannte *Exodus-Motiv* ist bis heute ein Grundereignis jüdischer Erinnerung. Es wurde von Mose besungen und von seiner Schwester Mirjam im so genannten Mirjam-Lied zitiert, getrommelt und getanzt Exodus 15,20 f.). Im jüdischen Gebet *Schema Jisrael* (*Höre Israel*) (Deuteronomium 6,4-9) wird bis heute daran erinnert.

Exodusmotiv

Auch andere Unterdrückte haben sich das Exodus-Motiv und die Lieder von Mose und Mirjam angeeignet und auf ihre Situation übertragen: Die schwarzen Sklaven, die jahrhundertelang verschleppt und weltweit zur Sklavenarbeit verkauft wurden. Sie begannen in den USA Spirituals und Gospels zu singen. Darin besangen sie den Gott, der die Israelit*innen aus der Gefangenschaft befreit hatte und deshalb auch sie befreien würde.

Die lateinamerikanische Befreiungstheologie in den siebziger und achtziger Jahren des 20. Jahrhunderts berief sich ebenfalls auf das biblische Exodus-Motiv. Die Befreiungstheologie wurde von Ernesto Cardenal, Leonardo Boff, Oscar Romero, Elsa Tamez, Marcella Althaus-Reid und vielen anderen vertreten. Sie waren sich sicher: So wie Gott damals die Israelit*innen gerettet hatte, so würde er auch die einfachen Leute in Lateinamerika aus der Unterdrückung befreien. Die schwarzen, feministischen und queeren Befreiungstheologien schlossen sich an und übertrugen die alten biblischen Texte und Lieder von der Befreiung aus Unterdrückung in ihre jeweiligen Kontexte.

Kraft der Lieder

Der obige Liedvers spielt dabei bis heute eine wichtige Rolle. Denn Lieder werden gemeinsam gesungen und von Generation zu Generation mündlich weitergegeben. Lieder gehen zu Herzen und bleiben im Herzen. Anders als dogmatische Texte und kluge Reden. Lieder bleiben im kollektiven Gedächtnis der Menschen - unabhängig von Herkunft, Hautfarbe, Stand, Geschlechtsidentität, Religion, Behinderung und sexueller Orientierung. Lieder erinnern und ermutigen alle Menschen, die es hören wollen: Gott rettet und befreit aus Unterdrückung.

Anders als die anderen: Joseph - Josephine - Jo

16.03.2016

Im Alten Testament wird von einem jungen Mann berichtet, an dem sich die Geister geschieden haben. Es geht um Joseph, den Sohn von Jakob und Rahel (1. Mose 37-50). Eine queere Bibellektüre erweitert das Bild von Joseph in überraschender Weise.

Joseph war ein ruhiger und verträumter junger Mann. Er dachte sich Geschichten aus, träumte versonnen vor sich hin und blieb bei den Zelten seiner Eltern Rahel und Jakob. Seine Brüder tollten lieber herum und suchten das Abenteuer. Als Jugendlicher musste Joseph trotzdem zusammen mit seinen Brüdern Schafe hüten. Eines Tages schlachteten die Brüder ein Tier, obwohl der Vater es verboten hatte. Joseph war entsetzt und berichtete seinem Vater davon. Er zog damit die Wut der Brüder auf sich. Von seinem Vater bekam er zum Dank einen bunten Rock geschenkt. Joseph trug den Rock des Vaters gerne und war stolz darauf. Wenig später hatte Joseph zwei Träume, die davon handelten, dass sich zunächst seine Brüder, dann auch seine Eltern vor ihm verbeugen mussten. Daraufhin wurden seine Brüder noch wütender auf ihn. Einige Zeit danach wurde Joseph zu seinen Brüdern aufs Feld gerufen. Als er dort ankam, überwältigten sie ihn und schlugen ihn. Sie zogen ihm seinen Rock aus und stießen ihn in eine Grube. Später verkauften sie den Bruder für 20 Silberlinge an einen Kaufmann, der mit einer Karawane an ihnen vorbeizog. Dem Vater zeigten sie den Rock von Joseph, den sie vorher mit Tierblut beschmiert hatten und erklärten ihn für tot.

Was mittlerweile mehrere Bibelwissenschaftler*innen herausgefunden haben: Der Ausdruck, mit dem Josephs Rock auf Hebräisch beschrieben wird *(kethoneth passim)*, benennt das Kleid einer Königstochter, also einer Prinzessin. Der selten benutzte Ausdruck wird zum Beispiel im 2. Buch des Propheten Samuel (Kapitel 13,18 f.) für das Kleid der Tochter eines Königs benutzt.

Joseph trug das Kleid einer Prinzessin? Unmöglich! Ein Auserwählter Gottes in Frauenkleidern? Ein Held mit femininen Zügen? Unvorstellbar! Diese Information passte nicht ins Männerbild der Bibelgelehrten. Auch nicht in die christliche Tradition, ins Menschenbild der Gläubigen. Es passte nirgends und niemandem. Entsprechend wurde die Information vernachlässigt oder verdrängt.

Aber woher kam die Brutalität, ja fast Raserei, mit der die Brüder Joseph brutal schlugen, ihn demütigten, den Rock zerrissen und Joseph in eine Grube schmissen, bis sie ihn schließlich verkauften? Woher kam der Hass?

Im biblischen Text wird mehr als einmal deutlich gezeigt, dass Joseph anders war: ruhiger, verträumter, femininer. Kam zum Neid und zur Eifersucht der Brüder vielleicht noch die Angst vor dem Fremden dazu? Grenzten sie sich vom Anderssein des Bruders ab? Joseph durfte nicht so sein, wie er war: sensibel, voller Geschichten und Träume. Die Norm für junge Männer gab etwas anderes vor: Körperliche Stärke, Abenteuergeist und Machtinstinkt.

Joseph - Josephine - Jo

In Philadelphia gibt es einen schwarzen Dichter. Er heißt J. Mase III. Er bezeichnet sich selbst als transsexuell und queer, also quer zu allen Kategorien von Geschlechtsidentität und sexueller Orientierung. Er hatte die Josephsgeschichte der Bibel genau studiert und schrieb darüber in kreativer Weise ein Gedicht. Es heißt *Joseph - Josephine - Jo*. Er veröffentlichte es auf Youtube. Hier ein übersetzter Ausschnitt daraus.

> *Joseph/Josephine/Jo, ... du hast (den Rock) mit Stolz getragen, offen, ohne Scham. Es tut mir Leid, was dir danach geschehen ist. Jo, als deine Brüder dich im fließenden Kleid in all deinem Glanz gesehen haben, wurden sie wütend. Es tut mir so Leid, dass du geschlagen wurdest.*
> *Es tut mir so Leid, dass du geblutet hast, dass sie dein Kleid zerrissen und es mit der roten Farbe deiner geschwollenen Venen beschmiert haben. (Übersetzung, K.S.)*

Traumdeutung

Aber der Verrat war nicht das Ende der biblischen Geschichte. Joseph wurde nach Ägypten verschleppt und an Potifar, den Obersten Befehlshaber des Pharaos, verkauft. Dort arbeitete Joseph als Sklave, bis sich Potifars Frau in ihn verliebte. Sie machte ihm mehrfach Avancen, die Joseph allesamt ablehnte. Da beschuldigte sie Joseph, dass er sie vergewaltigt habe, und Joseph wurde ins Gefängnis geworfen. Im

Gefängnis deutete er Träume von verschiedenen Menschen. Seine Deutungen erwiesen sich allesamt als richtig. Als der Pharao später selbst zwei Träume hatte, die niemand in seinem Reich verstand, ließ er Joseph rufen und erzählte ihm die Träume. Beim ersten Traum ging es um sieben fette und um sieben magere Kühe. Die mageren fraßen die fetten. Beim zweiten Traum handelte es ich um sieben dicke und sieben dünne Ähren. Die dünnen verschlangen die dicken.

Joseph deutete beide Träume: Nach sieben guten Erntejahren in Ägypten würden sieben karge Jahre kommen. Daher sollte der Pharao in den guten Erntejahren seine Speicher für die Hungerjahre füllen. Dem Pharao leuchtete Josephs Deutung unmittelbar ein. Er tat wie Joseph es ihm geraten hatte. Die Entwicklungen der nächsten Jahre bestätigten Traum und Deutung. Joseph wurde aus dem Gefängnis entlassen und nach dem Pharao zum zweiten Mann in Ägypten ernannt. Während viele Nachbarvölker unter Hungersnot litten, hatten die Ägypter dank ihrer Vorratswirtschaft genügend Nahrungsmittel zur Verfügung. Das sprach sich schnell herum unter den Nachbarvölkern. So kam es, dass auch Josephs Brüder nach Ägypten kamen. Sie wollten Getreide vom Pharao kaufen. Joseph war der Verhandlungsführer des Pharaos. Er erkannte seine Brüder sofort, während jene ihn nicht erkannten. Erst auf einer zweiten Verhandlungsreise gab Joseph sich ihnen zu erkennen. Die Brüder erschraken sehr, da sie Joseph tot wähnten und seine Rache fürchteten.

Vergeben statt hassen

Doch als Joseph seine Brüder nach all den Jahren wiedersah, vergab er ihnen trotz allem Unrecht und Leid, das er erlebt hatte. Er ließ seinen Vater Jakob und den jüngsten Bruder Benjamin nachholen und feierte mit allen ein großes Fest. Josephs Liebe war stärker als der Hass der Brüder, sein Großmut größer als ihr Verbrechen. Die Brüder waren verunsichert, überrascht von Josephs Gastfreundschaft und dankbar für seinen Großmut. Und auf einmal konnten sie Joseph als denjenigen sehen, der er wirklich war: klug, feinfühlig, erfolgreich und anders als die anderen. Nicht mit Viehzucht hatte er Erfolg gehabt, sondern mit Zuhören, Traumdeutung und seiner Intuition. Er war nicht besser und nicht schlechter als die anderen, sondern anders. Vielleicht war er einfach sensibler. Vielleicht würde er sich heute als Transgender bezeichnen, vermutlich jede Kategorisierung ablehnen. Sicher ist, dass er die traumatische Situation von Verrat, Heimatverlust und Exil überlebt hatte. Im fremden Land konnte er sich eine neue Existenz aufbauen. Und die ganze Zeit hatte Joseph den Gott seiner Väter nicht vergessen. Und Gott war bei ihm und beschützte ihn.

Joseph - Josephine - Jo II

Der Dichter J. Mase III. bezog Josephs Geschichte auf sein eigenes Leben und interpretierte das Ende der biblischen Geschichte so:

„Joseph/Josephine/Jo, deine Liebe hat die Dunkelheit der Vorbehalte durchbrochen. Und zum ersten Mal hat dich deine Familie so gesehen, wie du bist, so wunderbar. Denn du warst es, der die Menschen vorm Hunger gerettet hat. Lieber Joseph der Genesis/Josephine/Jo, ich beanspruche deine Geschichte für jedes schwul-lesbisch queere Kind, dem erzählt wird, dass es unheilig sei, für jede schwul-lesbisch-queere Person, der erzählt wird: wenn du leben willst, musst du deinen Glauben sterben lassen." (Übersetzung, K.S.)

Ermutigung

Josephs Geschichte ist ermutigend. Für alle, die sich mit denjenigen identifizieren, die am Rande stehen. Für Zurückhaltende, Schüchterne, Gefühlsbetonte, für solche, die sich anders fühlen, die nach sich selbst suchen, nach ihrer sexuellen Orientierung, nach ihrer Geschlechtsidentität. Ihnen allen zeigt die Geschichte: Brutale Gewalt hat nicht das letzte Wort! Es gibt bei Gott einen sicheren Ort für Joseph, Josephine und für Jo.

Ohne Vorbehalte: Jesus und der Zöllner

17.02.2016 (Veröffentlichung auf eigener Homepage)

Jesus ließ sich ohne Vorbehalte von einem Zöllner, einem Außenseiter, einladen und setzte damit ein Zeichen (Matthäus 9, 9-12).

„Ich lad euch ein!"
Jesus lässt den Zöllner Gastgeber sein.
Er kommt gerne.
Er isst und trinkt mit ihm.

„Was der? Der ist doch unmöglich! Ein Halsabschneider!"
Jesus genießt, was ihm geboten wird, ohne weitere Fragen.
Er teilt das Mahl mit dem Außenseiter.

„Was der? Der ist doch unmöglich! Ein Halsabschneider!"
Jesus weiß: Wer dem anderen ohne Vorbehalte begegnet, der kann überrascht werden.
Jeder und jede hat eine Chance verdient.

„Was der? Der ist doch unmöglich! Ein Halsabschneider!"
Jesus interessiert der Protest nicht.
Andere sind empört.

„Warum isst Jesus nicht bei uns?
Warum bei diesem Außenseiter?"
Jesus spricht mit allen.
Er holt sie vom Rand in die Mitte.
Er bezieht die Ausgegrenzten ein.
Er gibt den scheinbar Nutzlosen,
den Fremden und Anderen ihre Würde zurück.

„Was der? Der ist doch unmöglich! Ein Halsabschneider!"
Jesus begegnet Einsamen und Fremden,
Kranken und Außenseitern.
Er verurteilt sie nicht.

Stattdessen hört er ihnen zu,
nimmt sie ernst,
will ihre Geschichte verstehen.
Er bewertet nicht,
steckt nicht in Schubladen,
grenzt nicht aus.
Jeder und jede hat eine Chance verdient.
Denn in jedem Menschen kann mir Gott begegnen.

Im Plural: Biblisches Ehe- und Familienverständnis

9.12.2015

Es gibt weder im Alten noch im Neuen Testament ein normativ verbindliches Bild von Ehe und Familie. Die Bibel begründet auch nicht ausschließlich auf Liebe gegründete Gemeinschaft zwischen Mann und Frau, sondern berichtet von ganz unterschiedlichen Patchworkfamilien und Zusammenlebensformen.

In Gesprächen über die gleichgeschlechtliche Ehe wird von christlicher Seite immer wieder angemahnt, sich auf das biblische Eheverständnis zu besinnen. Das ist ja schön und gut. Aber was genau heißt das eigentlich?

Zunächst einmal fällt auf: Es gibt nicht das eine biblische Eheverständnis. Stattdessen gibt es ganz verschiedene biblische Geschichten, die das Zusammenleben zwischen Männern und Frauen in den über 1000 Jahren zeigen, die die biblischen Bücher umfassen.

Erzväter

Mit den so genannten Erzvätern im Alten Testament geht es los. Da sind Abraham, Loth, Jakob und später die israelitischen Könige David und Salomo und viele mehr, die nicht nur mit einer Ehefrau Kinder hatten, sondern auch mit Zweitfrauen oder Mägden. Abrahams Bruder Loth hatte sogar inzestuöse Verbindungen mit seinen Töchtern (1. Mose 19) und war damit nicht der Einzige. Mägde oder Sklavinnen wurden damals oft als Leihmütter missbraucht, um die drohende Kinderlosigkeit von Ehefrauen abzuwehren. Abraham bekam mit der Magd Hagar den Sohn Ismael, bevor seine Ehefrau Sara ihren gemeinsamen Sohn Isaak gebar. Jakob hatte mit seinen zwei Ehefrauen Lea und Rahel und den zwei Mägden Silpa und Bilha insgesamt zwölf Kinder. Am Rande der Wüste war die polygame Großfamilie ganz offensichtlich der Ort der ökonomischen Absicherung. Er bot Schutz und Zugehörigkeit vor allem für Frauen und Kinder, und er sicherte den Alten ihr Überleben. Denn Rente und Sozialversicherung gab es nicht.

Schwagerehe

Aus ähnlichem Grund gab es die Pflicht zur so genannten Schwagerehe. Wenn ein verheirateter Mann kinderlos gestorben war, sollte ein Bruder die verwitwete Frau heiraten und mit ihr ein Kind zeugen. Das Kind wurde dem Verstorbenen zugeschrieben, damit die Familie nicht ausgelöscht wurde. Im 1. Buch Mose Kapitel 38 kann man beispielsweise nachlesen, dass der erstgeborene Sohn von Juda mit Tamar verheiratet war. Er starb kinderlos. Nun sollte sein Bruder Onan Tamar heiraten und mit ihr Nachwuchs zeugen. Onan verweigerte diese Schwagerpflicht und musste sterben. Sein Vater Juda sah in Tamar die Schuldige für den Tod seiner beiden Söhne und verweigerte ihr seinen dritten Sohn für die Schwagerehe. Dieser Schritt war dramatisch für die ganze Familie, besonders aber für Tamar. Denn ohne Mann und Kinder war sie rechtlos und schutzlos. Um nicht kinderlos zu bleiben, verkleidete sich Tamar als Hure und bot sich ihrem Schwiegervater Juda an. Dieser überließ ihr seinen Siegelring als Lohn für die Nacht. Als Tamar Zwillinge gebar, wurde sie der Hurerei beschuldigt. Juda wollte sie verbrennen lassen. Doch Tamar zeigte ihm den Siegelring und dokumentierte damit seine Verantwortung für die Zwillinge. Sie und die Zwillinge überlebten.

Existenzsicherung

An diesen beispielhaften Geschichten wird deutlich, dass nicht Liebe, sondern Existenzsicherung zum Ehevertrag führten. Die Ehen waren patriarchal und polygam organisiert und drehten sich vor allem um die Nachwuchssicherung und damit um den Fortbestand der Familien. Bei den Königen ging es darüber hinaus um Machterhalt und Sicherung von Besitz und Land über die eigene Generation hinweg. Die Frauen hatten kaum eigene Rechte und wurden an ihrer Gebärfähigkeit gemessen. An Geschichten wie der von Sara, Rahel oder der von Samuels Mutter Hanna und ihrem Lobpreis auf ihre Schwangerschaft zeigt sich, wie überlebenswichtig das Gebären von Kindern war und wie gefährlich es für Frauen war kinderlos zu bleiben.

Das Konzept der bürgerlichen Kleinfamilie mit Ehepaar und zwei Kindern lässt sich in den biblischen Geschichten nicht finden. Das sind Vorstellungen, die erstmals in der Romantik aufkamen und im 18. und 19. Jahrhundert mit der Ablösung von bäuerlichen Großfamilien auf dem Land hin zu Arbeiterfamilien und bürgerlichen Kleinfamilien im städtischen Umfeld an Bedeutung zunahmen. Die romantische Liebe sollte nun das garantieren, was vorher auch in Europa durch den Ehevertrag geregelt war: Besitzverhältnisse, Loyalität und Nachkommenschaft.

Schöpfungsberichte

In den beiden Schöpfungsberichten des Alten Testaments wird der Mensch männlich und weiblich geschaffen. Im ersten Schöpfungsbericht werden Frau und Mann als Gottes Ebenbilder bezeichnet und von Gott gesegnet. Und Gott fordert sie auf fruchtbar zu sein (1. Mose 1,27 f.). Es ist nicht Voraussetzung für Menschwerdung und Partnerschaft, aber unabdingbar für die Absicherung menschlicher Existenz. Das Wort Ehe kommt nicht vor. Im zweiten Schöpfungsbericht soll der Mann seiner Frau *anhangen* (1. Mose 2,24), wenn er seine Eltern verlässt. Das Wort Ehe wird hier ebenfalls nicht gebraucht. Wie auch sonst nicht im Alten Testament. Das Wort *anhangen* kann natürlich so ausgelegt werden. Aber dann muss auch erwähnt werden, dass das gleiche Wort *anhangen* im Buch Ruth gebraucht wird. Die Moabiterin Ruth blieb nach dem Tod ihres Mannes bei ihrer hebräischen Schwiegermutter Naomi. Sie „hing ihr an" und ging mit ihr in ihre alte Heimat Israel. Den berühmten Satz, der bis heute in vielen Trauungen zitiert wird: *Wo du hingehst, da will auch ich hingehen. Wo du bleibst, da bleibe ich auch.* (Ruth 1,16) hat Ruth zu ihrer Schwiegermutter gesagt und nicht etwa ein Mann zu einer Frau.

Im Neuen Testament

Auch im Neuen Testament wird zur Ehe wenig gesagt. Mit dem Satz *Was nun Gott zusammengefügt hat, das soll der Mensch nicht scheiden* (Markus 10,9), ging es Jesus vor allem um die Einhaltung eines Rechtsvertrags zur Absicherung der Frau, die ohne einen solche Vertrag rechtlos und schutzlos war. Jesus argumentierte darüber hinaus eher familienfeindlich. Er forderte seine Jünger auf, ihre Familien im Stich zu lassen und ihm nachzufolgen. An anderer Stelle erklärte er die Frauen und Männer, die ihm nachfolgten, zu seiner *wahren Familie* (Markus 3,31-35) und nicht etwa Maria und Josef. Es ging um soziale Strukturen von Verlässlichkeit, Sicherheit und Beheimatung, die einen viel weiteren Begriff von Familie nahelegen als den der bürgerlichen Kleinfamilie.

Der Apostel Paulus blieb genau wie Jesus ehe- und kinderlos. Er propagierte einen zölibatären Lebensstil und lehnte die Ehe sogar ab (1. Korinther 7,1). Er sah sie lediglich als Möglichkeit, sexuelle Bedürfnisse geregelt zu kanalisieren (1. Korinther 7,9).

Vielfalt biblischer Lebensformen

Mit biblischen Texten kann die bürgerliche Kleinfamilie nicht begründet werden. Die Vielfalt der biblischen Lebensformen ist nicht zu übersehen. Wohl aber kann eine Norm für alle Zusammenlebensformen abgeleitet werden. Sie erschließt sich aus dem Gebot, Witwen und Waisen, Fremde und Alte zu schützen und aufzunehmen und Vater und Mutter zu ehren (1. Mose 20,12). Es geht um Gerechtigkeit, Loyalität, Solidarität und Ehrerbietung im Sinne von Achtung und Respekt. Diese Haltung gilt für jede Form des Zusammenlebens, damals wie heute.

Anders als gedacht: Heilig Abend

23.12.2015

Die Heilige Nacht verlief anders als gedacht.

Heilige Nacht
Hell in dunkler Nacht
Krippe nicht Königspalast
Einfach nicht pompös
Auf dem Weg
in der Nacht.

Auf der Flucht
Zu-Flucht im Stall in Bethlehem
Hirten, Ochs und Esel bezeugen
Es geschah etwas Besonderes
Etwas Anderes
Großes ganz klein
Kleines ganz groß.

Anders als gedacht
Gott wird Mensch
In einem Kind
Verwundbar - ohne Waffen - ohne Militär
Trotzdem beschützt
Von Maria, Josef und Gottes Segen
Vollmacht ganz anders.

Perspektivwechsel
Stall statt Palast
Mitte wird Rand
Rand wird Mitte
Beginn von etwas Neuem
Quer zu Erwartungen
Quer zur menschlichen Logik
Quer zur Hierarchie.

Normalität ganz anders
Überraschender - bunter - vielschichtiger
Eine Lektion bis heute
Anders als gedacht
Anders als
Anders.

Homoerotische Spuren: Jakobs Kampf am Jabbok

30.09.2015

Ich stelle in diesem Beitrag eine queere Re-Lektüre der biblischen Geschichte von Jakobs Kampf am Fluss Jabbok vor (1. Buch Mose 32,23-33).

Zum Hintergrund

Jakob, der Sohn von Rebekka und Isaak, lebte in Beerscheba, einer Stadt in Kanaan, im heutigen Israel. Er hatte sich durch eine List den Erstlingssegen von seinem Vater ergaunert. Eigentlich hätte dieser Segen nach damaliger Tradition seinem zuerst geborenen Zwillingsbruder Esau zugestanden. Aber Jakob wollte den Erstlingssegen unbedingt haben. Denn daran hing Macht, Existenzsicherung und Gottes Schutz. Mit Hilfe seiner Mutter Rebekka überlistete Jakob seinen Vater Isaak und überzeugte ihn, dass er Esau sei. Jakob bekam den Segen vom Vater zugesprochen (1. Buch Mose 27,28 f.).

Als sein Zwillingsbruder Esau von dem Betrug erfuhr, drohte er damit, Jakob zu erschlagen. Jakob musste fliehen und reiste zu seinem Verwandten Laban von Beerscheba nach Aram ins Land der Aramiter. Dort arbeitete er insgesamt 14 Jahre für Laban und bekam in einer polygam organisierten Großfamilie mit seinen zwei Frauen Leah und Rahel und seinen Mägden Bilha und Silpa insgesamt zwölf Söhne (1. Buch Mose 29,1-30). Danach verließ er Laban mit seinen Frauen, Kindern, Mägden und seinem gesamten Herdenbestand wieder (1. Buch Mose 31).

Als Jakob den Rückweg in seine alte Heimat nach Kanaan antrat, wurde ihm bewusst, dass er dort vermutlich wieder auf seinen Bruder Esau treffen würde. Daraufhin sandte er Boten aus, um sich anzukündigen. Die Boten kamen zurück und berichteten, dass Esau ihm bereits mit 400 Mann entgegenkam. Da bekam Jakob Angst um sein Leben. Er teilte seine Familie, seine Arbeiter und Mägde, Schafe, Ziegen und Kamele in zwei Herden auf und schickte sie in unterschiedliche Richtungen davon, um zumindest einen Teil seines Besitzes vor dem befürchteten Angriff seines Bruders schützen zu können. Jakob gab den beiden Anführern seiner Herden jeweils eine große Anzahl von

Geschenken für Esau mit, um ihn zu beschwichtigen. Er selbst blieb zurück und verbrachte die Nacht am Fluss Jabbok.

In der Nacht überraschte ihn ein Unbekannter. Der Fremde kam aus dem Nichts. Jakob wusste weder, wer er war noch woher er kam. Sie kämpften die ganze Nacht miteinander (1. Buch Mose 32,23-33). Keiner der beiden gewann den Kampf, aber es verlor ihn auch keiner. Zum Ende hin verletzte der Fremde Jakob so sehr am Hüftgelenk, dass Jakob für den Rest seines Lebens humpeln musste. Jakob schrie den Fremden an, dass er ihn nicht loslassen würde, bevor der ihn nicht segnete. Der Andere fragte Jakob stattdessen nach seinem Namen und gab ihm einen neuen Namen *Israel* (*Gottesstreiter*). Seinen Namen gab der Fremde nicht preis, aber er segnete Jakob.

Auslegung

In traditionellen Auslegungen wird davon ausgegangen, dass Jakob mit Gott selbst gekämpft hat und dass der vorher erschlichene Erstlingssegen durch Gottes Segen anerkannt wird. Jakob geht aus dem Kampf gestärkt für die Begegnung mit Esau hervor. Das ist für traditionelle Bibelauslegungen wichtig, denn Jakob gilt - genauso wie Abraham und Isaak - als Ahnherr des Geschlecht Davids und damit als Ahnherr von Jesus.

Eine queere Re-Lektüre dieser Bibelstelle rekonstruiert aus dieser Geschichte noch eine andere Spur: Jakob kämpft eine ganze Nacht mit einem fremden Menschen. Jener wird im biblischen Text als unbekannter Mann vorgestellt. Der Kampf zwischen den beiden Männern kann auch homoerotisch gedeutet werden. Die beiden Männer wälzen sich im Matsch und kämpfen körperlich miteinander. Der Kampf hat ein offenes Ende und bleibt ohne Sieger. Dennoch oder gerade deswegen wirkt die körperliche Begegnung verstörend und zutiefst existenziell. Der Unbekannte bleibt geheimnisvoll und jenseits einer zuweisbaren Geschlechtsidentität oder Rollendefinition. Obwohl der Fremde als Mann eingeführt wird, wirkt er in seiner unbestimmten Erscheinung eher als ein Wesen jenseits dualistischer Geschlechterkategorien.

Auch in der queeren Bibelauslegung wird der Unbekannte mit Gott identifiziert. Gott erscheint in dieser Szene allerdings nicht als der Abwesende, Distanzierte, ewig Unberührbare, wie er in theologischen

Lehrsätzen oft dargestellt wird, sondern er tritt auf als der Nahbare. Gott wird körperlich spürbar und macht sich verletzlich, obwohl er gleichzeitig geheimnisvoll bleibt. Die Re-Lektüre zeigt einen Gott, der sich schmutzig macht, sich im Dreck wälzt und in körperlicher Weise einem anderen Mann begegnet.

In der traditionellen Exegese wird Jakobs Kampf mit Gott am Jabbok unter anderem psychologisch als innerer Kampf gegen Schuld- und Schamgefühle ausgelegt; also als Reise nach innen, als Kampf gegen die eigenen dunklen Seiten, als Kampf gegen Gefühle von Wertlosigkeit und Verzagtheit. Dieser Prozess ist kein einfacher linearer Weg, sondern ein Prozess auf Leben und Tod; mit Unterbrechungen, Umwegen, Krisen, schweren Kämpfen und Bedrohungen. Und Jakob überlebt diesen Kampf.

Aus queerer Perspektive kann auch jeder Comingout-Prozess von Lesben und Schwulen, Bi-, Trans- und Intersexuellen als körperlicher, geistiger und seelischer Kampf um ein Leben in Würde und Anerkennung angesehen werden. Es ist ein Kampf mit Erwartungen und Werten in einem (hetero-)normativen Umfeld. Und es ist ein Ringen um Respekt und um Gottes Segen für gleichgeschlechtliche Partnerschaften.

Vor diesem Hintergrund zeigt sich in dieser biblischen Geschichte ein Gott, der ganz anders ist. Er überschreitet Grenzen und zwingt auch Jakob Grenzen zu überschreiten. Dieser Gott ist nicht männlich, nicht weiblich. Er lässt sich körperlich berühren und berührt selbst. Dadurch sprengt er die dualistisch angeordneten Kategorien von Normalität und Abweichung, Körper und Geist, Subjekt und Objekt. Und als der Morgen anbricht, segnet Gott den Jakob.

Zum Weiterlesen

Söderblom, Kerstin, *Kämpfen mit einem queeren Gott? Aspekte einer queeren Theologie*, in: Christian Schmelzer (Hg.), *Gender Turn. Gesellschaft jenseits der Geschlechternorm*, Bielefeld 2013, S.173-187.

Vielfalt der Sprachen: Der Turmbau zu Babel

16.07.2015

Biblische Texte quer und queer lesen. Mit einer anderen Perspektive, mit einer anderen Fragestellung. Das fördert Überraschungen und neue Erkenntnisse zutage. Und es zeigt, dass Bibel lesen immer schon Bibel interpretieren bedeutet hat.

Die Geschichte vom Turmbau zu Babel (1. Mose 11,1-9)

Einst lebten alle Menschen in einer Stadt. Sie sprachen eine Sprache, kamen aus einer Kultur. Eines Tages begannen einige Menschen von ihnen einen Turm zu bauen, der bis zum Himmel reichen sollte. Damit wollten sie sich einen Namen machen, Ruhm ernten und mehr Macht gewinnen. Mit dem Turm wollten sie alle Menschen beobachten und kontrollieren können. Mit viel Eifer und Energie bauten die Menschen an diesem Turm. So beginnt die biblische Geschichte vom Turmbau zu Babel. Aber Gott ließ das Großprojekt nicht zu. Er sah, dass die Menschen aus Hochmut bauten und dass sie selbst wie Gott sein wollten. Deshalb stoppte er den Turmbau, indem er die Menschen aus der Stadt vertrieb. Er veranlasste außerdem, dass die Menschen fortan verschiedene Sprachen sprachen und sich nicht mehr mühelos verstehen konnten.

Strafe oder Geschenk Gottes?

Im Allgemeinen wird das Ende der Geschichte als Strafe Gottes angesehen. Es kann aber auch ganz anders verstanden werden. Die Sprachverwirrung ist nicht unbedingt eine Strafe! Sie kann auch als Geschenk Gottes an die Menschen gesehen werden, als eine Befreiung. Wie langweilig ist das denn, wenn alle dieselbe Sprache sprechen, dieselben Dinge erleben und nur eine Kultur miteinander teilen? Ist es da nicht ein Segen, wenn es keine Einheitssprache mehr gibt, keine Einheitskultur und keine Machtzentrierung, die durch den Turm nur noch unheimlicher geworden wäre?

Sprache, Kultur, Religion und Lebensformen zu überwachen und zu kontrollieren, ist in vielen Ländern der Welt leider immer noch Wirklichkeit. Menschen werden unterdrückt und vom kritischen eigenständigen Denken und Handeln abgehalten, so wie in einer Militärdiktatur.

Aber auch innerhalb von demokratischen Ländern sind es Extremist*innen oder Fundamentalist*innen, die versuchen, nur eine Lebensform, eine Religion, eine Kultur oder eine Sprache zuzulassen und alles andere als minderwertig oder böse zu verdammen oder sogar gewaltsam dagegen vorzugehen. Persönliche Erfahrungen und Lebensgeschichten werden dadurch unkenntlich gemacht oder sogar zerstört. Einheitssprache und Einheitskultur sind nicht paradiesisch! Sie bedeuten Zwang und Kontrolle für diejenigen, die nicht so sprechen, nicht so denken oder leben, wie es eine Militärdiktatur oder eine Mehrheitskultur vorgibt.

Verheißung

Für mich ist diese Lesart der biblischen Geschichte bedeutsam. Ich spüre die freudige Verheißung, die in der Geschichte deutlich wird: Gott befreit vom Druck, einer Einheits-Kultur zu folgen und einer Einheits-Norm entsprechen zu müssen. Die Angst, anders zu sein als andere und die Erfahrung, irgendwie fremd zu sein, begegnet so unversehens einer anderen Stimme: Die Vielfalt von Sprachen, Kulturen und Lebensformen ist bereichernd und wertvoll! Bedrohlich ist es nicht, anders zu sein, sondern gefährlich ist es, alle unter dem Deckmantel der Einheit zu uniformieren.

Wenn Menschen versuchen, trotz ihrer unterschiedlichen Sprachen und Lebenszusammenhänge miteinander zu reden und sich ihre Lebensgeschichten erzählen, dann können Menschen voneinander lernen und Ängste abbauen. Es geschieht heute schon in vielen interkulturellen und interreligiösen Begegnungsforen, in Gesprächskreisen zu verschiedenen Lebensformen. Es geht dabei gerade nicht darum, die eigene Identität aufzugeben oder sich im allgemeinen *Einheitsbrei* der Kulturen und Religionen aufzulösen, sondern darum den Anderen als den Anderen zu respektieren.

Steh auf, iss und geh! Der Prophet Elia

1.04.2015

Was ist eigentlich normal? Und was macht einen Menschen zum anderen? Stipendiat*innen vom Evangelischen Studienwerk in Villigst haben sich mit der biblischen Geschichte des Propheten Elia auseinandergesetzt (1. Könige 17 - 2. Könige 2) und dabei viel über ihr eigenes Leben nachgedacht.

Viel Zeit

Dreißig Stipendiat*innen des Evangelischen Studienwerks in Villigst und acht Teamer*innen waren im März 2015 vier Tage lang in einem Benediktinerinnenkloster zu Besuch. Vier Tage Zeit, um neben den klösterlichen Tageszeitgebeten die biblische Geschichte vom Propheten Elia kennen zu lernen und aus ganz verschiedenen Perspektiven zu vertiefen. Dafür hörten und lasen wir den biblischen Text intensiv, spielten ihn mit bibliodramatischen Methoden, diskutierten lebhaft, meditierten, spürten dem Text in der Oratoriumsfassung von Felix Mendelssohn Bartholdy musikalisch nach und stellten ihn in ganz verschiedener Weise kreativ dar.

Berufung

Dichte Tage waren es und für die meisten auch existenzielle. Wir beschäftigten uns mit der Berufung des Elia genauso wie mit seinem Glauben, seinem religiösen Eifer bis hin zu seinem Zweifel, der Glaubenskrise und der Frage, wer er eigentlich sei angesichts von Verfolgung, Einsamkeit und der Suche nach sich selbst. Gleichzeitig war unsere Auseinandersetzung mit der biblischen Geschichte eng verknüpft mit der Frage nach dem eigenen Leben. Was ist meine Berufung? Was ist mir wichtig und wofür setze ich mich ein? Was kann ich und wofür brenne ich? Und an welcher Stelle verrenne ich mich oder werde arrogant und von Macht berauscht so wie Elia, als er im Kampf mit den Priestern anderer Götter jedes Maß verlor und sie nicht nur umbringen ließ, sondern selbst andere umbrachte. Wie gehe ich mit Krisen in meinem Leben um, wenn ich mich schuldig fühle, einsam, unverstanden, anders als die anderen, allein?

Auseinandersetzungen

Für diese existenziellen Fragen nahmen wir uns in den Tagen viel Zeit - alleine, zu zweit, in Gruppendiskussionen, im Gebet, beim Singen, Spielen und Musizieren. Intensive Gespräche gab es. Einige der Teilnehmenden erzählten Persönliches, andere wurden still, viele lachten, weinten, mehrere zeigten etwas von sich, was sie sonst nicht so leicht von sich zeigten. Die Auseinandersetzung mit der biblischen Geschichte und die persönliche Aneignung waren möglich, weil wir behutsam und vertrauensvoll miteinander umgingen und weil Liturgien, Gebete und der biblische Text einen klaren Rahmen für alle Begegnungen bildeten. Und nicht zuletzt: Gottes Zuspruch trug uns durch die Geschichte hindurch. Egal wie einsam und verzweifelt Elia war und wie wenig er sich geeignet gefühlt hatte, Gottes Auftrag zu erfüllen, Gott war da, hat ihn nicht allein gelassen. Er gab ihm in der Krise mitten in der Wüste das Nötigste zum Leben: Wasser, Brot und die Aufforderung: „Steh auf, iss und geh, denn dein Auftrag ist noch nicht zu Ende!"

Anders als die anderen

Einige Studierende fragten sich, inwiefern Elia eigentlich anders war als andere damals. Und sie überlegten, was jemanden eigentlich zum anderen macht, damals und heute? Ihre Antwort: Menschen werden als anders angesehen, wenn sie aus scheinbar selbstverständlichen Handlungs-mustern herausfallen. Wenn sie sich *nicht normal* verhalten, wenn sie keinen gängigen Beruf annehmen, wenn sie nicht heiraten.

Wenn sie Gottes Berufung nachfolgen, ohne genau zu wissen, was das eigentlich ist und ob sie das können, was Gott von ihnen erwartet. Mit dieser Entscheidung fallen sie er aus der *Normalschablone* heraus. Sie werden zu Anderen, zu misstrauisch Beäugten, angeblich Ver-Rückten, die im Fall von Elia den Mächtigen so viel Angst einjagten, dass sie ihre Soldaten auf ihn loshetzten und ihn verfolgen ließen. Elia sollte sterben, weil er unangenehme Wahrheiten verkündete, die aufrüttelten und das scheinbar selbstverständliche Dasein hinterfragten. Elia kritisierte Mainstream-Meinungen und lebte sein Leben quer zu allem, was damals als normal und angemessen galt. Und doch war Gott mit ihm, oder: gerade deswegen!

Diese Erkenntnis ermutigte viele der Studierenden. Elia war anders, er war nicht nur ein Gläubiger, sondern auch ein Zweifler. Er war nicht nur ein toller Typ, sondern einer der gescheitert war, einer der sich religiös verrannte und sich an seiner Vollmacht berauscht hatte. Er fühlte sich berufen und unfähig zugleich, vollmächtig und hilflos, einsam und unverstanden. Trotzdem schaffte er es mit Gottes Hilfe aus der Krise herauszukommen. Gott war und blieb bei ihm!

Die Studierenden übersetzten das in ihr eigenes Leben: Anders fühlen sich einige, weil sie sich als gläubige Christ*innen in einem säkularen Umfeld zeigen, weil sie bewusst vegetarisch leben und auf Fleischkonsum verzichten, andere weil sie jedem religiösen Eifer misstrauen und sich aktiv gegen jede Form von Fundamentalismus und Extremismus einsetzen, weil sie in Menschenrechtsgruppen für Geflüchtete eintreten oder beim Kirchenasyl mithelfen und dafür manchmal Unverständnis oder sogar Gewaltandrohung ernten. Einige fühlen sich als Stipendiat*innen der evangelischen Begabtenförderung gestresst oder sogar überfordert, weil sie sich gar nicht für begabt halten oder noch danach suchen, was ihre Bestimmung ist. Manche fühlen sich anders, weil sie noch nicht verheiratet sind oder weil sie entdecken, dass sie sich in Menschen des gleichen Geschlechts verlieben und sich deshalb vorverurteilt und ausgeschlossen fühlen.

Wie wohltuend war es da für die Studierenden im biblischen Text zu erfahren, dass Gott bei Elia blieb, obwohl er anders war, obwohl er verfolgt wurde und sich allein fühlte. Gott war da! Diesseits und jenseits von Normalitätskonstruktionen ermutigt Gott die Menschen, zu sich selbst zu stehen, glaubwürdig nach der eigenen Bestimmung zu suchen und sich fragen zu lassen: Wofür brennst du? Was steckt in dir und will sich zeigen, auch wenn es nicht *normal* ist? Tue es mit Würde, Respekt und Achtsamkeit. Steh auf, iss und geh!

Queer Biografische Porträts

Einführung

Menschen, die mich im Laufe meines Lebens aus unterschiedlichen Gründen beeindruckt haben, porträtiere ich in diesem Kapitel. Nicht alle bezeichnen sich selbst als LSBTTIQ, nicht alle sind theologisch aktiv oder interessiert. Dennoch haben sie mich auf die eine oder andere Weise auf meinem queer theologischen Suchweg inspiriert und begleitet. Deshalb ist es mir wichtig, sie in diesem Buch vorzustellen.

Einige von ihnen habe ich interviewt, damit sie ihre eigene Geschichte erzählen können. Andere stelle ich aus meiner persönlichen Sicht vor. Die meisten habe ich selbst getroffen, von anderen habe ich Beiträge gelesen, die mich beeinflusst haben. Warum, versuche ich in diesem Kapitel anhand der einzelnen Porträts zu erzählen.

Matthew Shepard: Wie eine Vogelscheuche

24.10.2018

Matthew Shepard wurde am 12. Oktober 1998 ermordet. Er war noch nicht einmal 22 Jahre alt. Und warum? Weil er schwul war. Zwanzig Jahre später wurde Matthew Shepard mit einem Gedenkgottesdienst in Washington geehrt und in die Krypta der Kathedrale umgebettet.

Hintergrund

Am 6. Oktober 1998 hatte der Student Matthew Shepard zwei Studenten in einer Bar auf dem College Campus der University of Wyoming kennen gelernt und sie nachts gebeten ihn nach Hause zu fahren. Er wurde auf der Fahrt ausgeraubt und 18 Mal mit einer Pistole auf den Kopf geschlagen. Dann wurde er von den beiden mit seinen eigenen Schnürsenkeln an einen Zaun gefesselt, halbtot geschlagen und hilflos zurückgelassen.

18 Stunden nach der Tat wurde er von zwei Radfahrern entdeckt. Sie hielten ihn zunächst für eine Vogelscheuche, die an einen Zaun gebunden war. Er wurde in ein Krankenhaus gebracht. Doch Matthew erwachte nicht mehr aus seiner Bewusstlosigkeit und verstarb im Krankenhaus.

Reaktionen

Als der Mord öffentlich wurde, gab es in mehreren Städten der USA und darüber hinaus spontane Mahnwachen, Trauermärsche und Demonstrationen. Ich selbst erinnere mich noch gut daran, wie ich in New York auf einen Trauermarsch ging. Ich hatte von 1998 bis 1999 in New York gelebt und im Büro des Lutherischen Weltbundes im so genannten Church House gegenüber den Vereinten Nationen in Manhattan gearbeitet. Ich war völlig fassungslos und geschockt, als ich die Nachricht über den brutalen Mord erfahren habe. So ging es Tausenden anderen auch. Wir trafen uns für einen spontanen Trauermarsch mit anschließender Kundgebung am Union Square in Manhattan und zogen bis zum Washington Square. Wir wurden von Hunderten Polizisten des New York Police Department (NYPD) mit Helmen, Schildern und Schlagstücken begleitet. Sie behandelten uns wie Schwerverbrecher.

Dabei waren wir eine bunte Gruppe von Menschen, jung und alt, homo, hetero und queer, Männer und Frauen, schwarz und weiß, die spontan über ein Opfer eines homofeindlichen Gewaltverbrechens trauerten. Und wir wollten unserer Trauer, aber auch unserer Wut auf die brutale Gewalt friedlich Ausdruck verleihen. Etwa zwanzig Demonstrant*innen wurden im Laufe des Trauermarsches festgenommen und in bereitstehenden Bussen des NYPD abtransportiert. Der Trauermarsch für einen ermordeten schwulen Studenten war damals selbst im liberalen New York in den Neunzigern unbequem und unerwünscht. Man wollte keinen Schwulen zum Märtyrer machen. Weder in New York noch anderswo.

Darüber hinaus fanden auch Gegendemonstrationen statt. Sie wurden von Leuten organisiert, die die zwei Mörder unterstützten. Denn ein Schwuler komme früher oder später sowieso in die Hölle. Und er sei aufgrund seines perversen Lebenswandels selbst schuld an seinem Tod. Am Straßenrand in Manhattan wurden auch wir bespuckt und angepöbelt. Aber ebenso viele zeigten sich solidarisch und schlossen sich dem Trauermarsch an. Die Atmosphäre in den Wochen nach dem Mord an Matthew Shepard war aggressiv und angespannt. Das Thema Homosexualität wurde in den Medien, in Kirchen und auf der Straße kontrovers diskutiert. Emotionen kochten über. Einigen konnte man sich nicht. Nicht einmal angesichts eines ermordeten jungen Studenten.

Meine Erfahrungen

Ich war damals sehr verstört. Bis dahin hatte ich New York gerade gegenüber LSBTTIQ sehr liberal und offen erlebt. Es gab Clubs, Bars und Beratungszentren. Ich konnte nicht fassen, dass es selbst in New York anlässlich eines so brutalen Mordes auch aggressive Störer gab, die den Trauermarsch zu stoppen versuchten.

Als ich eine Woche später einen Memorial Service für Matthew Shepard in der Kapelle des Church Center durchführen wollte, wurde mir das verboten. Das Thema sei zu kontrovers und auch bei den verschiedenen christlichen Konfessionen und säkularen Nichtregierungsorganisationen, die im Church House ihre Büros hatten, zu umstritten. Um den Hausfrieden zu wahren, sollte daher eine solche Gedenkfeier nicht in der Kapelle des Church House stattfinden. Ich konnte das nicht verstehen. Ich wollte niemanden zwingen dahin zu kommen. Es sollte lediglich ein Angebot für all diejenigen sein, die dort zum Trauern und Erinnern hinkommen wollten. Es war nicht möglich. Ich wurde noch trauriger. In kleiner Runde feierten wir die Gedenkfeier schließlich im Wohnzimmer eines befreundeten Kollegen. Es war berührend, intensiv und tröstlich. Aber es war auch beschämend, dass wir dafür im Umfeld der Vereinten Nationen keine Kapelle finden konnten.

Heute ist das Gott sei Dank anders. Die meisten christlichen Kirchen zumindest in Westeuropa und Nordamerika stehen dem Thema mittlerweile aufgeschlossen gegenüber. Viele Kirchen bieten Trauungen oder Segensgottesdienste für gleichgeschlechtliche Paare an und stellen queere Geistliche ein. Das war damals noch nicht so.

Die Eltern von Matthew gründeten daher bereits im Dezember 1998 die Matthew-Shepard-Foundation. Sie hat zum Ziel, Hass und Gewalt durch Verständnis, Mitgefühl und Akzeptanz zu ersetzen. Außerdem tritt die Stiftung für die Rechte von LSBTTIQ ein.

20 Jahre nach dem brutalen Mord wurde am 26. Oktober 2018 ein zentraler Gedenkgottesdienst in der Episkopalen Washington National Cathedral gefeiert. Danach bettete man Matthews Sarg in die Krypta der Kathedrale um. Dort fand er neben ca. 200 anderen US-amerikanischen Persönlichkeiten, wie Helen Keller, ihrer Lehrerin Anne Sullivan, sowie dem 28. Präsidenten der USA, Woodrow Wilson, und vielen anderen seine letzte Ruhe.

Matthews Mutter Judy Shepard kommentierte diesen Schritt so:

„Wir haben lange darüber nachgedacht, wo sein letzter Ruheplatz sein sollte. Wir fanden, dass die Washington National Cathedral eine ideale Wahl ist. Denn Matt liebte die Episkopale Kirche und fühlte sich in der Episkopalen Kirche in Wyoming auch als schwuler Mann willkommen. In den letzten 20 Jahren haben wir Matthews Geschichte mit der Welt geteilt und überall erzählt. Es ist tröstlich zu wissen, dass er nun an einem solch heiligen Ort liegen wird. Dort können Menschen hinkommen und darüber nachdenken, wie sie eine sichere und freundlichere Welt schaffen können." (Übersetzung K.S., Washington National Cathedral, 11. Oktober 2018).

Vermächtnis

Die Bischöfin Mariann Edgar Budde der Episcopal Diocese of Washington und Bischof Gene Robinson, der erste schwule Bischof der

Episkopalen Kirche weltweit, hielten den Gedenkgottesdienst. Das mediale Echo auf den Gottesdienst zeigte: Es war wichtig, inne zu halten und zu erinnern. Erinnerungs- und Trauergottesdienste können dabei helfen, den Trauernden einen Raum anzubieten und die Verstorbenen zu ehren. Sowohl direkt nach schlimmen Unfällen oder Gewalttaten, um Trauer, Schock, Wut und Anteilnahme ausdrücken zu können. Aber auch zwanzig Jahre danach. Ziel war es, weit über Gottesdienste hinaus eine klare Botschaft auszusenden: Matthew war nicht umsonst gestorben! Sein Leben wird erinnert und sein Vermächtnis weitergegeben: Es geht um den Einsatz für eine offene und respektvolle Welt für alle Menschen, unabhängig von ihrer Herkunft, Hautfarbe, sexuellen Orientierung und Geschlechtsidentität. Matthew Shepard und Tausende andere Opfer von Hass und Gewalt sind nicht vergessen.

Finn Wolfrum: Ich bin angenommen, so wie ich bin!

28.03.2018

Finn Wolfrum ist Pfarrer und transident. Im Sommer 2017 machte er das öffentlich. Seine Kirchengemeinde und seine Landeskirche stand zu ihm. Ich habe Finn Wolfrum gefragt, was seitdem geschehen ist.

Söderblom: „Könnten Sie zu Beginn einige Sätze zu sich selbst sagen?"

Wolfrum: „Ich bin 1971 in Hof an der Saale geboren worden, aufgewachsen in Naila. Mit der Konfirmation habe ich einen Zugang zum Glauben, zu Gott bekommen, der schließlich in die Entscheidung mündete, Theologie zu studieren, um Pfarrer zu werden. Dietrich Bonhoeffer und die Befreiungstheologie waren wichtige Schwerpunkte in meinem Studium, aber auch die Auseinandersetzung mit der Theodizee-Frage *(warum lässt Gott das Leiden zu?, K.S.)*. Mein Vater starb, als ich sechs Jahre alt war. Das nahm ich natürlich mit ins Studium."

Söderblom: „Was geschah dann?"

Wolfrum: „1991 ging ich nach Erlangen an die Universität. 1997 heiratete ich einen ehemaligen Schulkameraden. Uns verband vor allem die Liebe zur Kunst, zum Fotografieren, die leidenschaftliche politische Diskussion. Nach dem ersten theologischen Examen ging es 1998 nach Hummeltal ins Vikariat. 2001 erfolgte der Wechsel nach dem zweiten Examen nach Selb. 2007 trennten mein Mann und ich uns. Seit 2010 bin ich Pfarrer in Veitshöchheim, seit 2013 leidenschaftlicher Sportschütze. 2015 war ich Schützenkönig. Ich bin im Trainerteam und in der Sportleitung des Vereins aktiv."

Söderblom: „Wie würden Sie Ihre Lebenssituation persönlich und in Ihrer Gemeinde aktuell beschreiben?"

Wolfrum: „Es ist schön, dass langsam wieder Alltag einkehrt. Der befürchtete Sturm blieb aus, viele bringen mir Wertschätzung und Sympathie entgegen. Das hilft sehr, weil ich mich wieder auf die Arbeit konzentrieren kann. Persönlich geht es mir nach wie vor so gut wie nie in meinem Leben. Dieses Gefühl, bei mir zu sein, richtig zu sein, das leben zu können, was ich seit über 40 Jahren spüre, ist kaum zu beschreiben. Soviel psychische Stabilität bei all den Belastungen, die der Beruf mit sich bringt, ist für mich in der Tiefe neu."

Söderblom: „Gab es einen Auslöser oder eine konkrete Situation, ab wann Sie wussten, dass Sie Ihre Lebensgeschichte öffentlich machen wollen? Und wenn ja, warum?"

Wolfrum: „Ich kann mich schlecht verstecken, bzw. es kostet unendlich Kraft, das durchzuhalten. Mir war klar, dass das irgendwann kommen musste. In der Gemeinde haben wir mit der Generalsanierung der Christuskirche eine große Aufgabe zu bewältigen, nächstes Jahr sind Kirchenvorstandswahlen. Da wollte ich mit den Menschen offen umgehen. Sie sollten wissen, mit wem sie es zu tun haben. Ich wollte nicht mehr in Parallelwelten unterwegs sein.

Als öffentliche Person ist das nochmal schwieriger. Ich lebe von Vertrauen und Authentizität. Das andere war eine Erfahrung im Sommer. Bei einem Workshop in meiner letzten Urlaubswoche konnte ich Mann sein, als Finn leben. Das war eine dichte und so wohltuende Erfahrung. Ich habe danach die Rückkehr in das andere Leben fast nicht mehr geschafft.

Die Entscheidung zur ganz großen Öffentlichkeit war dann auch dem Amt und der Funktion geschuldet. Die Aufgabe war, nach dem Kirchenvorstand möglichst viele Menschen, die mit mir zusammenarbeiten, gleichzeitig mit Informationen zu versorgen. Da hat die evangelische Landeskirche mich gut beraten und mir geholfen. Der Weg über die lokale Presse war der sinnvollste. So haben wir den Evangelischen Pressedienst um die Berichterstattung gebeten. Dass das Echo bundesweit nachhallen würde, war zu erwarten."

Söderblom: „Welche Erfahrungen haben Sie seit Ihrem Comingout gemacht?"

Wolfrum: „Im Wesentlichen sehr positive. Viele bestärken mich, erzählen mir, dass sie mich viel gelassener und entspannter erleben. Quer durch alle Generationen hindurch. Sie erleben mich kongruent mit mir selbst. Mich erreichen Briefe und Emails von Betroffenen, die durch meinen Schritt auch in die Öffentlichkeit den Mut finden, sich selbst auf den Weg zu machen. Im Grunde erleben sie etwas sehr Ähnliches wie ich auch, auf kreuz & queer und mit anderen Veröffentlichungen."

Söderblom: „Sie sind Pfarrer. Wie verbinden Sie ihre Lebensgeschichte mit Ihrer Theologie?"

Wolfrum: „Puh! Das war ein intensives Ringen. Meine ganze Lebensgeschichte ist immer wieder durchdrungen von Zeiten, in denen ich Perspektiven suchen musste. Halt waren und sind mir immer die Psalmen. Mein Konfirmationsspruch, Psalm 23,4, aber auch der Psalm 31. Ganz tiefe Texte, die von der Brüchigkeit des Lebens erzählen.

Theologisch habe ich die Reformation neu durchbuchstabiert. Rechtfertigung heißt, ich bin angenommen, wie ich bin. Durch und durch, bis in die körperliche Verfasstheit hinein. Und die Zuwendung Gottes, seine Liebe, sein Mitgehen, hängt nicht an der äußeren Hülle eines Körpers, der vergänglich ist. Die Zuwendung gilt der Person, die immer mehr ist, als wir beschreiben können.

Spirituell habe ich für mich Heimat neu oder endlich beschreiben können. Zuhause bin ich am Altar, in Gott. Da darf ich einfach sein. Wer oder was ist nicht wichtig. Es ist die bedingungslose Annahme, die ich da spüre und immer wieder erlebe. Als ich an meinem Geburtstag in Naila in meiner Tauf- und Konfirmationskirche am Altar saß, war auch da diese Gewissheit der Annahme da. Ausgerechnet im frommen Frankenwald, wo vermutlich viele meinen Weg nicht nachvollziehen können. Gerade deswegen war das ein wichtiger Ort, da nochmal zu sein, und auch da erleben zu können: Es ist richtig."

Söderblom: „Werden Ihre persönlichen Veränderungen ihre Gemeinde- und Seelsorgearbeit verändern?"

Wolfrum: „Erstmal hoffe ich, dass das nicht so ist. Ich glaube aber auch, dass ich noch authentischer leben und arbeiten kann. Das Verständnis für die Vielfalt und Vielschichtigkeit von Lebenserfahrungen jedenfalls kann ich noch bewusster als bisher einbringen."

Söderblom: „Was sagen Sie anderen Menschen, die sich in Lebensumständen befinden, in denen sie nicht so leben können, wie sie eigentlich sein möchten oder die nicht so leben, wie sie sich fühlen?"

Wolfrum: „Folge deinem Herzen und vertraue, dass dein Herz für dich schlägt!"

Söderblom: „Was wünschen Sie sich von der Evangelischen Kirche an Unterstützung für transidente Menschen?"

Wolfrum: „Dass sie offensiv dazu steht, dass das Leben vielfältig ist. Transidente Menschen begehen keine Sünde, wenn sie ihren Körper angleichen. Dass sie Lobbyarbeit im Bundestag macht. Sie sollte dazu führen, dass die grundgesetzwidrige und menschenunwürdige Praxis auf dem Weg zur Vornamens- und Personenstandsänderung endlich abgeschafft wird. Wir sollten in Deutschland ein modernes Transsexuellenrecht bekommen, wie es viele andere Länder schon längst haben."

Mpho Tutu van Furth: Erzwungener Rücktritt

8.06.2016

Die Theologin Mpho Tutu-van Furth ist einem Amtsenthebungsverfahren der Anglikanischen Kirche in Südafrika zuvorgekommen und hat ihr Priesteramt zurückgegeben.

Rückzug

Vor einigen Monaten habe ich von der Heirat von Mpho Tutu, der Tochter des ehemaligen Erzbischofs von Kapstadt Desmond Tutu, und ihrer langjährigen Partnerin Marceline van Furth berichtet. Die kirchenrechtlichen Konsequenzen haben nicht lange auf sich warten lassen. Raphael Hess, Bischof der Diözese von Saldana Bay der Anglikanischen Kirche von Südafrika, wurde angewiesen, Mpho Tutu-van Furth ihre Priesterlizenz zu entziehen. Denn die Anglikanische Kirche von Südafrika erkennt die Homoehe nicht an.

Mpho Tutu-van Furth ist ihrer Kirche nun zuvorgekommen und hat im Mai 2016 ihr Priesteramt in der anglikanischen Kirche Südafrikas zurückgegeben. Mit ihrem Rückzug kam sie einem Rausschmiss zuvor.

Die Ehe von gleichgeschlechtlichen Paaren ist in Südafrika seit 2006 zwar legal. Allerdings ist sie das für die Anglikanische Kirche in Südafrika nicht. Gleichgeschlechtliche Ehen werden nicht akzeptiert. Das Thema der gleichgeschlechtlichen Ehe ist in der Anglikanischen Kirche weltweit ein kontroverses und emotional hoch aufgeladenes Thema. Sogar eine Kirchenspaltung droht.

Aufsehen

Die prominente Ehe zwischen der Tochter des beliebten ehemaligen Erzbischofs von Kapstadt, Desmond Tutu, und der niederländischen Professorin für Infektionskrankheiten in Amsterdam hatte weltweit für Aufsehen gesorgt und brachte den Streit innerhalb der Anglikanischen Kirche erneut auf den Tisch. Die Ehe der beiden war juristisch legal in der niederländischen Heimat von Marceline van Furth geschlossen worden. Desmond Tutu hatte dem Paar seinen väterlichen Segen gegeben. Mehr war ihm nicht erlaubt.

Mpho Tutu-van Furth kommentierte die ganze Angelegenheit. Es sei schon ironisch, dass ihnen trotz ihrer augenfälligen Unterschiede von Hautfarbe, Herkunft, Kultur und Religiosität ihr gleiches Geschlecht vorgeworfen werde. Sie selbst habe in Südafrika noch Zeiten erlebt, in denen Unterschiede das Instrument von Unrecht und Apartheid waren. Nun sei ausgerechnet ihre Gleichheit der Grund von Ungerechtigkeit, da sie beide Frauen seien.

Tutu-van Furth betonte, dass sie trotz ihres Rücktritts immer noch Priesterin der Episkopalkirche in den USA sei. Dort wird die gleichgeschlechtliche Ehe anerkannt. Deswegen wurde die Episkopalkirche der USA von der weltweiten Anglikanischen Kirche kritisiert. Sie verlor sogar ihr Stimmrecht in den internationalen Gremien der Anglikanischen Kirche.

Gegen Rassismus und Mehrfachdiskriminierung

Mpho Tutu-van Furth arbeitet als Geschäftsführerin der Desmond & Leah Tutu Legacy Foundation. Sie kämpft weiterhin gegen Rassismus und gegen jede Form von Diskriminierung. Wie notwendig diese Arbeit ist, hat sie schon mehrfach am eigenen Leib erfahren. Als Schwarze, als Frau und nun als verheiratete lesbische Frau. Der Streit um die Ehe für gleichgeschlechtliche Paare ist damit in der weltweiten Anglikanischen Kirche noch lange nicht vom Tisch. Aber die Anglikanische Kirche ist um ein prominentes Beispiel von Diskriminierung reicher.

Monika Barz: Pionierin

13.04.2016

Am 20. April 2016 wurde Monika Barz in einem öffentlichen Symposium zu *FrauenMännerGender. Denken ohne Geländer* an der Evangelischen Hochschule (EH) in Ludwigsburg in den Ruhestand verabschiedet. Ich habe sie im Vorfeld ihrer Verabschiedung zu ihrem lesbisch-feministischen Engagement in Kirche und Gesellschaft befragt.

Professorin der Sozialen Arbeit

Monika Barz war seit 1993 als Professorin der Sozialen Arbeit im Bereich Frauen- und Geschlechterfragen an der EH in Ludwigsburg tätig. Die Vermittlung von Genderkompetenz in der Sozialen Arbeit war und ist ihr ein fachliches und politisches Anliegen. Daneben ist Monika Barz seit vielen Jahren in der autonomen Frauenbewegung aktiv. Sie war Mitbegründerin des autonomen Frauenhauses in Tübingen und des Notrufs für vergewaltigte Frauen in Nienburg/Weser. Sie war von 1995-2013 Mitglied im Vorstand des Paritätischen Wohlfahrtsverbands. 2015 wurde sie für ihre Arbeit im Vorstand mit der *Goldenen Ehrennadel* ausgezeichnet. In den Jahren 2014-2015 war sie im Paritätischen Wohlfahrtsverband auch Mitglied im Aufsichtsrat.

Lesbentagungen in der Evangelischen Akademie Bad Boll

Monika Barz engagierte sich in verschiedenen Frauen- und Lesbenprojekten. Von 1985 bis 1997 war sie gemeinsam mit Dr. Herta Leistner und Ute Wild Leiterin der Lesbentagungen an der Evangelischen Akademie Bad Boll. Dort fanden die ersten Lesben-tagungen im evangelisch kirchlichen Bereich statt. Die Lesbentagungen sind bis heute ein erfolgreicher Programmbestandteil der Evangelischen Akademie.

In Bad Boll habe ich Monika Barz 1987 kennen gelernt. Fasziniert hatte mich von Anfang an ihre Leidenschaft und ihre Zivilcourage, sich für frauen- und lesbenspezifische Themen in Kirche und Gesellschaft einzusetzen und dafür auch Gesicht zu zeigen

Söderblom: „Am 20. April 2016 wirst du an der EH in Ludwigsburg mit einem Symposium feierlich verabschiedet. Was war ein berufliches Highlight für dich aus (lesbisch-)feministischer Sicht?"

Barz: „Das Highlight war der Beginn. Das Highlight war, dass ich diese Professur im Jahr 1993 überhaupt bekommen habe. Ich hatte mich offen als lesbisch-feminitische Wissenschaftlerin beworben in einer Evangelischen Fachhochschule ausgerechnet in der konservativen Württembergischen Landeskirche. Ich wurde von den Gremien der Hochschule auf Platz eins gesetzt. Dieses Votum wurde vom Trägerverein und Oberkirchenrat ernst genommen. Die Bedenken, die es innerhalb dieser Gremien der Landeskirche gab, wurden mir gegenüber offen angesprochen. Ich wurde u.a. zu einem Gespräch in den Oberkirchenrat gebeten. Dort bekam ich die Chance, auf die ängstlichen Fragen, die in den Köpfen der Verantwortlichen vorherrschend waren, zu reagieren. So bestand beispielsweise eine Frage darin, ob ich womöglich nicht mit männlichen Studierenden umgehen könnte oder wollte, ob ich die Hochschule womöglich zu einem Mekka für lesbische Frauen verwandeln wollte.

Ich war damals dankbar für diese Offenheit im Gespräch mit mir. So konnte ich reagieren und hatte die Chance, die Ängste gegenüber einer lesbisch-feminitischen Wissenschaftlerin persönlich auszuräumen. Das war für mich ein Highlight an Offenheit und Transparenz. Ich bezweifle, dass sich derzeit in der Württembergischen Landeskirche dieses Highlight wiederholen lassen würde."

Söderblom: „Was bedeuten die Lesbentagungen in Bad Boll für dich?

Barz: Sie sind das zentrale Projekt in meiner Biografie. Dort kam für mich alles zusammen, was mir wichtig war: Politisches Handeln in aller Öffentlichkeit und gleichzeitiges Eintauchen in der Geborgenheit eines lesbisch-feministischen Kontinuums. Ich liebte die Zusammenarbeit mit Herta (Leistner, K.S.). Wir ergänzten uns in einer Weise, die für mich einmalig war. Seit meinem Rückzug aus der Tagungsleitung im Jahr 1996 nehme ich mit Begeisterung wahr, wie Traditionen aufgegriffen, verändert und neue Impulse gesetzt werden. Ich bin schlichtweg unheimlich stolz, durch diese Tagungsarbeit die kirchliche Lesbenbewegung mit auf den Weg gebracht zu haben und Strukturen angelegt zu haben, die so erfolgreich weiterbestehen."

Söderblom: „Welche Bedeutung haben die Lesbentagungen in Bad Boll deiner Meinung nach für die Gleichstellungspolitik in Kirche und Gesellschaft?"

Barz: „Ich denke, sie haben eine riesige Bedeutung:

Erstens auf individueller Ebene: Sie haben Frauen gestärkt, ihr Lesbischsein anzunehmen, sich in ihrem persönlichen Umfeld zu zeigen und nach und nach den Radius der privaten Sichtbarkeit zu vergrößern. Selbst wenn wir in der Öffentlichkeit stumm und unsichtbar geblieben wären, ist allein dieser Zuwachs an persönlicher Frauenfreiheit von hoher gleichstellungspolitischer Bedeutung.

Zweitens auf kirchlicher Ebene: Unsere mutige Sichtbarkeit hat eine Welle der Solidarität zwischen heterosexuell und lesbisch lebenden Frauen ausgelöst. Dies ist bis heute von großer politischer Bedeutung. Die kirchliche Frauenbewegung als Ganzes lebt und verkörpert diese Utopie von Akzeptanz menschlicher Vielfalt. Es ist wichtig, dies politisch noch viel mehr hervorzuheben. Schwule Männer in den Kirchen erleben diese Solidarität ihrer heterosexuellen Brüder bis heute kaum. Im Bereich der internationalen Ökumene ist noch viel zu tun, solange dort mehrheitlich nur Männer agieren. Die Hefe weiblichen Wissens um die schwesterliche Verbundenheit von heterosexuellen und lesbischen Frauen kann erst wirken, wenn mehr Frauen daran beteiligt sind. Da die brüderliche Solidarität zwischen schwulen und heterosexuellen Männern in unseren nationalen Zusammenhängen so schwach entwickelt ist, kann sie in der Ökumene auch nicht authentisch vorgelebt werden.

Drittens auf gesellschaftlicher Ebene: Da gab und gibt es genügend andere politische Akteure und Akteurinnen, die gleichstellungspolitisch wichtige Akzente gesetzt haben. Ich glaube, dort wird unser innerkirchlicher Befreiungsweg zwar wahrgenommen, aber er ist nicht der Motor für politische Aktionen. Die Reputation der Kirchen ist angesichts der medialen Präsenz fundamentalistischer Strömungen nicht so gut, wie sie sein könnte."

Söderblom: „Hast du ein persönliches Projekt oder Anliegen in Sachen Gleichstellung von LGBTTIQ?"

Barz: „Ich habe mich 2012 nach dem politischen Wechsel in Baden-Württemberg und den plötzlich offenen Türen mit viel Engagement in die Vernetzungsarbeit von LSBTTIQ geworfen. Das Netzwerk

LSBTTIQ-Baden-Württemberg hat mittlerweile etwa 100 Organisationen und Gruppen als Mitglieder. Es ist in meinen Augen ein politisches Juwel geworden. Wir sind politisch erfolgreich und haben eine Struktur, die zentral vom Selbstvertretungsrecht eines jeden Buchstaben ausgeht und nach dem Konsensprinzip agiert."

Söderblom: „Welche Rolle spielen die Kirchen deiner Ansicht nach in Sachen Gleichstellung von LGBTTIQ?"

Barz: „Oh, je, welch eine Frage! Sie spielen derzeit eine denkbar schlechte Rolle, wenn ich die verfassten Kirchen anschaue. Ich vermisse ein klares Signal der an Menschenwürde orientierten christlichen, jüdischen und moslemischen Kirchen und Glaubensgemeinschaften. Sie könnten eine große, positive Rolle spielen und sich weltweit schützend vor alle LSBTTIQ-Menschen stellen und auf dem Hintergrund ihres jeweiligen Glaubens für die Achtung eines jeden Menschen eintreten. Diese Chance haben sie bislang nicht ergriffen."

Söderblom: „Ein Wunsch für die Zukunft?"

Barz: „Dass Letzteres geschieht!"

Desmond Tutu: Vorbild im Glauben

20.01.2016

Desmond Tutu ist seit den neunziger Jahren theologisch und menschlich für mich ein Vorbild im Glauben. Ich lernte den ehemaligen Erzbischof Desmond Tutu 1996 in Kapstadt in Südafrika kennen.

Sommer 1996

Im Sommer 1996 besuchte ich meine Kollegin und Freundin Wilma Jakobsen in Kapstadt und absolvierte dort ein Auslandsgemeindepraktikum. Wilma Jakobsen ist anglikanische Priesterin aus Südafrika. Sie war zu der Zeit Kaplanin am Erzbischofsitz von Kapstadt und arbeitete für und mit Desmond Tutu eng zusammen. Im Juni und Juli 1996 wurde Desmond Tutu in Kapstadt vom Amt des Erzbischofs in den Ruhestand verabschiedet. Eine Feier folgte der anderen. Es gab viel zu tun. Ich half mit bei den Vorbereitungen. Dafür war ich bei den Feierlichkeiten eingeladen. Es war eine wunderbare Erfahrung für mich.

Es war bemerkenswert, Desmond Tutu kennen zu lernen. Mit seinem schwarzen Anzug und seinem lila Kollarhemd machte er zunächst mächtig Eindruck auf mich. Aber als wir einander vorgestellt wurden, blitzten mich seine neugierigen Augen freundlich an, und er begrüßte mich herzlich am Bischofssitz. Er dankte mir für meine Mitarbeit in hektischen Zeiten und behandelte mich danach, als gehörte ich schon immer zum Bischofsitz dazu. Was für ein Einstand!

Schon morgens um 8:00 Uhr begann der Tag mit einer Morgenandacht in der Kapelle des Bischofsitzes. Danach gab es Tee mit dem Erzbischof. Alle Mitarbeitenden waren eingeladen. Es wurde über die anstehenden Aufgaben des Tages gesprochen. Zum Abschluss sprach Tutu ein Gebet und segnete die Anwesenden. Es war eine hektische Zeit mit vielen Gottesdiensten, Feiern und offiziellen Anlässen des Abschiednehmens. Und trotzdem erfüllte mich bei den Morgenandachten und beim Morgentee im Bischofssitz eine eigentümliche Ruhe. Es waren kostbare Momente. Denn ich lernte Desmond Tutu hinter den Kulissen kennen. Trotz des Aufhebens, das um ihn gemacht wurde, war Desmond Tutu freundlich und ließ sich Zeit. Er wollte wissen, wie es seinen Mitarbeitenden, Freundinnen und Freunden geht, was sie bewegt, was sie denken. Auch mich fragte er nach meiner Herkunft und meiner Arbeit. Gleichzeitig war er humorvoll und witzig. Er sprühte vor Energie, und zu jedem Stichwort konnte er eine Geschichte erzählen.

Sein Engagement

Desmond Tutu ist nur etwa 1,60 Meter groß. Aber wenn er einen Vortrag hielt oder predigte, strahlte er eine Energie aus, die mich begeisterte. Tutu hatte kein Amt inne, er lebte es, atmete es und meinte es ernst. Die Gottesebenbildlichkeit der Menschen und damit die Würde eines jeden einzelnen vor Gott und den Menschen waren eines seiner theologischen Leitmotive, das ich damals von ihm hörte. Seine Worte klangen glaubwürdig. Sie waren auf persönliche Erfahrungen und gesellschaftspolitische Ereignisse in Südafrika gegründet. So geht Theologie, die sich aufs Leben bezieht und relevant ist!

Als schwarzer Priester und Erzbischof hatte er sich gegen das Apartheidregime Südafrikas gestellt, gegen Rassismus und Gewalt gepredigt und Demonstrationen gegen die weiße Apartheids-Regierung angeführt. In einer Zeit, in der Kritik am Regime lebensgefährlich war, fand er klare Worte und vermittelte gleichzeitig zwischen den Parteien. Er bezog Stellung und kritisierte die Mächtigen. Dafür musste er sogar ins Gefängnis. Er wurde und wird nicht nur von den Gläubigen der Anglikanischen Kirche in Südafrika, sondern von den meisten Südafrikanern und Südafrikanerinnen respektiert und verehrt.

Wahrheits- und Versöhnungskommission

Nach seinem Ruhestand arbeitete er weiter. Er hielt Vorträge und Gottesdienste in allen Erdteilen und lehrte an verschiedenen Seminaren und Colleges in den USA und anderswo Theologie. Vor allem wurde er von Präsident Nelson Mandela zum Vorsitzenden der Wahrheits- und Versöhnungskommission in Südafrika berufen. Die Kommission sollte in Südafrika die Verbrechen von Angehörigen aller Volksgruppen unabhängig von der Hautfarbe der Täter aufklären. Sie wurde 1996 eingesetzt und arbeitete bis 1998. Die Kommission war ein einzigartiges Forum, in dem Opfer des rassistischen Apartheidregimes ihre Leiderfahrungen schildern konnten, während die Täter ihnen zuhören mussten. Diejenigen Täter, die ihre Schuld vollständig einstanden und sich entschuldigten, erhielten eine Amnestie vom neu gegründeten Regenbogenstaat, den der ehemalige Jurist und Anti-Apartheids-Kämpfer Nelson Mandela als Präsident anführte.

Die Opfer wurden angehört und erhielten finanzielle Entschädigung. Das Verfahren war nicht unumstritten. Die Amnestie der Täter wurde von vielen kritisiert. Das Verfahren garantierte aber eine öffentliche Aufarbeitung des Geschehenen und gab zumindest einigen der Millionen Opfer und ihren Angehörigen ihre Würde zurück. Ihre Geschichten wurden veröffentlicht, dokumentiert und ihr Leid und ihr Verlust anerkannt. In manchen Situationen gab es die Bitte um Vergebung von den Tätern, in anderen Momenten fand tatsächlich Versöhnung statt. Als gläubiger Christ glaubte Desmond Tutu fest an die Kraft der Versöhnung. Auch wenn es schrecklich gewesen sein musste, sich als Vorsitzender der Kommission die zahllosen Geschichten von Unrecht, Gewalt, Unterdrückung und Mord gegenüber schwarzen und farbigen Frauen, Männern und Kindern und ihren weißen Verbündeten anhören zu müssen.

Das größte Wunder Südafrikas hatte sicher auch mit der gesellschaftlichen Wirkung der Wahrheits- und Versöhnungskommission zu tun. Das Ende des Apartheidregimes, die Neugründung des demokratischen Republik Südafrika und die Wahl des schwarzen Präsidenten Nelson Mandela im Jahr 1994 und in den Folgejahren vollzog sich einigermaßen friedlich. Desmond Tutu hatte daran einen wichtigen Anteil.

Friedensnobelpreis

Desmond Tutu war und ist weltweit ein geachteter Geistlicher. 1984 hatte er bereits den Friedensnobelpreis für sein öffentliches Engagement im Anti-Apartheids-Kampf erhalten. Sein Wort galt und gilt und findet weltweit Beachtung. Unermüdlich setzte er sich auch über seinen Ruhestand hinaus gegen alle Formen von Unrecht und Gewalt ein. Er kämpfte besonders engagiert gegen die Stigmatisierung von HIV- und AIDS-Kranken. Gegen die Diskriminierung von LSBTTIQ protestierte er immer wieder öffentlich. Er predigte und schrieb dagegen an. Ebenso setzte er sich für die Öffnung der Ehe für lesbische und schwule Paare in Südafrika ein. Für Tutu hängen Unrechtsstrukturen von Rassismus, Sexismus, Gewalt gegen Frauen, gegen LSBTTIQ und gegen andere

Minderheiten zusammen. Insofern ist er ein starker Verbündeter, der sich solidarisch an die Seite derjenigen gestellt hat, die aufgrund ihrer Hautfarbe, Herkunft, Religion, Geschlechtsidentität oder ihrer sexuellen Orientierung verfolgt wurden und werden.

Vor diesem Hintergrund hat es mich umso mehr gefreut, dass seine Tochter Mpho Tutu Ende Dezember 2015 ihre langjährige Partnerin Marceline Furth in Amsterdam geheiratet hat. Mpho Tutu ist ebenfalls anglikanische Priesterin. Sie ist von ihrem Vater in Südafrika 2004 zur Priesterin geweiht worden. Darüber hinaus engagiert sie sich gegen Armut, Rassismus, Sexismus, Homo- und Transfeindlichkeit. Außerdem ist sie im Vorstand der Global Aids Alliance der Weltgesundheitsorganisation (WHO). Ihre Partnerin Marceline Furth arbeitet als Professorin für Infektionskrankheiten an der Freien Universität in Amsterdam und leitet ein nach Desmond Tutu benanntes Förder- und Austauschprogramm im Bereich der Medizin. Mpho Tutu ist mit ihrem Einsatz für Menschenrechte in die Fußstapfen ihres Vaters getreten. Und trotzdem lebt sie ihr eigenes Leben.

Adrienne Cecile Rich: Vordenkerin

25.11.2015

Die Toten erinnern und ehren, das ist das Thema vom Totensonntag, den viele Menschen letzten Sonntag begangen haben. Ich erinnere mich heute an Adrienne Cecile Rich. Sie war Mutter von drei Söhnen, Dichterin, jüdische Denkerin, lesbische Feministin und ein Vorbild für viele Frauen und Männer.

Letzten Sonntag war Totensonntag. In Kirchen wurden die Namen der im letzten Jahr Verstorbenen verlesen. Angehörige, Freundinnen und Freunde sind auf Friedhöfe gegangen, um Gräber zu besuchen, Blumen auf Gräber zu stellen oder Kerzen anzuzünden. Auch an anderen Orten haben viele an geliebte Menschen gedacht, die verstorben sind. Am Totensonntag zeigt sich exemplarisch, was für nicht wenige auch für den Rest des Jahres wichtig ist: Bewusst und achtsam leben im Angesicht des Todes. Das bedeutet für mich: Dankbar sein für jeden neuen Tag. Und die Toten nicht vergessen, sondern sie im Herzen behalten, sich im eigenen Leben immer wieder auf sie beziehen und sie erinnern.

Würdigung

In diesem Sinne denke ich an Adrienne Cecile Rich. Sie war ein Vorbild für mich, seitdem ich Studentin war und ihre Gedichte entdeckt hatte. Sie ist es bis heute geblieben, obwohl sie bereits 2012 gestorben ist. In meiner Erinnerung ist sie noch sehr präsent.

Adrienne Rich wurde 1929 in Baltimore geboren und begann schon früh Gedichte zu schreiben. Mit 22 Jahren veröffentlichte sie ihren ersten Gedichtband *A Change of the World.* Er wurde ausgezeichnet. Sie heiratete früh und gebar drei Söhne. Der Versuch, die Söhne zu erziehen und gleichzeitig weiter zu arbeiten und zu schreiben, stellte sie vor eine Zerreißprobe, bei der ihr Mann sie kaum unterstützte. Die konflikthaften Jahre als Ehefrau und Mutter prägten sie nachhaltig und begründeten schließlich ihr politisches und vor allem frauenpolitisches Engagement. Nach dem Tod ihres Mannes 1970 entdeckte sie ihre Liebe zu Frauen. Von 1976 bis zu ihrem Tod lebte sie mit der aus Jamaika stammenden Autorin Michelle Cliff zusammen.

Rich unterrichtete seit den sechziger Jahren an verschiedenen Universitäten und veröffentlichte literarische Essays, Gedichte und Artikel. Vor allem ihr Essay *Zwangsheterosexualität und lesbische Existenz* machten sie weit über die USA hinaus zur feministischen Ikone.

Ich erinnere mich an meine Studienzeit in Hamburg Ende der achtziger Jahre. Als ihr Artikel gemeinsam mit Essays und Gedichten von Audre Lorde auf Deutsch veröffentlicht wurde, stürzten wir uns auf ihre Texte. Sowohl Audre Lorde als auch Adrienne Rich wurden zu meinen geistigen Mentorinnen. Die eine war schwarz, Mutter von vier Kindern und aktiv in der schwarzen Bürgerrechtsbewegung und der feministischen Befreiungsbewegung, die sich gegen jede einengende Etikettierung wehrte. Die andere war weiß, jüdischer Herkunft, Mutter von drei Kindern, die sich ebenfalls gegen Schubladendenken und Kategorisierungen wehrte.

Zwangsheterosexualität

Rich prägte den Begriff *Zwangsheterosexualität*, um damit zu zeigen, dass Männer und Frauen gesellschaftlich keine Wahl hatten, sondern selbstverständlich in eine heterosexuelle Gesellschaft hinein sozialisiert wurden, ob sie das nun wollten oder nicht. Wahlmöglichkeiten für andere Lebensformen wurden weder in Familien noch in Schulen oder Kirchen vermittelt. Lesben und Schwule blieben die *nicht normale* Abweichung von der Regel. Lange Zeit wurden sie mit Hilfe von Gesetzen kriminalisiert, verleumdet oder ausgegrenzt. Weltweit geschieht das in über 70 Ländern immer noch.

Lesbisches Kontinuum

Der zweite Begriff, den Rich geprägt hat und der bis heute diskutiert wird, heißt *lesbisches Kontinuum*. Nach Rich ist die Bezogenheit von Frauen auf andere Frauen nicht nur auf Liebe und Sexualität beschränkt, sondern meint auch gegenseitige Unterstützung und Freundschaft. Sie ermöglicht emotionale Nähe zwischen Frauen unterschiedlicher sexueller Orientierung und Geschlechtsidentität. Frauen tauschen ihre Ideen und Analysen aus, unterstützen sich gegenseitig und ermutigen sich auf ihren Lebenswegen. Denn finanziell und emotional unabhängige Lebenswege waren in den achtziger und neunziger Jahren des zwanzigsten Jahrhunderts für Frauen immer noch schwierig. Sie sind es zum Teil bis heute. Insofern bezeichnete Rich mit dem *lesbischen Kontinuum* ganz unterschiedliche Frauen, die mit Männern zusammenlebten, verwitwet oder geschieden waren, allein, in Wohngemeinschaften oder in Frauenbeziehungen lebten. Sie alle verband ihre Bezogenheit auf andere Frauen, um sich emotional, künstlerisch, kreativ oder gesellschaftspolitisch auszudrücken und zu verwirklichen.

Der Begriff des *lesbischen Kontinuums* war Ende des 20. Jahrhunderts umstritten. Er sollte feste Kategorisierungen ersetzen, er war für viele allerdings zu unscharf. Auch die Begriffe Frauenfreundschaften oder *Affidamento* der italienischen Feministinnen im Umkreis des Mailänder Frauenbuchladens wurden in diesem Zusammenhang diskutiert. Solche Debatten um frauenpolitisches Engagement und Frauensolidarität jenseits von sexueller Orientierung und Genderidentität sind auch heute noch aktuell. Insofern sind die kritischen Gesellschaftsanalysen und visionären Gegenbilder von Adrienne Rich inspirierend, auch wenn der Begriff Zwangsheterosexualität heute vom Begriff der Heteronormativität weitgehend abgelöst worden ist.

Adrienne Rich setzte sich für die Rechte von Schwulen und Lesben ein. Sie stritt für die Selbstbestimmung von Frauen, für ihr Recht auf Schwangerschaftsabbruch und engagierte sich in der progressiven jüdischen Bewegung *New Jewish Agenda*. Sie protestierte gegen den Irakkrieg und gegen die aggressive Kriegsführung von George W. Bush gegen Afghanistan. Sie schrieb über die komplexe Verbindung von Kriegstreiberei, Frauen- und Homofeindlichkeit, Rassismus und Antisemitismus in ihren Texten. Im Alltag versuchte sie, ihre verschiedenen Lebensbereiche zusammenzuhalten und Brücken zu bauen. Mit allen Krisen, Höhen und Tiefen.

Vorbild

Ich habe Adrienne Rich leider nie persönlich erlebt. Dennoch hat sie mich geprägt. Ihre Gedichte lese ich immer noch gerne. Ihre Texte verbinden mich mit Freundinnen aus verschiedenen Ländern. Dankbar bin ich für ihr Leben und ihre Literatur. Gerne halte ich ihr vielfältiges Engagement und ihre Texte in Ehren und wünsche mir, dass sie noch von vielen erinnert und gelesen wird.

Zum Weiterlesen

Schulz, Dagmar (Hg.), *Macht & Sinnlichkeit. Ausgewählte Texte von Audre Lorde und Adrienne Rich*, Berlin 1983.

Kasha Jacqueline Nabagesera: Aktivistin

28.10.2015

Kasha Jacqueline Nabagesera erhielt im Oktober 2015 den alternativen Nobelpreis für ihr Engagement für die Menschenrechte von LSBTTIQ. Diese Ehrung war ein Erfolg für alle, die sich für Rechte von sexuellen Minderheiten in Afrika einsetzen.

Die Jury des Alternativen Nobelpreises zeichnete Kasha Jacqueline Nabagesera aus,

> *„weil sie sich trotz unerträglicher Einschüchterungen und Gewalt mit Mut und Hartnäckigkeit für das Recht von Lesben, Schwulen, Bisexuellen, Transgender und Intersexuellen auf ein Leben ohne Vorurteile und Verfolgung einsetzt."*

So konnte man es in der Presseerklärung vom 1.10.2015 auf der Webseite des *The Right Livelihood Award* nachlesen.

Einsatz für LSBTTIQ

Der Alternative Nobelpreis wird seit 1980 vergeben und wurde von Jakob von Uexküll gegründet. Nabagesera erhielt diese Ehrung nicht zufällig. Bereits seit Jahren setzte sie sich für die Rechte von LSBTTIQ in ihrem Heimatland Uganda ein. 2010 war sie deshalb gemeinsam mit ihrem Landsmann und Menschenrechtsaktivisten David Kato und vielen anderen in einer Tabloid-Zeitung zwangsgeoutet worden. David Kato wurde daraufhin ermordet. Sie selbst wurde vielfach mit dem Leben bedroht.

Homosexualität ist in Uganda illegal und wird mit langen Haftstrafen geahndet. Insbesondere US-amerikanische christlich-fundamentalistische Prediger arbeiten eng mit Kirchen vor Ort zusammen und heizen die Stimmung gegen LSBTTIQ noch mehr auf. Fast jährlich wird im Parlament von Uganda versucht, die Haftstrafen für Homosexualität zu verschärfen und sogar die Todesstrafe dafür zu fordern.

Anerkennung

Kasah Nabageseras Reaktion auf die Auszeichnung:

„Der Alternative Nobelpreis ist eine große Ehre und Anerkennung für die Arbeit, die ich und eine Handvoll Aktivisten vor über zehn Jahren begonnen haben. In vielerlei Hinsicht ist die Situation in Uganda seitdem schlimmer geworden, mit mehr offener Verfolgung. Auf der anderen Seite sind wir jetzt sichtbarer. Alle wissen, was kuchu (Slang für LSBTTIQ) ist. Der Preis wird die Arbeit unserer Community unterstützen und hoffentlich einige Augen für den Dialog mit denen öffnen, die immer noch nicht verstehen, dass Menschenrechte zu allen Menschen gehören, unabhängig von ihrer sexuellen Orientierung oder Genderidentität." (Übersetzung von der Webseite des Alternativen Nobelpreises, K.S.).

Nabagesera wurde 1980 geboren, wurde von mehreren Schulen verwiesen und lernte schließlich den Beruf der Buchhälterin. Anschließend studierte sie Jura mit Abschluss Menschenrechts-gesetzgebung. Seitdem hat sie auf internationalen Menschenrechtsforen immer wieder auf die homo- und transfeindliche Situation in ihrem Heimatland hingewiesen.

Freedom and Roam Uganda

Nabagesera gründete die Organisation *Freedom and Roam Uganda* (FARUG). Die Organisation setzt sich für die Rechte von LSBTTIQ und für andere marginalisierte Gruppen ein. 2007 sprach sie auf dem Weltsozialforum in Nairobi vor 60.000 Menschen und forderte weltweit Respekt und Gleichberechtigung für LSBTTIQ. Seitdem wurde sie immer wieder Opfer gewalttätiger Angriffe. So lebt sie an geheimen und ständig wechselnden Aufenthaltsorten und wird bis heute mit dem Leben bedroht.

In Deutschland war Nabagesera bereits vor ihrer Auszeichnung bekannt. Sie wurde 2013 in Nürnberg mit dem Internationalen Nürnberger Menschenrechtspreis geehrt. Dafür kam sie nach Nürnberg und nahm an einer Menschenrechtskonferenz anlässlich der Preis-verleihung teil. In Berlin nahm sie an einer Diskussions-veranstaltung auf dem Evangelischen Kirchentag teil.

Nabagesera ist eine mutige Frau, die mich sehr beeindruckt. Mit ihrer Zivilcourage, ihrer juristischen Kompetenz und ihrer medialen Präsenz versucht sie unter Lebensgefahr, die Situation von LSBTTIQ in Uganda und in ganz Afrika zu verbessern. Ihre Arbeit ist deshalb so wichtig, weil sie selbst Afrikanerin ist. Der Alternative Nobelpreis zeigt es: Sie ist zu einer der wichtigsten Stimmen Afrikas geworden. Mit ihrer Arbeit und mit ihrer ganzen Person zeigt sie, dass der respektvolle Umgang mit sexueller Orientierung und Genderidentität kein westeuropäisches und nordamerikanisches Luxusproblem ist, sondern ein Thema, das Menschen auf allen Kontinenten existentiell angeht. Nicht Hass, Gewalt und Verfolgung lösen diese Fragen, sondern Sicherheit, Respekt und juristische Gleichstellung.

Zusatz

Zum Porträt von Kasha Nabagesera passt der folgende Ausschnitt aus meinem Blogeintrag *Wie fremde Sprachen lernen* vom 7.06.2017.

Im Jahr 2017 war Kasha Nabagesera auf dem Evangelischen Kirchentag in Berlin anwesend. Sie diskutierte mit dem ehemaligen Sonderbeauftragten für Religionsfreiheit der Vereinten Nationen, Professor Dr. Heiner Bielefeldt, in der internationalen Veranstaltung im Zentrum Regenbogen über das Thema *Religionsfreiheit oder Hassrede*. Auch in Berlin konnte sie an der Veranstaltung nur mit Personenschutz teilnehmen.

Persönliche Erfahrungen

Kasha Nabagesera erzählte anhand ihrer persönlichen Erfahrungen davon, wie insbesondere evangelikale Prediger aus den USA und Kanada Uganda und andere afrikanische Länder systematisch mit Hasspredigten überziehen und damit alte koloniale Verhaltensmuster reaktivieren. Sie missbrauchten dabei religiöse Sprache und wörtliche Bibelzitate, um alle nicht-heterosexuellen Lebensformen als sündig zu bezeichnen und als Zeichen der Apokalypse zu verteufeln. Homo- und transfeindliche afrikanische Vorstellungen würden dann das Übrige tun, um LSBTTIQ zu kriminalisieren und zu verfolgen. Daher seien afrikanische Verbündete wie der ehemalige anglikanische Erzbischof Desmond Tutu aus Kapstadt so wichtig, da sie aus afrikanischer Perspektive für Respekt und Gleichberechtigung eintreten.

Religionsfreiheit endet bei Hassrede und Aufruf zu Gewalt

Prof. Dr. Heiner Bielefeld stellte klar, dass Religionsfreiheit als Menschenrecht da aufhört, wo Hassrede und Gewaltaufruf gegen Einzelne und Minderheitengruppen anfängt. Gegen religiös legitimierte Diskriminierungen könnten nur Aufklärung, Menschenrechtsbildung und internationale Zusammenarbeit von religiösen Nichtregierungsorganisationen und Menschenrechtsaktivist*innen etwas ausrichten.

Kasha Nabagesera beeindruckte mich auf der Veranstaltung des Kirchentags mit ihrer kämpferischen Klarheit und ihrem Mut, sich gegen Homo- und Transfeindlichkeit in Uganda und in anderen afrikanischen Ländern einzusetzen, obwohl sie damit ihr eigenes Leben riskiert. Auf meine Frage hin sagte sie dazu:

> *„Ich sehe zu meinem Engagement keine Alternative. Wenn wir uns nicht gegen unsere Widersacher wehren, haben sie gewonnen. Nur wenn wir etwas tun, haben wir zumindest eine Chance!"*

Randi Oklevik Solberg: Ihr sollt ein Segen sein!

2.09.2015

Die Norwegerin Randi Oklevik Solberg engagiert sich seit vielen Jahren haupt- und ehrenamtlich für die Gleichberechtigung von Lesben, Schwulen, Bi-, Trans- und Intersexuellen insbesondere im kirchlichen Bereich. Auch als Künstlerin ist ihr Engagement erkennbar.

Solberg lebt in Oslo. Sie ist Wirtschaftswissenschaftlerin und Journalistin. Sie hat beim Norwegischen Gleichstellungs- und Antidiskriminierungs-Ombud in Oslo gearbeitet, bevor sie krank-heitsbedingt aufhören musste. Außerdem ist sie seit vielen Jahren ehrenamtlich in der norwegischen schwul, lesbisch, queeren* *Offenen Kirchengruppe* aktiv und hat vier Jahre im Vorstand des Europäischen Forums christlicher LSBT-Gruppen mitgearbeitet, sowohl als Sekretärin als auch als Co-Präsidentin. Sie ist Herausgeberin des Buches *Let Our Voices be Heard! Christian Lesbians in Europe Telling Their Stories.* Seit einigen Jahren hat sie ihre Aktivitäten allerdings stark einschränken müssen. Sie leidet an einer chronischen Autoimmunkrankheit. In der Zeit hat sie mit dem Malen angefangen. Erst ganz zögerlich, seit einiger Zeit malt sie regelmäßig. Anlässlich einer Ausstellung von queeren Künstlerinnen und Künstlern während der Gay-Pride-Woche in Oslo Ende Juni 2015 hat sie ihre ersten Bilder ausgestellt. Ich habe sie in der Zeit besucht und interviewt.

Ihr Atelier ist ein heller Raum mit gelben Wänden im ersten Stock des Hauses, in dem sie mit ihrer Partnerin in einem Stadtteil im Osten von Oslo wohnt. Fenster und Balkon geben den Blick frei auf eine Baumreihe auf der anderen Straßenseite. An den Wänden des Ateliers hängen vergrößerte Fotos von Berlin. Sie hat mehrere Jahre in Berlin gelebt. Außerdem hängen verschieden große Collagen und bunte Aquarellbilder an den Wänden, die sie selbst gemalt hat. Eine Holzstaffelei steht in der Mitte des Raums. Auf der Arbeitsplatte stehen Farbtöpfe, Pinsel, Gläser und jede Menge anderes Material. In einer Ecke sehe ich aufgerollte Bilder. Der Raum macht einen warmen und inspirierenden Eindruck auf mich.

Söderblom: „Seit wann bist du Künstlerin?"

Solberg: „Kunst ist ein gefährliches Wort. Ich bin keine gelernte Künstlerin. Deshalb scheue ich mich vor der Bezeichnung. Bisher habe ich immer die Sprache als mein Handwerkzeug angesehen, mit dem ich mich inhaltlich und künstlerisch ausgedrückt habe. Erst in den letzten Jahren habe ich mit dem Malen angefangen. Das ist bemerkenswert. Denn schon als kleines Kind hatte ich das Selbstbild, dass ich gar nicht zeichnen kann. Meine Lehrerin war offensichtlich derselben Meinung. Sie zeichnete damals ungefragt meine Bilder fertig, damit überhaupt etwas zu erkennen war. Diese Erfahrung prägte jahrzehntelang mein Selbstbild."

Söderblom: „Was hat dein Verhältnis zur Kunst verändert?"

Solberg: „Es habe schon längere Zeit eine Sehnsucht in mir gespürt. Nicht nach dem Zeichnen, sondern nach dem Malen. Seit ich wegen meiner Krankheit arbeitsunfähig geschrieben bin, habe ich mehr Lust und Zeit, mich ganz anders auszuprobieren und mit Farbe zu spielen. Außerdem waren mir die Worte ausgegangen. Es gab nichts mehr zu sagen. Da halfen mir die Farben. Erst fing ich allein an, krasse, starke Farben auf die Leinwand zu klatschen. Als müsste ich etwas aus mir herausspucken. Mich öffnen, so dass vieles, was tief in mir war, herauskommen konnte. Dann besuchte ich einen Acryl-Malkurs, um Handwerkszeug für mein weiteres Experimentieren mit Farben zu bekommen."

Söderblom: „Wie ging es weiter?"

Solberg: „Mein Drang zu malen wurde immer stärker. Bis dahin hatte ich am meisten draußen gemalt, auf dem Balkon zuhause oder vor unserer Hütte in den Bergen. Das war schön, aber jetzt brauchte ich einen Ort, der nicht immer wieder neu aufgebaut werden musste. So begann ich, mein Büro zum Atelier umzubauen. Dadurch hatte ich einen Freiraum, in dem ich experimentieren konnte. Staffelei und Leinwand konnte ich darin einfach stehen lassen. Meine Zweifel waren zwar nach wie vor da, aber ich ermutigte mich: *Tue es einfach, so lange, bis du es bist. Denn nur wer es tut, lernt weiter*! Das Motto hat mir geholfen. Durchs Malen habe ich auch wieder zurück zum Schreiben gefunden. Plötzlich konnte ich zu meinen Bildern Texte, Gedanken und Gefühle aufschreiben. Es wurde eine immer komplexere Sache. Insgesamt habe ich entdeckt, dass ich durch Farben und Malerei Komplexität anders und vielschichtiger ausdrücken kann als vorher nur mit Worten."

Söderblom: „Eines deiner Bilder spricht mich besonders an. Wieso der Titel?"

Solberg: „Der Titel ist: *Dere skal bli til velsignelse!* (*Ihr sollt ein Segen sein!*, K.S.). Es geht mir um den Segen. Ich habe es in meinem eigenen Leben in Krisensituationen erlebt. Wenn es dunkel ist im Leben, kommt plötzlich von außen Licht. Dieses Licht ist unverfügbar. Ich kann es mir nicht selbst geben. Das nenne ich Segen. Es ist ein starkes Gefühl, gesegnet zu sein, auch wenn es viele gesellschaftliche und persönliche Herausforderungen im Leben gibt."

Söderblom: „Welche?"

Solberg: „Zum Beispiel die Diskussion in Norwegen über die Trauung und Segnung von lesbischen und schwulen Paaren in der Kirche. Ich habe die Frage so satt, ob Lesben und Schwule in Kirchen getraut und gesegnet werden dürfen oder nicht! (Standesamtliche Eheschließung und kirchliche Trauung sind in Norwegen für heterosexuelle Paare komplett in Kirchen möglich. Für lesbische und schwule Paare war das bis zum Jahr 2016 allerdings nur auf dem Standesamt möglich, K.S.). Wir haben in Norwegen eine genderneutrale Ehe wie in Schweden. Es müsste also möglich sein, diese Ehe auch in einer Kirche zu schließen. Aber die lutherische Kirche in Norwegen wehrt sich dagegen. Da Glaubensgemeinschaften vom Staat nicht zu etwas gezwungen werden können, ist die Weigerung der lutherischen Kirche zulässig. Im September 2015 sind Kommunalwahlen und Kirchenvorstandswahlen in Norwegen. Die Frage der Eheschließung für Lesben und Schwule in den lutherischen Kirchen ist einer der Hauptstreitpunkte der Kirchenvorstandswahlen. Es gibt die Gruppierung der sogenannten *Offenen Volkskirche*. Sie ist für die Öffnung der Kirchen für genderneutrale Eheschließungen. Andererseits gibt es konservative Gruppierungen, die strikt dagegen sind. So oder so. Die Debatten darüber gehen mir auf die Nerven. Ich habe keine Lust mehr zu fragen, ob Lesben und Schwule gut genug sind, Heirat und Trauung in Kirchen zu feiern oder nicht. Das ist unwürdig und beschämend."

Söderblom: „Was verstehst du unter deinem Bildtitel: *Ihr sollt ein Segen sein*?"

Solberg: „Gottes Segen besitzt niemand. Schon gar nicht die Kirchen. Segen wird den Menschen geschenkt, unabhängig von ihren Leistungen und von ihrem gesellschaftlichen Stand. Ich muss aber offen sein, um ihn empfangen zu können. Ich bin dankbar, dass es immer wieder geschieht. Überraschend und ohne Garantie! Ich war 2003 in Berlin beim

Kirchentag. Da war das Motto: *Du sollst ein Segen sein!* Was ich verstanden habe: Dieser biblische Spruch an Abraham, Sara und ihre Familie gilt allen Menschen unabhängig von ihrer Herkunft, ihrer Hautfarbe, ihrem Geschlecht, ihrer sexuellen Orientierung oder Genderidentität. Dieser Zuspruch bedeutet mir viel. Segen wird uns allen zugesprochen. Ich spüre es, dass Gott mich und meine Beziehung segnet, auch als lesbische Frau. Wir betteln also nicht um den Segen, sondern wir sind ein Segen! Das ist ein großer Unterschied."

Söderblom: „Inwiefern?"

Solberg: „Mehrheiten können von Minderheiten viel lernen. Minderheiten wie Lesben und Schwule zeigen, dass das Leben nicht nur so ist, wie man das so denkt und was man für *normal* hält. Sie stellen diese *Normalität* in Frage. Das ist eine wichtige Horizonterweiterung und ein Perspektivwechsel, den eine Gesellschaft immer wieder braucht. Sonst wird sie eng und unmenschlich. Minderheiten sind also tatsächlich ein Segen für alle, indem sie Normalität hinterfragen und Freiräume für alle erweitern."

Söderblom: „Wie zeigt sich das in deinen Bildern?"

Solberg: „Im Erlebnis von Licht und Wärme. Es ist für mich ein physisches Erlebnis, dass etwas von oben kommt. Wenn ich mich dafür öffne, kann ich es spüren. Gerade während meiner Krankheit habe ich es mehrfach erfahren in Gottes Liebe zu sein. Trotzdem oder gerade wegen der Krankheit. Gottes Segen gilt auch für mich. Es ist beides: Ich fühle mich gestärkt, und ich kann mich fallen lassen. Ich spüre Raum für mich. Ich darf auch hier sein und meine Gefühle in meinen Bildern ausdrücken. In meinem Bild *Ihr sollt ein Segen sein!* sind Teile des Bildes von dunklen Farben geprägt. Aber wenn man näher herangeht, dann sieht man die hellen und warmen Strahlen, die auf die Figuren scheinen. Die Strahlen sind um sie herum und strahlen durch sie hindurch. Und sie können weitergegeben werden. Es hat etwas mit den Farben im Leben zu tun. Wenn mehr Licht einfällt, gibt es auch mehr Schatten. Aber trotz Schatten und Krisen gibt es genug Licht zum Leben."

Söderblom: „Wie kam es, dass du deine Bilder ausgestellt hast?"

Solberg: „Es war ein echter Angang für mich. Ein Sprung ins kalte Wasser. Erst dachte ich, das ist nichts für mich. Denn ich bin ja gar keine Künstlerin. Ich bin nur eine, die die Kunst zum Leben braucht. Ich male nicht für eine Ausstellung. Aber dann habe ich nochmal drüber nachgedacht. Dass es eine schwul-lesbisch-trans-queere Ausstellung ist, hat mir geholfen. Es geht um persönlichen Ausdruck und nicht um Perfektion. Einige Künstlerkolleginnen und -kollegen haben mich dann ermutigt mich zu trauen. Schließlich habe ich einige Bilder ausgesucht und mich entschieden. Dann hingen sie tatsächlich im Osloer Rathaus und wurden von Anderen betrachtet. Die Bilder - nicht nur meine - machen vielen Menschen Freude, und das macht mir wiederum Freude. Ein komisches Gefühl. Aber ich bin stolz darauf! Und dankbar dafür."

Zum Weiterlesen

Solberg, Randi O. (Hg.), *Let our Voices be Heard! Christian Lesbians in Europe Telling Their Stories*, Nieuwegein (Hamburg 2004, 1. Aufl.).

Solberg, Randi O. (Hg.), *Que(e)r durch Europa. Let our Voices be Heard!*, Nieuwegein 2008.

Michael Brinkschröder: Eine Ära geht zu Ende

24.06.2015

Michael Brinkschröder war vier Jahre lang männlicher Co-Präsident des Europäischen Forums christlicher LSBT-Gruppen. Seine Amtszeit ging im Mai 2015 zu Ende. In diesem Interview zog er Bilanz.

Söderblom: „Gerade ist die Jahrestagung des Europäischen Forums christlicher LSBT-Gruppen zu Ende gegangen. Was waren die zentralen Themen und Ergebnisse der Tagung?"

Brinkschröder: „Da die Konferenz des Europäischen Forums dieses Mal zusammen mit der von *David et Jonathan*, der französischen Mitgliedsorganisation des Europäischen Forums, stattfand, war es mit 250 Teilnehmenden die größte Konferenz in der Geschichte des Forums. Das Workshop-Angebot war dementsprechend vielfältig. Mit Gästen aus Kamerun, Nigeria, Südafrika und den Philippinen war es zugleich die bisher globalste Konferenz.

Einen großen Stellenwert hatte die Debatte über die Strategie für die nächsten fünf Jahre. Ein Schwerpunkt wird die *Advocacy-Arbeit* für Inklusion und Gleichberechtigung von LSBTTIQ in den Kirchen und in internationalen politischen Organisationen bleiben. Als neuer Schwerpunkt wird das *Empowerment*, also Ermächtigung der Mitgliedsgruppen, hinzukommen. Hier gibt es unterschiedliche Bedürfnisse: In Osteuropa geht es vor allem darum, theologische Kenntnisse zu vermitteln und die Gruppen zu befähigen, selbst Gottesdienste zu feiern. Die Katholikinnen und Katholiken haben momentan erstmalig die Chance, Dialoge mit Bischöfen zu führen. Hier ist es wichtig, schnell voneinander zu lernen, wie das am besten funktioniert. Viele Gruppen möchten Anschluss an internationale Standards im Management von Nichtregierungsorganisationen finden. Das Forum wird also vermehrt versuchen, hierzu Trainings anzubieten.

Um Transgender und Transsexuellen mehr Möglichkeiten zu geben, im Forum Einfluss zu nehmen, hat die Mitgliederversammlung beschlossen, das bisherige Modell von männlichem und weiblichen Co-Präsidenten zu verändern. Dieses war das Ergebnis der Debatten um die Gleichberechtigung von Frauen im Europäischen Forum, basierte aber auf einem dualistischen Verständnis von körperlichem Geschlecht. In

Zukunft wird nur verlangt, dass die beiden Co-Präsidenten unterschiedliche Geschlechtsidentitäten besitzen. Nicht das körperliche Geschlecht ist dabei ausschlaggebend, sondern wie sich jemand identifiziert. Die Trans*-Vorkonferenz hatte an dieser Formulierung maßgeblichen Anteil."

Söderblom: „Du warst vier Jahre männlicher Co-Präsident vom Europäischen Forum. Was sind die wichtigsten Erfolge deiner Präsidentschaft?"

Brinkschröder: „In den letzten vier Jahren hat das Europäische Forum mehrere große Projekte bewilligt bekommen, die von der niederländischen Regierung und von der Arcus Foundation aus den USA finanziert werden. Wir haben jetzt zwei hauptamtliche Mitarbeiter mit jeweils halben Stellen. Es gibt etwa zehn europäische Arbeitsgruppen, die dank der digitalen Kommunikationsmöglichkeiten sehr effektiv zusammenarbeiten können.

Ein wichtiges Projekt ist das *Eastern European Leadership Training* das im August 2014 mit einer achttägigen Summer School für 16 Leute in Chisinau (Moldawien) begann und jetzt knapp zwei Jahre lang mit einem Mentoren-Programm fortgesetzt wird. Die Zwischenauswertung auf unserer letzten Konferenz in Merville (Frankreich) im Mai 2015 hat ergeben, dass beide Bausteine dieses Projekts die Leiter und Leiterinnen von LSBT-Gruppen in Osteuropa sehr effektiv unterstützen und stärken.

Einen unvorhersehbaren Sprung haben in dieser Zeit auch die Katholikinnen und Katholiken gemacht. Papst Franziskus und die Familiensynode im Herbst 2014 haben die Phase der Angst und Frustration beendet. Jetzt ist es endlich möglich, mit Bischöfen konstruktive Dialoge zu führen. Das setzt Energien frei. Während der Familiensynode 2014 hat das Europäische Forum zwei Konferenzen in Rom veranstaltet: über die Pastoral mit LSBTTIQ und über Kriminalisierung von Homosexualität. Vom 1.-4. Oktober 2015 wird dort das *Global Network of Rainbow Catholics* gegründet. Wir werden dabei ein neues Buch mit den Lebensgeschichten von katholischen Lesben, Schwulen, Bisexuellen und Trans-Menschen vorstellen. Kurz danach beteiligt sich das Forum mit mehreren Personen am weltweiten Treffen der katholischen Reformgruppen, die sich anlässlich des 50-jährigen Jubiläums des II. Vatikanischen Konzils treffen.

In den letzten zwei Jahren hat die Arbeit in weltweiten Netzwerken sehr stark zugenommen. Mir ist erst auf unserer letzten Konferenz in Merville klar geworden, dass ich an der Gründung von vier globalen Netzwerken beteiligt war bzw. bin. Zur Vorbereitung auf die Generalversammlung des ÖRK hat sich ein globales Netzwerk von LSBT-Gruppen gefunden, das seither weitergewachsen ist. GIN, das *Global Interfaith Network*, wurde letztes Jahr in Johannesburg (Südafrika) gegründet und war durch Jan Bjarne Sødal vertreten. Auch in der katholischen und der orthodoxen Kirche entstehen gerade weltweite LSBT-Netzwerke. Als ökumenischer und internationaler Zusammenschluss von christlichen LSBT-Gruppen mit sehr langer Erfahrung spielt das Europäische Forum in diesen Netzwerken eine wichtige Rolle und fungiert als eine Art Bindeglied, durch das Erfahrungen und Kontakte schnell von einem Netzwerk zum anderen kommuniziert werden können."

Söderblom: „Was waren die größten Herausforderungen?"

Brinkschröder: „Das Fundraising für das Leadership Training in Osteuropa war eine harte Geduldsprobe. Ich hatte keinerlei Erfahrung, wie man das macht. Wir mussten die Summer School zweimal verschieben, weil wir nicht rechtzeitig genug Geld auftreiben konnten. Das Team der Trainer war am Ende ein völlig anderes als am Anfang, und wir mussten immer wieder von vorne anfangen. Der Konflikt in der Ukraine sorgte schließlich dafür, dass das Training nicht in Kiew stattfinden konnte. Aber das Durchhaltevermögen hat sich ausgezahlt.

Bis vor drei Jahren hatte das Europäische Forum ein Budget von ca. 10.000€. Da mussten wir jeden Groschen dreimal umdrehen, bevor wir ihn ausgeben konnten. In diesem Jahr haben wir ein Budget von 200.000€. Jetzt muss der Vorstand hart dafür arbeiten, den Überblick über alle Aktivitäten und Finanzen zu behalten."

Söderblom: „Was macht für dich das Europäische Forum aus?"

Brinkschröder: „Am wichtigsten ist für mich das *sharing of brokenness* (*Teilen der Gebrochenheit*, K.S.). Es ist ein Ort, an dem wir Verletzungen und Erfahrungen von Ausgrenzung miteinander teilen können. Bei den Kon-ferenzen des Europäischen Forums fließen daher immer viele Tränen. Aber es sind auch Tränen der Hoffnung und der Heilung.

Im Forum gibt es sehr viele engagierte Leute aus vielen verschiedenen Ländern. Durch die regelmäßigen Konferenzen kennen wir uns sehr gut und können gut international zusammenarbeiten. Irgendjemand bringt immer neue Ideen mit, die man in anderen Ländern ausprobieren kann."

Söderblom: „Was wünscht du dir für die Zukunft des Europäischen Forums?"

Brinkschröder: „Ich wünsche mir, dass dieser Geist der Vielfalt und der Offenheit für Neues erhalten bleibt, auch wenn das Europäische Forum als Organisation in Zukunft noch professioneller arbeiten wird."

Audre Lorde: Kämpferin - Dichterin - Mutter

4.03.2015

Audre Lorde wurde mit ihren Gedichten und Büchern bekannt. Sie war eine kämpferische Frau und ließ sich in keine Schublade pressen. Gerade deswegen wurde sie für viele zum Vorbild.

Bühnenpräsenz

Eine energische Frau trat ans Mikrofon. Kämpferisch und zugleich mit ruhiger und eindringlicher Stimme. Es war in einem Kulturzentrum in Hamburg im Jahr 1988. Nur mit Mühe hatte ich mit ein paar Freundinnen einige Restkarten ergattert. Ich wollte Audre Lorde unbedingt sehen und hören. Und ich bereute es nicht. Audre Lorde beeindruckte mich live genauso wie in ihren Gedichten, die ich Ende der achtziger Jahre als Studentin der Theologie und Diplompädagogik in Hamburg verschlungen habe. Schwarze Leinenhosen und Leinenbluse, darüber eine bunte Stola aus der Karibik. So begrüßte sie uns. In meiner Erinnerung sehe ich sie, als sei es gestern gewesen: Präsent, willensstark und verletzlich zugleich.

Kämpferin gegen Rassismus und Homofeindlichkeit

Sie beeindruckte mich, weil sie kein Blatt vor den Mund nahm. Weder in ihren Gedichten noch in ihren Vorträgen. Sie wehrte sich gegen dogmatische Kategorisierungen, gegen Schubladen und Stereotypen. Sie war eine schwarze Frau, die Frauen liebte. Sie war verheiratet, war Mutter und hatte zwei Kinder. In New York war sie aufgewachsen. Aber ihre Eltern kamen aus Grenada, einer westindischen Insel. Ihre Mutter erzählte ihr die Geschichten dieser Insel, die ihre Fantasie beflügelten und ihr ein literarisches Zuhause gaben. Lorde kämpfte gegen Rassismus, den sie in New York der schweren wirtschaftlichen Depression erlebt hatte. Aber sie kämpfte auch gegen die Homofeindlichkeit einer scheinheiligen bürgerlichen Gesellschaft, die Homosexualität damals wahlweise noch als krankhaft, sündig oder kriminell bezeichnete. Gleichzeitig wehrte sie sich gegen die Skepsis einiger schwul-lesbischer Kreise, die in den siebziger und achtziger Jahren misstrauisch auf eine verheiratete Mutter von zwei Kindern blickten, die sich selbst als lesbisch bezeichnete.

Gegen Abwertung und Schubladendenken

Lorde passte in keine Schubladen, und sie wehrte sich leidenschaftlich gegen dieselben. Noch bevor in der Wissenschaft der Terminus Intersektionalität erfunden wurde, lebte sie ihn bereits und schrieb darüber. Sie machte klar, dass es nicht nur den einen Kampf um ein Thema gebe, denn Menschen lebten auch nicht nur ein Leben rund um ein Thema. Vielmehr müssten Menschen ihre vielfältigen Zusammenhänge, Kontexte, Netzwerke, Lebensthemen und Sorgen ernst nehmen und respektieren, statt sich gegenseitig abzuwerten und sich in Schubladen pressen zu lassen.

Für Visionen einstehen

Audre Lorde machte mich als Studentin nachdenklich. Sie führte mir mit ihren Gedichten und Vorträgen vor, dass sogenannte Minderheitengruppen selbst gefährdet sind, andere auszuschließen und sich gegen die *Anderen* abzugrenzen. Sie schrieb gegen das trügerische Schweigen an und ermutigte mich, zu mir selbst zu stehen als Frau, die Frauen liebt, als Theologin, Seelsorgerin und Wissenschaftlerin. Sie zeigte mir, wie wichtig es ist, jenseits von Schubladen und begrenzenden Normierungen mit anderen zusammen für eigene Visionen einzustehen: Für einen Traum von Gerechtigkeit und Würde für alle Menschen, jenseits von Hautfarbe, Herkunft, Religion, sexueller Orientierung und Genderidentitäten.

Queer gedacht: Vorträge und Essays

Einführung

In diesem Kapitel präsentiere ich einige Vorträge, die ich im Laufe der Jahre gehalten und Essays, die ich aufgeschrieben habe. Sie zeigen Kontroversen im kirchlichen Kontext auf und bilden die komplizierte Gemengelage zwischen lesbisch, schwul, bisexuell, trans*, queer* und einem christlichen Umfeld ab. Ich beschränke mich dabei auf Vorträge und Essays, die bisher nur online in meinen Blogeinträgen oder in einer Online-Zeitschrift nachzulesen waren. Hinzu kommt ein *Geistliches Wort*, das ich für den WDR 5 am Ostersonntag 2018 gesprochen habe und das meines Erachtens auch aus queerer Perspektive bedeutsam ist. Schließlich ist hier auch ein Interview nachzulesen, das Tobias Rauser, ein Autor des Online-Magazins *glaubenslektuere.de* (sic!) im Jahr 2019 mit mir geführt hat. Es erzählt etwas über mein Leben und über meinen Glauben im Alltag. Deshalb findet das Gespräch hier ebenfalls Platz.

Vortrag: Heimat im Niemandsland

17.12.2019 (Veröffentlichung auf eigener Homepage)

Auf der Lesbentagung vom 13.-15. Dezember 2019 an der Evangelischen Akademie in Bad Boll hielt ich den folgenden Vortrag: *Heimat im Niemandsland. Lesbische und queere Frauen in Religionsgemeinschaften und Kirchen auf der Suche nach Heimat.*

Was ist Heimat?

Dunya Hayali formulierte es in ihrem Buch *Haymatland* vom Frühjahr 2019 so:

> *„Heimat ist jener Ort, an dem man im Idealfall mental auftanken und die Seele baumeln lassen kann. Ein Ort, an dem es viel Vertrautes gibt, wenig Unerwartetes passiert und man nicht ständig aufpassen muss. Weil man nicht nur toleriert oder akzeptiert, sondern wirklich erwünscht und gewollt ist. Heimat ist ja keine Einbahnstraße, keine einseitig geschlossene Verlobung. Man beschließt nicht für sich, wo die eigene Heimat ist, man wird auch eingeladen und begrüßt. Übrigens auch vermisst und wiederaufgenommen im Falle einer Rückkehr oder nach langer Abwesenheit." (Dunya Hayali, Haymatland. Wie wollen wir zusammenleben? Berlin 2019, S.30)*

Angesichts von politischen, kulturellen und religiösen Umbrüchen und Abbrüchen ist die Suche nach Beheimatung wieder dringender geworden. Angst vor Extremismus, Terrorismus, Hass und Gewalt verstärken das Bedürfnis nach Sicherheit und Vertrauen, Vergewisserung und Solidarität. Heimat scheint ein neuer alter Sehnsuchtsort dafür zu sein.

Mit der Heimat ist das aber so eine Sache. Ist es der Ort, an dem man geboren ist? Beschreibt Heimat also die geografische Herkunft, so wie es Saša Stanišić über seine Herkunft in Višegrad in Bosnien und Herzegowina geschrieben hat: *Herkunft ist der erste Zufall in einer Biografie: irgendwo geboren werden.* (Saša Stanišić, *Herkunft*, Berlin 2019)

So viel zur Herkunft. Die Heimatsuche geht dennoch weiter. Das ist nachvollziehbar, aber auch gefährlich. Denn so genannte Heimatschützer an der Heimatfront haben den Begriff in einer Art und Weise wieder aufgeladen, wie es die Nationalsozialisten mit ihrer Blut-und-Boden-Ideologie getan hatten: „Deutschland den Deutschen! Alle Fremden und irgendwie Andersartigen raus!" Der völkische und rechtspopulistische Heimatbegriff wurde damals zum ideologischen Bodensatz für die Vertreibung und Ermordung von Millionen von Menschen, die als so genannte Nichtarier unerwünscht waren. Er lieferte aber auch die Propaganda-Munition für die massive Expansionspolitik und den *totalen Angriffskrieg* der Nazis.

Heute wird der Heimatbegriff von Rechten benutzt, um weiße blonde Frauen und Babys vor einer angeblich schwarzen, dunkelhäutigen, nicht christlichen und nicht deutschsprechenden wilden Männer-Meute zu schützen. Von Heimat zu reden, ist und bleibt also ambivalent und schwierig. Was ist dann aber Heimat für all diejenigen, die den Begriff nicht nur Neonazis, Identitären und Rechtsextremisten überlassen wollen?

Heimat ist ein fluides Konstrukt, das man nicht festhalten kann, ein Prozess, ein verschlungenes Phänomen. Es sind bruchstückhafte Erinnerungen, Gerüche, Klänge und Gefühle aus alten Zeiten. Sie hallen wider aus ganz verschiedenen Orten, an denen ich gelebt habe, die mich geprägt haben und die mir bis heute wichtig sind. Es sind Resonanzorte, Herzensorte, Sehnsuchtsorte.

Heimat ist darüber hinaus weniger ein Ort als ein Gefühl von Zugehörigkeit, Sicherheit, Vertrauen und Anerkennung. Heimat ist keine Einbahnstraße, sondern ein wechselseitiger Prozess, der niemals fertig ist. Heimat ist nicht, Heimat kann nur werden. Beheimaten können sich Menschen dort, wo sie sicher sind, wo sie respektvoll miteinander umgehen und sich gegenseitig anerkennen, so wie sie sind. Heimat ist da, wo das Herz ist, also immer auf dem Weg.

Heimatbegriff in der Bibel

Auf der Suche nach Spuren in der Bibel zum Thema Heimat hilft im Alten Testament das Buch Ruth weiter. Die Ereignisse trugen sich etwa 1100 vor Christus in Israel zu.

Das jüdische Ehepaar Elimelech und Naomi war mit ihren Söhnen von Bethlehem in Israel über den Grenzfluss Jordan ins nordöstlich gelegene Land Moab geflohen. Dürre und Hungernot zwangen sie und viele andere dazu, so wie es heute noch Hunderttausende auf der ganzen

Welt zur Flucht treibt. In Moab konnten sie sich niederlassen, und die beiden Söhne heirateten Ruth und Oprah, zwei Frauen aus Moab. Allerdings starben sowohl Elimelech als auch die beiden Söhne in den nächsten Jahren. Dann kamen Dürre und Hungersnot nach Moab, und Naomi entschied sich, als Witwe in ihre Heimat Bethlehem zurückzukehren. Ihre beiden Schwiegertöchter sollten zurückbleiben und neue Ehemänner finden. Die eine, Oprah, verabschiedete sich. Aber Ruth, die andere Schwiegertochter, ging mit Naomi in deren Heimatland. Was sie sagte, ist wörtlich im Buch Ruth 1,16 überliefert:

> *„Überrede mich nicht, dich zu verlassen. Ich will mit dir gehen. Wo du hingehst, will ich auch hingehen, und wo du lebst, will ich auch leben. Dein Volk wird mein Volk sein und dein Gott wird mein Gott sein. Wo du stirbst, will ich auch sterben, und dort will ich begraben werden. Gott tue mir dies und das, nur der Tod wird mich von dir scheiden." (Ruth 1,16)*

Loyalität und Liebe

Aus Loyalität und Liebe zu ihrer Schwiegermutter entschied sich Ruth alles aufzugeben, so wie das Geflüchtete auch heute noch jeden Tag tun. Sie ließ alles hinter sich. Ihr Heimatland, ihr Volk und sogar ihren Gott. Dort, wo Naomi begraben werden sollte, wollte sie auch begraben werden. Naomis Heimat sollte auch zu Ruths Heimat werden. Die Liebe zwischen diesen beiden Frauen war so stark, dass sie sogar in der Bibel festgehalten wurde. Die eine wurde für die andere zur Heimat in einer von Männern dominierten Welt, in der alleinstehende Frauen vogelfrei und gefährdet waren.

Bis heute ist der Vers einer der meist genutzten Trauverse für heterosexuelle Paare, ohne dass sie in der Regel wissen, dass diese Worte von einer Frau zu einer anderen gesprochen wurden.

Es ist ein biblisches Beispiel dafür, dass Menschen in der Nähe einer geliebten Person Heimat finden können, dass Frauen füreinander Heimat werden - auch in der Bibel. Trotz aller Widrigkeiten und Herausforderungen.

Darüber hinaus lassen sich in der Bibel unzählige Geschichten von Aufbrüchen, Wanderungen, von Exodus, Flucht und Exil, Verschleppungen, Zerstörungen und Neuanfängen finden. In der Bibel sind daher auch Heimatbegriffe vielfältig und ständig in Bewegung.

Adventszeit

In der Adventszeit erinnern wir uns, dass die schwangere Maria und ihr Mann Josef auf dem Weg von Nazareth nach Bethlehem waren. Dort kam Josefs Familie her. Sie sollten aufgrund einer römischen Volkszählung unter dem Statthalter Quirinius in ihrem Herkunftsort gezählt werden. Aber Bethlehem empfing sie ohne Freude und ohne Gastfreundschaft. Bethlehem war für sie keine Heimat mehr. Sie hatten kein Dach überm Kopf und mussten in einem Stall übernachten. Dort brachte Maria ihren Sohn Jesus zur Welt. Aber es war kein sicherer Ort. Denn Herodes, der König der Juden, ließ nach dem Jesuskind suchen. Er hatte Angst vor der Macht und Autorität von Jesus, von der die drei Weisen aus dem Osten auf der Durchreise in Jerusalem berichtet hatten. Er ließ daher alle neu geborenen Jungen von seinen Soldaten ermorden. Maria, Jesus und Josef flohen vor den Soldaten auf einem Esel nach Ägypten. Heimat war für sie weder Nazareth noch Bethlehem noch Ägypten. Zur Heimat wurden sie sich gegenseitig und alle diejenigen, die ihnen halfen auf der Suche nach Schutz und Sicherheit unterwegs.

Als Jesus ein junger Mann geworden war, verleugnete er im Tempel seine Herkunftsfamilie und wimmelte sie ab. Stattdessen erklärte er diejenigen, die ihm bedingungslos nachfolgten, zu seiner Familie. Heimat war für ihn nicht an einen Ort gebunden. Heimat war für ihn - wie damals auf der Flucht - unterwegs sein. Er war ein Wanderprediger. Er ging mit anderen zusammen von Dorf zu Dorf zu den Menschen, die für seine Worte offen waren, die sich berühren ließen, die nach Halt und Sinn suchten und sich innerlich neu beheimaten wollten. Heimat bedeutete für ihn, Weisungen und Orientierung in Gott zu finden. Glaube an Gott, Nächstenliebe und Selbstliebe, wie er es im Doppelgebot der Liebe zusammengefasst hatte, waren sein Kompass. Nicht mehr, nicht weniger. Und heute?

Wahlheimaten

1986 war ich als junge Studentin der Theologie das erste Mal auf einer Lesbentagung in Bad Boll. Ich fand jüngere und ältere Frauen, gesunde, kranke, innerhalb und außerhalb der Kirchen, akademische und nichtakademisch Interessierte, Lesben, bisexuelle und queere Frauen, Verheiratete, Geschiedene, allein lebende, mit und ohne Kinder, Drag Kings und Schamaninnen, solche mit und ohne Bedürfnis nach feministischer Analyse und Identitätskategorien. Sie alle suchten nach einem Ort, an dem frauenbezogene Spiritualität, lesbisch-feministische Theologie und ihre Liebes- und Lebensformen ohne Zensur und Angst gelebt werden konnten. Die Lesbentagungen in Bad Boll wurden für viele zu so einem Ort.

Ich bin mittlerweile schon über zwanzig Mal in Bad Boll gewesen, sechs oder sieben Tagungen habe ich im ehrenamtlichen Team mit vorbereitet, habe Vorträge gehalten, zahlreiche Workshops in queerer Bibellektüre angeboten und mit euch zusammen queere Spuren entdeckt. Wir haben diskutiert, gearbeitet, getanzt, geweint, geschwiegen und gelacht, kirchenpolitische Strategien ausgeheckt und Gottesdienste gefeiert. Netzwerke sind entstanden, Frauen-Lesbenzentren und Regenbogenzentren auf Kirchentagen wurden angedacht und vor-bereitet, queere Gottesdienste geplant. Die Lesbentagungen in Bad Boll sind für mich über die Jahrzehnte zu einer zeitlich begrenzten Wahlheimat geworden. Hier muss ich mich nicht rechtfertigen. Weder dafür, dass ich Pfarrerin und gläubig bin noch dafür, dass ich lesbisch bin und mit einer Frau zusammenlebe. Hier kann ich so sein wie ich bin. Wahlheimat als Schutz- und Solidaritätsraum.

Seit 1996 besuche ich darüber hinaus einmal im Jahr die Jahrestagungen des Europäischen Forums für christliche LSBT-Gruppen. Die Delegierten und Interessierten aus allen europäischen Ländern treffen sich einmal im Jahr in einer europäischen Stadt. Ich treffe dort meine europäische Familie wieder. Wir organisieren Vorträge, Workshops, feiern Gottesdienste, Partys und sind einfach glücklich, dass wir uns kennen und regelmäßig wiedersehen. In den letzten zehn Jahren wurden außerdem Leadership-Trainings und Mentoringprogramme für queere Aktivist*innen aus Zentral- und Osteuropa und Asien entwickelt und durchgeführt, um sie dabei zu unterstützen, sichere und regenbogenfreundliche Schutzorte für religiös interessierte und queere Menschen in ihren Heimatländern anzubieten.

Ich war ebenfalls schon über zwanzig Mal dabei und bin jedes Mal berührt und glücklich über meine europäische Wahlfamilie, obwohl mittlerweile schon einige gestorben sind, andere krank oder alt geworden sind und viele sich mit homo- und transfeindlichen Verhältnissen in ihren Ländern herumschlagen müssen. Die Energie ist da, wenn wir uns sehen. Bei aller Trauer, bei allem Schmerz und aller Verzweiflung, die immer auch im Raum sind, wenn wir uns begegnen. Wer mich fragt, was Heimat für mich ist, dann sage ich:

Diese Menschen aus ganz Europa gehören für mich zu meiner Heimat dazu. Jedes Jahr finden wir uns neu zusammen, immer woanders, immer in anderer Verfassung. Und genau das ist Heimat: Ich begegne geliebten Menschen aus ganz Europa und darüber hinaus, die mich so akzeptieren, wie ich bin. Gemeinsam gestalten wir für eine begrenzte Zeit einen sicheren Ort, einen *safe space*. Wir lachen miteinander, weinen, wir trösten uns, hören unseren Geschichten und Erlebnissen zu, diskutieren und arbeiten in Workshops zusammen, wir feiern Gottesdienste und Partys und planen Solidaritätsaktionen mit Beteiligten aus Ländern vor allem in Osteuropa, in denen sie kriminalisiert werden und in denen ihnen ihr Glaube abgesprochen wird, weil sie queer sind. Heimat kann ich mit diesen Menschen spüren. Es ist meine Wahlheimat mit meiner Wahlfamilie. Was ich mit ihnen teile: Zugewandtheit, Humor, Wärme, Unterstützung, Teilhabe, Anerkennung und Solidarität. Das ist Heimat für mich; immer wieder anders, immer wieder neu, mobil und dennoch verlässlich, loyal, solidarisch, fürsorglich und voller Liebe für unsere Unterschiede, unsere Macken, Fehler und Kämpfe. Es sind Wahlheimaten im Plural.

Heimatverlust

Dieser Heimatbegriff als Prozess im Werden und im Plural ist mir wichtig. Denn ich kenne auch die Rückseite von rigiden Heimat-Konstruktionen: Denjenigen, die irgendwie anders sind, wird ihre Heimat oft abgesprochen. Geflüchtete, Menschen mit Migrationshintergrund, Schwarze, Lesben, Schwule, bi*, trans* und queere Menschen, Juden und Jüdinnen, muslimische Menschen, Gläubige oder Nichtgläubige, sie alle kennen die Sätze. Und sie tun immer wieder weh: *Ihr gehört nicht dazu, ihr seid hier nicht willkommen, geht zurück dahin, woher ihr gekommen seid. Ihr seid keine von uns. Ihr habt hier keine Heimat!*

Das ist brutal, das ist schmerzhaft. Das macht mich wütend. Denn wer bestimmt bitte schön, wo und was Heimat ist? Eine brüllende Minderheit von Rassisten, Antisemiten, frauen-, homo- und transfeindlichen Machos? Eine bräsige bürgerliche Mitte, die schweigt, wenn rassistische oder homo feindliche Übergriffe geschehen, weil sie selbst nicht betroffen sind? Wo bleibt die Zivilcourage, die nötig ist, um

Heimat als fragiles und empfindliches Gebilde und als alltägliches Geschehen zu schützen? Wo sind die selbsternannten Heimatschützer, wenn Menschenrechte mit Füßen getreten werden und queere Menschen mit Hilfe biblischer Texte und wörtlicher Bibelauslegungen als sündig, pervers und von Gott verdammt bezeichnet werden? Religiöse Hassrede als Rausschmeißer ins Niemandsland.

In kirchlichen Kreisen kann ich den Heimatverlust genau beschreiben: LSBTTIQ wird erzählt, dass sie nicht gleichzeitig queer und gläubig sein können. Ihnen wird erklärt, dass Gott Homosexualität als Sünde verdammt und homosexuelle Taten vom Teufel seien. Viele gläubige queere Menschen haben auf diese Art und Weise ihre christliche Heimat verloren.

Sie sind rausgeflogen, weil sie es wagten anders zu sein. Nicht wenige wurden verteufelt, beleidigt oder ausgeschlossen, einige wurden sogar zwangstherapiert oder durch sogenannte *Homo-Heiler* traumatisiert. Heimatverlust, Verunsicherung und psychische Schädigungen waren oftmals die Folge. Sie landeten vogelfrei im Niemandsland. Bis heute hat sich in den evangelischen Landeskirchen viel verändert. Es gibt mittlerweile offen queer lebende Geistliche, Respekt und Gastfreundschaft in zahlreichen Gemeinden und kirchliche Segnungen oder Trauungen für alle in den meisten Landeskirchen. Aber die Erlebnisse gehören zu unserer Geschichte und teilweise zu unserer Gegenwart dazu.

Aber auch im säkularen Umfeld ist es nicht einfach: „Was? Du bist gläubig und gehst in Gottesdienste? Wie kommt das denn? Du bist doch so klug und vernünftig?"

Oder: „Wie kannst du nur in einen solch homo-feindlichen Laden gehen und arbeiten? Bist du verrückt oder masochistisch oder beides?"

Lesbisch, bi, trans*, queer zu leben und religiös interessiert oder gar gläubig zu sein, scheint sich für viele bis heute auszuschließen. Entweder - oder, schwarz oder weiß, für mich oder gegen mich, so sieht´s aus. Dabei ist die Thematik viel komplexer, viel verwobener und verstrickter.

Weltweit sind insbesondere im globalen Süden Hunderttausende von Menschen lesbisch, schwul, bi, trans*, queer* und religiös. Das wird zu oft vor allem im globalen Norden außer Acht gelassen. Dadurch werden religiöse LSBTTIQ erneut nicht als Subjekte ihrer Lebensgeschichten respektiert, sondern selbst von anderen queeren Geschwistern als verblendet, uninteressant oder verrückt erklärt und sich selbst überlassen. Das geht auf Kosten derjenigen, die sich innerhalb religiöser Gemeinschaften für Gleichberechtigung von LSBTTIQ einsetzten, weil sie weniger Unterstützung von säkularen Regenbogen-Organisationen erhalten oder von ihnen gar nicht erst wahrgenommen werden. Sie bleiben ohne Unterstützung und finden Heimat nur unter sich im Niemandsland.

Im Globalen Süden

Was zudem unterschätzt wird: Wenn alle queeren Menschen christliche Kirchen und andere religiöse Gemeinschaften verlassen würden, würden sie denen komplett das Feld überlassen, die das Thema Geschlechtsidentität und sexuelle Orientierungen entweder überhaupt nicht interessiert oder die eine durchgehend homo- und transfeindliche Agenda haben. Es sind vor allem Menschen in rechtspopulistischen, konservativ evangelikalen und pfingstlerischen Kreisen in Europa, Nordamerika und zunehmend auch in Lateinamerika, Asien und Afrika. Sie missionieren aggressiv und richten sich mit ihren Hasspredigten gegen sexuelle und andere Minderheiten. Sie werden nicht gestoppt, wenn sie nicht von innen und von außen Widerstand bekommen. Von innen kommt keine Unterstützung ohne das Engagement derjenigen, die selbst betroffen sind, die sich als religiös bezeichnen und eine theologische Sprache sprechen. Denn für LSBTTIQ setzen sich andere nach meiner Erfahrung nur dann ein, wenn sie zunächst einmal Gesicht zeigen, für sich selbst einstehen und gezielt nach heterosexuellen Unterstützer*innen suchen. So war es auch hier in Bad Boll. Ohne die Arbeit von Herta Leistner und Monika Barz, Irmgard Ehlers und vielen anderen offen lesbischen Frauen wäre es nicht möglich gewesen, die Lesbentagungen hier in Bad Boll zu initiieren und bis heute erfolgreich hier zu halten.

Minderheit in der Minderheit

Als ich 2006 das erste Mal auf einem ILGA-World-Treffen in Genf war, hieß es von vielen: „Wer queer ist und etwas mit Kirche zu tun hat, schläft mit dem Feind. Damit haben wir nichts zu tun!"

Dennoch fanden wir uns in einem kleinen Kreis interreligiös zusammen und tauschten uns über LSBTTIQ-Themen in Religionsgemeinschaften aus. Wir feierten interreligiöse und queere Friedensgebete und fingen an uns zu verbünden. Heute werden bei ILGA-Konferenzen häufiger religiöse Regenbogen-Vorkonferenzen durchgeführt, die die spezifischen Herausforderungen zwischen Religionsfreiheit und Schutz der Menschenrechte von LSBTTIQ bearbeiten. Aber es bleibt schwierig, die Themen auch in die Hauptkonferenzen mitzunehmen.

Ein letztes Beispiel

Seit einigen Monaten gibt es ein juristisches Verfahren gegen einen katholischen Priester, Szymon Niemiec und Mariusz Wrzesinski, einen Diakon in Polen. Die beiden haben schon seit einigen Jahren die CSD-Gottesdienste vor den Pride-Paraden mit der queeren Community in Warschau gefeiert. In diesem Jahr wurden sie angeklagt, aufgrund des CSD-Gottesdienstes *religiöse Gefühle von Gläubigen verletzt zu haben*. Die Anklage ist einem Gericht in Warschau zugegangen. Zurzeit wird gerade gerichtlich geprüft, ob die beiden entweder ins Gefängnis oder in eine Psychiatrie eingeliefert werden sollten.

Der Vorstand des Europäischen Forums hat daraufhin einen Brief an den Staatsanwalt in Warschau geschrieben, weiterhin an den Council of Europe, das Niederländische Außenministerium und an sechs britische Abgeordnete des Europäischen Parlaments. Daraufhin haben 39 Abgeordnete aus verschiedenen Europäischen Ländern einen Protestbrief nach Polen geschickt. Bisher ohne Reaktion.

Gleichzeitig hat das Europäische Forum auch queere Mitarbeitende von ILGA-Europe auf den Fall angesetzt. Die zögern bisher allerdings nach Auskunft unseres Vorstands, sich in die Angelegenheit einzumischen, da es sich um ein religiöses Thema handelt. Der schwule Priester Szymon Niemiec kommentierte das so: „Ich habe das schon häufiger erlebt. Wir sind eine Minderheit in der Minderheit Wir werden von säkularen LSBTTIQ nicht unterstützt. Wir bleiben queer und religiös im Niemandsland."

Wahlheimaten als Aufgabe

Sichere Orte, ein *safe space*, Respekt, Vertrauen, Zugehörigkeit, Anerkennung, Vertrauen und Solidarität sind Zeichen von Wahlheimaten im Niemandsland. Das Europäische Forum christlicher

LGBT-Gruppen, die Lesbentagungen in Bad Boll und andere Regenbogen-Netzwerke und Gruppen sind wichtige Wahlheimaten, manchmal mit festen Treffpunkten wie hier in Bad Boll, manchmal eher eine Begegnung, ein Gespräch, eine Umarmung, ein Regenbogen-Gottesdienst, eine Solidaritätsaktion. Oft sind sie existenziell überlebensnotwendig. Sie müssen geschützt und gepflegt werden. Denn Heimat ist für queere und religiöse Menschen ein fragiler Prozess, nicht selbstverständlich und niemals einfach so da. Diese Aufgabe geht uns alle an. Viele sind bereits aktiv und gestalten solche sicheren Orte mit.

Wichtig ist, dass auch kirchliche Gruppen und Gemeinden zu engagierten *Heimatakteuren* in diesem Sinne werden. Kirchliche Akteure können Kirchenasyl und Schutzräume, Begegnungsräume und Lernräume anbieten, so wie viele das bereits tun. Dass diese Orte auch queer-freundlich sind, dafür müssen sich alle Beteiligten einsetzen.

Interview: Theologie und Alltag

17.06.2019

Ich veröffentliche an dieser Stelle ein Interview, das Tobias Rauser, ein Autor von *glaubenslektuere.de* (sic!) mit mir geführt und online veröffentlicht hat. Es sagt einiges über meine Überzeugungen und meinen Glauben in Verbindung mit queer aus. Deshalb finde ich es passend, den Text abzudrucken.

Glaubenslektuere: „Theologie und Alltag - für Sie darf das kein Widerspruch sein. Sehen Sie in Ihrem Einsatz für die kirchliche Frauen- und Lesbenbewegung Widersprüche zu Positionen der Kirche oder in der Theologie? Wie gehen Sie damit um?"

Söderblom: „Mein pastoraler Dienst hat mich gelehrt, dass Frustrationstoleranz ein wichtiges Gut ist. Und Gelassenheit. Mein Ordinationsspruch heißt: *Gott hat uns nicht gegeben den Geist der Furcht, sondern den der Kraft, der Liebe und der Besonnenheit.* Dieser Zuspruch aus dem 2. Brief des Timotius (Kapitel 1,7) hilft mir. In kritischen Situationen sage ich ihn mir auf wie ein Mantra. Wenn ich beschimpft werde, weil ich eine Frau liebe, oder wenn mir aufgrund meiner Lebensform mein Glaube abgesprochen wird. Der Vers ist ein Satz voller Kraft und Zuversicht. Trotz aller Widrigkeiten, trotz aller Herausforderungen und Nöte im Alltag.

Durch meine haupt- und ehrenamtliche Arbeit bei ökumenischen Treffen, Konsultationen und Vollversammlungen des Ökumenischen Rats der Kirchen habe ich den Begriff *versöhnte Verschiedenheit* kennengelernt. Früher war ich ungeduldiger. Da habe ich erwartet, dass kirchliche Würdenträger und Gläubige verschiedener Glaubensrichtungen Gleichberechtigung und gleiche Teilhabe von allen Menschen bedingungslos unterstützen. Ich konnte nicht akzeptieren, dass das jemand anders sehen könnte. Mittlerweile habe ich mit so vielen verschiedenen Menschen über diese Themen gesprochen und debattiert, dass ich ruhiger geworden bin."

Glaubenslektuere: „Warum ist das so?"

Söderblom: „Positionen und Überzeugungen sind komplexe Prozesse und haben Geschichten, Kontexte und ganz verschiedene Zugänge.

Wenn alle Seiten bereit sind, sich gegenseitig zuzuhören und sich ernst zu nehmen, dann ist das schonmal viel. Wichtigste Voraussetzung dafür: Gesicht zeigen, miteinander und nicht übereinander reden. Im Übrigen dürfen sich Theologie und Alltag für mich sehr wohl widersprechen. Beide Perspektiven sind ja nicht deckungsgleich, sondern eröffnen verschiedene Blickrichtungen und zeigen jeweils unterbelichtete Sichtfelder auf. Dafür müssen beide Bereiche miteinander in Verbindung stehen und sich aufeinander beziehen. Sonst ist für mich Theologie nicht relevant. Insofern bin ich eine Anhängerin des verstorbenen Praktischen Theologen Henning Luther. Er hat sich stark gemacht für eine Theologie, die im Alltag verortet ist, die ihn aber gleichzeitig unterbricht und aus der biblischen Botschaft andere Wege und Visionen aufzeigt.

Theologie und Alltag dürfen sich sehr wohl widersprechen. „

Glaubenslektuere: „Sie schreiben über sich: ‚Ich hinterfrage Selbstverständlichkeiten, ich halte mich im Grenzbereich auf'. Warum ist Ihnen das wichtig?"

Söderblom: „Auf der Grenze kann ich meinen Blick in verschiedene Richtungen wenden. Ich bemühe darum, nicht betriebsblind zu werden, weil ich gewisse Dinge schon immer so gesehen und schon immer so gedacht habe. Ich möchte verschiedene Positionen im Blick behalten und auf Rückmeldungen und Resonanzen eingehen können. Das kann ich besser von einer Position auf der Grenze als von mitten drin. Zumal ich den Standort der Grenze auch von meiner persönlichen und beruflichen Erfahrung her kenne: Ich habe mich oft in einer Position *dazwischen* erlebt."

Glaubenslektuere: „Wie sah diese *Zwischenposition* aus?"

Söderblom: „Zwischen Theologie und Geisteswissenschaften, zwischen Seelsorge und systemischer Beratung, zwischen säkularen Menschenrechtsaktivisten und theologischen Netzwerken, die sich für die Gleichberechtigung für queere Menschen in den Kirchen einsetzen. Ganz zuhause habe ich mich nirgendwo gefühlt. Daraus habe ich über die Jahre meine persönliche *Lebenskunst* entworfen. Das Leben *dazwischen* erspart mir Schubladen und legt mich nicht fest. Ich bleibe in Bewegung, bin nicht mitten drin und auch nicht außen vor, sondern irgendwo dazwischen. Da, wo verschiedene Energien und Handlungslogiken aufeinandertreffen und die meiste Reibungsenergie vorhanden ist. Es ist ein anstrengendes und spannendes Feld. Ich möchte es nicht missen, auch wenn ich mich manchmal nach einem Zuhause sehne."

Glaubenslektuere: „Was verstehen Sie unter Theologie der Vielfalt?"

Söderblom: „Eine Theologie der Vielfalt ist kein geschlossenes Theoriesystem, sondern ein offener Prozess. Deshalb spreche ich lieber von Aspekten einer Theologie der Vielfalt. Diese sind zeit- und kontextgebunden und orientieren sich an vorhandenen Ressourcen. Die Aspekte sind beweglich, veränderbar und bruchstückhaft. Sie haben nicht den Anspruch, wasserdichte Antworten zu liefern, sondern laden zum Nachdenken und Hinterfragen ein. So sehe ich mich auch eher als Sucherin, die gemeinsam mit anderen auf dem Weg ist und einen kleinen Beitrag zu einer kontextuellen Theologie der Vielfalt beisteuert."

Glaubenslektuere: „Können Sie das noch etwas konkretisieren?"

Söderblom: „Grundlage und Ausrichtung einer solchen Theologie der Vielfalt ist die biblische Gesamtbotschaft: Für Jesus ist das höchste Gebot das *Doppelgebot der Liebe* (Markus 12,29-31). Es verpflichtet jeden Gläubigen zur Gottesliebe genauso wie zu Verantwortung und Respekt gegenüber sich selbst und anderen - gerade denen gegenüber, die als anders und fremd gelten. Jesus hat entsprechend gelehrt, gepredigt und gehandelt. Er hat die damaligen Außenseiter*innen in die Mitte seiner theologischen Botschaft gestellt. Auch der Apostel Paulus unterstreicht mit seinem Bild vom *Leib Christi* (1. Korinther 12,12-27), dass die Menschen in den Gemeinden mit ihren unterschiedlichen Erfahrungen und Fähigkeiten nur gemeinsam den einen Leib Christi formen können. Kein Glied kann ohne Schaden für das Ganze ausgegrenzt oder herausgenommen werden."

Glaubenslektuere: „Bezieht sich diese Theologie auch auf das biblische Menschenbild?"

Söderblom: „Ja, genau. Im 1. Buch Mose wird das Motiv der Gottesebenbildlichkeit eingeführt. Danach ist jeder Mensch einzigartig und zugleich Gottes Ebenbild. Unabhängig von Herkunft, Hautfarbe, Genderidentität, Alter, Gesundheitszustand, Sprache, Kultur und Lebensform bildet jeder Mensch Gottes Ebenbild in unterschiedlicher, aber gleichberechtigter Weise ab. Niemand muss dafür Vorbedingungen erfüllen. Das hat auch Auswirkungen für christliche Gemeinschaften und Kirchengemeinden. Die Unterschiede von Menschen werden als bereichernd und nicht als bedrohlich angesehen. Offene, gastfreundliche und inklusive Kirchengemeinden und religiöse Orte sind gewollt und attraktiv. Denn die biblischen Geschichten erzählen von der Gemeinschaft der Unterschiedlichen, die gerade durch ihre verschiedenen Fähigkeiten und Begabungen die Gemeinschaft stärken. Genau dafür stehen für mich Aspekte einer Theologie der Vielfalt."

Glaubenslektuere: „Führt Ihr Einsatz (der manchmal sicher auch ein Kampf ist) für benachteiligte Gruppen nicht manchmal auch dazu, dass man den großen Rahmen, den Glauben, in Frage stellt?"

Söderblom: „Ja, manchmal ist das so. Wenn ich zum x-ten Mal mit den gleichen Vorurteilen und Stereotypen konfrontiert werde, wenn es beispielsweise um Schwule, Lesben, Bi- und Trans*-Menschen (LSBT) geht, dann werde ich müde. Immer wieder müssen ich und andere von vorne anfangen zu argumentieren. Wenn ich dann gleichzeitig erlebe, wie viele Menschen unter Stigmatisierung und Ausgrenzung (nicht nur) in den Kirchen leiden, dann möchte ich manchmal alles hinschmeißen."

Glaubenslektuere: „Warum tun Sie es nicht?"

Söderblom: „Ich denke an meine Geschwister in Osteuropa, die als LSBT sowohl staatlicherseits als auch kirchlicherseits verleumdet, bedroht und kriminalisiert werden. Da kann ich doch nicht aufhören mich für Gleichberechtigung einzusetzen! Außerdem ist mir bewusst, wieviel Macht trotz aller säkularen Tendenzen kirchliche Institutionen immer noch im Hinblick auf Fragen von Lebensformen und Sexualethik haben. Dieses Deutungsfeld möchte ich mitgestalten. Insofern ist mein Motto: Den Mut nicht verlieren und nicht vereinzeln lassen! Ich erinnere mich, dass es viele Menschen diesseits und jenseits kirchlicher Orte gibt, die solidarisch mit mir und anderen unterwegs sind und die viel Energie und Kraft darauf verwenden, sich für Respekt und gegen Hass und Häme einzusetzen. Das spornt mich an."

Glaubenslektuere: „Wie wichtig ist die Institution Kirche für Ihren Glauben? Wie sind Ihr Glaube und die Kirche miteinander verbunden?"

Söderblom: „Mein Glaube ist zunächst einmal eine Sache zwischen mir und meinem Gott. Ich bin theologisch sehr geprägt von Martin Bubers dialogischem Prinzip und seinem Bild von der Zwiesprache zwischen Gott und den Menschen. Allerdings schreibt Buber auch, dass Gott, das *Ewige Du*, nur in Begegnungen zwischen einem Ich und einem Du erlebbar wird. Für ihn als jüdischen Religionsphilosophen sind unmittelbare Begegnung und Gemeinschaft dafür notwendig. Für mich als evangelische Pfarrerin ist das auch so. Die Institution Kirche brauche ich dafür nicht. Allerdings bietet mir die verfasste Kirche - wenn sie offen und inklusiv auftritt - Anlässe und Freiräume, um genau solche Begegnungen zu ermöglichen und zu erfahren."

Glaubenslektuere: „Woran zweifeln Sie?"

Söderblom: „Ich bin Pfarrerin, systemische Beraterin und Trauerbegleiterin. Aber ganz ehrlich: Ich habe Schwierigkeiten mit der christlichen Lehre von der Auferstehung nach dem Tod. Ich kann es mir einfach nicht vorstellen. Deshalb halte ich diesen Bereich in Predigten und Trauerbegleitungen bewusst offen. Was ich dagegen ablehne: Narrative, die Menschen vertrösten. Nach dem Motto: Im nächsten Leben wird alles besser. Dann werdet ihr für euren Glauben belohnt werden. Da werde ich hellhörig. Zuspruch und Begleitung gehören in dieses Leben. Segen muss spürbar sein im Lärm und Dreck des Alltags. Und genau dafür brauche ich Hoffnungsbilder, wie sie in den biblischen Gleichnissen stehen, wie zum Beispiel das Senfkorn, das wächst und Früchte bringt. Solche Bilder geben mir die Zuversicht, dass die Welt in Zukunft gerechter sein wird und dass ich und andere an jedem neuen Tag dafür *Gerechtigkeits-Samen* pflanzen können."

Glaubenslektuere: „Mit wem diskutieren Sie als Theologin Ihre Zweifel?"

Söderblom: „Über offene Fragen und Herausforderungen tausche ich mich regelmäßig mit anderen Kolleginnen und Kollegen in einer Intervisionsgruppe aus. Und ich habe meine christlich queeren Netzwerke, mit denen ich schon seit über zwanzig Jahren in ganz Europa verbunden bin. Das ist meine *Großfamilie.* Mit ihnen treffe ich mich regelmäßig. Wir tauschen uns aus, unterstützen uns gegenseitig, feiern gemeinsam Gottesdienste und Feste. Da kann ich so sein, wie ich bin."

Glaubenslektuere: „Woran glauben Sie?"

Söderblom: „Ich glaube an Gott, die Quelle allen Lebens. Ich vertraue auf Gott, den unverfügbaren, ganz Anderen. Gott ist für mich kritisches Prinzip, christliche Lebensbegleitung und Herzensenergie. Mein Glaube gibt mir Kraft für mein Engagement für die Gleichberechtigung von sexuellen und anderen Minderheiten. Mein Glaube ermutigt mich aber auch, meinen Alltag immer mal wieder zu unterbrechen, still zu werden, hinzuhören und nichts zu tun. So wie es

Johann Baptist Metz einmal formuliert hat: Unterbrechung ist die kürzeste Definition von Religion. Darüber hinaus glaube ich an Gottes Sohn Jesus Christus, der uns das *Doppelgebot der Liebe* vermacht hat (Markus 12,29-31). Ich fasse es so zusammen: Liebe Gott und respektiere deinen Nächsten wie dich selbst. In diesem Satz ist für mich alles gesagt. Und ich bin überzeugt, dass Gottes Geistkraft unverfügbar und nicht kontrollierbar ist. Sie weht, wo sie will. Die Wirksamkeit meines Handelns kann ich folglich auch nur bedingt steuern. Dennoch bin ich für mein Handeln verantwortlich. So wie es Gotthold Ephraim Lessing schon im 18. Jahrhundert in der Ringparabel aufgeschrieben hat: Die Wirksamkeit meiner Religion und meines Glaubens erweisen sich in meiner Haltung mir selbst und anderen gegenüber und in meinem Tun. Es ist also nicht egal, was und wie ich es tue."

Glaubenslektuere: „Wie hat sich dieser Glaube durch ihre Arbeit verändert?"

Söderblom: „Die Begegnung mit jungen Studierenden im Evangelischen Studienwerk in Villigst, aber auch mit Trauernden, Kranken und Benachteiligten an anderen Orten, haben mir gezeigt: Respekt und Achtsamkeit vor dem Leben anderer Menschen sind zentral. Denn das Leben ist weder selbstverständlich noch ewig. Ich lebe mit dem Wissen, dass ich sterben werde. Diese Haltung von *memento mori* (gedenke Mensch, dass wir sterben müssen), lehrt mich dankbar zu sein und mein Leben bewusst zu leben. Es lehrt mich darüber hinaus, achtsam mit dem Leben von anderen umzugehen. Ich höre Menschen zu. Sie erzählen mir ihre Geschichte in traurigen, schmerzhaften, fröhlichen oder hoffnungsvollen Momenten. Ich weiß es nicht besser, ich habe keine Rezepte. Stattdessen biete ich an, zuzuhören und ein Stück des Weges mitzugehen. Das ist mir wichtig. Ob im Reden oder im Schweigen, beim Gebet oder in der Meditation. Gott ist da, wo zwei oder drei in seinem Namen zusammen sind. Das ist für mich entscheidend. Alles andere liegt nicht in meiner Hand."

Glaubenslektuere: „War diese innere Ruhe schon immer da?"

Söderblom: „Früher war ich ungeduldiger. Ich wollte mehr machen, mehr bewirken. Heute vertraue ich auf die kleinen Schritte und die kleinen Augenblicke, die manchmal große Wirkungen haben können, manchmal aber eben auch nicht."

Glaubenslektuere: „Eine Ihrer Schwerpunkte ist die intensive Auseinandersetzung mit dem Sterben. Sie sind Sterbebegleiterin. Treten in einer solchen Phase Zweifel deutlicher hervor - bei den Menschen, die Sie begleiten, aber auch bei Ihnen? Wie gehen Sie damit um?"

Söderblom: „Meine Erfahrung aus der Trauerarbeit ist, dass sich an den Rissen und Bruchkanten des Lebens ein Spalt auftut. Und genau da kann Licht einfallen. Insofern geht es nicht um das Leben ohne Leid und Narben. Es geht darum, die Brüche und die Schmerzen im Leben ansprechbar zu machen, da zu bleiben und mit auszuharren, wenn nichts mehr geht und nichts mehr gesagt werden kann. Dazu gehören auch Wut und Klage, Zweifel und Verzweiflung. In der christlichen Liturgie haben diese Gefühle für mich Platz. Ich habe es selbst schon erlebt. Mein jüngster Bruder ist mit 39 Jahren gestorben. Ich war verzweifelt und konnte nur noch weinen, klagen und schreien. Es hat schrecklich weh getan. Aber die alten Klagepsalmen haben mir geholfen. Mehr war nicht drin. Diesen geschützten Resonanzraum möchte ich auch anderen Menschen anbieten, die sich in ihrer Trauer an mich wenden. Damit kann ich Leid nicht ungeschehen machen und Schmerzen auch nicht nehmen. Aber ich kann da sein. Und das tue ich gerne."

Tischrede: Geschlechtergerechtigkeit - Auch für queer?

21.09.2018 (Veröffentlichung auf eigener Homepage)

Ich hielt den Vortrag als Tischrede bei einem ökumenischen Frauenmahl im Kirchenkreis Düsseldorf im September 2018.

Beobachtungen

Seit Monaten werden unter dem Hashtag #MeToo sexualisierte Gewalterfahrungen von Frauen veröffentlicht, kommentiert, weiter geteilt und diskutiert. Sie haben die öffentlichen Debatten über alltäglichen Sexismus und sexualisierte Gewalt verändert. Auch der Hashtag #MeTwo hat zur Sensibilisierung gegenüber Geflüchteten, Migrantinnen und Migranten in erster, zweiter und dritter Generation beigetragen. Hier wurde deutlich, wie aktuell Übergriffe und Diskriminierung aufgrund von Herkunft, Hautfarbe und Migrationshintergrund im Alltag der Betroffenen sind und wie schwierig es ist, sich dagegen zur Wehr zu setzen.

Hashtag #MeQueer

Seit einigen Wochen werden auf Twitter in Anlehnung an #MeToo und #MeTwo nun auch unter dem Hashtag #MeQueer alltägliche Ausgrenzungserfahrungen von Lesben, Schwulen, Bi-, Trans-, Inter- und Queer-Personen veröffentlicht.

Wer auch nur einige dieser Posts auf Twitter gelesen hat, weiß mit Sicherheit: Geschlechtergerechtigkeit und Gleichberechtigung im Hinblick auf Herkunft, Hautfarbe und sexueller Orientierung befinden sich in Kirche und Gesellschaft weltweit noch in weiter Ferne.

Da ist die christliche Irakerin, dunkelhäutig, Mutter von vier Kindern. Sie wird in Deutschland wegen ihrer Hautfarbe und Herkunft angepöbelt und beleidigt. Sexualisierte Anzüglichkeiten hat sie zuhauf erlebt. Gleichzeitig hat sie als Frau weder in ihrer Familie noch in ihrer Gemeinde eine gleichberechtigte Position inne. Ihr Ehemann, ihr Vater und sogar ihre Söhne haben das scheinbar verbriefte Naturrecht, über sie zu bestimmen. Die Hashtags #MeToo und #MeTwo sind für sie zum Sprachrohr geworden.

Da ist eine Trans*Person inmitten des Transitionsprozesses von Mann zu Frau. Ihre persönliche Veränderung wird in der Familie mit Sorge und Irritation aufgenommen. In der Gemeinde kommt es zu Verwerfungen. Als Mann war er im Kirchenvorstand. Nun wurde ihr nahegelegt, das Amt ruhen zu lassen. Zu emotional und kontrovers seien die Reaktionen. Sie bekommt widersprüchliche Signale zu hören: „Du bist ja trotzdem von Gott geliebt. Aber mach bitte nicht so ein Aufheben um deine persönlichen Befindlichkeiten. Das gibt in der Gemeinde nur Unruhe und Streit." Der Hashtag #MeQueer wird für sie zur Ausdrucksform für ihre Erfahrungen.

Da ist eine lesbische Pfarrerin. Als Kind hat sie sexualisierte Gewalt erlebt. Nach ihrem Comingout muss sie sich Sätze anhören wie: „Dir muss man es nur mal von einem richtigen Mann besorgen. Dann würdest du schon normal werden." Sie erfuhr sowohl Ausgrenzung als auch Unterstützung in ihrer Gemeinde. Im Gemeindealltag präsentiert sie sich mit 150prozentiger Leistung, um nicht zu hören, dass ja sowieso alle schon vorher wussten, dass das geistliche Amt und ihre Lebensform nicht gut zusammenpassen. Sie steht unter Dauerbeobachtung und fühlt sich verletzlich und ungeschützt. Mit Hashtag #MeToo und #MeQueer berichtet sie davon.

Sprache finden

Die Reaktionen auf diese Einträge sind unterschiedlich. Die einen zucken nur mit den Achseln. Es seien ja nur Posts unter einem Hashtag. Was könnten die schon bewirken? Andere betonen, dass sich viele nicht anders trauten. Sie könnten im Rahmen dieser Aktion endlich einmal ihre Erfahrungen aufschreiben und ihre eigene Sprache dafür finden. 280 Zeichen reichten zwar nicht für komplexe Zusammenhänge, aber sie seien ein Anfang.

So sehe ich das auch. Denn darum geht´s: Die eigenen Erfahrungen ernst nehmen, die eigene Sprache finden und diese öffentlich machen. Ich bin ohne eine solche Sprache aufgewachsen. Alles, was ich als Jugendliche gehört hatte, war: Gleichgeschlechtliche Liebe sei wahlweise pervers, unnormal, abartig oder sündig. Mir wurde als junge Erwachsene mehrfach prophezeit, dass Gottes Strafe über mich kommen werde und ich in die Hölle käme. Dabei war ich gläubige Christin, engagierte mich ehrenamtlich und verstand überhaupt nichts mehr.

Wie sollte ich mit solchen Fremdzuweisungen eine positive Sprache für meine Lebenserfahrungen finden? Ich weiß heute, dass es mir nicht alleine so ging. Damals fühlte ich mich aber allein. Diese Erfahrung zeigt: Sprache finden für die eigenen Gefühle, Sehnsüchte und Hoffnungen ist etwas ganz Existenzielles.

Und noch etwas Anderes verdeutlichen die Beiträge unter den Hashtags: Resonanz von anderen Personen ist wichtig. Ich lebe nicht zeit- und kontextlos. Ich bin eingebunden in ein soziales Umfeld. Ich brauche Reaktionen. Im besten Fall Verständnis und Zustimmung und - wenn sie konstruktiv sind - auch ehrliches Feedback und Kritik. Reaktionen auf die Einträge unter den Hashtags ersetzen natürlich keine reale Unterstützung. Sie ersetzen auch keine freundschaftliche Begleitung oder professionelle Beratung. Aber sie ermöglichen Reaktion und Resonanz. Tausende lesen die Einträge, liken, kommentieren, teilen, retweeten oder diskutieren sie. Natürlich gibt es auch aggressive und hasserfüllte Kommentare, Beleidigungen und Beschimpfungen. Genauso wie es Gleichgültigkeit und Unverständnis gibt. Das volle Programm. Dennoch. Oder gerade deswegen. Das Thema ist im Gespräch. Erfahrungen kommen zum Ausdruck. Die Beiträge wirken. Sie bekommen Adressaten. Und die werden nicht selten selbst zu späteren Autorinnen und Autoren. So wird aus einzelnen Stimmen ein Klangteppich, ein komplexer Widerhall von ganz unterschiedlichen Erlebnissen und Geschichten.

Die Kraft des Chores

Die Autorin Ronya Othmann nennt solche Reaktionen in einem Beitrag bei Zeit Campus vom 31. August 2018 die *Kraft des Chores*. Der Chor von Leserinnen und Lesern hört zu, liest mit, nimmt Anteil, verstärkt, teilt und verbreitet Stimmen von Protest, Aufschrei, Wut und Klage. Missstände werden benannt, Hoffnung und Dank für Unterstützung geteilt. Einzelne Stimmen werden zu einem vielstimmigen Chor. Diese Kraft des Chores erinnert mich an die Funktion des Chores in antiken griechischen Tragödien. Sie hatten eine wichtige Funktion: Sie verstärkten Aussagen der Protagonisten. Sie kommentierten und kritisierten, wiederholten, belehrten und provozierten. So wurden Aussagen, Erkenntnisse und bestimmte Stimmungslagen gesichert und miteinander in einem Resonanzraum geteilt. Alles streng subjektiv, öffentlich und hörbar.

Genauso funktionieren auch Klagepsalmen, die im Buch der Psalmen im Alten Testament gesammelt worden sind. Da geht es nicht um weinerliches Murren und Nörgeln. Es geht ums Ganze: Krankheit, Schicksalsschläge, Heimatverlust, Tod, Niederlage, Zerstörung, Exil und Flucht. Solche Erfahrungen werden in den Psalmgebeten direkt an Gott adressiert.

Entweder von Einzelnen oder von einem Gebetskollektiv. Neben Wut und Klage kommen zumeist auch Lob, Dank und Hoffnung zum Ausdruck, dass Gott die Gläubigen bisher beschützt und gehört habe und dies hoffentlich auch weiterhin tue. Andere können in die Sprache der Klage einstimmen. Sie müssen solche Worte in der Not nicht neu erfinden, sondern können sich darauf beziehen. Sie können die Worte wiederholen, verstärken, miteinander teilen, Gott anrufen und auf Veränderung hoffen. Das gemeinsame Gebet stärkt den Einzelnen, gibt dem Gebet mehr Gewicht und kollektiviert isolierte Erfahrungen.

Die Einträge unter den Hashtags #MeToo, #MeTwo und #MeQueer funktionieren ähnlich. Allerdings ist der Adressat nicht Gott, sondern alle, die sie lesen und hören wollen. Ziel ist es, dass die Beiträge wahrgenommen genommen, kommentiert und weiter geteilt werden. Die Einträge und die Resonanz darauf verändern Alltagsbeschreibungen und ihre Wahrnehmungen. Sie erweitern die Kenntnis über verschiedene Lebenswirklichkeiten und verstärken die Reichweite der Worte wie bei einem Klagepsalm oder einem antiken Chor.

Klar. Mit den Hashtags werden die Probleme nicht gelöst. Aber mit ihnen wird eine Sprache formuliert, die niedrigschwellig und wirksam ist. Opfer werden zu Subjekten. Sie sprechen statt zu schweigen. Sie sind aktiv, nicht passiv. Sie teilen sich mit statt sich zu isolieren. Und sie bekommen Rückmeldung. Die Kraft des Chores wirkt. Sie beschreibt nicht nur die Wirklichkeit, sondern schafft und gestaltet sie auch. Insofern ist diese digitale Ausdrucksform als eine von vielen Sprachspielen bedeutsam. Gerade dann, wenn Sprache aufgrund von Tabus, Schweigen und Abwertung lange verloren war.

Und es gibt noch einen weiteren Mehrwert des Hashtags: Menschen sehen, dass sie nicht allein sind. Es gibt Zehntausende, die ähnliche Erfahrungen machen. Sie erkennen: Es sind strukturelle

Herausforderungen, nicht persönliche Defizite. Auch wenn sie von jedem und jeder Einzelnen erlebt und bewältigt werden müssen.

Und noch etwas ist wichtig: Eine Sprache finden kann der Anfang eines politischen und gesellschaftlichen Wandels sein. In Kirchengemeinden und kirchlichen Einrichtungen können diese Sprachübungen vertieft werden. Wenn Lebensgeschichten erzählt, ausgetauscht und geteilt werden, entstehen Resonanzräume, in denen Menschen einander zuhören und lernen können. Dies ist die Grundfigur der urchristlichen Lebens- und Lerngemeinschaft.

Erkenntnisse

Wer die Einträge unter den verschiedenen Hashtags verfolgt, dem fallen die auffallend vielen Verbindungen der verschiedenen Hashtags auf. Eine schrieb dazu: „Eigentlich brauchen wir den Hashtag #MeMehrfach, um die Mehrfachdiskriminierung vieler Frauen und Männer angemessen zur Sprache zu bringen."

So oder so zeigen die Beispiele: Ausgrenzung und physische und psychische Gewalt sind keine individuellen, sondern strukturelle Probleme. Die Einträge unter den Hashtags geben denen eine Sprache, die bisher noch nie oder eher selten etwas zu sexualisierten, rassistischen, homo- oder transfeindlichen Übergriffen und Gewalttaten im kirchlichen und nichtkirchlichen Umfeld gesagt oder geschrieben haben. Scham, Schuldgefühle und Angst vor Repressalien haben viele bisher davon abgehalten.

Was auch deutlich wird: Ausgrenzung und Übergriffe aufgrund von Herkunft, Hautfarbe, Geschlechtsidentität, Religion und sexueller Orientierung funktionieren in ähnlicher Weise. Es sind miteinander verbundene Unrecht- und Gewaltstrukturen. Sie sollten daher auch in ihrer komplexen Verwobenheit wahrgenommen und bearbeitet entwickelt werden.

Trotz dieser Erkenntnis zeigt sich in den Einträgen auch: Jeden Tag sind es Einzelpersonen, die sich mit den Folgen auseinandersetzen müssen und darunter leiden. Sie fühlen sich schuldig, isoliert und nicht genügend beschützt. Oft auch nicht in Kirchengemeinden und kirchlichen Einrichtungen.

Es gibt zu wenig sichere Orte, an denen sie ihre Erlebnisse ohne Angst vor Repressalien zur Sprache bringen können. Hier haben

Gleichstellungsbeauftragte und ihre Einrichtungen in Kirche und Gesellschaft eine wichtige Aufgabe, um den Betroffenen Hilfestellung anzubieten. Die Betroffenen brauchen Respekt, rechtlichen Schutz und eine würdevolle Begleitung. Bevor all das nicht gesichert ist, kann von Geschlechtergerechtigkeit und Gleichberechtigung keine Rede sein.

Ausblick

Ausgewiesene Exegetinnen und Exegeten haben gezeigt, dass das Neue Testament eine Vielzahl von Gegenbildern zu römischen und vorderasiatischen Herrschafts- und Geschlechterideologien des ersten Jahrhunderts nach Christus anzubieten hat. Die urchristlichen Gemeinden bestanden aus Gemeinschaften von gleichrangigen Jungen und Alten, Männern und Frauen, Städtern und Dorfbewohnern, Verheirateten, Verwitweten und Unverheirateten. Getragen wurde dieser Geist von der biblischen Gottesebenbildlichkeit der Menschen, die allen Menschen die gleiche Würde zuspricht. Geprägt waren sie vom radikal egalitären Umgang von Jesus mit Männern und mit Frauen. Und die Kranken und Ausgegrenzten hat er vom Rand ins Zentrum seiner Aufmerksamkeit geholt.

Die Gesamtbotschaft der Bibel kann daher für ein geschlechtergerechtes Miteinander Orientierung bieten. Hier kommt dem von Jesus selbst genannten höchsten Gebot besondere Bedeutung zu. Es handelt sich um das Doppelgebot der Liebe (Markus 12,28-31; Matthäus 22,30-35; Lukas 10,25-28). Es verpflichtet jeden und jede Einzelne zur Gottesliebe genauso wie zur zum Respekt gegenüber sich selbst und gegenüber anderen Menschen - auch und gerade gegenüber denjenigen, die als anders und fremd gelten.

Auch die paulinische Leib-Christi-Theologie (1. Korinther 12; Römer 12) unterstreicht, dass die Menschen in den Gemeinden und darüber hinaus mit ihren unterschiedlichen Erfahrungen, Stärken und Ressourcen nur gemeinsam den einen Leib Christi formen können. Kein Glied kann ohne Schaden für das Ganze ausgegrenzt oder beschädigt werden.

Gendersensible Bibelübersetzungen haben darüber hinaus gezeigt, dass es trotz patriarchaler Verhältnisse im Urchristentum Jüngerinnen, Apostelinnen, Hausvorsteherinnen und glaubende Frauen aus allen Schichten gab. Über Einfluss und Macht wurde damals wie heute gestritten. Daher ist es für die heutige Zeit wichtig, die theologische und kirchenpolitische Deutungshoheit nicht allein alt gedienten Männerbündnissen zu überlassen. Stattdessen ist es notwendig, sich theologisch und kirchenpolitisch für ein inklusives und gleichberechtigtes Zusammenleben von ganz verschiedenen Menschen in Kirche, Gemeinden und Gesellschaft einzusetzen.

Strategien zur Stärkung der Geschlechtergerechtigkeit

Storytelling: Frauen, Männer aus ganz unterschiedlichen Lebenszusammenhängen, Herkünften, sozialen und religiösen Umfeldern und Lebensformen sollten als Subjekte ihrer Lebensgeschichten gehört und ernst genommen werden.

Begegnungsräume herstellen und sichern: Kirchliche Einrichtungen können dafür sichere Orte und Begegnungsräume zur Verfügung stellen. Haupt- und ehrenamtliche Mitarbeitende sind wichtig für Moderation und Gesprächsregeln. Durch den Austausch von persönlichen Erfahrungen können Vorurteile abgebaut werden. Unterschiedliche Ansichten, Lebensformen und Familienformen können ausgetauscht und miteinander ins Gespräch gebracht werden, wenn alle sachlich und respektvoll miteinander umgehen.

Information und Aufklärung: Es braucht sachliche Aufklärung und Informationen über Doppel- und Dreifachbelastungen von Frauen zwischen Berufs- und Privatleben, von Alleinerziehenden, über Diskriminierung von Menschen mit Migrationshintergrund, von LSBTTIQ und anderen. Dazu können auch Kirchengemeinden und kirchliche Einrichtungen Veranstaltungen anbieten, Broschüren herausgeben oder Online-Angebote stärken. Nur dann können Strategien für Geschlechtergerechtigkeit und Gleichberechtigung für alle Benachteiligten erarbeitet werden.

Solidarität: Schwächere und Ausgegrenzte, wie Alleinerziehende, sozial Schwache, Menschen mit Migrationshintergrund und LSBTTIQ brauchen Unterstützung. Sie sollten aber nicht als Opfergruppen gegeneinander ausgespielt werden, sondern als Betroffene derselben Unrechtstrukturen wahrgenommen werden. In die Strategien zur Bewältigung müssen sie als Subjekte einbezogen werden. So werden sie von Betroffenen von Problemen zu Beteiligten von Lösungen, die für sie passen.

Fremdheitserfahrungen produktiv nutzen. Kirchliche Orte und Begegnungsräume können Orte sein, an denen man Fremdheit und Befremden ohne Abwertung ausdrücken können darf. Fremdheitserfahrungen können Impulse für Veränderungen sein, wenn sie als Hinweise für andere Lebenswelten, Wünsche und Bedarfe aufgenommen werden.

Geistliches Wort: Neuanfang

1.04.2018

Das *Geistliches Wort* zum Thema Neuanfangwurde am 1.04.2018 vom WDR 5 ausgestrahlt. Ich veröffentliche den Text an dieser Stelle, ohne die Musikstücke anzugeben, die in der Sendung gespielt wurden. Textgrundlage war Johannes 20,1-18.

Hintergrund

Maria aus Magdala hatte es als Erste gesehen und konnte es nicht fassen. Das Grab war leer. Was war da geschehen? Vor drei Tagen hatten sie Jesus von Nazareth in dem Grab beerdigt, vor dem sie nun stand. Sie war extra früh hingekommen. Sie wollte allein trauern und beten. Aber das Grab war offen und leer. Wie konnte das sein? Hatte man den Leichnam gestohlen? Hastig rannte sie zurück zu den anderen und erzählte ihnen von ihrer Entdeckung. Petrus und die anderen Jünger glaubten der Frau nicht. Sie rannten selbst zum Grab, um alles zu überprüfen. Aber Maria aus Magdala hatte recht gehabt. Das Grab war leer.

Lebensweg

Maria war eine Frau aus Magdala, einem Fischerdorf am See Genezareth. Sie war vermutlich wohlhabend und unverheiratet. Maria aus Magdala stand für sich selbst. Sie war eine starke Frau, die weit gereist war, um Jesus kennen zu lernen und ihm nachzufolgen. Aber nun war Jesus tot.

Wie alle anderen Jünger und Anhängerinnen von Jesus war sie tief erschüttert und traurig. Sie hatten Jesus gekreuzigt. Er war als Aufrührer und Gotteslästerer hingerichtet worden. Dabei hatte er Kranke geheilt und Verzweifelte getröstet. Wie konnte es sein, dass er so qualvoll sterben musste? Sie hatten ihn begraben, um ihn geweint und getrauert. Sie konnten nicht schlafen, erinnerten Stationen aus seinem Leben und erzählten seine Geschichten. Aber nichts konnte sie beruhigen: Denn ihre Hoffnung auf ein besseres Leben gemeinsam mit diesem Lehrer, ihrem Rabbi, war gestorben.

Drei Jahre waren sie Jesus von Nazareth auf seinen Wegen durch Galliläa gefolgt. Sie hatten ihm zugehört, hatten mit ihm gegessen, getrunken, gefeiert und geredet. Sie hatten gesehen, wie Jesus Kranke geheilt hatte und zu den Außenseitern und Geächteten hingegangen war. Sie hatten miterlebt, wie er sie vom Rand in die Mitte geholt hatte.

Und so ging es auch Maria aus Magdala. Sie fühlte sich gesehen von Jesus und wahrgenommen mit ihren Fragen, Sorgen und Nöten. Und nun hatte sie das leere Grab entdeckt und die anderen Jünger und Frauen dazu geholt. Diese wollten ihr nicht glauben. Wie auch? Das war doch alles zu verrückt. Aber damit war die Geschichte noch nicht zu Ende, wie im Johannesevangelium berichtet wird:

„11 Maria aber stand draußen vor dem Grab und weinte. Als sie weinte, beugte sie sich in das Grab hinein
12 und sah zwei Engel in weißen Kleidern dasitzen, einer am Kopf und einer an den Füßen, wo der Körper Jesu gelegen hatte.
13 Sie sagten zu ihr: ‚Frau, warum weinst du?' Sie sagte zu ihnen: ‚Sie haben meinen Rabbi fortgenommen, und ich weiß nicht, wo sie ihn hingebracht haben.'
14 Als sie dies gesagt hatte, drehte sie sich um und sah Jesus dastehen, aber sie wusste nicht, dass es Jesus war.
15 Jesus sagte zu ihr: ‚Frau, warum weinst du? Wen suchst du?' Sie dachte, dass er der Gärtner wäre, und sagte zu ihm: ‚Herr, wenn du ihn weggetragen hast, sage mir, wo du ihn hingebracht hast, und ich werde ihn holen.'
16 Jesus sagte zu ihr: ‚Maria!' Sie wandte sich um und sagte zu ihm auf Hebräisch: ‚Rabbuni!' - das heißt Lehrer.
17 Jesus sagte zu ihr: ‚Halte mich nicht fest, denn ich bin noch nicht zu Gott, meinem Ursprung, aufgestiegen. Geh aber zu meinen Geschwistern und sage ihnen: Ich steige auf zu meinem Gott und eurem Gott, zu Gott, der mich und euch erwählt hat.'
18 Maria aus Magdala kam und verkündete den Jüngern: ‚Ich habe Jesus den Lebendigen gesehen.'" (Johannesevangelium 20,11-16, Bibel in Gerechter Sprache)

Erkannt werden und erkennen

Erst als sie mit ihrem Namen angesprochen wurde, erkannte sie ihn.

„Maria!", hatte er gesagt. Das hatte genügt. Als sie ihren Namen gehört hatte und die Art, wie er ihn aussprach, da wusste sie es. Dieser Mann war kein Unbekannter. Er war auch nicht der Gärtner. Er war

Jesus. Sie hatte keine Ahnung, wie das sein konnte. Aber es war klar. Sie wandte sich zu ihm um und sprach: „Rabbuni, Meister!" Damit war alles gesagt. Eine Begegnung von Angesicht zu Angesicht.

Jesus hatte Maria mit Namen angesprochen. Der eigene Name steht für unser Selbst, für unsere Identität, für das, was uns ausmacht. Maria fühlte sich angesprochen, gesehen und ernst genommen. So wie sie es auch früher mit Jesus erlebt hatte, als Jesus auf seinen Wanderungen durch die Dörfer auch andere Menschen angehört, angesehen und ernst genommen hatte. Das war Jesus.

Durch diese Begegnung wurde Maria aus Magdala die erste Zeugin der Auferstehung Jesu. Sie sollte ihn nicht festhalten, hatte Jesus ihr noch gesagt. Das hätte sie tatsächlich gerne getan. Konnte er nicht einfach bleiben? Aber sein Auftrag war noch nicht zu Ende, erklärte er ihr. Er sollte zu Gott, seinem Vater aufsteigen. So hatte sie es verstanden. Aber ihr Auftrag bezog sich aufs Leben hier und jetzt. Sie sollte vor den Menschen bezeugen und allen weitersagen, was sie gesehen hatte: „Ich habe Jesus, den Lebendigen, gesehen!"

Ostern

Die US-Amerikanische Theologin Nadia Bolz-Weber hat einen bemerkenswerten Blick auf Ostern geworfen. Sie ist eine ehemalige Alkoholsüchtige und stark tätowierte Frau. Die Theologin ist international bekannt geworden. Denn sie hat in Denver, im Bundesstaat Colorado, USA, eine eigene Gemeinde gegründet. Die Gemeinde heißt *Haus aller Sünder und Heiligen.* Seit der Gründung versammeln sich dort jeden Sonntag mehrere Hundert Wohnungslose, Kranke und Verarmte, Junge und Alte, Schwarze und Weiße, Lesben, Schwule, Transleute und andere zum Gottesdienst. Sie alle fühlen sich zu dieser Gemeinde zugehörig. Die Gemeinde hat aufgrund ihrer ungewöhnlichen Ausstrahlung in den letzten Jahren einiges an medialer Aufmerksamkeit erhalten. Deshalb hatte man Nadia Bolz-Weber vor einigen Jahren bei einer Vollversammlung der lutherischen Christinnen und Christen in den USA zur Osterpredigt eingeladen.

Sie sagte damals: Ostern handelt nicht von Blumen, Licht und herausgeputzten Wohnungen. Ostern ist eine Geschichte voller Erde und Dreck. Eine Geschichte voller Schmerz, Entsetzen und Verwirrung.

So begann sie ihre Predigt. In ihrer Autobiographie beschreibt sie die Szene auf der Freilichtbühne in Denver an jenem Ostermorgen:

> *„'Jesus sah an Ostern nicht sehr beeindruckend aus', sagte ich, jedenfalls nicht im kirchlichen Sinne. Das merken wir schon daran, dass Maria aus Magdala ihn für einen Gärtner hielt.*
> *Ich schaute die (…) Menschenmenge an und fügte hinzu, vielleicht hätte Maria den auferstandenen Christus deshalb für einen Gärtner gehalten, weil Jesus noch die Erde aus seinem eigenen Grab unter den Fingernägeln hatte. Auf den Kirchenbildern des auferstandenen Christus ist natürlich nie Dreck unter den Fingernägeln zu sehen. Dort sieht er eher aus wie ein Engel ohne Flügel als wie ein Gärtner. Es ist, als hätte man ihn für die Ostergäste erst einmal herausputzen müssen, damit er mehr Eindruck macht und niemand an der Wahrheit Anstoß nehmen muss. Doch das führt am Ende nur dazu, dass wir uns eine verdrehte Vorstellung davon machen, wie Auferstehung aussieht. Meine Erfahrung dagegen ist, dass der Gott von Ostern ein Gott mit Dreck unter den Fingernägeln ist.*
> *(…) Schon damals hatte ich unbewusst begriffen, dass es Gott nie darum ging, mich schick herauszuputzen. Er wollte mich neu machen." (Nadia Bolz-Weber, ‚Ich finde Gott in den Dingen, die mich wütend machen.' Pastorin der Ausgestoßenen, Moers 2016, 3. Auflage, S.218 f.)*

Neues Leben

Nadia Bolz-Weber hat sich ein Bild von Maria aus Magdala auf ihren Unterarm tätowieren lassen. Denn Maria aus Magdala ist ihr auf ihrem Weg von einer Suchtkranken zur trockenen Christin und engagierten Pfarrerin sehr wichtig geworden. Sie wurde ihr zum Vorbild auf ihrem eigenen Weg zu einem neuen Leben. Auch Nadia Bolz-Weber war in einer entscheidenden Phase mit Namen angesprochen worden. Von einigen treuen Freunden und von einem lutherischen Pastor, der ihr Seelsorger wurde. Er hat sie mit Namen angesprochen, als es ihr dreckig ging. Er hat sie respektiert und ernst genommen. Und er hat ihr die biblische Auferstehungsgeschichte erzählt. Auch für Nadia Bolz-Weber war ein Neuanfang möglich. Das konnte sie damals zum ersten Mal spüren.

Für Maria aus Magdala war es nach der Begegnung mit dem auferstandenen Jesus neu, Verantwortung zu übernehmen. Sie sollte seine Auferstehung bezeugen und Jesu Leben und Werk weitergeben.

Und das tat sie. Genau wie die anderen Jünger und Begleiterinnen Jesu. Und genau das tun wir heute auch, wenn wir Ostern feiern. Wir erinnern uns daran, was Maria aus Magdala und die anderen am leeren Grab erlebt haben, erzählen davon und fragen uns, was das mit unserem Alltag im 21. Jahrhundert zu tun hat.

Neuanfänge

Nadia Bolz-Weber antwortet darauf: Die Auferstehung Jesu erinnert uns daran, dass es viele kleine Auferstehungen und Neuanfänge gibt. Sie sehen nicht perfekt aus. Denn das Neue ist oft chaotisch und schmerzhaft, wie die Ostergeschichte selbst. Neu sieht aus wie ein Alkoholiker auf Entzug. Nadia Bolz-Weber weiß aus eigener Erfahrung, dass ein trockener Alkoholiker nicht frisch daherkommt, sondern verknautscht, verwahrlost, verzweifelt. Und dennoch ist es ein erster Schritt zu einem neuen Leben. Ein kostbarer Schritt, ein entscheidender Schritt kann es sein, wenn man dranbleibt. Wenn man kämpft und zu einem neuen Leben aufsteht.

Auch eine Versöhnung zwischen Familienmitgliedern kann ein Neuanfang sein. Wenn es nach langer Zeit gelingt, wieder miteinander zu reden. Oder wenn ich mich als lesbisch oder schwul oute. Oder, wenn ich es schaffe zu sagen, dass ich einen Fehler gemacht habe und stark genug bin, das zuzugeben. Dann kann sich etwas verändern. Dann kann etwas Neues entstehen. Die Osterbotschaft sagt genau das: Es gibt eine zweite Chance! Ich kann aus dem Elend auftauchen, kann Dreck hinter mir lassen. Ich kann etwas anders machen. Manchmal nur mit Hilfe anderer Menschen, manchmal nur mit Hilfe von Beratung oder Therapie oder mit Hilfe von Ortswechsel oder Trennung. Und wenn ich aufstehe und etwas verändere, geht es nicht ohne Narben. Es geht auch nicht ohne Stolpern und Rückschläge. Aber ich kann es schaffen.

Ein Neuanfang ist möglich. Jesus hat durch seinen Tod und seine Auferstehung Bild und Sprache dafür geschaffen. Maria aus Magdala und die anderen haben sie aufgenommen und in die Welt getragen. Deshalb feiern wir heute die Osterbotschaft: *Jesus ist auferstanden. Halleluja!* In diesem Sinne wünsche ich Ihnen und uns allen ein gesegnetes und fröhliches Osterfest.

Zum Weiterlesen

Bolz-Weber, Nadia, *Ich finde Gott in den Dingen, die mich wütend machen. Pastorin der Ausgestoßenen*, Moers 2016 (3. Aufl.).

Bolz-Weber, Nadia, *Unheilige Heilige. Gott in all den falschen Leuten finden*, Moers 2016.

Artikel: Darf es auch bunt sein?

Januar 2017

Darf es auch bunt sein? Gleichgeschlechtliche Lebensformen als Herausforderungen für eine Religionspädagogik der Vielfalt. Ich habe diesen Artikel im Januar 2017 für die Zeitschrift *Pelikan* der Evangelischen Akademie in Loccum geschrieben und drucke ihn hier noch einmal ab.

Ausgangssituation

„Die Würde des Menschen ist unantastbar."

Dieses Bekenntnis zur Menschenwürde ist der erste Satz des Grundgesetzes der Bundesrepublik Deutschland. Hieraus leiten sich Werte und weitere Bestimmungen der deutschen Verfassung ab wie beispielsweise das allgemeine Diskriminierungsverbot. Insofern sind LSBTTIQ-Feindlichkeit genauso wie Sexismus, Rassismus, Antisemitismus, Islamfeindlichkeit oder Antiziganismus nicht mit dem Grundgesetz der Bundesrepublik Deutschland vereinbar. Sie widersprechen der freiheitlich, demokratisch und sozial verfassten Gesellschaftsordnung Deutschlands. Dennoch gibt es LSBTTIQ-feindliche Straf- und Gewalttaten. Es kommt zu Übergriffen, Benachteiligungen und Anfeindungen. Religiöse Fundamentalistinnen und Fundamentalisten, Rechtspopulisten und Rechtsextreme engagieren sich dafür, LSBTTIQ gleiche Rechte zu verweigern und sie aus dem öffentlichen Leben zu verdrängen. Sie wehren sich online und offline mit Hetze und Hassreden gegen eine *Pädagogik der Vielfalt* und kritisieren den angeblichen *Genderwahn.* LSBTTIQ-feindliche Einstellungen und Handlungen finden sich aber auch in der so genannten *Mitte der Gesellschaft.* Der Koalitionsplan der aktuellen Bundesregierung hat 2013 Homo- und Transfeindlichkeit kritisiert und einen Aktionsplan dagegen versprochen. Noch ist dieser nicht umgesetzt. Der Lesben- und Schwulenverband in Deutschland (LSVD) hat Eckdaten für einen solchen Aktionsplan vorgelegt.

Ein wichtiges Handlungsfeld zur Bekämpfung von LSBTTIQ-Feindlichkeit sind dabei Lernorte wie Kitas und schulische und außerschulische Bildungsstätten. Denn es gehört zum Bildungsauftrag von Schulen und außerschulischen Einrichtungen, Kinder und Jugendliche über das Thema aufzuklären und Diskriminierungen entgegenzuwirken. Insofern hat auch die Religionspädagogik ihren Anteil daran, dieses Thema im Rahmen einer *Religionspädagogik der Vielfalt* zu bearbeiten.

Grundannahmen einer Religionspädagogik der Vielfalt

Religionspädagogik der Vielfalt meint ein Konzept religiösen Lernens, das soziale, kulturelle, religiöse und geschlechtsbezogene Differenzen als bedeutsam für Voraussetzungen, Strukturen und Themen von religiösen Bildungsprozessen erachtet. Aus diesem Grund werden diese Differenzen und Heterogenitätsdimensionen bewusst reflektiert und in die Gestaltung von Bildungsprozessen einbezogen.

Die Dimensionen von Vielfalt erschließen sich aus der Charta der Vielfalt, die von verschiedenen Trägern formuliert und unterzeichnet wurde. Es geht um Geschlechtsidentität, Hautfarbe, Alter, Behinderung, kulturelle und ethnische Zugehörigkeit, Religion, sexuelle Orientierung. Zentral ist es, diese Dimensionen intersektional aufeinander zu beziehen, statt sie voneinander abzukoppeln oder gar gegeneinander auszuspielen.

Eine *Religionspädagogik der Vielfalt* benennt Unterschiede und Verschiedenheiten der Menschen in ihren Kontexten, Lebenswelten und Lebensformen und sucht Wege, diese Unterschiede konstruktiv aufzunehmen, sodass alle Beteiligten in Schulen, Kirche und Gesellschaft respektvoll miteinander leben und voneinander lernen können.

Ein solches Konzept braucht institutionelle Rahmenbedingungen und verantwortliches Handeln auf allen religionspädagogischen und kirchlichen Ebenen. Zudem braucht es ein Klima von Achtsamkeit und Respekt, um Unterschiede und Verschiedenheit nicht nur sichtbar zu machen, sondern damit konstruktiv umgehen zu lernen.

Der erste Schritt einer *Religionspädagogik der Vielfalt* ist es, vorhandene Unrechtsstrukturen in Kirche und Gesellschaft zu benennen und zu analysieren. Strukturen von Sexismus, Rassismus, Ausländer- und Behindertenfeindlichkeit, Antisemitismus, Homo- und Transfeindlichkeit werden dabei auf ihre wechselseitigen Zusammenhänge untersucht. Denn sie entspringen in der Regel ähnlichen Vorurteilen und Stigmatisierungen von Menschen und Gruppen, die in irgendeiner Weise anders sind. Diese *Anderen* werden durch *heteronormative* Konstruktionen abgewertet. Solche Mechanismen werden benannt, und Veränderungsmöglichkeiten vorgestellt. Akteurinnen und Akteure einer *Religionspädagogik der Vielfalt* sind pädagogische Lehrkräfte, haupt- und ehrenamtlich Aktive in Kirchen und Bildungseinrichtungen, Forschende und Lehrende an den Hochschulen, Initiator*innen in Gemeinden und Gremien, Kirchenleitende Funktionsträger*innen und viele mehr.

Ein Konzept für eine *Religionspädagogik der Vielfalt* spielt Opfergruppen nicht gegeneinander aus und schiebt die Verantwortung für Veränderung nicht auf die Betroffenen alleine ab. Stattdessen stellt es das Thema als gesamtgesellschaftliche Aufgabe und als religionspädagogische Herausforderung dar. Die Überwindung von Ausgrenzung geht nämlich alle an.

Prüfbereiche

Für eine *Religionspädagogik der Vielfalt* kann der Umgang mit lesbischen und schwulen Lebensformen als eine Art Lackmus-Test für die Wirksamkeit des Konzepts gelten. Denn das Thema ist in Kirche und an religionspädagogischen Lernorten kontrovers und emotional hoch aufgeladen. Folgende fünf Prüfbereiche sollten dabei mindestens reflektiert werden: Bibelinterpretation, Menschenbild, Kirchenbild, Partnerschaft und Sexualität.

Bibelinterpretation

Die wenigen Bibelstellen über Homosexualität werden von Leserinnen und Lesern unterschiedlich interpretiert. Die einen beziehen sich wörtlich auf diese Bibelstellen und gründen darauf ihre abwehrende und verurteilende Haltung gegenüber Lesben und Schwulen. Andere beziehen sich auf die Erkenntnisse der historisch-kritischen Methode. Diese lehnt bereits seit mehr als hundert Jahren eine wörtliche Bibellektüre ab. Stattdessen wird der literarische, kulturelle und sozialgeschichtliche Kontext der Bibelverse herausgearbeitet. Es wird betont, dass biblische Texte nicht nur eine Übersetzung aus dem Urtext, sondern auch eine Übertragung von der Zeit der Verfassung der Texte in die heutige Zeit brauchen. Bei allen kontroversen Diskussionen sind sich die meisten Wissenschaftler und Forscherinnen darüber einig, dass die biblischen Texte zur Homosexualität nichts zum Thema von schwulen und lesbischen Lebensformen aussagen, wie sie heute bekannt sind. Kaum umstritten ist weiterhin, dass die Bibelstellen nicht von konkreten

Personen handeln, die Menschen des gleichen Geschlechts lieben. Vielmehr geht es in der Bibel um homosexuelle Praktiken im Kontext von Kulthandlungen. Sie werden sowohl im Alten als auch im Neuen Testament als Beispiele von Unreinheit und Sünde von Nichtgläubigen oder Andersgläubigen der damaligen Zeit angeführt, um sich von ihnen abzugrenzen. Insofern sind die Textstellen nicht aussagekräftig für eine Diskussion über lesbische und schwule Partnerschaften im 21. Jahrhundert.

Orientierung für eine *Religionspädagogik der Vielfalt* gibt stattdessen die biblische Gesamtbotschaft. Gottes Doppelgebot der Liebe verpflichtet jeden Menschen zur Gottesliebe genauso wie zur Verantwortung und zu Respekt gegenüber anderen - auch und gerade gegenüber denjenigen, die als anders und fremd gelten. Jesus hat in seinen Lehren und in seinem Handeln die so genannten Außenseiter in die Mitte seiner theologischen Botschaft gestellt. Und auch die paulinische Leib-Christi-Theologie unterstreicht, dass die Menschen in den Gemeinden mit ihren unterschiedlichen Erfahrungen und Gaben nur gemeinsam den einen Leib Christi formen können. Kein Glied kann ohne Schaden für das Ganze ausgegrenzt oder herausgenommen werden.

Menschenbild

Die Bibel macht im 1. Buch Mose keine Einschränkung im Hinblick auf die Gottesebenbildlichkeit. Alle Menschen werden von Gott gesegnet und als Ebenbilder Gottes bezeichnet. In ihrer Vielfalt von Herkunft, Hautfarbe, Genderidentität, Alter, Gesundheitszustand, Sprache, Kultur und Lebensform bilden sie Gottes Ebenbild in unterschiedlicher, aber gleichberechtigter Weise ab. Niemand muss dafür Vorbedingungen erfüllen. Auch im Neuen Testament werden die Menschen in gleicher Weise von Gott angesehen. Sie sind alle zugleich Sünder und Gerechtfertigte, wie es Martin Luther formuliert hat. Niemand macht da eine Ausnahme. Die jeweilige Lebensform ist genauso wenig wie Herkunft oder Hautfarbe ein Kriterium, das zur Ungleichbehandlung oder Ausgrenzung legitimiert.

Kirchenbild

Kirchengemeinden brauchen die Vielfalt der Menschen in ihren Kirchen. Denn das Phänomen der Milieuverengung ist für Kirchen eine ernste Herausforderung. Es sollte nicht dadurch verstärkt werden, dass man verschiedene Gruppen von Menschen nur aufgrund ihrer Hautfarbe, ihrer Herkunft oder ihrer Lebensform ausgrenzt oder sie als minderwertig ansieht. Es gilt, Binnenperspektiven beherzt zu öffnen, statt sich nach innen abzuschirmen. Offene, gastfreundliche und inklusive Kirchengemeinden und religionspädagogische Orte sind interessant und attraktiv. Denn die biblischen Geschichten erzählen von der Gemeinschaft der Unterschiedlichen, die den Leib Christi bilden und gerade durch ihre verschiedenen Fähigkeiten und Begabungen die Gemeinschaft bereichern. Schließlich hat Jesus sein Leben beispielhaft mit am Rande stehenden und ausgegrenzten Menschen geteilt und sie ins Zentrum seines Wirkens gestellt. Gleichzeitig ist Jesus selbst ausgegrenzt worden. Mit seinem ganzen Leben steht Jesus für einen Perspektivwechsel im Hinblick auf Zentrum und Peripherie.

Partnerschaft

Liebesbeziehungen werden auch in lesbischen und schwulen Partnerschaften gelebt; nicht mehr und nicht weniger verantwortlich als in heterosexuellen Beziehungen. Folgende ethische Kriterien sollten für alle Paare gelten, ob hetero, homo oder queer: Liebe, Achtung, Treue, Gleichberechtigung, gegenseitige Fürsorge, Gewaltfreiheit. Es kann in diesen Fragen nur um ein gemeinsames Ringen um gelingende Beziehungen geben. Jedes Individuum und jedes Paar - ob homo- oder heterosexuell - ist hier in die Verantwortung gerufen. Eine Garantie auf Erfolg und Glück hat keine Partnerschaft, wie die Scheidungsstatistiken jedes Jahr neu zeigen. Deshalb ist es aufgrund der Begrenztheit und Fehlbarkeit menschlichen Tuns und der letztendlichen Unverfügbarkeit von Beziehungsgeschehen wichtig, dass Paare - ob homo oder hetero - Gottes Segen für ihre Beziehung und Partnerschaft, für ihre Kinder, Familien und Freunde erbitten können.

Sexualität

Die großen Kirchen tun sich von alters her nicht leicht mit ihrem Verhältnis zur Sexualität. In der Katholischen Kirche ist sie bis heute klar ausgerichtet auf das Ziel der Fortpflanzung.

In der evangelischen Sexualethik wird Sexualität hingegen als eigene Sprache der Liebe anerkannt und als gute Gabe Gottes verstanden, die nicht nur auf Fortpflanzung ausgerichtet ist, sondern auch als intimer Ausdruck von Liebe, Zärtlichkeit und Vertrauen angesehen wird. Dennoch gilt auch in den evangelischen Kirchen, dass darüber nicht gerne gesprochen wird. Umso schwieriger ist es vor diesem Hintergrund, über Homosexualität zu reden. Unsicherheiten und Ängste sind an der Tagesordnung. Behutsamkeit und Sorgfalt sind nötig, um darüber reden zu lernen.

Grundsätzlich gilt, dass Sexualität nur dann verantwortlich gelebt wird, wenn die Beteiligten freiwillig zugestimmt haben, wenn keine Gewalt angewendet wird und sexuelle Handlungen sofort beendet werden, wenn für die eine oder den anderen körperliche oder seelische Grenzen überschritten werden. Intimität braucht Absprachen, Vorsicht und Respekt. Diese sexualethischen Kriterien gelten für alle Sexualpartnerinnen und Sexualpartner, ob sie nun homo, hetero oder queer, schwarz oder weiß, jung oder alt, gesund oder krank sind. Sie verlangen von allen Beteiligten Verantwortung, Umsicht und Maß. Denn Intimität kann schnell verletzt oder sogar zerstört werden, wie die Tausenden von Missbrauchs- und Vergewaltigungsbeispiele allein in Deutschland zeigen.

Ausblick

Es ist eine große Chance für alle Beteiligten, im Rahmen einer *Religionspädagogik der Vielfalt* zu umstrittenen Themen gemeinsam auf die Reise zu gehen. Dabei ist es unumgänglich, dass auch LSBTTIQ als Subjekte beteiligt sind. *Aus Betroffenen Beteiligte machen* ist das Motto und das Ziel einer solchen Religionspädagogik, die sich dieser Verantwortung stellt und ganz unterschiedliche Menschen in allen Lebensbereichen einbezieht. Gemeinsam können die Beteiligten voneinander lernen und religions-pädagogischen und kirchlichen Orten ein menschliches und gast-freundliches Gesicht geben.

Die Fragen zum Bibelverständnis, zum Menschen- und Kirchenbild bis hin zu Vorstellungen von Partnerschaft und Sexualität betreffen alle Menschen. Niemand hat die richtigen Antworten für sich gepachtet. Es ist ein Suchprozess, der alle herausfordert und der von allen Gelassenheit, Geduld und langen Atem fordert. Viel steht auf dem Spiel. Denn es geht um nicht mehr und um nicht weniger als darum, wie religionspädagogische und kirchliche Orte in Zukunft aussehen sollen, und wer sie zukünftig mitgestaltet. Der Suchprozess ermutigt Einzelpersonen, religions-pädagogische Lehrkräfte, kirchliche Gruppen, Gemeinden, Verbände oder Organisationen, sich respektvoll gegenüber denjenigen zu prä-sentieren, die anders sind als sie selbst.

Dafür braucht es sichere Orte, um sich auszutauschen. Es braucht Informations- und Aufklärungsveranstaltungen in Schulen, Gemeinden und Akademien, um Vorurteile und Stereotypen abzubauen. Orte und Zeiten an Universitäten und in Bildungseinrichtungen sind nötig, um über die Themen vorurteilsfrei zu diskutieren und zu forschen. Es braucht dazu aber auch Zivilcourage, Mit-Leidenschaft und Solidarität, um Benach-teiligte und Schwächere zur Teilhabe und Teilnahme zu ermutigen und zu ermächtigen. Gottesdienste, Veranstaltungen und gemeinsame Feste zum Thema helfen, Vorurteile abzubauen und ein faires und gerechtes Miteinander einzuüben. Erfahrungsberichte von denen, die sich auf den Weg gemacht haben, zeigen: Es lohnt sich!

Tischrede: Mutig sein - auch gegen die Angst

20.12.2016 (veröffentlicht auf eigener Homepage)

Diese Tischrede über Mutig-Sein und Angst-Haben hielt ich während der Lesbentagung *Freiheit, Liebe und Verantwortung* in der Evangelischen Akademie Bad Boll am 17. Dezember 2016.

Guten Abend. Es ist mir eine Ehre, heute Abend einen Beitrag zu den klugen Tischreden beizusteuern. An den Beginn meiner Tischrede stelle ich ein Zitat von Audre Lorde. Sie ist eine schwarze lesbische Frau aus der Karibik. Sie hat in den USA gelebt, war Mutter von vier Kindern und liebte Frauen. Sie hat gegen ihre Krebserkrankung und für palliative Pflege gekämpft und ist 1992 viel zu früh an Krebs gestorben. Sie ist für mich seit meiner Student*innenzeit ein Vorbild und eine Ermutigerin. Ihre Sätze begleiten mich seit ich sie Mitte der Achtziger Jahre in Hamburg selbst auf einer Veranstaltung erlebt habe.

"When I dare to be powerful,
To use my power in the service of my vision,
It is less and less important
Whether I am afraid."

„Wenn ich mich traue, kraftvoll zu sein
Und meine Kräfte im Dienst meiner Visionen zu nutzen,
Macht es weniger und weniger aus,
Dass ich Angst habe." (Übersetzung, K.S.)

Visionen gegen die Angst

Es wird diese Tage, Wochen und Monate viel von Angst gesprochen. *Besorgte* Bürgerinnen und Bürger verpacken ihre rassistischen, sexistischen, homo- und transfeindlichen Sprüche, Vorurteile und Hasstiraden in verquaste Sätze von Besorgnis und Angst vor Geflüchteten, vor *Überfremdung*, Angst vor *Frühsexualisierung* ihrer Kinder, Angst überhaupt vor allem, was sie nicht kennen und was anders ist als sie selbst.

Diese Angstrhetorik verbinden sie mit unverhohlenen Hasstiraden, Gewaltaufrufen und Shitstorms in den sozialen Medien, in eigenen Informationskanälen und in ihren rechtspopulistischen und AfD- und PEGIDA-nahen Versammlungen. Nicht wenige von ihnen bezeichnen sich als Christen, evangelikal, rechtgläubig und bibeltreu, die letzten Hüter des christlichen Glaubens.

Ja, diese Entwicklung macht mir Angst. Angst davor, dass der brüchige Konsens einer besonnen Mehrheit verloren geht, darüber dass die Würde jedes Menschen unantastbar ist, und dass Respekt und Achtung vor den anderen, unabhängig von Hautfarbe, Herkunft, Geschlechtsidentität, Alter, Religionszugehörigkeit oder sexueller Orientierung die Grundlage unseres demokratischen Staats und unserer Zivilgesellschaft sind.

Wenn ich in die USA nach der Wahl von Donald Trump schaue, bekomme ich noch mehr Angst vor rechtsgerichteten, weißen, selbstgefälligen Homohassern, Rassisten, Waffenlobbyisten und Pluralitätsverweigerern. Es soll alles wieder so sein, wie es einmal war: Weiße Privilegien, koloniale und rassistische Strukturen, frauen, homo- und transfeindliche Gesetzgebungen sollen bitte wieder her, damit die armen Mittelstandsmänner in ihrer Midlifecrisis wieder wissen, wo´s lang geht und wie sie ihre Privilegien auf Kosten von anderen so durchsetzen können wie früher.

Und in dieser menschen-, frauen-, homo- und transfeindlichen Gemengelage ruft mir Audre Lorde zu, dass es nicht schlimm ist, dass ich Angst habe, dass du Angst hast, dass wir Angst haben. Wenn ich–du–wir nur nicht unsere Visionen aus den Augen verlieren.

Welche Visionen?

Die nach einer gerechten Welt, die nach geschwisterlicher Solidarität, nach sozialer Gerechtigkeit und rechtlicher und sozialer Gleichstellung von queeren Lebensweisen. Die Vision nach einer Welt, in der andere Werte zählen als nur Profit, Leistungssteigerung und Konsumwachstum: Zeit füreinander, Begegnungen mit anderen, um voneinander zu lernen und miteinander feiern zu können. Zu naiv?

Intersektionalität

Es geht also darum, meine Visionen nicht zu verlieren - trotz oder gerade weil die Welt immer rechtspopulistischer, extremistischer und gewaltbereiter gegen Minderheiten wird. Aber wie mache ich das? Wie ist es möglich, meine Visionen nicht zu verlieren?

Auch da hilft mir Audre Lorde. Sie war eine schwarze Frau und Mutter von vier Kindern. Sie war verheiratet, geschieden und mit einer Frau zusammen. Sie hat sich gegen jede Kategorisierung und Schubladeneinteilung gewehrt. Sie wollte die sein, die sie war, mit allen ihren Stärken und Schwächen, Sorgen und Nöten, mit ihren Sehnsüchten, Hoffnungen, Wünschen und Visionen. Sie hat sich eingesetzt für einen intersektionalen Blick auf die Welt, auf den Alltag, auf das Leben: Menschen sind nicht nur schwarz oder weiß, nicht nur homo oder hetero, Mann oder Frau, jung oder alt, Geliebte oder Mutter. Sie sind so viel mehr. Und all das ist ineinander verwoben, verschachtelt, fließend ineinander übergehend, anders, faszinierend, schillernd, unerklärlich, beängstigend, verwirrend und verzaubernd zugleich.

Sie war all das und noch viel mehr: unabhängig, poetisch und kämpferisch, religiös und politisch aktiv. Schwarz-Weiß-Malerei hat sie nicht geduldet. Ihre Poesie war bunt wie die Karibik, aus der sie herkam, kraftvoll wie ihre Gesellschaftsanalysen, die bis heute aktuell sind.

Zwangsheterosexualität

Mit der jüdischen Schriftstellerin und Professorin Adrienne Rich hat sie viel zusammengearbeitet und gemeinsam und ein Buch herausgegeben. Adrienne Rich hat in dem Buch den Begriff Zwangsheterosexualität geprägt, als Markierung dafür, dass es noch bis in die achtziger Jahre - und an vielen Orten weltweit bis heute - nicht möglich ist, die eigene sexuelle Identität, jenseits der heterosexuellen Norm, frei zu wählen (oder von den Wahlmöglichkeiten überhaupt erst einmal zu wissen), ohne kriminalisiert, ausgegrenzt oder sogar verfolgt zu werden. Heute nennen wir es Heteronormativität. Aber der subtile Zwang besteht an vielen Orten der Welt weiterhin. Deshalb ist der Begriff Zwangsheterosexualität, also die Abwesenheit von einer ernsthaften fairen Wahl, immer noch aktuell.

Lesbisches Kontinuum

Ebenso hat Adrienne Rich den Begriff des lesbischen Kontinuums geprägt. Statt sich in einer engen soziologischen Kategorie von lesbisch oder nicht lesbisch zu outen und festlegen zu müssen, hat sie verschiedene Lebensformen in einem sich ständig verändernden Kontinuum gesehen. Frauenfreundschaften, in Italien die Affidamento-Bewegung, Frauen-solidarität und vielfältige Frauenbeziehungen mit und ohne Sexualität hat sie darunter gefasst. Dafür hat sie sich nicht nur Freundinnen gemacht. Denn auch die so genannte Lesbenszene der achtziger Jahre war manchmal nicht weniger engstirnig, dogmatisch und ausgrenzend als die heterosexuelle Mehrheitsgesellschaft.

Dieser Begriff war kein Zufall. Sie hat ihn mit Bedacht gewählt. Denn das Leben ist brüchig, fragmentarisch, fließend und kontinuierlich im Wandel begriffen. Audre Lorde selbst war das beste Beispiel dafür. Sie war schwarz und Mutter und in einer Frauenbeziehung in einer Zeit, als das nur selten zusammen gedacht werden durfte. Adrienne Rich war jüdisch und verheiratet. Sie war Mutter, lesbisch, feministisch und linkspolitisch aktiv, in einer Zeit, als in vielen linken Kreisen der westlichen Welt Frauenfeindlichkeit und Antisemitismus vor sich hergetragen wurde. Die beiden Frauen haben intersektionale Arbeit quer zu Etikettierungen und Schubladen vorgelebt und vorgedacht, als das Wort Intersektionalität noch gar nicht gebraucht wurde.

Sie haben sich über Kategorien hinweggesetzt, weil ihre Vision eine bunte, vielfältige, paradoxe, heterogene und queere Welt ohne Etikettierungen beinhaltet hat.

Freiheit - Liebe - Verantwortung

Audre Lorde und Adrienne Rich, wie viele andere Ermutiger*innen, waren frei im Denken und im Handeln - im Rahmen ihrer Möglichkeiten - trotz aller gesellschaftlichen und alltäglichen Grenzen, Hindernisse und Empörungen. Dafür haben sie bezahlt mit Rückschlägen, Karriereknicks und gläsernen Decken, aber auch mit kleinen Erfolgen, Erfahrungen von Solidarität, Festen und Freuden. Diese Freiheit haben sie sich genommen und mich, dich, uns dazu eingeladen, es ihnen nach zu tun, selbstverständlich in anderen Zeiten, anderen Kontexten und mit anderen Alltagserfahrungen. Die muss ich-du-wir selbst durchbuchstabieren und ins eigene Leben übersetzen. Das ist meine Verantwortung, deine, unsere.

Aber wenn ich spüre, dass ich meine Kraft für meine Überzeugungen und Visionen einsetze, dann habe ich zwar immer noch Angst vor Gegenwind, Repressalien, Hasstiraden und Männern wie Trump, aber ich lebe wirklich mein Leben Schritt für Schritt, wie ich es mit meinen Freundinnen und Freunden, Mitstreiterinnen, Familien, Schwestern und Brüdern leben möchte. Mit allen Rückschlägen, mit allen Enttäuschungen, Grenzen, Hindernissen, Umwegen und Grenzerfahrungen.

Trotzdem - oder gerade deswegen - ist seit den achtziger Jahren schon viel passiert; sogar in den christlichen Kirchen. Zumindest in den evangelischen Landeskirchen sind bis auf Württemberg verschiedenen Formen von Partnerschaftssegnungen möglich. Und auch in der lutherisch geprägten Evangelischen Landeskirche in Württemberg läuft eine Unterschriftenpetition zur Ermöglichung von Partnerschaftssegnung. Es wird auch in Württemberg irgendwann möglich sein. Denn die Liebe ist stärker als Vorurteile und Hass! Das ist eine gute Nachricht. Und es ist eine Entwicklung, die vor zehn Jahren so noch nicht abzusehen war. Selbst die EKD denkt vielfältiger über Familienformen nach und sieht Regenbogenfamilien mittlerweile als gleichwertig an. Und auf der internationalen Bühne des Ökumenischen Rats der Kirchen wird das Thema der sexuellen Minderheiten nicht zuletzt wegen der Präsenz von so vielen internationalen Lesben, Schwulen, Bi-, Trans-, Intersexuellen und Queers in weltweiter Zusammenarbeit auf Synoden, Vollversammlungen, in Workshops und in sogenannten Reference-Groups diskutiert. Auch die Katholische Kirche ist seit Papst Franziskus in einen neuen Diskussionsprozess über Wiederverheiratet Geschiedene, über Familien und verschiedene Lebensformen eingetreten. Auch wenn sich das in offiziellen Dokumenten noch nicht widerspiegelt und weiterhin viel zu tun bleibt: An der Basis, auf Katholikentagen und hinter geschlossen Amtstüren ist das Thema der Lebensformen auch in der Katholischen Kirche schon lange in Bewegung. Das macht Mut. Allen gegenwärtigen politischen Entwicklungen zum Trotz.

Fazit

Ich kann mutig sein - auch gegen die Angst. Ich darf mir die Freiheit nehmen, mein Leben zu leben, zu lieben, wen ich liebe, und respektvoll mit meinem Gegenüber umzugehen. Denn wir alle sind Kinder Gottes. Wir sind Kinder der Lebendigen, der Schöpferin von Himmel und Erde - unabhängig von Hautfarbe, Geschlechtsidentität, Herkunft, Alter, Glaube und sexueller Orientierung. Und: wir sind alle verwundbar und zerbrechlich. Wir sind angewiesen aufeinander, geschwisterlich und solidarisch. Keine schafft´s ganz allein.

Zum Weiterlesen

Schulz, Dagmar (Hg.), *Macht & Sinnlichkeit. Ausgewählte Texte von Audre Lorde und Adrienne Rich*, Berlin 1983.

Queer in Kirche und Gesellschaft

Einführung

In diesem Kapitel finden sich Gedanken und Kommentare zu kirchenpolitischen und gesellschaftlichen Entwicklungen aus queerer Perspektive. Ebenso geht es um kontroverse theologische und kirchenpolitische Themen und Herausforderungen. Außerdem stelle ich Fragen an queere Akteur*innen, die sich in Kirche und Gesellschaft engagieren.

Die Schuldfrage

15.05.2020

Wenn von Unglück und Schicksalsschlägen gesprochen wird, wird meistens auch die Schuldfrage gestellt. Auch in der aktuellen COVID-19-Pandemie äußert sich das tiefsitzende Bedürfnis, irgendjemanden dafür zur Verantwortung zu ziehen.

Hiob und seine Freunde

Irgendjemand muss schuld sein. Das ist die Logik scheinbar einfacher Wahrheiten. Das war auch schon die Logik in biblischer Zeit. So wurde zum Beispiel vom gläubigen und wohlhabenden Hiob erzählt. Er wurde zum Spielball einer Wette zwischen Gott und dem Satan. Sie wollten schauen, ob er auch gläubig bleiben würde, wenn er alles verlieren würde. So verlor Hiob seinen Wohlstand, seine Viehherde, seine Familie und wurde schließlich sogar selbst schwer krank. Hiob haderte mit Gott, klagte ihn an, schrie und tobte. Aber er verlor trotz allem nicht seinen Glauben an Gott.

Als er schwer krank wurde, besuchten ihn drei seiner Freunde. Sie bleiben eine Woche bei ihm. Dann versuchten sie, Hiob sein Unglück zu erklären. Und es lief immer darauf hinaus, dass Hiob ihres Erachtens in seinem Leben etwas falsch gemacht haben musste. Er musste irgendwann und irgendwie schuldig geworden sein, weil ihm ein solches Unglück passiert war. Hiob widerstand diesen Anschuldigungen, und sein Ton gegenüber Gott wurde lauter und dringender. Er war unschuldig und forderte Gott heraus. Hiob war klar: Gott hatte ihm Unrecht getan. Er schrie Gott an und rief: Gott, wo bist du? Wieso tust du mir das an? Was habe ich falsch gemacht?

In der biblischen Geschichte kämpften und diskutierten Hiob und seine Freunde Kapitel für Kapitel über Schuld und Verfehlungen, bis Gott selbst mit Hiob sprach. Und er sagte sinngemäß: Du hast nichts falsch gemacht, Hiob. Aber du und der Rest der Menschheit, ihr müsst wissen: Ich kann alles tun, was ich will. Meine Handlungen folgen keiner menschlichen Logik, keinem wissenschaftlichem Konzept. Das ist der Unterschied zwischen Mensch und Gott. Aber was du auch wissen musst: Ich habe dir vertraut, genau wie du mir vertraut hast.

Schuldsuche

Während Gott im Buch Hiob und anderswo in der Bibel die Logik des Schuld-Strafe-Zusammenhangs deutlich ablehnte, wird sie auch heutzutage noch von vielen aggressiv vertreten:

Stufe eins der Schuldsuche in der Corona-Krise geht zunächst vom Naheliegenden aus: Beschuldigt werden die Tierverkäufer auf dem Markt von Wuhan, die chinesischen Behörden, die lange Zeit alles vertuscht haben, die Verantwortlichen in Après-Ski-Hotspots wie Ischgl, Krankheits-Leugner wie lange Zeit Präsident Donald Trump und andere, Propagandist*innen einer neoliberalen Verknappung des Gesundheitswesens, Krisen-Spekulant*innen von medizinischen Gütern u.a.

Während der zweiten Stufe der Schuldsuche wird gezielter gegen die vorgegangen, gegen die man sowieso etwas hat: Die einen behaupten, die Geflüchteten und Migrant*innen hätten das Virus eingeschleppt. Andere wissen angeblich genau, dass das Virus als Strafe Gottes für einen sündigen und nicht gottgefälligen Lebenswandel in die Welt gekommen ist. Schuld seien die Menschen, die Sex vor der Ehe haben, die untreu sind, die Abtreibungen vornehmen, die lesbisch, schwul, bi, trans* oder genderqueer sind und daher angeblich Gottes Gebote brechen.

In der Krise werden Sündenböcke gesucht und gefunden. Der Chef der *White House Bible Study Group* und evangelikale Pfarrer von Präsident Donald Trump im Weißen Haus Ralph Drollinger hält Schwule und Lesben für schuldig an der Corona-Krise. Der russisch-orthodoxe Metropolit Mark in Berlin und Deutschland sieht vor allem Trans*-Personen als Schuldige für die Corona-Krise an. Wieder andere geben Moslems, Juden und Jüdinnen die Schuld. Davor warnte der Antisemitismusbeauftragte der Baden-Württembergischen Landesregierung Dr. Michael Blume vor dem jüdischen Pessachfest und dem muslimischen Ramadan vor einigen Tagen ausdrücklich.

Vereinfachte Schuld-Modelle

Wenn man in die Geschichte schaut, gehen diese vereinfachten Schuld-Modelle stets auf Kosten von Schwachen, Fremden und Minderheiten. Bei Ausbrüchen der Pest oder anderer Krankheiten im Mittelalter waren es vor allem Juden und Jüdinnen, Ungläubige, Zauberer und Hexen oder Fremde, die man ins Visier nahm. Sie wurden für alles Elend der Welt verantwortlich gemacht und gnadenlos verfolgt, verhaftet, gefoltert und sogar ermordet.

Anschuldigungen, Verfolgungen und Pogrome von Juden und Jüdinnen, politisch Andersdenkenden, chronisch Kranken, Behinderten, Lesben und Schwulen, queeren Menschen, Sinti und Roma ziehen sich seitdem bis in die Nazizeit in Deutschland hindurch. Heutzutage werden sie von religiösen Fundamentalist*innen, Rechtspopulist*innen und Neo-nazis erneut beschuldigt, genauso wie Moslems, queere Menschen und andere Minderheiten. Die Diskriminierungsstrukturen haben sich nicht verändert. Sie kommen nur im subtileren Gewand daher und nutzen die Aussagen von Pseudo-Wissenschaftler*innen und selbst erklärten Fachleuten, die häufig religiös verbrämte Vorurteile in ihren Botschaften verstecken.

Verantwortlichkeiten

Natürlich ist es wichtig, Verantwortlichkeiten im Umgang mit der Pandemie zu klären - ethisch, politisch und juristisch. Aber das durch die Pandemie verursachte Leid lässt sich nicht einfach im Modell eines Täter-Opfer-Denkens fassen. Die Realität ist viel komplizierter und komplexer als solche Modelle es nahelegen. Es gibt Erfahrungen von Leid, die sich allen menschlichen Vorstellungen und Schuldzuweisungen entziehen. Phänomene von Verzweiflung Krisen und Katastrophen sind vielfältiger als es ein eindimensionaler Zusammenhang nahelegt.

Kritische Berichterstattung

Daher ist es umso wichtiger, über die Krise hinaus achtsam zu bleiben und solche Sündenbock-Theorien aufzudecken. Kritische Berichterstattungen und differenzierte Aufklärung sind dafür wichtig. Denn angesichts von Ängsten und Sorgen vieler Menschen erfahren Verschwörungstheorien enormen Aufwind. Sie werden vor allem in den sozialen Netzwerken tausendfach geteilt, geliket, weiter verteilt und für krude ideologische und selbstreferenzielle Thesen benutzt. Die Gefahr des offenen Hasses gegen all jene, die angeblich schuld an der weltweiten Krise sind, wird dadurch exponentiell erhöht. Nur durch kritische Untersuchungen und unermüdliche Aufdeckung dieser Verschwörungstheorien lässt sich verhindern, dass am Ende eine Minderheitengruppe gegen die andere ausgespielt wird und die Chefideolog*innen rechtspopulistischer, extremistischer und fundamentalistischer Theorien leichtes Spiel haben.

Denn eins ist wichtig im Kopf zu behalten: Die Corona-Krise ist *keine* Strafe Gottes für dieses oder jenes menschliche Handeln oder Verhalten. Bei der Corona-Krise geht es nicht um Moral. Es geht um eine gefährliche und ansteckende Krankheit und um die unzähligen Bemühungen von Virolog*innen und medizinischen Fachleuten, Kranke zu heilen und einen Impfstoff zu finden. Darüber hinaus sind wir alle jedoch sehr wohl verantwortlich für eine Welt, die solidarisch handelt und für sozial ausgerichtete Gesundheitssysteme und für ein ausgewogenes Ökosystem sorgt. Jeder und jede an ihrem Platz.

Hashtag #AndersAmen

19.02.2020

Ellen und Steffi Radtke sind ein queeres lesbisches Paar auf dem Land in Niedersachsen. Sie sind im verflixten siebten Ehejahr und wollen gerne ein Kind. Gleichzeitig sind sie beide Theologinnen und Pastorinnen in einer ländlichen Kirchengemeinde. Und seit Anfang 2020 betreiben sie den Youtube-Kanal *Anders Amen*.

Seit Anfang Januar 2020 laden Ellen und Steffi Radke einmal in der Woche mittwochs einen Videobeitrag, einen Vlog, bei Youtube hoch. Vier Beiträge gibt es bisher plus einige Interviews mit den beiden, einen offiziellen Kanaltrailer und ein Special zum Gespräch der beiden mit Domian bei *Domian live* im WDR-Fernsehen in Köln am 31. Januar 2020.

Die Vlogs der beiden waren von Anfang an witzig, kurzweilig und schlagfertig. Ihre Sprache ist schnoddrig und liebevoll zugleich. Auch als Personen haben die beiden Frauen mich sofort für sie eingenommen. Die beiden unterhalten sich über Alltagsthemen genauso wie über theologische und kirchenpolitische Fragen. Sie sind meistens unterschiedlicher Meinung, lachen viel und besuchen den Gottesdienst von Pfarrkolleg*innen an ihrem freien Sonntag. Sie treffen sich mit Konfirmand*innen auch außerhalb des Konfi-Unterrichts zum Spielen, Serien schauen und quatschen. Und was am wichtigsten ist: Sie kommen gut an bei den jungen Menschen.

Als ich mir den Vlog #1 angeschaut hatte, war ich direkt neugierig und fasziniert. Die beiden kommen so frisch und unpastoral daher, dass es eine Freude ist. Trotzdem sind sie gläubig und auf ihre Weise fromm. Eine spannende Mischung.

Innerhalb von ein bis zwei Wochen hatten über tausend Leute den Youtube-Kanal der beiden abonniert. Mittlerweile sind es über Dreitausend. Sie werden seitdem von Radio- und TV-Sendern interviewt, tauchen als Gesichter in Videos der Evangelischen Kirche in Deutschland auf und waren schon bei der Talkshow von *Domian live* in Köln. Alles in allem haben sie innerhalb eines Monats bereits eine beachtliche Karriere in den sozialen Medien hingelegt. Und das war bisher nur der Anfang. Ich habe die beiden zu ihrem Youtube-Kanal *Anders Amen* interviewt:

Söderblom: „Wie kam es zur Idee mit eurem YouTube-Kanal *Anders Amen*?"

Anders Amen: „Es war eine Mischung aus einer Schnapsidee auf einem Empfang einer kirchlichen Einrichtung, bei der wir beide das erste Mal Leuten des Evangelischen Kirchenfunks Niedersachsens begegnet sind und einem generellen Unwohlsein mit Blick auf das, was Kirche bei YouTube ist. Wir erleben unsere Kirche als sehr offen und bunt. Wir haben so viel Freiheit, unseren Dienst zu gestalten, doch bei YouTube verkauften sich immer nur die Kanäle richtig gut, die Gott eher als Moralapostel darstellen und für den hippen Anschein ein wenig Konfetti in die Luft werfen."

Söderblom: „Was ist das Ziel Eurer YouTube-Arbeit?"

Anders Amen: „Wenn es da draußen junge queere Menschen gibt, die eigentlich nichts mehr mit Kirche am Hut haben, die denken, dass Kirche sie sowieso ausstößt, die wollen wir vom Gegenteil überzeugen. Oder ihnen zumindest zeigen, dass Kirche auch anders ist. Wir hatten schon ganz überraschte Zuschriften von Leuten, die nicht wussten, dass die bei uns heiraten können. Und von Menschen, die nie gedacht hätten, dass die Kirche uns überhaupt einstellt. Da aufzuklären ist das Wichtigste für uns.

Wir haben uns für unseren Kanal eine klare Zielgruppe definiert, von jungen queeren Menschen zwischen 20 und 24 Jahren, die von der Kirche höchstens noch den Heilig-Abend-Gottesdienst der Kindheit kennen; Menschen, die nicht in Orgelkonzerte gehen und auch nicht als erstes Hobby Bücher lesen angeben; Menschen, die Spaß am Leben haben, Erfüllung suchen und noch nicht ganz wissen, wie sie die finden. Das bedeutet aber auch, dass es Menschen sind, für die es bisher eigentlich keinerlei kirchliche Angebote gibt. Gleichzeitig ist eine solche Zielgruppenarbeit in der Kirche schwer zu vermitteln, weil immer irgendwer sagt: Aber ich würde eher das und das wollen. Kirche kennt es nicht, sich wirklich auf eine klar definierte Zielgruppe einzulassen und ein Angebot zu stricken, dass auf diese passt. Zu zeigen, wie das vielleicht funktionieren kann, ist ein weiteres unserer Ziele."

Söderblom: „Wie passen queer und christlich für Euch zusammen?"

Anders Amen: „Ganz hervorragend natürlich. Wobei es für unsere christlichen Geschwister in den orthodoxen oder der Katholischen

Kirche natürlich anders aussieht. Sie könnten wohl kaum so antworten. Christlich gesehen sehen wir da kein Problem, aber Christentum gibt es nur in bestimmten kulturellen Ausprägungen und einige davon sorgen für den Ausschluss queerer Menschen."

Söderblom: „(Ver)zweifelt Ihr manchmal auch an der Kirche? Was hält Euch aufrecht?"

Anders Amen: „Ja, wenn die Kirche mal wieder mehr problematisiert als freudig lebt. Wenn in Arbeitskreisen über Menschen gesprochen wird, statt mit ihnen. Wenn man über die Flure kirchlicher Einrichtungen läuft und einem an keiner Stelle Freundlichkeit begegnet. Wir lieben unser Leben und wir wollen unseren Glauben leben. Und das mit der Freude ist in der ernsthaften evangelischen Kirche manchmal so eine Sache. Dass wir aber Freude an allem haben, was wir tun, das spürt man schnell. Und immer mal wieder stecken wir jemanden damit an. Das hält uns aufrecht."

Söderblom: „Was ist Euer Lieblings-Bibelvers oder die wichtigste biblische Geschichte und warum?"

Anders Amen: „Jona! Auf jeden Fall Jona, der keinen Bock hat nach Ninive zu laufen und echt glaubt, er könnte sich verstecken. Dass da mal jemand Widerworte gibt und nicht einfach mit sich machen lässt, ist grandios. Und dass er am Ende einsehen muss, dass er es vielleicht auch wirklich nicht besser weiß als Gott, ist eine hervorragende Lektion für uns beide."

Söderblom: „Was sagt Ihr Leuten, die behaupten, Homosexualität ist nicht gottgewollt, sondern sündig?"

Anders Amen: „Dass sie uns leidtun. Wenn es irgendwie geht, bieten wir ihnen im realen Leben Segen an. Wir glauben, Segen kann Herzen wieder weich machen. Mit vielen reden wir aber auch tatsächlich nicht mehr. Es gibt unter denen genug Menschen, die unser geplantes Kind jetzt schon als Missgeburt bezeichnen. Was soll man mit denen noch reden? Das können wir nur noch Gott überlassen.

Söderblom: Was wünscht Ihr euch für die Zukunft der Kirche?

Anders Amen: Dass sie fröhlicher und mutiger und lauter wird. Dass sie zeigt, wie wundervoll das Leben im Glauben ist. Dass sie Position bezieht für jene, die ausgegrenzt oder abgewertet werden. Und zwar nicht, weil ein Arbeitskreis das so beschlossen hat, sondern weil in jedem

Menschen, der Teil der Kirche ist, die Erkenntnis gewachsen ist, dass jedes einzelne Leben kostbar und gesegnet ist."

Queer pilgern?

4.9.2019

Während einer Sabbatzeit war ich im Jahr 2019 mehrere Monate wandernd und pilgernd unterwegs. Ich fragte mich unterwegs, ob es eigentlich *queeres Pilgern* gibt.

Fast 900 Kilometer bin ich in vier Monaten im Jahr 2019 zum Annapurna Basecamp in Nepal, auf dem Coast to Coast Trail in Nordengland und auf dem St. Olavsweg in Norwegen gewandert und gepilgert. Offiziell bin ich davon nur zwei Wochen in Norwegen wirklich gepilgert. Für mich persönlich waren meine Wanderungen allerdings allesamt Pilgerreisen. Und es waren irgendwie auch queere Pilgerreisen. Warum? Davon möchte ich erzählen.

Pilgern

Wer pilgert, unternimmt zumeist eine Wanderung oder eine Reise zu einem heiligen Ort. Dieser Ort kann für eine Religions- oder Glaubensgemeinschaft heilig sein, manchmal für einzelne Menschen oder sogar für die Bevölkerung eines ganzen Landes. Nach katholischer Tradition gibt es unter anderem Wallfahrtsorte in Santiago de Compostela, dem Begräbnisort des biblischen Apostels Jakobus, in Rom die Grabstätte der Apostel Petrus und Paulus und in Jerusalem die Stätte, an denen Jesus gestorben, begraben und nach christlichem Glauben wieder auferstanden ist. Außerdem gibt es viele Marienwallfahrtsorte wie Lourdes oder Fátima.

Auch die evangelischen Kirchen weltweit haben in den letzten zwanzig Jahren das Pilgern wiederentdeckt und bieten Pilgerwege wie den Lutherweg in Sachsen-Anhalt und Thüringen an. Die evangelisch-lutherische Kirche in Norwegen hat den mittelalterlichen St. Olavs-Pilgerweg von Oslo zum Nidarosdom in Trondheim im Jahr 2010 offiziell als Pilgerweg wiedereröffnet.

Manchmal sind es aber auch die Menschen vor Ort, wie zum Beispiel die Bevölkerung Nepals, die die Berge des Himalaya-Gebirges unabhängig von Religionsgemeinschaften für heilig erklären. Wer, was oder welcher Ort als heilig gilt, ist also je nach Religion, Geschichte, Tradition und Lebenswelt sehr unterschiedlich.

Was verbindet

Was die meisten Pilgerreisenden miteinander verbindet: Wer pilgert, ist zunächst einmal für kürzere oder längere Zeit auf dem Weg. Pilgernde unterbrechen ihren Alltag und ihre Gewohnheiten und ziehen los. Im Mittelalter waren Pilgeranlässe Buße, Glaubenskrisen und Suche nach Gottesnähe und Vergebung. Heutzutage werden Pilgerreisen oftmals aufgrund von existenziellen Krisen und Umbrüchen begonnen: Trennung, Scheidung, Kündigung, Krankheit, Verlust, Trauer, Sinnkrisen oder andere Erlebnisse veranlassen Menschen dazu, den Alltag hinter sich zu lassen und auf der Suche nach sich selbst und dem Sinn des Lebens loszuziehen.

Die wichtigste Erkenntnis

Beim Pilgern nehme ich mein Leben mit. Meine Erfahrungen, meine Sichtweisen, meine Fragen, meine Stärken und Schwächen. Sie alle sind im unsichtbaren Reisegepäck dabei und brechen sich unterwegs Bahn; mal weniger deutlich und mit leiser Stimme, mal laut und mit voller Wucht. Wohl denen, die offen und neugierig genug sind, sich überraschen zu lassen von dem, was ihnen unterwegs widerfährt. Wohl denen, die sich ansprechen lassen von Menschen, die ihnen begegnen und die sich auf die Eigendynamik des Weges, der Natur, des Wetters und der Strapazen einlassen. Körper, Geist und Seele werden beim Pilgern aktiviert und mit Eindrücken gefüttert. Pilgern ist ein Ganzkörperereignis, das überraschend verlaufen kann. So war es jedenfalls bei mir.

Nepal

In Nepal hat mich und unsere kleine Wandergruppe der Zauber der Berge des Annapurna-Massivs überwältigt. Es waren intensive Erfahrungen in der Natur- und Bergwelt. Über 4000 Meter sind wir hochgewandert. Die Panoramablicke in die Bergwelt der über achttausend Meter hohen Berge um uns herum waren magisch. Unsere Erlebnisse verbanden sich mit den Geschichten über Götter und heilige Orte, die uns unser nepalesischer Führer und andere Menschen erzählten, die wir unterwegs trafen. Die steilen Auf- und Abstiege führten mich zugleich an meine körperlichen Grenzen. Sie befeuerten die Auseinandersetzung mit mir selbst, mit meinem Gepäck, mit meinen schmerzenden Gliedern und mit der Frage, wann endlich die nächste Pause kommt. Manchmal fühlte ich mich unterwegs euphorisch, manchmal wollte ich meinen Rucksack einfach nur in die Ecke schmeißen. Aber ich ging weiter. Was ich dabei gelernt habe: regelmäßig ein- und ausatmen und bewusst und achtsam den nächsten Schritt gehen. Mehr war nicht zu tun.

Nordengland

In Nordengland war ich davon überzeugt, dass wir drei Wochen lang eine spannende Wanderung von St. Bees an der Westküste nach Robin Hood's Bay an der Ostküste Englands unternehmen würden. Es wurde tatsächlich eine abwechslungsreiche und durchaus anspruchsvolle Wanderung. Aber es war noch so viel mehr: Meine Partnerin und ich teilten jeden Morgen und Abend ein persönliches Segensritual. Wir dankten Gott und unseren müden Körpern jeden Abend, dass wir ohne Blasen und Verletzungen angekommen waren. Und wir trafen in den drei Wochen und über 300 km immer wieder auf sieben Wandersleute aus England und den Vereinigten Staaten. Wir trafen sie in den Unterkünften, unterwegs bei der Rast oder wenn die einen die anderen überholten. Ab einer gewissen Zeit begannen wir, Streckenabschnitte zufällig und später verabredet gemeinsam zu wandern. Und nicht viel später stellten wir uns gegenseitig Fragen: Woher und wohin? Seit wann auf dem Weg und warum hier? Was machst du und was denkst du? Wie siehst du diesen Weg, den nächsten Streckenabschnitt? Wo stehst du im Leben? Was glaubst du und woran zweifelst du? Hinzu kam, dass die meisten Kirchen auf dem Weg offen waren und Vorbeikommenden Tee und Kekse anboten. An einem Sonntag wurden wir von Leuten aus einer Kirchengemeinde auf dem Weg unverhofft und herzlich in einen Gottesdienst eingeladen und teilten Abendmahl und Schlusssegen. Schwuppdiwupp waren wir mittendrin in spannenden Gesprächen über Gott und die Welt.

Unterwegs schien das irgendwie einfacher zu sein. Ich suchte nach dem Weg, freute mich über Wegzeichen, genoss die Ausblicke oder eine erholsame Rast. Mein Blick war nach unten oder nach vorne gerichtet. Ich war gemeinsam mit anderen auf dem Weg, fühlte mich freier und unbeobachtet. Ich bewegte mich ohne Druck und Terminzwänge. Die Natur und frische Luft taten mir gut und entkrampften Körper, Geist und Seele. Ich setzte mich mit meinen Grenzen auseinander, wenn mir meine Füße weh taten oder wenn ich müde war. Und in unverhofften Momenten teilte ich mit anderen einen wichtigen Gedanken oder ich fühlte mich plötzlich leicht und ganz bei mir.

Norwegen

Auf dem Pilgerweg in Norwegen waren wir in einer Gruppe zu zwanzigst unterwegs. Hier haben wir ganz bewusst morgens, mittags und abends geistliche Impulse geteilt, miteinander gebetet, gesungen und geschwiegen. Wir haben uns jeden Morgen gegenseitig einen Reisesegen weitergegeben und auf dem Weg allein und zu zweit über Gottesbilder, Zuflucht, Herzensthemen, die eigene Mitte und unsere Grenzen nachgedacht. Wir waren auf einem offiziellen Pilgerweg unterwegs, haben Andachten und einen Abendmahlsgottesdienst miteinander gefeiert. Mehr geht nicht an spiritueller Grundierung.

Die Erlebnisse, Begegnungen und Gespräche auf dem Weg haben sich für mich dennoch nicht grundsätzlich von denen in Nepal und Nordengland unterschieden. Überall waren Begegnungen, Gespräche, Schweigen und intensive Naturerfahrungen möglich. Oft ging es um Gott und die Welt, Lebenssinn, körperliche Grenzen und Erfahrungen mit Trauer und Tod. Ich habe mich selbst mitgenommen, habe meinen Alltag unterbrochen und bin mit mir und anderen zusammen ein Stück Weg gegangen. Meine Partnerin hat es in der Rückschau so zusammengefasst: Wir waren in diesen Monaten *pilgernd wandern und wandernd pilgern* unterwegs. Nicht mehr und nicht weniger.

Queer pilgern?

Wenn das nun alles so ist, gibt es dann auch queeres Pilgern, habe ich mich und andere mehrfach gefragt. Gibt es nicht, habe ich mir nach einigem Hin und Her selbst geantwortet. Oder nicht, dass ich wüsste. Aber Moment: So einfach ist die Sache nicht. In dem Augenblick, in dem queere Leute pilgern, wird die Sache sehr wohl queer. Warum? Ganz einfach. Weil sie ihr Leben, ihre Erfahrungen, ihr Gepäck und ihre Lebenswelt mit auf Reisen nehmen. Genau wie alle anderen auch.

Ein Beispiel: Ich und meine Partnerin waren auf unseren Wanderungen als Paar sichtbar. In Nepal weniger offensichtlich. Das ist uns vor der Reise deutlich angeraten worden. Trotzdem sind wir über

Lebensformen und Genderidentitäten ins Gespräch gekommen. Wie lebt es sich queer, lesbisch, schwul oder trans* in Nepal? Das waren Fragen an unseren nepalesischen Führer. Natürlich nicht am ersten Tag. Aber als klar war, dass er offen eingestellt ist und selbst darüber anfing zu sprechen, haben wir nachgefragt.

Bei der Coast to Coast-Wanderung waren wir als Paar sichtbarer. Und prompt kamen dazu Fragen von anderen auf dem Weg. Wie passt das zusammen, dass du Pfarrerin bist und lesbisch? Geht das überhaupt? Steht nicht in der Bibel etwas ganz Anderes? Wie haltet ihr das in der Kirche aus mit all den verquasten moralischen Vorstellungen? Und noch einige Wanderetappen später berichteten einige von Familienmitgliedern, die auch schwul oder lesbisch sind. Der schwule Bruder einer von ihnen war früher sogar katholischer Priester. Dann hatte er sein Coming-Out, verließ die katholische Kirche und trat einer anderen christlichen Denomination in den USA bei. Heute ist er dort ein offen schwuler Bischof, der mit seinem Partner zusammenlebt. Davon erzählte mir seine Schwester auf dem Weg. Sie berichtete davon, wie er und sie und auch die anderen Geschwister mit der Katholischen Kirche bis heute haderten, weil sie die Doppelmoral nicht ertragen können.

Es dauerte nicht lange, bis wir begriffen, dass eigentlich alle unsere Mitwandernden jemanden in Familie oder Freundeskreis kannten, die auch *so* sind. Die Gelegenheit war günstig, uns zu unseren Erfahrungen zu befragen. Denn wir traten als Paar offen und selbstverständlich auf. Und beim Wandern hatten wir Zeit. Da war es möglich, über Konflikte und Kontroversen im Familien- und Bekanntenkreis zu sprechen; über Verletzungen, Versöhnungen und offene Rechnungen. Wir waren also mitten drin in Fragen, die wir aus unserem Alltag kannten: Wie geht queer und gläubig sein zusammen? Was sagt die Bibel dazu? Und wie schafft ihr es, trotz Vorbehalten und Konflikten, euer Leben zu leben und bei euch selbst zu bleiben? Viel haben wir darüber geredet, genauso wie wir viel über andere Themen gesprochen haben. Ist das nun queeres Pilgern, habe ich mich irgendwann gefragt.

Ich nahm diese Frage auch mit auf unsere Pilgerreise auf dem St. Olavsweg in Norwegen. Auch dort war das Thema unverhofft präsent. An einem sonnigen Nachmittag nach einer kürzeren Etappe saßen wir zu viert auf der Terrasse unserer Hütte für die Nacht. Wir tranken Kaffee, aßen Plätzchen und ließen es uns gut gehen. Und genau in dieser entspannten Atmosphäre begannen die beiden älteren Frauen zu erzählen. Die eine berichtete von ihrer offen lesbisch lebenden Tochter, die vor einiger Zeit ihre Partnerin geheiratet hatte. Es gab auch eine kirchliche Trauung. Als Mutter sei sie stolz auf die beiden. Sie wüsste aber auch, dass nicht alle in ihrer Verwandtschaft das so sehen können. Die andere erzählte, dass sie bei ihrem jüngsten Sohn vermutet, dass er schwul ist. Sie wisse es aber nicht sicher. Für sie wäre das kein Problem. Aber sie räumte ein, dass der Lebensweg für ihren Sohn sicherlich beschwerlicher wäre, wenn er tatsächlich sein Comingout haben würde. Beide kannten auch sonst Leute im Familien- und Bekanntenkreis, die lesbisch, schwul oder trans* sind. Entsprechend neugierig haben sie meine Partnerin und mich gefragt, welche Erfahrungen wir bisher im Berufs- und Alltagsleben gemacht hätten. Unsere Sichtweisen und Erlebnisse waren für sie wichtig. Und damit wurden queere Themen sichtbar, spürbar und hörbar auf unserer Pilgerreise.

Für mich war das einerseits überraschend. Ich hatte es nicht so erwartet. Aber andererseits war es vielleicht gar nicht so verwunderlich. Meine Partnerin und ich waren als Frauenpaar genauso präsent und sichtbar, wie die Alleinlebenden, Geschiedenen, Verheirateten und Verwitweten in unserer Gruppe auf dem Pilgerweg mit ihren Erfahrungen sichtbar waren. Wir alle hatten unser Lebensgepäck, unsere Themen und Fragen mit dabei. Sie haben beeinflusst, worüber wir mit anderen geredet und worüber wir nachgedacht haben. Vielleicht waren wir unterwegs auch mutiger als zuhause. Denn es stand nichts auf dem Spiel. Das, was beim Pilgern gesagt wurde, war momenthaft und vertraulich. Es blieb bruchstückhaft und auf dem Weg. Denn irgendwann wurden die nächste Steigung, ein Stein im Schuh oder die Rast auf dem Weg wieder wichtiger.

Fazit

Es gibt vermutlich kein *queeres Pilgern.* Aber unterwegs sein mit queeren Themen und Erfahrungen von queeren Menschen beim Pilgern gibt es jede Menge. So haben wir es jedenfalls erlebt.

Und was es zudem sehr wohl gibt: queere Pilgerziele, wie zum Beispiel das Stonewall Inn in der Christopher Street in New York. Dort begann 1969 die schwul-lesbische und transidente Befreiungsbewegung. Oder aber das Castro-Viertel in San Francisco. Dort gibt es bis heute eine lebendige schwul-lesbisch-trans*-queere Infrastruktur. Harvey Milk hat dort in den siebziger Jahren des 20. Jahrhundert als offen schwuler Politiker und Bürgerrechtler gelebt. Oder Skala Eressos auf Lesbos, der Geburtsort der Dichterin und Lehrerin Sappho. Aber darüber werde ich in einem anderen Blogeintrag berichten.

Kirchenasyl

2.01.2019

Sie heißen Diana und Success. Seit einigen Wochen leben sie im Kirchenasyl in zwei Berliner Kirchengemeinden. Dort habe ich sie getroffen und mit ihnen gesprochen.

Innerhalb der Berliner Kirchen fühlen sich Diana und Success sicher. Außerhalb riskieren sie, verhaftet und in ihre Heimatländer zurückgeschickt zu werden. Diana kommt aus Uganda, Success aus Nigeria. Beide lieben Frauen. Beide sind aus ihren Heimatländern geflohen, weil sie es nicht länger ausgehalten haben.

Diana

Zuhause galt es wahlweise als Sünde, Schande, Katastrophe oder als Verbrechen, lesbisch oder schwul zu sein. Diana wurde aus der Schule geworfen, als sie mit ihrer damaligen Freundin erwischt worden war. Sie wurde bedroht und hat um ihr Leben gebangt. Selbst in ihrer christlichen Heimatgemeinde wandte man sich von ihr ab. Sie sollte umkehren, von der Sünde ablassen; sonst würde sie von Gott bestraft werden oder von einem Gericht. Denn in Uganda gelten homosexuelle Handlungen als kriminell und werden verfolgt. Diana entschied sich zu fliehen. Es gab keinen sicheren Ort mehr für sie in ihrer Heimat.

Success

Auch für Success war klar, dass sie niemandem in ihrer Heimat sagen durfte, wer sie war und dass sie sich in Frauen verliebte. Sie würden sie verfolgen, ausgrenzen, mobben oder Schlimmeres mit ihr machen. „Du wirst gejagt, gesteinigt oder verbrannt", erklärte sie mir. „Da sagst du am besten gar nichts oder du lebst nicht mehr lange." Sie hatte niemanden, dem sie vertrauen konnte. Also entschied sich Success, aus Nigeria zu fliehen.

Auf der Flucht

Beide Frauen waren jahrelang unterwegs. Irgendwie schafften sie es nach Europa. Wie? Darüber wollen sie nicht reden. Zu schmerzhaft sind die Ereignisse, die sie auf der Flucht erlebt haben. Die beiden Frauen sind nach endlosen Wegen und Umwegen, Rückschlägen und Gefahren und mit Hilfe von anderen schließlich in München angekommen. Dort haben sich die beiden auch kennengelernt. Ihre Asylanträge wurden jeweils abgelehnt. Die Behörden haben ihnen nicht geglaubt.

Ihre Asylanträge wurden abgelehnt

„Sie hätten sofort sagen müssen, dass sie lesbisch sind!", hieß es.

Genau das haben aber beide unabhängig voneinander in ihrem ersten Asylantrag nicht getan. Zum einen war es für sie angst- und schambesetzt. Sie hatten keine Übung darin, über so intime Dinge mit anderen zu reden. Zuhause war es lebensgefährlich. Und woher sollten sie wissen, wie Beamte in Europa auf solche Informationen reagieren würden?

Zum anderen hatten sie Angst, dass andere Asylsuchende erfahren würden, dass sie lesbisch sind. Sie fürchteten Übergriffe in den Flüchtlingsunterkünften und sagten niemandem ein Wort. Erst als sie Kontakt zu Mitarbeiterinnen einer Münchner Lesbenberatungsstelle bekamen, fanden sie Verständnis und Unterstützung. Endlich wurden sie ernst genommen. Endlich wurde ihnen geglaubt. Aber was war jetzt zu tun, nachdem ihre Asylanträge abgelehnt worden waren? In Berufung gehen, juristische Unterstützung finden. Das braucht Zeit. Aufgrund von Kontakten wurde ihnen Kirchenasyl in Berlin ermöglicht.

In Berlin und an vielen anderen Orten gibt es Gemeinden und Gemeindekirchenräte, die sich für Geflüchtete einsetzen. Und es gibt einen Unterstützerinnenkreis Kirchenasyl. Mitglieder begleiten die Geflüchteten bei allen Alltagsfragen und kümmern sich unter anderem um die Rechtsberatung.

Advents- und Weihnachtszeit

Dieses Jahr haben Diana und Success die Advents- und Weihnachtszeit in einer Kirche verbracht. Ein merkwürdiges Gefühl. Denn die beiden sind noch nicht angekommen. Genauso wenig, wie Josef und Maria angekommen waren, als Maria ihren Sohn in einer Krippe in Windeln auf die Welt brachte, und sie dann vor den Soldaten des Herodes nach Ägypten fliehen mussten.

Diana und Success sind beide gläubige Christinnen. Aber ihre Erfahrungen mit Kirchen waren bisher negativ. Zu viel Fluch und

Verdammnis haben sie bisher von Kirchenleuten gehört und erfahren. Eine Kirche, die gastfreundlich und sicher ist, ist neu für sie. Beide betonen: „Gott hat uns so gemacht, wie wir sind. Deshalb sind wir dankbar dafür, dass wir in einer Kirche wohnen dürfen und dass die Menschen uns hier glauben."

Warten

Nun heißt es warten. Sie haben Berufung eingelegt und hoffen darauf, dass sie eine Aufenthaltserlaubnis in Deutschland erhalten werden. Gleichzeitig wurde eine Petition ins Leben gerufen, die sich dafür einsetzt, dass den beiden Asyl gewährt wird und dass Politiker und Politikerinnen den beiden zuhören und ihre prekäre Situation verstehen lernen.

Was sie sich wünschen? „Wir wollen mit Aufenthaltsgenehmigung sicher und in Frieden leben. Ohne Angst vor Verfolgung und Gewalt. Das wäre für uns das größte Geschenk."

Hashtag #MeQueer

19.08.2018

Seit einigen Wochen werden auf Twitter in Anlehnung an #MeToo und #MeTwo unter dem Hashtag #MeQueer alltägliche Ausgrenzungserfahrungen von Lesben, Schwulen, Bi-, Trans-, Inter- und Queer-Personen veröffentlicht. Die Reaktionen darauf sind unterschiedlich.

Der deutsche Auslöser des Trends #MeQueer ist der Twitterer Hartmut Schrewe. Er schreibt, dass er nur den Startschuss gegeben habe für eine Bewegung, die überfällig war. Denn Diskriminierung und Hass gegen queere Personen gebe es offen und subtil weltweit im Großen wie im Kleinen.

Reaktionen

Als Reaktion darauf zucken die einen nur mit den Achseln. Es seien ja nur Posts unter einem Hashtag. Was könnten die schon bewirken? Andere betonen, dass sich viele nicht anders trauten. Sie könnten im Rahmen dieser Aktion endlich einmal ihre Erfahrungen aufschreiben und ihre eigene Sprache dafür finden. 280 Zeichen reichten zwar nicht für komplexe Zusammenhänge, aber sie seien ein Anfang.

So sehe ich das auch. Denn darum geht's: die eigenen Erfahrungen ganz annehmen, die eigene Sprache finden und diese öffentlich machen. Ich bin ohne eine solche Sprache aufgewachsen. Alles, was ich als Jugendliche gehört hatte, war: Gleichgeschlechtliche Liebe sei wahlweise pervers, unnormal, abartig oder sündig. Mir wurde als junge Erwachsene mehrfach prophezeit, dass Gottes Strafe über mich kommen werde und ich in die Hölle käme. Dabei war ich gläubige Christin, engagierte mich ehrenamtlich in sozialen und kirchlichen Zusammenhängen und verstand überhaupt nichts mehr.

Wie sollte ich mit solchen Fremdzuweisungen eine angemessene Sprache für meine Lebenserfahrungen finden? Mein Comingout und die Zeit danach waren mühsam. Vorbilder und eine hilfreiche Sprache für meine Gefühle gab es vor dreißig Jahren kaum. Ich weiß heute, dass es mir nicht allein so ging. Damals fühlte ich mich aber allein. Diese

Erfahrung zeigt, Sprache finden für die eigenen Gefühle, Sehnsüchte, Fragen und Hoffnungen ist etwas ganz Existenzielles.

Resonanzen

Und noch etwas Anderes verdeutlichen die Beiträge unter den Hashtags: Resonanz von anderen Personen ist wichtig. Ich lebe nicht zeit- und kontextlos. Ich bin eingebunden in ein soziales Umfeld. Ich brauche Reaktionen. Im besten Fall Verständnis und Zustimmung und - wenn sie konstruktiv sind - auch ehrliches Feedback und Kritik. Reaktionen auf die Einträge unter den Hashtags ersetzen natürlich keine analoge Unterstützung. Sie ersetzen auch keine freundschaftliche Begleitung oder professionelle Beratung. Aber sie ermöglichen Reaktion und Resonanz. Tausende lesen die Einträge, liken, kommentieren, teilen, retweeten oder diskutieren sie. Natürlich gibt es auch aggressive und hasserfüllte Kommentare, Beleidigungen und Beschimpfungen. Genauso wie es Gleichgültigkeit und Unverständnis gibt. Das volle Programm. Dennoch oder gerade deswegen; das Thema ist so im Gespräch. Erfahrungen werden geäußert. Die Beiträge wirken. Schmerzen, Wut, Anklage und Hoffnungen kommen zum Ausdruck. Die Beiträge bekommen Adressaten, die nicht selten selbst zu Autorinnen und Autoren werden. So wird aus einzelnen Stimmen ein Klangteppich, ein komplexer Widerhall von ganz unterschiedlichen Erlebnissen, Geschichten und Widerfahrnissen.

Die Autorin Ronya Othmann nennt solche Reaktionen in einem Beitrag bei Zeit Campus vom 31. August 2018 die Kraft des Chores. Der Chor von Leserinnen und Lesern hört zu, liest mit, nimmt Anteil, verstärkt, teilt und verbreitet Stimmen von Protest, Aufschrei, Wut und Klage. Missstände werden benannt, Hoffnung und Dank für Unterstützung geteilt. Einzelne Stimmen werden zu einem vielstimmigen Chor. Diese Kraft des Chores erinnert mich an die Funktion des Chores in antiken griechischen Tragödien. Sie hatten eine wichtige Funktion: Sie verstärkten Aussagen der Protagonisten. Sie kommentierten und kritisierten sie. Sie formulierten refrainartig Spitzensätze, die bestimmten Ereignissen einen Titel, ein Motto oder eine Zusammenfassung gaben. Die Stimmen sollten wiederholen, belehren und provozieren. So wurden Aussagen, Erkenntnisse und bestimmte Stimmungslagen gesichert und miteinander in einem Resonanzraum geteilt; alles streng subjektiv, öffentlich und hörbar.

Klagepsalmen

Genauso funktionieren auch Klagepsalmen, die im Buch der Psalmen im Alten Testament gesammelt worden sind. Da geht es nicht um weinerliches Murren und Nörgeln. Es geht ums Ganze: Krankheit, Schicksalsschläge, Heimatverlust, Tod, Niederlage, Zerstörung, Exil und Flucht. Solche Erfahrungen werden in den Psalm-Gebeten direkt an Gott adressiert. Entweder von Einzelnen oder von einem Gebetskollektiv, manchmal mit einem Vorbeter, der das Wort führt. König David hat solche Aufgaben nach biblischer Überlieferung in den so genannten Davids-Psalmen stellvertretend übernommen. Neben Wut und Klage kommen zumeist auch Lob, Dank und Hoffnung zum Ausdruck, dass Gott die Gläubigen bisher beschützt und gehört habe und dies hoffentlich auch weiterhin tue. Andere können in die Sprache der Klage einstimmen. Sie müssen solche Worte in der Not nicht neu erfinden, sondern können sich darauf beziehen. Sie können die Worte wiederholen, verstärken, miteinander teilen, Gott anrufen und auf Veränderung hoffen. Das gemeinsame Gebet stärkt den Einzelnen, gibt dem Gebet mehr Gewicht und kollektiviert isolierte Erfahrungen.

Die Einträge unter den Hashtags #MeToo, #MeTwo und #MeQueer funktionieren ähnlich. Allerdings ist der Adressat nicht Gott, sondern alle, die sie lesen und hören wollen. Ziel ist es, dass die Beiträge wahrgenommen, kommentiert und weiter geteilt werden. Die Einträge und die Resonanz darauf verändern Alltagsbeschreibungen und ihre Wahrnehmungen. Sie erweitern die Kenntnis über queere Lebenswirklichkeiten und verstärken die Reichweite der Worte wie bei einem Klagepsalm oder einem antiken Chor.

Klar, mit den Hashtags werden die Probleme nicht gelöst. Aber mit ihnen wird eine Sprache gefunden, die niedrigschwellig und wirksam ist. Opfer werden zu Subjekten. Sie sprechen, statt zu schweigen. Sie sind aktiv statt passiv. Sie teilen sich mit, statt sich zu isolieren. Und sie bekommen Rückmeldung, Anfeindung und Unterstützung, Hass und Solidarität, statt völlig ohne Resonanz in sich zu verkümmern und zu resignieren. Die Kraft des Chores wirkt. Sie beschreibt nicht nur die Wirklichkeit, sondern schafft und gestaltet sie auch. Insofern ist diese digitale Ausdrucksform als eine von vielen Sprachspielen bedeutsam. Gerade dann, wenn Sprache aufgrund von Tabus, Schweigen und Abwertung lange verloren war.

Und es gibt noch einen weiteren Mehrwert des Hashtags: Menschen sehen, dass sie nicht allein sind. Es gibt Zehntausende, die ähnliche Erfahrungen machen. Sie erkennen: Es sind strukturelle Herausforderungen, nicht persönliche Defizite. Auch wenn sie von jedem und jeder Einzelnen erlebt und bewältigt werden müssen.

Zum Schluss noch einmal Ronya Othmann:

> *„Wer sagt, #meQueer sei ja nur ein Hashtag, unterschätzt die Kraft des Chores. Bei #meQueer findet sich eine Sprache. Und Sprache finden war schon immer überlebenswichtig für queere Menschen. Sie müssen sich ihren Platz nicht nur in der Welt, sondern auch in der Sprache erst selbst schaffen und erkämpfen. (…) #meQueer ist zugleich Chor und Dokumentation dieses Chorstücks. Das Hashtag verschriftlicht all die Fälle, die aus den Polizeistatistiken fallen, weil nicht angezeigt wurde, ein abschätziger Blick nicht für eine Anzeige reicht und man diskriminierende Gesetzesregelungen nicht zur Anzeige bringen kann. #meQueer ist auch eine Anklageschrift an die Mehrheitsgesellschaft, die ja für all die strukturellen Diskriminierungen Verantwortung trägt. Eine Sprache finden, kann der Anfang eines politischen und gesellschaftlichen Wandels sein."*

Die Jugend macht's vor - Ein Preis und die Reaktionen

15.08.2018

Ein Preis wurde auf dem CSD in Stuttgart an eine katholische Jugendgruppe vergeben, und der Aufschrei war da. Katholisch und lesbisch, schwul, bi, transident und queer? Das geht nach wie vor nur schwer zusammen. Oder?

Was war da los?

Eigentlich war es eine tolle Sache. Eine Gruppe der Katholischen jungen Gemeinde (KjG) aus der Region Rottenburg-Stuttgart hat sich am diesjährigen CSD in Stuttgart erstmals beteiligt. Der KjG-Diözesanverband war laut katholisch.de vom 30.07.2018 mit 70 bis 100 Mitgliedern beim Stuttgarter CSD vertreten. Am Ende hat die KjG sogar einen ersten Preis gewonnen. Der Preis wird nach Angaben der fünfköpfigen Jury jedes Jahr an drei Gruppen verliehen, die bei ihrer Teilnahme an der Demonstration für Vielfalt, Akzeptanz und Gleichberechtigung besonders herausragende Leistungen zeigen.

Wie hatte die KjG das geschafft?

Mitglieder der Gruppe hatten auf ihren Plakaten ein Zitat von Papst Franziskus abgedruckt. Es lautete: *Gott hat dich so geschaffen. Gott liebt dich so, und du solltest dich selbst lieben und dir keine Gedanken machen, was die Leute darüber sagen.*

Diese Worte hatte der Papst an das Missbrauchs-Opfer Juan Carlos Cruz aus Chile gerichtet. Cruz ist schwul. Und auf einer Regenbogenfahne stand der Spruch: *Jesus hatte auch zwei Väter!*

Diese Zitate haben den Veranstaltern und Teilnehmenden des Stuttgarter CSD gut gefallen. Auch die Jury des CSD-Preises sah das so. Daher wurde die Auszeichnung der katholischen Jugendgruppe zugesprochen.

Reaktionen

Dieser Preis hat in der Folge einiges an medialem Echo produziert. Nach Veröffentlichungen auf einigen Onlinekanälen gab es unzählige Kommentare, Jubelrufe und Empörung.

Laut Miriam Lay, der Diözesanleiterin der KjG in der Region Rottenburg-Stuttgart, waren die Reaktionen unterschiedlich. Die einen freuten sich über die Aktion und den Preis und waren stolz auf die jungen Leute. Aus der queeren Community gab es Applaus aber auch kritische Kommentare. Sie richteten sich vor allem gegen die Institution der Katholischen Kirche, die offiziell immer noch sehr homo- und transfeindlich agiere und deshalb von vielen kritisch gesehen wird.

Die Mitglieder des *Global Network of Rainbow Catholics* kritisieren beispielsweise, dass die Katholische Kirche ihre Mitarbeitenden im Haupt- und Ehrenamt aufgrund ihrer sexuellen Orientierung und Genderidentität weltweit nach wie vor diskriminiert und ihnen Gleichberechtigung vorenthält. Aus der Katholischen Kirche selbst gab es ebenfalls unterschiedliche Reaktionen. Viele Mitglieder, insbesondere Gläubige an der Basis, haben sich über die Aktion gefreut und sie unterstützt.

Miriam Lay ist selbst auf dem CSD mitgelaufen und begründete dies in einem Interview mit Jan Petter von bento.de wie folgt: „Auch in der Katholischen Kirche gibt es Menschen, die lesbisch, schwul, bi- oder transsexuell sind. In der Vergangenheit haben diese Menschen Leid erfahren. Deshalb wollten wir zeigen, dass für alle Platz bei uns ist."

Die Gruppe hat sich danach aber auch viel Kritik anhören müssen. Noch einmal Miriam Lay: „Einige sprachen uns das Katholisch-Sein ab, weil wir mit unserer Teilnahme am CSD der traditionellen Haltung der Kirche widersprochen haben."

Was Lay den Kritikern entgegenhält: „Unser tiefer Glaube ist das Vertrauen in Gottes Liebe, die keine Grenzen kennt. Deshalb will die KjG, dass die Kirche sich allen Menschen gegenüber öffnet und alle gleichbehandelt. Dazu gehört, ihre Lebensrealität nicht nur wahrzunehmen, sondern ernst zu nehmen. Wenn zwei Menschen sich lieben, gibt es keinen Unterschied, ob sie hetero- oder homosexuell sind."

Worum ging es beim CSD Stuttgart eigentlich?

Christopher-Street-Paraden werden jedes Jahr in vielen deutschen Städten und weltweit gefeiert. Die Paraden erinnern an die Proteste von etwa 400 Menschen in New York im Jahr 1969. Sie hatten sich am 28. Juni 1969 erstmals gegen gewalttätige Razzien und homo- und transfeindliche Polizeiübergriffe in der Bar *Stonewall Inn* in Greenwich Village/New York und an anderen Orten gewehrt. Der Protest ging als die Geburtsstunde der schwul-lesbischen und transidenten Befreiungsbewegung in die Geschichtsbücher ein. Bis heute wird mit jährlich stattfindenden Demonstrationen an diese Proteste erinnert. Und es wird anhand von konkreten Lebensschicksalen aus verschiedenen Ländern gezeigt, dass auch im 21. Jahrhundert weltweit noch erschreckend viele homo- und transfeindliche Diskriminierung und Gewalttaten geschehen.

Expedition WIR

In Stuttgart hatte der CSD Ende Juli 2018 das Motto *Expedition WIR*. Die Verantwortlichen schrieben dazu auf ihrer Webseite:

„Expedition WIR - das ist der Aufbruch in eine Gesellschaft, in die sich alle einbringen können. Niemand vermag dabei konkret zu wissen, wie genau diese Gesellschaft aussehen soll und wie sie aussehen wird. Keine Person, keine gesellschaftliche Gruppe und keine Weltanschauung - denn es gibt keine Blaupause für die Zukunft. Diese Gesellschaft entsteht im Dialog und im gegenseitigen Austausch, gewissermaßen auf Augenhöhe: Verständnis und Nähe bilden sich durch Empathie und die Bereitschaft zum Wechseln von Perspektiven."

Weggemeinschaft

Es geht folglich um eine Weggemeinschaft, die sich auf dem Weg besser kennen- und verstehen lernt. Es geht darum, eine sozial, kulturell und religiös plurale Gesellschaft zukünftig so zu gestalten, dass alle Menschen ihren Platz finden und sich für ein respektvolles Miteinander einsetzen, unabhängig von ihrer Herkunft, Hautfarbe, Genderidentität, unabhängig von Alter, körperlichen Einschränkungen oder sexueller Orientierung. Diese Weggemeinschaft fordert von jedem und jeder Einzelnen die Bereitschaft, Perspektiven zu wechseln und gesellschaftliche Herausforderungen mit den Augen von anderen wahrzunehmen, auch in kirchlichen Institutionen und religiösen Gemeinschaften. Es geht darum, für Gleichberechtigung und Respekt für alle einzutreten, auch für lesbische, schwule, bi-, trans* und intersexuelle Menschen. Da ist vor allem in der katholischen Kirche, aber auch in anderen religiösen Gemeinschaften, noch einiges zu tun. Umso erfreulicher ist das Engagement der katholischen Jugend aus der Diözese in Rottenburg Stuttgart. Die Jugend macht's vor. Das gibt Hoffnung!

Versöhnte Verschiedenheit?!

17.01.2018

Die kontroversen Debatten um die Segnung gleichgeschlechtlicher Paare in der Württembergischen Landeskirche haben auch nach der Synode im Herbst 2017 nicht aufgehört. Im Gegenteil, nach den negativen Beschlüssen setzen die Mehrheit der kirchlichen Leitungsebene und viele Geistliche ein ganz anderes Zeichen.

Was war passiert?

Auf der Synode der Württembergischen Landeskirche (Kirchenparlament) war im Herbst 2017 ein Kompromissvorschlag von Landesbischof Otfried July abgelehnt worden. Eine Zweidrittelmehrheit wäre dafür notwendig gewesen. Es fehlten zwei Stimmen. Der pietistische Flügel der Synode hatte dagegen gestimmt und damit den bereits äußerst aufgeweichten Kompromissvorschlag blockiert. Ein weitreichenderer Antrag der *Offenen Kirche - Evangelische Vereinigung in Württemberg*, war bereits vorher abgeschmettert worden. Er hätte die Öffnung der Landeskirche für die Trauung von gleichgeschlechtlichen Paaren im Gottesdienst bedeutet. Das aber war der Mehrheit der Synode zu viel. Doch nun ging die Debatte erst richtig los.

Nur kurze Zeit später wurde deutlich: Das Ergebnis der Abstimmung entzweit die Landeskirche mehr als je zuvor. Die einen feierten die Entscheidung als letztes Bollwerk eines konservativen Protestantismus. Viele andere reagierten entsetzt auf das Ergebnis. So haben sich etwa vierzig von fünfzig Dekanen, also Leitungskräfte der sogenannten Mittleren Ebene der Landeskirche, dafür ausgesprochen, dass es kirchliche Segnungshandlungen für gleichgeschlechtliche Paare geben sollte. Darüber hinaus haben auch etwa fünfzig Pfarrer und Pfarrerinnen in der Landeskirche laut Stuttgarter Zeitung den Aufstand geprobt. Sie haben angekündigt, trotz des Verbots der Synode gleichgeschlechtliche Paare auf Anfrage segnen zu wollen. Denn, so erklärte Pfarrer Burkhard Frauer aus Ditzingen der Stuttgarter Zeitung:

„Dadurch, dass nun aber nicht einmal ein Kompromissvorschlag des Oberkirchenrats in der Landessynode durchging, bleibt jede Art einer öffentlichen

Amtshandlung für gleichgeschlechtliche Ehepaare in unserer Württembergischen Landeskirche unmöglich. Damit verweigert eine Minderheit einer deutlichen Mehrheit die Gewissensfreiheit, die sie für sich selbst beansprucht."

Auch Gisela Dehlinger war unzufrieden mit der Synodenentscheidung. Sie ist eine der lesbischen Pfarrerinnen und schwulen Pfarrer, die die Diskussion um die Segnung gleichgeschlechtlicher Paare in der Württembergischen Landeskirche ganz genau verfolgen. Sie war bei der Gründung der *Initiative Regenbogen* dabei. Das ist eine Vereinigung von etwa dreißig evangelischen Kirchengemeinden der Württembergischen Kirche, die offen sind für lesbische Pfarrerinnen und Pfarrer.

Dehlinger hatte sich entschieden, ihre Lebensform auch in der Kirche offen zu leben. Sie hatte das Versteckspiel endgültig satt. Für ihre Offenheit hat sie sowohl Kritik als auch Solidarität erfahren. Nachfolgend ein kurzes Interview mit ihr:

Söderblom: „Nach der Synode im Herbst 2017 ist die Debatte um die Segnung gleichgeschlechtlicher Paare in der Württembergischen Kirche weiter gegangen. Was ist der Stand der Dinge?"

Dehlinger: „Was im Oberkirchenrat geschieht, weiß ich nicht. Es heißt, es werde juristisch geprüft, ob der Oberkirchenrat eine Regelung ohne die Synode treffen kann. Aber Genaueres ist dazu nicht bekannt. Schwule und lesbische Gemeindeglieder und Kirchengemeinderäte schreiben Briefe an den Bischof und die Synode und machen deutlich, was dieser Beschluss mit ihnen macht, wie sehr er sie verletzt und enttäuscht. Theologiestudierende melden sich bei unserem lesbisch-schwulen Konvent und fragen, wie sie uns unterstützen können. Und die Initiative Regenbogen bekommt neue Mitglieder! Gut finde ich, dass sich jetzt immer mehr heterosexuelle Kolleginnen zu Wort melden, die nicht hinnehmen wollen, dass unsere Kirche so ist, wie sie sich nach dem Synodalbeschluss zeigt: 80% der Dekaninnen haben in einem Appell an den Landesbischof deutlich gemacht, dass es eine kirchliche Amtshandlung zur Segnung von gleichgeschlechtlichen Paaren braucht. Ein Pfarrer hat eine Unterschriftensammlung gestartet, mit der Kolleg*innen deutlich machen können, dass sie aus Gewissensgründen einem gleichgeschlechtlichen Paar, das darum bittet, eine Amtshandlung nicht verweigern werden."

Söderblom: „Was sind die strittigen Fragen bei diesem Thema?"

Dehlinger: „Letztlich ist es eine hermeneutische Frage: Wie gehen wir mit der Bibel um, wie legen wir sie aus? Nehmen wir sie wörtlich (aber natürlich nicht alles, sondern nur diese Stellen), oder interpretieren wir sie in ihrem historischen Kontext. Strittig ist für manche auch, ob es sich bei diesem Thema um eine Bekenntnisfrage handelt. Aus meiner Sicht ist das eine komplette Überhöhung, aber manche möchten es gern so hoch hängen."

Söderblom: „Was ist jetzt zu tun?"

Dehlinger: „Für mich wird in dieser Entscheidung deutlich, dass wir ein Problem in der Landeskirche haben, das weit über das Thema *Öffentliche Segnung von gleichgeschlechtlichen Paaren* hinaus geht. Aus meiner Sicht geht es um die Frage, wie wir mit Verschiedenheit umgehen und ob wir in der Lage sind ‚versöhnte Verschiedenheit' zu leben. Dazu bräuchte es jetzt einen Gesprächsprozess auf allen Ebenen (Kirchengemeinden, Kirchenbezirke, Synode, Pfarrerschaft, ...). Aus meiner Sicht sollte Bischof July das jetzt anregen - und zwar richtig als Prozess mit Zeitplan, Unterstützungsangeboten (Erwachsenenbildung, Gemeindeberatung, etc.), Rückmeldungen usw. Und dann bräuchte es eine neue Initiative in der Synode. Dass wir in einem Schritt eine völlige Gleichstellung beim Thema Segnung/Trauung bekommen, glaube ich nicht. Das wäre für viele ein zu großer Schritt. Aber ein neuer Antrag für eine öffentliche Segnung wäre gut, und zwar einer, der sich deutlich vom sogenannten Kompromissvorschlag, über den im November abgestimmt wurde, unterscheidet. Der war unsäglich!"

Söderblom: „Was wünscht du dir von deiner Landeskirche?"

Dehlinger: „Eine klare Positionierung gegen Diskriminierung und Ausgrenzung. Nicht nur Worte, sondern Taten. Und letztlich natürlich die völlige Gleichstellung. Das betrifft die Segnungsfrage, das betrifft aber natürlich auch das Zusammenleben im Pfarrhaus, das bei uns ja immer noch *im Grundsatz nicht möglich* ist."

Zum Haare raufen

29.11.2017

Es war zum Haare raufen. Die Synode der Württembergischen Landeskirche hat sich erfolgreich eingeigelt und die Kirchtüren zugemacht. Eine attraktive Kirche sieht anders aus.

Hintergrund

Da diskutierte die Synode (Kirchenparlament) der Evangelischen Kirche in Württemberg Ende November 2017 und diskutierte, wog ab und zögerte, wandt sich und drehte sich im Kreis. Und am Schluss stand ein niederschmetterndes Ergebnis: Für gleichgeschlechtliche Paare gibt es weiterhin keine kirchliche Trauung, obwohl eine gleichgeschlechtliche Eheschließung in Deutschland seit Oktober 2017 rechtlich möglich ist. Und es gibt nicht einmal eine Segnung in einem kirchlichen Gottesdienst. Selbst dieser Kompromissantrag ist am 29. November abgelehnt worden.

Wer die Gegenstimmen abgegeben hatte, war nicht wichtig. Wichtig war die Konsequenz daraus. Kurz gesagt: Es war ein Schlag ins Gesicht für lesbische und schwule Paare. Sie warten seit Jahren, nein seit Jahrzehnten darauf, von Kirchenparlament und Kirchenleitung gleichberechtigt und auf Augenhöhe behandelt zu werden. Die Synodendebatte und die Abstimmung über die Trauung bzw. Segnung gleichgeschlechtlicher Paare in kirchlichen Gottesdiensten wäre die Gelegenheit gewesen, eine entsprechende Absicht öffentlich zu zeigen. Nicht einmal das ist gelungen.

Niederschmetternd

Das Ergebnis war niederschmetternd und tat richtig weh. Ich kenne viele lesbische und schwule Christinnen und Christen in der Württembergischen Landeskirche. Sie hatten auf diese Synode gesetzt. Erstmals hätte es etwas werden können. Und das wäre spät genug gewesen. Denn in den meisten anderen Landeskirchen in Deutschland ist die Einführung von Segnungsgottesdiensten oder sogar Trauungen für gleichgeschlechtliche Paare längst gute Alltagspraxis. Nicht so in Württemberg.

Diskriminieren wolle man natürlich niemanden. Nur gleichberechtigt an Gottes Segen teilhaben lassen, möchte man diejenigen, die nicht genauso lieben wie sie selbst, lieber nicht. Das gehe dann doch zu weit. So viel zu einer gastfreundlichen und offenen Kirche. Der Umgang mit Minderheiten in der Kirche ist ein Lackmus-Test für die Frage, wie eine Kirche mit Menschen umgeht. Inklusive gastfreundliche Kirche? Die sieht anders aus.

Kommentar

Zum Schluss noch ein Textausschnitt der Hildesheimer Theologin Birgit Mattausch, die aus der Württembergischen Landeskirche kommt. Sie hatte die Synode verfolgt und nach Bekanntwerden des Abstimmungsergebnisses auf Facebook einen Text dazu gepostet. Er hat mich persönlich sehr getröstet.

Birgit Mattausch: „Aber ihr könnt uns andere nicht von Jesus trennen. Ihr könnt uns unsere Liebe zu ihm und zu seinem Wort nicht nehmen. Ihr könnt es nicht rückgängig machen, dass Gottes Sohn einer war und einer ist, der nicht passt und der die liebt, die nicht passen.

Jesus passt nicht in euer aufgeräumtes Sakrotanleben mit euren sauberen Vorgärten, euren angeblich dauerglückenden Ehen, euren schriftgemäßen Sexualpraktiken.

Deshalb: Nehmt ihr die Kirchen, die Agenden, die Gesetze, die ganze Württembergische Landeskirche. Wir anderen gehen so lang hinaus ins Freie. Wir gehen auf Wiesen, in Häuser, Unterführungen, Cafés. Dort segnen wir einander und wir segnen das, was zwischen uns ist. Jesus ist genauso bei uns. Und Schnaps haben wir auch."

Trans hat mit Transzendenz zu tun

30.08.2017

Mark ist transsexuell. Er stellt fest: „Trans hat mit Transzendenz zu tun." Warum das so ist, erklärte er mir in einem Gespräch mit ihm.

Ich kenne Mark schon seit vielen Jahren. Damals hieß er noch Michaela. Mark ist ein Pseudonym. Seinen richtigen Namen möchte er nicht nennen. Zu viel schlechte Erfahrungen hat er in der Öffentlichkeit schon gemacht.

Seine Kämpfe

Ich habe erlebt, wie Mark mit seiner Identität gekämpft hat. Lange Zeit versuchte er, sich anzupassen und seine Gefühle zu verdrängen. Schließlich fand er Schritt für Schritt zu sich selbst. Ein langer Weg mit zahllosen Höhen und Tiefen. Mit ärztlicher Begleitung entschloss er sich, Hormone zu nehmen und biss sich durch alle Nebenwirkungen durch. Er begann eine Psychotherapie. Erst dann fing er an, seine Entscheidung öffentlich zu machen. Erst einmal Freundinnen und Freunden gegenüber. Dann kamen seine Eltern, Familie und Bekannte an die Reihe. Er hat gute Reaktionen und Unterstützung erfahren, er hat aber auch Unverständnis und Ablehnung erlebt. Manche Bekannte und Familienangehörige hat er dabei verloren. Seine Zuversicht hat er behalten trotz Spießrutenlauf und Rückschläge mit Ämtern, Ärzten, Bürokratie und Verwaltung.

Sein Glaube

Sein Glaube war ihm dabei eine Stütze, wie er mir erzählt hat. Nicht aber die Kirche. Evangelisch ist er aufgewachsen und konfirmiert. Er hat sogar mal Religionspädagogik studiert. Heute arbeitet er im IT-Bereich. Von seiner Heimatgemeinde hat er sich entfernt. Eine neue Gemeinde hat er nicht wiedergefunden. Zu fremd fühlt er sich. Sein Leben, seine Identitätssuche, seine Fragen und Zweifel kamen in den Kirchengemeinden nicht vor, die er kennengelernt hat. Nur bei Gottesdiensten vor Christopher-Street-Day-Paraden und bei Regenbogengottesdiensten fühlt er sich wohl. Da ist er gerne und erlebt sich als gleichwertigen Teil einer internationalen Regenbogenfamilie.

Am wichtigsten sind für ihn andere, die sich als transsexuell, transident oder transgender bezeichnen. Mit ihnen kann er sich austauschen. Von ihnen erfährt er Unterstützung. Mit ihnen fühlt er sich sicher und verstanden. Da braucht er nichts zu erklären. Er muss sich nicht rechtfertigen. Er ist einfach da und darf so sein, wie er ist. Mit theologischen Themen setzt er sich aber immer noch auseinander, obwohl er sein Religionspädagogikstudium aufgegeben hat.

„Weißt du", erklärte mir Mark mit ernster Stimme. „Mir ist schon früh aufgefallen, dass das Wort trans auch in Transzendenz steckt. Das hat mich neugierig gemacht, und ich habe mich informiert. Trans heißt auf Latein jenseits. Transzendenz heißt jenseits von irdischen Grenzen, jenseits von menschlichen Kategorien, Normen und Regeln. Genau die werden von Gott ausgesetzt und überschritten. Und darum geht's doch: Gott richtet sich nicht nach menschlichen Vorurteilen und Stereotypen. Sie werden trans-zendiert. Denn alle Menschen verkörpern Gottes Ebenbild. So habe ich es verstanden. Alle sind einzigartig vor Gott, mit ihren ganz persönlichen Lebensumständen und Lebensgeschichten. Und genau das ist doch auch der Punkt bei Transsexualität: Menschen wie ich oder meine Freundinnen und Freunde, die sich als trans bezeichnen, sind auch Gottes Kinder. Jenseits von allen menschlichen Schubladen. Und trotzdem von Gott gesegnet und geliebt."

Kirchehochzwei

23.02.2017

Kirchehochzwei ist eine ökumenische Initiative. Sie gibt es seit ca. zehn Jahren. Gesucht werden neue Formen, wie Glaube ausgedrückt und Kirche-Sein gelebt werden können. Diese Reformbewegung ist auch aus queerer Perspektive interessant.

Die Bewegung

Die Bewegung Kirchehochzwei ist ökumenisch und plural. Sie wurde von Referentinnen und Referenten der Evangelisch-Lutherischen Landeskirche Hannovers und dem Bistum Hildesheim gegründet. Ziel war und ist es, so die evangelische Pastorin Dr. Sandra Bils, voneinander zu lernen und gemeinsam neue Visionen von Kirche zu entwickeln. Inspiriert ist diese Initiative von Aufbrüchen in der Anglikanischen Kirche in Großbritannien. In den letzten zwanzig Jahren entstanden dort mehr als 1000 *fresh expressions of church*. Es sind kreative Formen von Kirche innerhalb und jenseits von Ortsgemeinden, die neue Glaubensformen suchen und gestalten.

Seit etwa fünfzehn Jahren gibt es auch in Deutschland immer mehr Menschen, die an diesen innovativen Formen interessiert sind. Es sind ganz verschiedene Gruppen und Einzelpersonen mit vielfältigen Interessen und Frömmigkeitsstilen dabei versammelt. Aus diesem Kreis heraus hat sich ein eingetragener Verein gegründet: *Fresh X - Netzwerk e.V.* Durch Landeskirche und Bistum ist Kirchehochzwei ein Mitglied in diesem Verein.

Der dritte Ort

Kirchehochzwei ist aber noch mehr. Für die Beteiligten schließen sich Tradition und Innovation nicht aus. Sie wollen traditionelle und alternative Gemeindeformen stärken und probieren neue Ausdrucksformen aus. Damit sprechen sie vor allem Menschen an, die sich in den bisherigen Gemeindeformen nicht zuhause gefühlt haben. Sie bieten einen dritten Ort an, eine Art Zwischenraum, an dem, inmitten von Schrumpfprozessen und Traditionsabbrüchen, Hoffnung wächst und andere Orte von Kirche entstehen.

Ich finde die Aufbrüche von Kirchehochzwei enorm spannend und verfolge sie schon seit einer Weile auf Twitter und Storify. Sie sind auch für queere Perspektiven im kirchlichen Umfeld interessant. Denn queere Ansätze können spezifische Akzente in die spirituellen und kirchenreformerischen W@nderungen eintragen, aber der Reihe nach.

Sehnsucht nach ökumenischen Aufbrüchen

Ausgangspunkt der Überlegungen von Kirchehochzwei war die Sehnsucht nach ökumenischen Aufbrüchen und Lernerfahrungen. Zugrunde lag die Erfahrung, dass immer mehr Menschen sich fremd in der eigenen Kirche fühlen. Viele erwarten von der Kirche keine Antworten mehr. Andere sind auf der Suche, finden aber kein Zuhause. Diese Erfahrungen von Fremdsein sind schmerzlich. Aber sie setzen auch etwas in Bewegung, haben transformierende Kraft. Wer sich fremd fühlt, stellt kritische Fragen, traut sich Distanz zu halten und bleibt auf dem Weg. Es sind Wander*innen zwischen den Welten, zwischen Fragen und Antworten, Heimat und Fremde, Tradition und Innovation, zwischen hier und da. Dieser Modus wird nicht als Defizit, sondern als Geschenk angesehen. Das Geschenk *nicht hineinzupassen*, wie es Jonny Baker, englischer Theologe und Mitbegründer von *Grace*, einer alternativen Worship Community in London, nennt.

Das Geschenk nicht hineinzupassen

Das Prinzip des Geschenks *nicht hineinzupassen* ist ein wichtiger Motor der Initiativen von Kirchehochzwei. Sie versprechen sich davon frischen Wind und neue Ideen. Das Prinzip bedient sich eines klugen Perspektivwechsels. Ziel ist es nicht, mühsam zu versuchen genau so zu sein, wie alle anderen. Vielmehr wird das Anderssein bewusst gemacht und ein kritischer Außenblick bleibt erhalten. Erstrebenswert ist nicht die Wiederholung des ewig selben. Stattdessen werden die Akteure ermutigt, fremd zu bleiben, andere und verrückte Dinge zu tun, scheinbar Selbstverständliches zu hinterfragen und neue Aktivitäten ins kirchliche Spektrum einzutragen. Kirchehochzwei bietet dafür Kurse, Kongresse und regionale Veranstaltungen an.

Ein erster ökumenischer Kongress

Im Februar 2013 wurde ein erster ökumenischer Kongress in Hannover ausgetragen. 1350 Menschen nahmen daran teil und waren begeistert. Die Ideen und Visionen verwandelten das Messezentrum in ein Laboratorium für die Zukunft der Kirche. Über Twitter und Livestream nahmen andere daran teil. Daraus ist mittlerweile eine plurale ökumenische Bewegung entstanden, die immer mehr Fahrt aufnimmt. Mitte Februar 2017 fand *W@nder - eine Konferenz für Pionierinnen und Pioniere* in der Eisfabrik in Hannover statt. 120 Teilnehmende waren gekommen. Damit war die Veranstaltung restlos ausverkauft. Auch hier wurde wieder fleißig getwittert und gestreamt. Dadurch konnte ich mir einen Einblick in die Geschehnisse verschaffen, auch ohne dabei gewesen zu sein.

Aufbruch-Phänomene

Diese Aufbruch-Phänomene und kritischen Ansätze sind wichtig. Denn sie gehören zum Kirchesein dazu. Es gab seit den Anfängen der Kirche kritische Denker*innen; Gläubige und Gelehrte, die jenseits von Dogmen und Institutionen dachten und handelten. In der Alten Kirche wurden theologisch fremd Gebliebene oder geistlich Befremdete oftmals als Häretiker*innen oder Ketzer verfolgt. Im Mittelalter wurden weise Frauen und Männer als Hexen und Zauberer verbrannt. Reformer*innen wie Franz von Assisi, Jan Hus, Martin Luther, Katharina von Bora, Argula von Grumbach, Johannes Calvin und andere wurden belächelt, angefeindet oder sogar verfolgt. Gleichzeitig haben sie notwendige Veränderungen angestoßen und Gläubige in der ganzen Welt begeistert.

Seit dem 20. Jahrhundert haben sich viele von denen, die sich fremd und anders fühlten, von der Institution Kirche entfernt oder ganz verabschiedet. Viele von ihnen sind aber nicht ganz freiwillig gegangen, sondern weil sie nicht wirklich akzeptiert oder sogar ausgeschlossen wurden. Es waren und sind Andersdenkende, Andersgläubige, LSBTTIQ und andere, die aus der Reihe gefallen sind. Sie haben theologische (Laien) Bewegungen gegründet - wie die lateinamerikanische Befreiungstheologie, Black Theology, Feministische Theologie, Post Colonial Theology und Queer Theology. Seit langem bewegen sich die Aktiven am Rande der eigenen Kirchen. Oder sie ließen Kirchen- und Gemeinde-strukturen bewusst hinter sich, da sie mit ihren Erfahrungen und Lebensformen nicht mehr vorkamen. Ihre Suche nach Zugehörigkeit und Anerkennung spornte sie an. Der Schmerz von Ausgrenzung und Ab-wertung prägte ihre Lebens- und Glaubensgeschichten.

Queer

Queer nennen einige von ihnen dieses Lebensgefühl. Queer kommt aus dem Englischen und ist ursprünglich ein Schimpfwort für Lesben und Schwule. Der Begriff heißt wörtlich übersetzt so viel wie verdreht, quer, provokant und ver-rückt. Queer nutzt eine veränderte Wahrnehmung auf die Wirklichkeit und kritisiert Normalitätskonstruktionen. Der queere Blick gründet sich auf Fremdheitserfahrung. Selbstverständliches wird gegen den Strich gebürstet. Machtstrukturen werden hinterfragt und kritisiert. Und seit Jahrzehnten wird an ganz verschiedenen unge-wöhnlichen Orten ausprobiert, wie Minderheiten und andere Fremde und Befremdete miteinander beten, feiern und glauben können. Die Mitglieder von queeren christlichen Netzwerken und beispielsweise vom Euro-päischen Forum christlicher LSBT-Gruppen tun dies schon seit mehr als dreißig Jahren.

W@nderschaft und Fremdsein

Was heißt das nun in Bezug auf eine Reformbewegung wie Kirchehochzwei? Es wäre sicherlich eine Bereicherung für alle Beteiligten, wenn sich diejenigen, die aus existenziellen Gründen schon seit langer Zeit auf Wanderschaft sind, mit denjenigen, die sich aktuell auf W@nderschaft begeben, austauschen und vernetzen. Es braucht weitere Begegnungsorte und Raststätten auf dem Weg, um sich Lebens- und Glaubensgeschichten zu erzählen und voneinander zu lernen.

Kirchehochzwei macht Fremdsein und Wanderschaft als Ressourcen bewusst. Sie erschließt im Crossover zwischen digitalen und realen Orten neue Zwischenräume und kann Transformationsprozesse anstoßen. Dadurch werden Menschen verschiedener Altersgruppen und Motivationslagen ermutigt, aktiv zu werden. Auch ich bin neugierig geworden, und ich fühle mich angesprochen. Denn hier werden Fremdsein und Anderssein nicht als Ausgangspunkt zur Vereinheitlichung gebraucht, sondern als notwendiger Hebel für Veränderung. Dieser selbstbewusste Ansatz gefällt mir. Und davon können auch queere und andere Ansätze etwas lernen. Niemand muss sich für sein Anderssein entschuldigen. Im Gegenteil, es ist eine große Chance, wenn der fremde Blick der anderen gewürdigt wird. Fremdsein kann frischen Wind befördern. Das tut allen Beteiligten gut.

Mein Wunsch: gemeinsam auf Wanderschaft gehen, ohne die verwundeten und traumatisierten Fremdseins-Geschichten von Menschen auszusparen, die aufgrund ihrer Herkunft und Hautfarbe, ihres Geschlechts und Alters, ihrer Geschlechtsidentität oder sexuellen Orientierung gedemütigt oder ausgegrenzt wurden und werden. Was daraus folgen kann: W@nderschaft mit Tiefgang.

Zum Weiterlesen

Bils, Sandra/Herrmann, Maria (Hg.), *Vom Wandern und Wundern. Fremdsein und Prophetische Ungeduld in der Kirche*, Würzburg 2017.

Verein Regenbogenforum e.V. gegründet

14.10.2016

Am ersten Oktoberwochenende 2016 haben sich rund neunzig LSBTTIQ in Bielefeld zum Vernetzungskongress christlicher LSBTTIQ-Netzwerke und -Gruppen getroffen. Es war gleichzeitig die Gründungsversammlung des Vereins *Regenbogenforum e.V. - Christliche LSBTTIQ in Deutschland.*

Hintergrund

Seit elf Jahren haben sich Mitglieder verschiedener christlicher Regenbogennetzwerke um die Gründung eines gemeinsamen Vereins bemüht. Rechtsform, Satzung, Geschäftsordnung, Leitbild, all diese Punkte waren zunächst unklar und umstritten. Es war ein langer und mühsamer Weg zu einem tragbaren Konsens. Nun ist es endlich geschafft. Mit Sekt und großer Feier wurde am ersten Oktoberwochenende in Bielefeld der Verein *Regenbogenforum e.V. - Christliche LSBTTIQ in Deutschland* gegründet.

Vernetzungskongress

Der Vernetzungskongress christlicher Regenbogennetzwerke und -gruppen stand im Jahr 2016 unter dem Titel *Mach dich auf und werde...* (Jesaja 60,1). Mit dem Untertitel *Auf dem Weg zum Forum christlicher Regenbogengruppen in Deutschland.* Folgende Netzwerke und Gruppen waren auf dem Kongress in Bielefeld anwesend:

AG Schwule Theologie
Maria und Martha Netzwerk (MuM)
Homosexuelle und Kirche (HuK)
Lesben und Kirche (LuK)
Queerubim (ein queerer Chor)
Netzwerk katholische Lesben (NKaL)
LesBiSchwule Gottesdienst-Gemeinschaften (LSGG)
Labrystheia (ein Netzwerk lesbischer Theologinnen und theologisch interessierter Lesben).

Der letzte Vernetzungskongress fand 2014 ebenfalls in Bielefeld statt. Damals wurden mehrere Teilnehmende damit beauftragt, einen Entwurf für eine Satzung und ein Leitbild für einen gemeinsamen Verein zu erarbeiten. Sarah-Luise Weßler war eine von ihnen. Sie ist Religionslehrerin am Grundschulverbund Espelkamp. Außerdem ist sie seit 2009 Mitglied im ökumenischen Netzwerk *Labrystheia* und seit drei Jahren im Vorbereitungsteam der Lesbentagungen der Evangelische Akademie Bad Boll. Sie hat die Entwicklung des Regenbogenforums intensiv miterlebt und ist stolz auf das nun erzielte Ergebnis.

Sarah-Luise Weßler: „Für mich bedeutet die Gründung des Regenbogenforums, dass wir, die wir schon lange als theologisch denkende, kirchenpolitisch handelnde und strategisch reflektierende Menschen zusammen agieren, endlich Institutionen, Kirchen und politischen Instanzen auf Augenhöhe begegnen können. Hiermit erlangen wir die Möglichkeit, unsere Anliegen zur Gleichstellung von christlichen LSBTTIQ-Lebensweisen und queerer Theologie einzubringen und unsere Ideen und Wünsche für neue Liturgien zu äußern. Meine Vision ist es, dass wir als Regenbogenforum auch für all jene sichtbar werden, denen selbst noch Kraft und Stimme fehlen, um sich in ihrem Lebensumfeld zu outen. Ich hoffe, dass durch unsere Arbeit und unsere Erfolge Ängste und Sorgen vor Repressionen unnötig werden. Außerdem wünsche ich mir für unsere LSBTTIQ-Schwestern und -Brüder in unseren zentral- und osteuropäischen Nachbarländern, in denen es noch weit mehr Handlungsbedarf in Hinblick auf die Gleichstellung von LSBTTIQ-Lebensweisen gibt, dass sie unserer Möglichkeit bald folgen können."

Christian Herz ist katholischer Diplomtheologe und seit 1993 Mitglied in der Werkstatt Schwule Theologie. Auch er hat die Vernetzungsarbeit christlicher Regenbogengruppen seit langem begleitet. Seine Meinung zum neu gegründeten *Regenbogenforum e.V.*:

Christian Herz: „Die Gründung des Regenbogenforums ist für mich ein Meilenstein in meiner schwul-katholischen Biografie, indem sie mein Engagement für die Gleichstellung in den größeren Kontext der LSBTTIQ-Emanzipation ideell und strukturell einbindet. Ich wünsche mir, dass die Kirchen uns als bunt-charismatische Bereicherung in der

Verkündigung der Botschaft Jesu verstehen und wir mit Christinnen und Christen jeglicher (geschlechtlicher und sexueller) Identität selbstverständlich an ihrem Sendungsauftrag mitwirken."

Bedeutung

Die Gründung des Vereins *Regenbogenforum e.V.* ist kirchenpolitisch bedeutsam. Denn ein gemeinsames Auftreten gegenüber kirchlichen Synoden und Leitungsgremien ist viel kraftvoller und klarer als es verschiedene Einzelstimmen bisher sein konnten. Konzeptionelle und inhaltliche Bemühungen zu einer solchen Vereinsgründung hat es bereits seit vielen Jahren gegeben. Ein Vernetzungskongress der verschiedenen christlichen LSBTTIQ-Netzwerke und -Gruppen wurde erstmals im Jahr 2005 in Bielefeld durchgeführt. Allerdings lagen damals Vorstellungen und Ziele der Netzwerke noch weit auseinander. Schließlich hatten die meisten Gruppen und Netzwerke bereits seit den achtziger Jahren eine je eigene Gründungs- und Entwicklungsgeschichte mit Antidiskriminierungsarbeit in den Kirchen hinter sich. Die Gruppen haben im Laufe der Jahre eigene Profile, Rituale und Ziele erarbeitet und sich in unterschiedlicher Weise an der kirchlichen und zivilrechtlichen Gleichstellungsarbeit beteiligt.

Differenzen

Zwischen den Netzwerken zeigten sich von Beginn an Differenzen hinsichtlich ihrer Einstellung gegenüber Geschlechtsidentitäten, Konfessionen, (befreiungs-)theologischer Ansätze, feministischer Gesellschaftsanalyse und kirchenpolitischer Strategien. Insofern war an eine schnelle Gründung eines gemeinsamen Vereins damals noch nicht zu denken. Eine öffentlich einheitlich wahrnehmbare Gleichstellungs- und Antidiskriminierungsarbeit in den Kirchen wurde dadurch allerdings erschwert. Das soll mit der Gründung des Vereins nun anders werden. Dazu noch einmal Sarah-Luise Weßler: „Mit der Gründung des *Regenbogenforums e.V.* wird die Perspektive verändert. Wir wollen nicht mehr nur Reagierende sondern Agierende sein. Wir werden nicht mehr länger nur Basisarbeit machen, sondern wir wollen auf der Ebene der Gesetze mitsprechen und mitbestimmen."

Andere Stimmen von Teilnehmenden des Kongresses zur Gründung des Vereins Regenbogenforum e.V.:

Beate Ißmer, Leipig: „Es ist ein Ziel, auf das ich zehn Jahre mit hingearbeitet habe. Es bedeutet, dass wir endlich mit einer gemeinsamen Stimme sprechen können. Ich verbinde damit den Wunsch, dass wir in der Kirche und gesellschaftlichen Öffentlichkeit wahrgenommen werden; nicht als Problem, sondern mit dem Segen, den wir einzubringen haben."

Elisabeth A., Köln: „Ich bin froh darüber, dass sich das Regenbogenforum nach so vielen Jahren der Vorarbeit gegründet hat. Ich bin eine von denen, die an dem Leitbild, der Satzung und der Geschäftsordnung mitgearbeitet hat und freue mich, dass diese Arbeit jetzt Früchte trägt. Ich bin froh, dass wir als Regenbogenforum e.V. jetzt in der Öffentlichkeit mit einer Stimme reden können und so ansprechbar sind für Kirche und Politik. Meine Vision ist es, dass wir dazu beitragen können, dass auch katholische Lesben in der Katholischen Kirche endlich keine Außenseiterinnen mehr sind; dass unsere queere Lebensrealität als völlig normal anerkannt wird und ein Comingout keine Schlagzeilen mehr verursacht."

Paul Raschka, Dresden: „Mein Blick in die Zukunft ist mit der Hoffnung verbunden, dass auch ein besonderes Augenmerk auf die christlichen Trans*Menschen fällt. Das liegt mir sehr am Herzen. Fairer Umgang, gendergerechte Sprache und kein Fremd-Outing sind mir außerdem wichtig. Die Gründung des Regenbogenforum e.V. zeigt mir, dass wir durch Sichtbarkeit und Öffentlichkeitsarbeit stärker werden, weil die Vernetzung, die schon lange läuft, jetzt endlich Rechtsstatus hat.

Anna, 55: Ich freue mich, dass die Vereinsgründung gelungen ist. Das war ein langer Weg. Dabei sind wir, die verschiedenen Gruppen aus dem LSBTTIQ-Bereich, immer mehr zusammengewachsen. Ich halte es für bemerkenswert, welche Konsensbildung wir miteinander erreicht haben. Dadurch können wir gemeinsam stark auftreten. Mit der Vereinsgründung haben wir ein neues Level erreicht. Wir sind nun anders aufgestellt: mit einem bundesweiten Dachverband, professioneller organisiert und für eine breite Basis sprechend. Ich wünsche mir, dass das Regenbogenforum in den Kirchen und darüber hinaus gesehen, gehört, respektiert und geschätzt wird. Und dass wir mit unserer bunten Vielfalt noch intensiver und selbstverständlicher kirchliches Leben bereichern."

Vorstand

In den ersten Vorstand des Vereins *Regenbogenforum e.V.* wurden vier Personen gewählt. Es sind:

Juliane Kuske
Dr. Anette Delbrück
Paul Raschka
und Manuela Sabozin-Oberem.

Zum Abschluss des Kongresses unterstrichen sie ihre Einschätzung zur Gründung des Vereins mit einem Zitat aus dem 1. Buch Mose 1,31:

Und Gott sah alles, was Gott gemacht hatte. Sieh hin, es ist sehr gut.

Initiative Regenbogen

1.08.2016 (Veröffentlichung auf eigener Homepage)

Die Evangelische Kirche in Württemberg ist eine der letzten Landeskirchen in Deutschland, die lesbischen und schwulen Paaren eine kirchliche Segnungsfeier verweigert. Aber es gibt Ausnahmen. Die Initiative Regenbogen setzt sich dafür ein, dass diese sich mehren.

Initiative Regenbogen

Am 9. Juli 2016 haben 16 Kirchengemeinden zwischen Heilbronn und Tuttlingen dem Landesbischof und der Präsidentin der Landessynode der Evangelischen Kirche in Württemberg eine öffentliche Erklärung überreicht. Darin heißt es, dass die Kirchengemeinden offen sind für Lesben und Schwule, für die Segnung gleichgeschlechtlicher Paare und auch für gleichgeschlechtliche Pfarrerinnen und Pfarrer, die mit Partnerin oder Partner im Pfarrhaus leben wollen. Dafür haben die Kirchengemeinden die *Initiative Regenbogen* gegründet. Die Kirchengemeinden kommen aus sieben Dekanaten in drei Prälaturen und betrachten lesbische und schwule Gemeindeglieder und kirchliche Mitarbeitende als Teil der Vielfalt der göttlichen Schöpfung.

Keine Selbstverständlichkeit

Ihre Initiative ist in der Württembergischen Landeskirche keine Selbstverständlichkeit. Die Themen Homosexualität und Segnungsgottesdienste für gleichgeschlechtliche Paare sind seit Jahrzehnten umstritten. Eine Einigung auf eine einheitliche Regelung ist trotz aller Debatten und Gespräche der letzten Jahre nicht in Sicht. Deshalb gibt es in der Landeskirche für gleichgeschlechtliche Segnungsfeiern auch keine offizielle Regelung. Die Württembergische Landeskirche bildet damit gemeinsam mit der Evangelischen Landeskirche Sachsens das Schlusslicht der evangelischen Landeskirchen zu diesem Thema.

Willkommen!

Vor diesem Hintergrund ist es umso erfreulicher, dass die Mitglieder der *Initiative Regenbogen* in Württemberg vorangehen und endlich das tun, was ich mir von jeder christlichen Kirchengemeinde wünsche: Sie öffnen ihre Türen und sagen willkommen! „Willkommen in unserer

Kirchengemeinde, unabhängig davon, woher Sie kommen, welche Hautfarbe und welches Geschlecht Sie haben, unabhängig davon, mit wem Sie zusammenleben und wen Sie lieben!"

Das Gebot der Gastfreundschaft und Nächstenliebe bezieht sich auf alle Menschen. Zugleich erkennt die Initiative an, dass Lesben und Schwule, Bi- und Transsexuelle schon lange als haupt- und ehrenamtlich Tätige in Kirchengemeinden und in übergemeindlichen oder diakonischen Einrichtungen engagiert sind. Es geht um ihre Anerkennung als gleichberechtigte Glieder am Leib Christi. Denn, so schreibt es der Apostel Paulus im ersten Brief an die Korinther im 12. Kapitel, wenn ein Glied krank ist, dann sind alle Glieder krank, wenn ein Glied ausgegrenzt wird, dann ist der ganze Leib Christi unvollständig.

Andere Landeskirchen

Andere Landeskirchen haben diesen Schritt hin zur Gleichstellung gleichgeschlechtlicher Paare vorgemacht. In der Evangelischen Kirche in Hessen und Nassau (EKHN), in der Evangelischen Kirche im Rheinland (EKiR), in der Evangelischen Kirche in Berlin, Brandenburg und oberschlesische Lausitz (EKBO) und seit April 2016 auch in der Badischen Landeskirche sind kirchliche Traugottesdienste für gleichgeschlechtliche Paare möglich. In anderen Landeskirchen sind kirchliche Segnungsfeiern erlaubt. In Schaumburg-Lippe sind Segnungen nur im persönlichen Rahmen zulässig. Nur in der Landeskirche Sachsens und in der Evangelischen Landeskirche in Württemberg ist eine kirchliche Segnung offiziell nicht erlaubt. Kirchengemeinderat Reiner Arnold wird von der *Initiative Regenbogen* auf ihrer Webseite dazu wie folgt zitiert:

> *„Nur in ganz wenigen Landeskirchen ist derzeit die Segnung gleichgeschlechtlicher Paare in einem öffentlichen Gottesdienst ausgeschlossen. Württemberg gehört hier zu den Schlusslichtern. Mit Freude haben wir vom Beschluss der Badischen Landeskirche gehört, die Segnung gleichgeschlechtlicher Paare nicht nur zu ermöglichen, sondern der Trauung heterosexueller Paare gleichzustellen. Das macht uns Hoffnung für den Prozess, der auch in Württemberg in Gang kommen wird. Die Initiative Regenbogen leistet dazu einen Beitrag: Wir ermutigen andere Kirchengemeinden, sich uns anzuschließen, und fordern die Kirchenleitung auf, die rechtlichen Rahmenbedingungen für die Segnung gleichgeschlechtlicher Paare sowie*

für das Zusammenleben von Pfarrerinnen und Pfarrer mit ihrer Partnerin/ihrem Partner im Pfarrhaus zu schaffen."

Ich wünsche der *Initiative Regenbogen*, dass ihre Bemühungen erfolgreich sind.

Walpurgisnacht

2.05.2016 (Veröffentlichung auf eigener Homepage)

Gedanken zur Walpurgisnacht. Ein Aufruf zur Wachsamkeit gegenüber Hass und Gewalt im Namen von Religion.

I. Walpurgisnacht

Erinnerung an die Heilige Walpurga,
einer Äbtissin aus England im 8. Jahrhundert nach Christus.
An einem 1. Mai wurde sie heiliggesprochen.
Die Nacht vorher wurde betend und wachend das Fest vorbereitet.
Eine starke und weise Frau wurde besungen und heiliggesprochen.
War sie zu stark, zu unabhängig und zu weise?
Zu viel Ehrung für eine starke Frau?
Gleichzeitig ist der 30. April traditionell ein nord- und mitteleuropäisches Frühlingsfest.
Der Tanz in den Mai wird fröhlich begangen, Frühlingserwachen und Fruchtbarkeit werden gefeiert mit Musik, Freude, gutem Essen und Gesang.
Zu viel Fruchtbarkeitsritus?
Zu viel Tanz und Feier jenseits kirchlicher Regeln und Normen?
Diese Fragen kommen zwangsläufig,
wenn man sich die Geschichte dieser Nacht vor Augen führt:
Zahlreiche Mythen und Legenden gibt es über wilde Hexentänze und Zaubereien am Blocksberg und anderswo. Sie führten im Mittelalter zur Hysterie, zum Hass und zur Verfolgung von weisen Frauen, von klugen Männern und kritisch Andersdenkenden.
Hexenverfolgung.
Frauen und Männer wurden kriminalisiert, verurteilt und verbrannt.
Die Walpurgisnacht erinnert bis heute an diesen grausamen Verfolgungswahn.

II. Walpurgisnacht
Erinnerung an die Opfer eines hysterischen Christentums.
Erinnerung an fundamentale Menschenverachtung,
Vertreibung, Verbrennung, Mord.
Wer wird heute noch stigmatisiert und verfolgt
im Namen von Religion?
Wer ist heute angeblich Angst einflößend, anders, fremd, verzaubert,
sündig, andersgläubig, ungläubig, gefährlich?
Wer ist heute zu stark, zu unabhängig und zu weise
und wird im Namen der Religion verdammt?
Walpurgisnacht.
Die Nacht der Erinnerung.

III. Walpurgisnacht
Erinnerung an Menschen, die nicht nur in Deutschland,
sondern in der ganzen Welt verfolgt werden im Namen von Religion:
aufgrund ihrer Hautfarbe, Herkunft, Geschlechtsidentität, Alter,
sexuellen Orientierung, körperlichen oder geistigen Beeinträchtigung oder ihrer Religionszugehörigkeit.
Wahnhafter Missionseifer, der zu Vereinnahmung und Zwang führt,
wie es indigene Völker aller Kontinente erlebt haben:
Schwarzafrikaner*innen, Innuits, Aborigines, Samis und viele mehr.
Fanatischer Missbrauch religiöser Texte, der zur Verfolgung Andersdenkender und Anderslebender führt,
wie von Journalist*innen, Oppositionellen, LSBTTIQ.
Extremistische Verzerrung religiöser Texte, die zur Legitimation von Hass und Gewalt anstiftet,
wie bei den Terroranschlägen in Paris, Brüssel, Beirut, Ankara, Jerusalem, Kabul, Aleppo, Homs, Bagdad und anderswo.

IV. Walpurgisnacht
Innehalten in einer Nacht, die das Leben feiert,
den Frühling, das Erwachen der Natur, der Sexualität
und aller Lebensgeister.
Walpurgisnacht.
Eine Nacht, die den Mai herbei singt
mit frischer Energie, mit Freude und Lobgesang.
Eine Nacht, die aber auch um die Abgründe
des Lebens weiß.
Eine Nacht, die das Leben besingt und die Toten erinnert.
Diese Erinnerung und Mahnung atmet die Walpurgisnacht.
Die Nacht von Wind und Feuer,
von Wort und Lied,
von Tanz und Lebensfreude.

V. Walpurgisnacht
Tanz in den Mai.
Erinnerung an kritische Frauen und Männer,
als Hexen verfolgt,
als Zauberer kriminalisiert,
als Häretiker diffamiert.
Verraten, verfolgt und verbrannt.
Ihr Vermächtnis ist unsere Aufgabe:
Hass und Gewalt im Namen von Religion brauchen sprachfähige Gegenwehr.
Mutige Frauen und Männer, damals wie heute, haben es gezeigt:
Paulus und Thekla,
Teresa von Avila und Hildegard von Bingen,
Margarete Porète und Franz von Assisi,
Albert Schweitzer und Dietrich Bonhoeffer,
Martin Luther King und Desmond Tutu,
Leonardo Boff, Oscar Romero und Elsa Tamez,
Dorothee Sölle, Marcella Althaus-Reid und viele mehr.
Nicht Hass und Gewalt sind Zeichen von Nachfolge,
sondern Gottes Wort von Glaube, Liebe und Hoffnung.
Die Botschaft von Gottesliebe, Nächstenliebe und Selbstliebe.

Sie führen zu Respekt und Mitmenschlichkeit in Worten und Taten.
Sie zeugen von einem solidarischen Christentum.

VI. Walpurgisnacht

Ein Aufruf zur Lebensfreude, zu Respekt und Besonnenheit.
Ein Aufruf zur Wachsamkeit gegenüber Ausgrenzung und Gewalt.
Eine Ermutigung und Mahnung sich zu erheben,
Zivilcourage zu zeigen,
das Leben in seiner Vielfalt zu achten,
Mitmenschlichkeit zu teilen,
Geflüchtete und Fremde einzuladen
und gemeinsam zu feiern. Amen.

Rückblick auf den 9. November 2015

11.11.2015

Am Montag, den 9. November 2015, waren wieder Tausende *besorgte Bürger* auf der Straße, um ihre Montagsdemonstrationen abzuhalten. Nicht einmal am Jahrestag der Reichspogromnacht vom 9.11.1938 setzten sie aus Respekt vor den Opfern des Holocaust ihre rassistische Hetze aus.

Besorgte Bürger

Schon seit über einem Jahr verbreiten *besorgte Bürger* ihre giftigen Parolen. Mit Hass und Hetze wettern sie gegen alle, die ihrem Weltbild widersprechen: gegen Geflüchtete, Ausländer*innen, Muslime, Juden und Jüdinnen, gegen so genannte Gutmenschen, die *Lügenpresse*, gegen LSBTTIQ und viele mehr.

Hass und Hetze

Hass und Hetze gegen Juden und Jüdinnen, gegen Andersdenkende, Andersglaubende und Anderslebende hatten den Mob auch vor 77 Jahren angetrieben. Als *besorgte Deutsche* hatten sie in der Nacht vom 9. November 1938 Synagogen angezündet, Geschäfte geplündert und Hunderte jüdischer Bürgerinnen und Bürger ermordet. Gerechtfertigt wurde die beispiellose Gewalt mit dem *deutschen Volkszorn* gegen die *Verjudung des deutschen Volkes* und gegen den jüdischen Attentäter Herschel Grynszpan. Der hatte aus Protest gegen die Internierung seiner jüdischen Familie den deutschen Botschaftsmitarbeiter Ernst vom Rath in Paris niedergeschossen. Die Reichspogromnacht war der Anfang der systematischen Ermordung der jüdischen Bevölkerung in Deutschland und in ganz Europa.

Hezte und Hass

Heutzutage werden Hetze und Hassreden mit Angst und Protest gegen die *Islamisierung des Abendlandes* begründet. Flüchtlingsunterkünfte haben schon gebrannt, Moscheen wurden angezündet, gewaltsame Übergriffe gegen Geflüchtete gab es auch schon. Undifferenzierten

Verleumdungen und Gewaltausbrüche sollte es gerade in Deutschland nie wieder geben.

Ich bin fassungslos, dass seit über einem Jahr jeden Montag Parolen zu hören sind, die nicht viel anders auch im Jahr 1938 skandiert wurden. Unter ihnen ist ein explosives Gemisch von rechtspopulistischen und rechtsnationalen Politiker*innen, unzufriedenen Bürger*innen, rechten Schlägergruppen und Neonazis. Unter ihnen sind aber auch Christ*innen, deren Kritik gegen den Islam für rechtspopulistische Parolen genutzt werden. Unter ihnen findet sich auch eine Gruppe Homosexuelle in der AfD. Sie alle haben offensichtlich nichts aus der Geschichte gelernt. Die Verbindung von Rassismus, Ausländer- und Homofeindlichkeit ist der giftige Cocktail, der in Deutschland gemixt wird und der bis weit in die Mitte der Gesellschaft Abnehmer findet.

Hat die systematische Ermordung von sechs Millionen Juden und Jüdinnen, von Hunderttausenden politisch Verfolgten, Sinti und Roma, Lesben und Schwulen und vielen anderen nicht gezeigt, wohin solche Demagogisierung und Entmenschlichung von ganzen Menschengruppen führen?

Unsägliche Koalitionen

Der Rechtsruck in unserer Gesellschaft hat in letzter Zeit zu unsäglichen Koalitionen geführt. Rechtskonservative entdecken plötzlich ihre Sorge für Frauen- und Homorechte. Einige Feministinnen unterstützen patriarchal organisierte rechtspopulistische Gruppierungen. Gemeinsam wettern sie gegen die *Islamisierung des Abendlandes*. Und schon seit geraumer Zeit ist es geradezu schick, gegen *Gutmenschen* und *naive* Kirchenleute zu polemisieren. Unerträglich ist es, wie die so genannte *Lügenpresse* verleumdet wird, genauso wie engagierte Ehrenamtliche in der Flüchtlingshilfe und viele andere Aktive in der Zivilgesellschaft. Gleichzeitig wird die Schwelle zur Gewalt stetig abgesenkt: Angriffe gegen Flüchtlingsunterkünfte und gegen Flüchtlinge, das Attentat gegen Kölns Bürgermeisterkandidatin Henriette Reker, die Hassreden von PEGIDA-Frontmann Lutz Bachmann oder die Hetze gegen Politiker und Politikerinnen, Moslems und Schwule von Akif Pirincci. Die Liste könnte problemlos verlängert werden.

Wegschauen ist keine Option

Am 9. November 2015 hat der Ratsvorsitzende der EKD, Heinrich Bedford-Strohm, auf der EKD-Synode in Bremen die PEGIDA-Demonstrationen scharf kritisiert und sich für eine Kultur der Mitmenschlichkeit und Solidarität mit Geflüchteten ausgesprochen. Eine klare Positionierung angesichts der Eskalation von Hass und Hetze, die alle Beteiligten der EKD-Synode unterstützt haben. Das ist ein wichtiges Zeichen. Wegschauen ist keine Option. Denn wer bei PEGIDA mitläuft, stärkt rechtspopulistische und rechtsnationale Kräfte und ermutigt zu rassistischen Übergriffen und Gewalt.

Aus der Vergangenheit zu lernen, heißt für mich angesichts des 9. Novembers 1938: Klar Stellung zu beziehen gegen Hetze und gruppenbezogene Menschenfeindlichkeit, sich einmischen und Mitmenschlichkeit zeigen gegenüber allen Menschen, unabhängig von ihrer Herkunft, Hautfarbe, Religionszugehörigkeit und Lebensform.

Regenbogenfamilie

8.07.2015

Ein Frauenpaar, zwei Kinder. Eine ganz *normale* Regenbogenfamilie. Trotz aller Möglichkeiten und Unterstützung, gleiche Rechte wie eine heterosexuelle Familie haben sie nicht.

Hintergrund

Natalia und Mareike leben als Paar in einer mittelgroßen Stadt in Deutschland, gemeinsam mit ihrem sechsjährigen Sohn und ihrer zweijährigen Pflegetochter. Vor elf Jahren haben sie ihre Partnerschaft registrieren lassen. In einer evangelischen Kirche haben sie einen Segnungsgottesdienst für ihre Partnerschaft gefeiert. Die kirchliche Segnungsfeier war ein wichtiger Einschnitt in ihrem Leben und bedeutet ihnen viel. Die beiden Mütter arbeiten beide, allerdings nicht 100 Prozent, damit sie möglichst viel Zeit mit den Kindern verbringen können. Sonst sind die Kinder in einer Kita. Die beiden Frauen kümmern sich liebevoll um ihre Kinder und gehen gelassen mit allen möglichen Herausforderungen um. Sie setzen den Kindern aber auch Grenzen, damit sie auch als Paar noch Zeit füreinander und für ihre Interessen haben. Als ich die Familie besuche, sind Fotos von den Kindern in der ganzen Wohnung zu sehen. Spielzeug liegt auf dem Boden. Die Wohnung ist gemütlich eingerichtet und strahlt Wärme aus. Die Kinder fühlen sich sichtlich wohl in ihrem Zuhause. Die beiden Frauen engagieren sich in Regenbogeninitiativen und setzen sich in ihrer Stadt für die Gleichberechtigung von Regenbogenfamilien ein. Denn die ist noch lange nicht in Sicht. Wegen der Pflegetochter nenne ich nur ihre Vornamen. Über ihre Erfahrung als Regenbogenfamilie habe ich mit Mareike gesprochen:

Söderblom: „Wie ist das vor Eurer Familiengründung gewesen?"

Mareike: „Es war schon eine große Herausforderung, überhaupt Kinder zu bekommen. Da müssen sich homosexuelle Paare ja viel mehr Gedanken machen. Die praktische Umsetzung an sich war schon sehr stressig, gleichzeitig mussten wir uns mit dem rechtlichen Rahmen auseinandersetzen. Das war schon eine psychisch belastende Zeit und eine der größten Herausforderungen für uns als Paar. Dann ist es auch eine Herausforderung, dass wir uns immer und überall erklären müssen bzw. entscheiden, ob wir uns erklären wollen. Für uns Eltern bedeutet das ein ständiges Comingout, da im Zusammenhang mit Kindern noch viel automatischer heteronormativ gedacht wird als ohnehin schon. Ist eine von uns allein mit den Kindern unterwegs oder erzählt z. B. bei der Arbeit von den Kindern, so wird automatisch ein Mann bzw. Vater hinzugedacht. Um das richtig zu stellen, müssen wir uns outen, egal ob wir das möchten oder ob es in den Kontext passt. Stellen wir es nicht richtig, geht das Gegenüber in allen weiteren Gesprächen von falschen Tatsachen aus. Das ist anstrengend und ärgerlich."

Söderblom: „Unterschiedet sich Euer Alltag von dem einer heterosexuellen Familie?"

Mareike: „Im Großen und Ganzen finde ich nicht, dass sich unser Alltag so sehr von dem heterosexueller Familien unterscheidet. Er ist ebenso geprägt durch unsere jeweiligen Berufe, den Kindergarten, gut oder schlecht gelaunte Kinder. Es sind eher die Kleinigkeiten, die stören oder manchmal auch zermürben; heteronormative Formulare, die unsere Lebenssituation nicht berücksichtigen und die wir immer wieder korrigieren müssen, Mitarbeiter auf Ämtern und Behörden, die nicht wissen, wie sie mit uns umgehen sollen und ihre eigenen Gesetze nicht kennen. Dann passieren solche Dinge, wie dass ich bestimmt ein halbes Jahr darum kämpfen muss, passende Lohnsteuerkarten für uns beide zu organisieren, und dann stellt die EDV im Finanzamt zum Jahreswechsel automatisch alles wieder um und ich muss wieder bei null anfangen. In besagtem Fall ausgerechnet, als wir ein neugeborenes Pflegekind in unserer Familie aufgenommen haben und plötzlich allein von meinem ohnehin schon schlechten Gehalt leben mussten, das dann von der EDV auch noch in eine schlechtere Lohnsteuerklasse eingruppiert wurde. In solchen Situationen kommt man dann als Regenbogenfamilie tatsächlich schlechter durch den Alltag. Aber das ist zum Glück doch eher die Ausnahme."

Söderblom: „Sind Regenbogenfamilien gleichberechtigt?"

Mareike: „Nein, Regenbogenfamilien sind noch nicht gleichberechtigt. Wird ein Kind in eine heterosexuelle Ehe hineingeboren, gilt der Ehemann automatisch als Vater, selbst wenn alle wissen, dass dem nicht so ist. Sind die Eltern nicht verheiratet, kann der Vater das Kind ohne jegliche Probleme und amtliche Überprüfung anerkennen. Bei homosexuellen Paaren ist das alles viel komplizierter, zeitaufwendiger und auch teurer. Sind die Eltern nicht verpartnert, hat das nicht-biologische Elternteil gar keine Chancen auf eine rechtliche Elternschaft. Sind die Eltern verpartnert, kann das nicht-biologische Elternteil das Kind als Stiefkind adoptieren. Das ist zwar schön und gut, aber eigentlich ist dieses Gesetz für (heterosexuelle) Patchworkfamilien gemacht und passt überhaupt nicht zur Lebensrealität von Regenbogenfamilien. Außerdem haben die Jugendämter einen Ermessenspielraum, den sie teilweise zu Ungunsten der Regenbogenfamilien ausnutzen. So wird in manchen Städten vorausgesetzt, dass die Paare seit mindestens zwei Jahren verpartnert sein müssen, egal wie lange sie vorher schon ein Paar waren. Bei heterosexuellen Eltern interessiert das niemanden. Der Trauschein hat ja auch überhaupt nichts mit dem Kind oder guter Elternschaft zu tun.

Dann gibt es Jugendämter, die mit der Entscheidung warten, bis das Kind größer ist, um zu überprüfen, wie die Beziehung zwischen dem adoptierenden Elternteil und dem Kind ist. In Patchworkfamilien macht das natürlich Sinn, in Regenbogenfamilien hingegen ist es Schikane, schließlich werden die Kinder in die Partnerschaft hineingeboren; es kommt kein Elternteil neu hinzu, der erst eine Beziehung aufbauen müsste.

Dazu kommt eine furchtbare Bürokratie mit amtlichen Führungs- und Gesundheitszeugnissen, Lebensberichten, Terminen im Jugendamt und vor Gericht, Hausbesuchen von Jugendamtsmitarbeitern usw. Das ganze Leben wird durchleuchtet. Niemand würde das bei einer *normalen* heterosexuellen Familie tun. Und keine *normale* heterosexuelle Familie würde sich das gefallen lassen. Und dann auch noch dafür zahlen!"

Söderblom: „Wie war das mit Eurer Pflegetochter?"

Mareike: „Das Prozedere für unsere Pflegetochter hat sich nicht unterschieden von dem der heterosexuellen Paare, die sich mit uns beworben haben. Das Jugendamt in unserer Stadt war und ist da sehr offen und unkompliziert, obwohl wir die erste Regenbogen-Pflegefamilie in der Stadt waren. Sie freuen sich über und mit jedem Kind, das sie in eine liebevolle Familie vermitteln können. In unserer Nachbarstadt sieht das schon ganz anders aus. Da gibt der Jugendamtsleiter die Devise vor, dass *nur über seine Leiche* Kinder an homosexuelle Paare vermittelt werden dürfen. Sollte unsere Pflegetochter jedoch einmal zur Adoption freigegeben werden, was zurzeit nicht ansteht, dann dürften wir sie nicht gemeinsam adoptieren, obwohl sie ja längst bei uns lebt und wir als Pflegeeltern die gleichen Rechte genießen. Das macht überhaupt keinen Sinn. Noch absurder ist, dass wir sie nach der neuesten Gesetzesänderung durchaus nacheinander adoptieren dürften, aber eben nicht gleichzeitig. Das ist völlig unlogisch, unnötig kompliziert und teuer und hilft niemandem. Es schadet im Zweifelsfalle nur dem Wohl des Kindes, das längst bei uns lebt."

Söderblom: „Was erwartet Ihr für Regenbogenfamilien vom Gesetzgeber und von der Gesellschaft allgemein?"

Mareike: „Natürlich wünschen wir uns die volle rechtliche Gleichstellung. Wieso auch sollten wir auf grundsätzliche Menschenrechte verzichten, die unsere heterosexuellen Nachbarn völlig selbstverständlich haben und in Anspruch nehmen? Dazu gehört aber auch, dass diese Rechte in der Praxis auch umgesetzt werden, z. B. in Formularen. Die eingetragene Lebenspartnerschaft gibt es z. B. schon seit über zehn Jahren, aber als Familienstand hat sie es trotzdem immer noch nicht in alle Formulare geschafft. Das klingt vielleicht nach einer Lappalie, aber es würde uns nicht nur die Bürokratie vereinfachen, sondern unseren Lebensentwurf auch mehr in die heterosexuelle Gesellschaft bringen, wenn er einfach überall schwarz auf weiß und gleichberechtigt mit gedruckt und mit bedacht würde. Womit ich bei dem Wunsch wäre, dass wir ganz allgemein mehr und selbstverständlicher werden, statt immer wieder als etwas Exotisches angesehen zu werden. Denn wie schon gesagt, eigentlich unterscheidet sich weder unser Paar- noch unser Familienleben sonderlich von dem der Heterosexuellen."

Söderblom: „Habt Ihr in Eurem Umfeld negative Erfahrungen gemacht?"

Mareike: „Mir ist in all den Jahren als Paar und jetzt als Familie immer wieder aufgefallen, wie vielschichtig, oft versteckt und durchaus nicht immer erwartbar oder auch logisch die Homophobie in diesem Land zutage tritt. Eigentlich ist es ja zumindest in gewissen Schichten mittlerweile Konsens, tolerant zu sein und sich nicht homophob zu äußern, egal was man eigentlich denkt. Aber als wir vor elf Jahren als eines der ersten homosexuellen Paare in unserer Stadt heiraten wollten, da war das Standesamt auf Anweisung des (SPD)-Oberbürgermeisters nur donnerstags für Homosexuelle geöffnet, um am beliebteren Freitag nicht die Feiern der Heterosexuellen zu stören. Statt sich darüber aufzuregen, haben viele unserer eigentlich guten Freunde und auch nahe Verwandte uns getröstet, wir sollten doch froh sein, überhaupt heiraten zu dürfen. Man stelle sich vor, das Standesamt wäre uns freitags verboten worden, weil meine Frau zu dem damaligen Zeitpunkt noch keine deutsche Staatsangehörigkeit hatte. Oder weil wir vielleicht jüdisch gewesen wären. Niemand käme mehr auf die Idee, binationalen oder interreligiösen Paaren irgendwelche Rechte vorzuenthalten. Bei Homosexuellen scheint das dann irgendwie plötzlich doch okay zu sein. Und diesem kleinen „es ist ja alles ganz normal, ABER..." begegnen wir im Alltag doch noch immer wieder.

Dafür haben wir die Erfahrung gemacht, dass Kinder gewissermaßen Türen öffnen und die Herzen der Menschen erreichen. Selbst die konservativsten Nachbarn haben sich mit uns gefreut und uns zur Geburt unserer Kinder beschenkt. Das verwundert vor allem im Hinblick auf die hitzigen Debatten in der Politik und in den Medien, in denen es ja mittlerweile fast ausschließlich um die noch fehlenden Rechte für Regenbogenfamilien geht und den angeblich nötigen Schutz von heterosexueller Ehe und Familie. Ich habe das Gefühl, die Gesellschaft ist in dem Punkt schon viel weiter als Politik und Medien und empfängt uns weitgehend mit offenen Armen!"

Du bist gut, so wie du bist!

18.03.2015

Eine Schülerin, die sich in eine Mitschülerin verliebt, ein Schüler, der sich in seinen Freund vom Sport verliebt, das ist so nicht vorgesehen. Die Betroffenen stehen damit meist allein da. Schulseelsorge kann helfen, die Jugendlichen ernst zu nehmen und zu unterstützen.

Homosexualität in der Schule

Eine Schülerin, die sich in eine Mitschülerin verliebt, ein Schüler, der sich in seinen Freund vom Sport verliebt, das steht so nicht auf dem Programm. Weder bei ihnen selbst oder den Klassenkameraden noch bei Eltern, Lehrer*innen oder anderen. Die Betroffenen stehen damit meist allein da; mal schüchtern oder ängstlich, oft sprachlos und in sich selbst zurückgezogen. „Ich und schwul? Das kann nicht sein. Das sind doch nur die anderen. Ich bin doch ganz normal!" So denken viele und sagen nichts.

Als ich noch Pfarrerin in einer Gemeinde in Frankfurt am Main und Religionslehrerin an einer Gesamtschule war, sind im Laufe der Zeit einige Schüler*innen zu mir gekommen, denen es so ging und die nicht mehr weiter wussten. Ich habe über diese Erfahrungen einen Artikel geschrieben, der jetzt in einem ganz neuen Buch zum Thema *Homosexualität und Schule* veröffentlicht worden ist. Manuela Breckenfelder hat es herausgegeben.

Schüler*innen, mit denen ich gesprochen habe, haben sich vor negativen Kommentaren in der Klasse oder im Sportverein gefürchtet oder sie sorgten sich um die Reaktion ihrer Eltern. So ging es auch Klaus (Pseudonym). Er war glücklich verliebt, ... aber in einen Jungen. Am liebsten hätte er der ganzen Welt gezeigt, dass er Schmetterlinge im Bauch hat. Aber er traute sich nicht. So wie Klaus geht es vielen Jugendlichen. Schließlich kam er nach dem Religionsunterricht zu mir und bat mich um ein vertrauliches Gespräch. Es sollte nicht bei einem bleiben. Ich habe ihm zugehört, mit ihm gesprochen, ihn ermutigt und gestärkt: „Du bist gut, so wie du bist!", habe ich ihm gesagt. Und: „Du hast dich verliebt. So einfach ist das. Wo die Liebe hinfällt, kann man nicht mit Logik erklären, sondern nur mit dem Herzen. Denn Liebe lässt sich nicht definieren, in Schubladen pressen und etikettieren!" Nach einigen Gesprächen mit Klaus habe ich mit seinen Eltern gesprochen. Zuerst waren sie geschockt, haben sich gefragt, was sie falsch gemacht haben in ihrer Erziehung. Es hat eine Weile gedauert, bis sie mit ihrem Sohn ruhig reden und seine Liebe akzeptieren konnten. Das Beratungsgespräch mit der Pfarrerin hat dabei geholfen.

Meine Seelsorgeerfahrung

Nach meiner Seelsorgeerfahrung an der Schule brauchen die Jugendlichen jemanden, der ihnen zuhört, der ihnen Glauben schenkt, sie nicht sofort bewertet oder bedrängt, wenn sie sich *anders* verlieben, als es gesellschaftlich vorgesehen ist. Respekt, Achtsamkeit und offene Herzen sind gefragt und die deutliche Zusage, dass die Jugendlichen gut sind, so wie sie sind, gleichgültig in wen sie sich verlieben und was daraus werden wird. Die Schulseelsorge kann dafür ein wichtiges Beratungsangebot sein, da sie jenseits von Noten und streng vertraulich angeboten wird. Aber auch Vertrauenslehrer*innen, Klassenlehrer*innen und Sozialpä-dagogig*innen an Schulen übernehmen diese Aufgabe.

Das Wichtigste ist, dass die Jugendlichen nicht verurteilt oder ihnen hektische Therapiemaßnahmen verschrieben werden. Von besonderer Bedeutung ist auch, dass die Jugendlichen zu Themen rund um Liebe und Sexualität aufgeklärt werden. Faktenwissen und ethische Klarheit sollten unaufgeregt und achtsam vermittelt werden. Denn Sexualität ist ein Ausdruck von Liebe und Zärtlichkeit, christlich gesprochen: eine gute Gabe Gottes, ein Geschenk. Für die Jugendlichen ist es notwendig zu lernen, dass es dafür klare Regeln braucht: Gegenseitiges Einverständnis, Achtsamkeit, Unversehrtheit, Gewaltfreiheit und die Einsicht, dass Grenzen eingehalten werden müssen, die von den Beteiligten gesetzt werden. Diese Grundsätze müssen Jugendliche erklärt bekommen, genauso wie sie über sexuelle Vielfalt Aufklärung brauchen. Nur so können Jugendliche als selbstbewusste und verantwortungsbewusste Persönlichkeiten heranwachsen, die ihren Gefühlen trauen und keine Angst vor Mobbing, Verleumdung oder gar Diskriminierung haben.

Das christliche Menschenbild ist hier eindeutig: Du bist gut, so wie du bist! Jeder Mensch ist einzigartig, nach Gottes Ebenbild geschaffen und von Gott gesegnet, unabhängig von Herkunft, Hautfarbe, Geschlecht, Alter und sexueller Orientierung.

Zum Weiterlesen

Söderblom, Kerstin, *Schulseelsorge für lesbischen Mädchen und schwule Jungs als Beitrag für eine Pastoraltheologie der Vielfalt*, in: Breckenfelder, Manuela (Hg.), *Homosexualität in der Schule*, Opladen - Berlin - Toronto 2015, S.259-269.

Queer und international

Einführung

In diesem Kapitel schreibe ich über queere Themen, die international oder in einem spezifischen Land Herausforderungen im Spannungsfeld zwischen Religionsgemeinschaften, Kirchen und Gesellschaften darstellen. Queere Aktivist*innen aus verschiedenen Ländern kommen ebenfalls zu Wort.

Queer in Nepal: Nepal

31.07.2019

Fünf Wochen war ich in Nepal. Die Gastfreundlichkeit der Menschen und die Schönheit des Landes haben mich verzaubert. Und ich war erstaunt, wie fortschrittlich Nepal hinsichtlich der gesetzlichen Gleichstellung von LSBTTIQ ist.

Eigene Erfahrungen

Bist du verheiratet? Wie viele Kinder hast du? Diese beiden Fragen waren allgegenwärtig, als ich im Mai und Juni 2019 durch Nepal gereist bin. Gewundert hat mich das nicht. Traditionelle Familienbilder und konservative Familienwerte in der mehrheitlich hinduistisch geprägten Bevölkerung hatte ich erwartet. Was ich nicht erwartet hatte: Nepal hat eine sehr fortschrittliche Gesetzgebung hinsichtlich der Gleichstellung von LSBTTIQ.

Rechte von LGBTTIQ

Die Rechte von LSBTTIQ in Nepal gehören zu den am weitesten fortgeschrittenen in Asien. Die nepalesische Verfassung erkennt ihre Rechte als Grundrechte an. Die nepalesische Regierung hat nach dem Ende der Monarchie 2007 Homosexualität im ganzen Land legalisiert und führte mehrere neue Gesetze ein. Diese neuen Gesetze enthalten unter anderem verschiedene Schutzmaßnahmen gegenüber sexuellen Minderheiten und Menschen mit einer nicht-binären Geschlechtsidentität.

Die von der verfassunggebenden Versammlung am 16. September 2015 gebilligte nepalesische Verfassung enthält mehrere Bestimmungen zu den Rechten von LSBTTIQ-Personen. Dazu gehört ein Verbot der Diskriminierung aufgrund der Geschlechtsidentität oder der sexuellen Ausrichtung durch den Staat oder durch private Parteien. Sie beinhalten außerdem die Berechtigung zu besonderen Schutzbestimmungen, sowie das Recht zur Geschlechtsumwandlung. Auch das Recht auf Zugang zu öffentlichen Dienstleistungen für geschlechtsspezifische und sexuelle Minderheiten ist vorgesehen. Aufgrund eines Urteils des Obersten Gerichtshofs von Nepal Ende 2007 hat die Regierung auch die

Legalisierung der gleichgeschlechtlichen Ehe geprüft. Diese ist bisher aber nicht anerkannt worden.

Diskriminierungen

Trotz vieler unterstützender Gesetze und Bestimmungen werden LSBTTIQ-Menschen in Nepal oftmals von ihren Familien ausgegrenzt und gesellschaftlich diskriminiert. Gerade aufgrund des Einflusses der traditionell ausgerichteten verschiedenen Religionsgemeinschaften besteht ein erheblicher Druck, sich anzupassen, einen Partner*in des anderen Geschlechts zu heiraten und Kinder zu bekommen. Blue Diamond, eine nepalesische LSBTTIQ-Initiative bemüht sich in Kathmandu und anderen nepalesischen Städten Betroffene zu unterstützen.

Sicht von Human Right Watch

Kyle Knight ist ein Mitarbeiter von Human Rights Watch, der zur Situation von LSBTTIQ in Nepal forscht. Er hat dazu in einem Interview Folgendes gesagt (ich habe einen Ausschnitt des Interviews übersetzt und bearbeitet).

*„Der Weg zur Akzeptanz einer Gruppe, die früher zuweilen offen als 'sozialer Giftstoff' verspottet wurde, war weder linear noch vorhersehbar und erforderte eine einzigartige Kombination aus Mut und politischer Weisheit. Die Beschäftigung von LSBTTIQ-Aktivist*innen mit den Gesetzestexten war entscheidend. Allerdings war das in einer Gesellschaft mit einem dichten patriarchalischen Rechtssystem keine leichte Aufgabe. Nepal wurde nie kolonialisiert, und sein zentrales Rechtssystem ist ein einzigartiger, umfassender Kodex, der Zivil- und Strafrecht miteinander verbindet. Ein Drittel des 700-seitigen Originalentwurfs von 1854 befasste sich mit dem Austausch von Nahrung und Sex zwischen Kasten. Eine umfassende Überarbeitung in den 1960er Jahren führte eine Klausel ein, die ‚unnatürlichen Sex' verboten hat (…).*
*Diese Gesetzgebung blieb bis 2007 bestehen. Um die Jahrtausendwende trat Nepal in die brutalste Phase seines bis 2007 währenden Bürgerkriegs ein. Häufige Ausgangssperren in städtischen Gebieten und eine verstärkte Kontrolle des öffentlichen Raums trugen zu gewalttätigen Übergriffen gegenüber LSBTTIQ-Menschen bei. Betroffene und ihre Unterstützer*innen nutzten eine im Bürgerkrieg*

eingerichtete Außenstelle der Vereinigten Staaten, um ihre Beschwerden vorzubringen. Der Erfolg war unterschiedlich.

*Aktivist*innen für LSBTTIQ-Rechte in Nepal wandten für ihre Arbeit verschiedene Strategien an. Erstens bildeten sie früh Allianzen – Frauenrechtsgruppen waren in den Anfängen der Bewegung klare Verbündete. Dieses Unterstützungsnetzwerk wurde erweitert, um auch Mitglieder von politischen Parteien einzubeziehen. Zweitens sind LSBTTIQ über die Bildung von Parteien hinaus selbst in die Politik eingetreten. Dies spiegelte sich am deutlichsten im Aufstieg von Sunil Babu Pant wider. Er wurde im Jahr 2008 Asiens erster offen schwuler gewählter Beamter auf Bundesebene. Aber es war nicht nur Sunil Babu Pant. Hunderte von LSBTTIQ, von denen viele mit Menschenrechtsgruppen in Verbindung stehen, haben sich in den letzten Jahren für Wahlen und Regierungsämter beworben und den politischen Mainstream-Raum beansprucht. Drittens verbreiteten nepalesische LSBTTIQ-Aktivist*innen ihre Botschaft in zwei sehr unterschiedlichen Klangvarianten: Sie nutzten die Yogyakarta-Prinzipien, um internationale Menschenrechte für ihre Anliegen einzufordern. Es sind Richtlinien, die internationale Menschenrechte in Bezug auf sexuelle Orientierung und Geschlechtsidentität auslegen. Gleichzeitig nutzten sie bei den Vereinten Nationen internationale Mechanismen, die Jahre zuvor zum Schutz von Menschenrechten für Minderheiten entstanden waren.“*

Was bleibt?

Wer die Entwicklungen im Nachbarland Buthan verfolgt hat, kann ganz gut einschätzen, wie weit verbreitet Homo- und Transfeindlichkeit in den Anreinerstaaten des Himalaya-Gebirges noch sind. In Buthan wurde Homosexualität erst im Mai 2019 vom Unterhaus des Parlaments entkriminalisiert. Das Oberhaus, der Nationalrat, muss das Gesetz allerdings noch ratifizieren. Dagegen ist Nepal im Hinblick auf Gleichstellung von LSBTTIQ schon weit gekommen. Aber es gibt im Hinblick auf Aufklärung, Arbeitsschutz und gesellschaftliche Gleichberechtigung auch weiterhin viel zu tun.

Religionen für Gleichheit: Österreich

26.06.2019

Im Juni ist weltweit der Monat der queeren Pride-Paraden. Im Jahr 2019 fand beispielsweise der EuroPride in Wien statt. Dort haben sich ca. 150 Gläubige und Anhänger*innen verschiedener Religionsgemeinschaften unter der Initiative *Religions for Equality* gezeigt: Ich habe darüber mit der Teilnehmerin Katharina Satlow gesprochen.

Hintergrund

Vor 50 Jahren, am 28. Juni 1969 haben sich vor der Szenekneipe Stonewall Inn im New Yorker Stadtteil Greenwich Village erstmals Schwule, Lesben, Dragqueens, Trans* und Schwarze gegen die willkürlichen Razzien von Polizisten zur Wehr gesetzt. Statt nach einer Razzia wie sonst gehorsam ins Polizeiauto zu steigen und zur Polizeiwache gefahren zu werden, begehrten einige Mutige am 28. Juni 1969 gegen die Polizeigewalt auf. Für die Polizei kam das überraschend. Schwule, Lesben, Dragqueens und Trans*Menschen, die sich wehrten. Das hatten sie noch nie erlebt!

Der Aufstand vor dem Stonewall Inn weitete sich damals zu einer dreitägigen Straßenschlacht aus. Unterstützer*innen kamen aus ganz New York dazu. Die Stadtzeitung Village Voice hatte zu der Zeit ihr Büro über dem Stonewall Inn. Insofern konnten sie direkt vor Ort von den Begebenheiten berichten. Schnell kamen auch Reporter*innen anderer Zeitungen dazu. Und so es blieb nicht geheim, dass Schwule, Lesben, Dragqueens und Trans*Menschen, die seit Jahren selbst im scheinbar liberalen New York schikaniert wurden, sich endlich wehrten. Innerhalb weniger Tage breitete sich der Aufstand auch in anderen Städten aus. In Chicago, Los Angeles und San Francisco wurde gegen Polizeiwillkür und gegen schwulen- und transfeindliche Diskriminierungen demonstriert.

1969 war Homosexualität in den USA noch strafbar. Männern war es verboten Frauenkleider zu tragen und umgekehrt. Entsprechend konnten queere Szenekneipen nur mit Hilfe von Schutzgeldern und geschmierten Polizisten überleben. Das Stonewall Inn hatte im Juni 1969 offensichtlich nicht rechtzeitig gezahlt.

Der Kneipenaufstand vor dem Stonewall Inn am 28. Juni 1969 gilt bis heute als Geburtsstunde der Schwulen-, Lesben- und Trans*-Bewegungen. Bereits zum ersten Jahrestag des Aufstands gingen Menschen in New York und in anderen Städten der USA wieder auf die Straße. Innerhalb weniger Jahre gründeten sich die ersten schwulen, lesbischen und trans* Interessengruppen in den USA und in anderen Ländern. In Deutschland wurden im Juni 1979 zum ersten Mal Christopher-Street-Day-Paraden in Bremen, Köln und Westberlin ge-feiert.

Auch vor 1969 gab es natürlich bereits schwule, lesbische und trans* Gruppen und Treffpunkte. Aber sie existierten nur im Verborgenen. Schwule waren in Deutschland noch bis 1994 aufgrund des Paragraphen 175 kriminalisiert, in anderen Ländern war es nicht viel besser. Noch heute existiert in acht Ländern die Todesstrafe für schwule Männer, in über 70 Ländern sind so genannte homosexuelle Handlungen immer noch kriminell.

Situation in den Religionsgemeinschaften

Die meisten Religionsgemeinschaften haben bis heute Schwierigkeiten, ihre queeren Anhänger*innen und Gläubigen als gleichberechtigte Mitglieder ihrer Religionsgemeinschaften anzuerkennen. Deshalb ist es nur verständlich, dass in Pride-Paraden weltweit immer mehr Mitglieder verschiedener Religionen mitlaufen und sich für Gleichberechtigung in ihren Religionsgemeinschaften einsetzen.

Auch beim EuroPride in Wien gab es in diesem Jahr eine solche Initiative von Menschen verschiedener Religionsgemeinschaften, die offen sichtbar für ihre Themen auf die Straße gegangen sind. Die Initiative nennt sich *Religions for Equality*. Etwa 150 Menschen sollen nach eigenen Angaben unter diesem Motto beim Wiener Euro-Pride mitgegangen sein. Ich habe darüber mit Katharina Satlow, einer Teilnehmerin an dieser Initiative, gesprochen.

Söderblom: „Können Sie kurz etwas zu sich sagen?"

Satlow: „Mein Name ist Katharina Satlow. Ich bin Mitglied der Platform LSM (Lesbische, schwule und bisexuelle haupt- und ehrenamtliche Mitarbeiter*innen der Evangelischen Kirchen Österreichs). Vor Kurzem bin ich in die Gleichstellungskommission der Synode gewählt worden."

Söderblom: „Wann war der EuroPride in Wien und wie viele Leute waren da?"

Satlow: „Die Regenbogenparade, so heißt die Pride-Parade in Wien, fand am Samstag 15. Juni 2019 statt. Dieses Jahr war zudem die EuroPride in Wien. Bei der Regenbogenparade nahmen 107 angemeldete Gruppen und - laut Veranstalterin - 460.000 bis 500.000 Menschen teil. Das war beides ein Rekord."

Söderblom: „Warum ist eine Pride-Parade auch 50 Jahre nach Stonewall noch wichtig?"

Satlow: „Ich empfinde große Dankbarkeit für den Mut, den Kampfgeist und das Durchhaltevermögen, durch die so viel in den 50 Jahren seit den Stonewall Aufständen erreicht wurde. Angesichts der nahezu völligen rechtlichen Gleichstellung, die wir mit dem Ehegesetz von 2019 erreicht haben, könnte man versucht sein, zu glauben, es sei schon alles erreicht. Aber das ist trügerisch. In meiner Evangelischen Kirche, hat es noch dieses Jahr eine sehr emotional geführte Diskussion um die Öffnung der Trauung für gleichgeschlechtliche Paare gegeben. Diese endete mit einem - für mich schmerzhaften - Kompromiss in der Synode. Also, auch wenn wir schon weit gekommen sind, es liegt auch noch ein Weg vor uns."

Söderblom: „Warum sind Sie mitgelaufen?"

Satlow: „Ich war das erste Mal nicht nur als Zuschauerin, sondern als Teilnehmerin mit einer Gruppe bei der Parade. Wir waren eine interreligiöse Initiative *Religions for Equality*. Es war ein sehr beeindruckendes Erlebnis für mich. Die Reaktionen der Menschen, als da plötzlich eine Gruppe kommt mit T-Shirts wie *Another Jew/Christian/Buddhist/Pastor/Rabbi for LGBTTIQ Equality* und Schildern auf denen auf Deutsch, Englisch und Hebräisch stand *Liebe deine*n Nächste*n wie dich selbst* kam, waren so positiv, so ermutigend und ein deutliches Zeichen, dass es solch eine Gruppe bei einer Pride Parade dringend gebraucht hat."

Söderblom: „Was war das Ziel der Initiative von *Religions for Equality*?"

Satlow: „Die Botschaft von *Religions for Equality* war gemeinsam ein starkes Zeichen der Akzeptanz und des Respekts gegenüber LSBTTIQ-Personen zu setzen. Wir wollen das Zusammenleben von Menschen verschiedener sexueller Orientierungen, Geschlechtsidentitäten und

Religionen fördern, Menschen für Diskriminierung sensibilisieren, sowie Vorurteile und Intoleranz in unseren Gemeinschaften und der Gesellschaft abbauen. Menschen, die nicht dem heteronormativen Bild entsprechen, werden vielfach von Religionen enttäuscht, gedemütigt und verletzt. Wir waren uns daher nicht so sicher, wie unsere Teilnahme bei den vielen Menschen am Straßenrand ankommen würde. Wir freuen uns sehr, dass unsere Botschaft anscheinend verstanden wurde. Wir bekamen durchwegs positive, teilweise sogar begeisterte Rückmeldungen."

Söderblom: „Welche Rolle spielen Ihrer Meinung nach die Religionen beim Thema sexuelle Minderheiten und Geschlechtsidentitäten?"

Satlow: „Ich glaube, dass zwischen LSBTTIQ und den Religionen viel Verletzung passiert. *Pray away the gay* ist tatsächlich immer noch nicht Vergangenheit. Das ist für viele LSBTTIQ-Menschen nicht aushaltbar und sie wenden sich ab. Ändern kann sich das nur dadurch, dass wir nicht mehr leise sind, sondern unseren Glauben praktizieren und uns nicht mehr vertreiben lassen. Dadurch sind wir ungemütlich, erzeugen Ärger und manche fühlen sich aufgerufen den *wahren Glauben* gegen uns zu verteidigen."

Söderblom: „Welche Rolle sollten die Religionen Ihrer Meinung nach haben?"

Satlow: „Menschen, die feststellen, dass sie anders empfinden als die große Mehrheit, sind besonders verletzlich. Gerade hier wünsche ich mir Unterstützung und Begleitung. Gerade wenn man in unterschiedlichen Positionen in einer Kirche, einer Religion miteinander auskommen muss, wünsche ich mir einen respektvollen Umgang miteinander, auch wenn es beiden Seiten schwerfällt. Niemand soll dem anderen den eigenen Glauben aufzwingen wollen und dürfen."

Söderblom: „Was wünschen Sie sich für die Zukunft?"

Satlow: „Ich wünsche mir, dass wir mit unserer Initiative *Religions for Equality* dieses positive Feedback von der Regenbogenparade weitertragen können. Es wäre super, wenn sich auf anderen Pride Paraden ähnliche Initiativen formieren. Wir von der Wiener Organisationsgruppe stellen gerne unsere Erfahrungen zur Verfügung."

Light of the World: Russland

17.04.2019

Ende März hat mich Julie Esse (Pseudonym) in Deutschland besucht. Sie ist lesbische Aktivistin und Mitglied in der ökumenischen queeren Regenbogengemeinde *Light of the World* (*Licht der Welt*) in Moskau.

Hintergrund

Julie und ich waren Tandempartnerinnen im Mentoring-Projekt des Europäischen Forums christlicher LSBT-Gruppen in Osteuropa. Zehn Tandems arbeiteten von Februar 2018 bis Juni 2019 zusammen an Fragen von Vereinbarkeit von sexueller Orientierung, Geschlechtsidentität und christlichem Glauben in Osteuropa. Sie setzten sich mit queerer Bibelexegese, geistlicher Leitung und Teamentwicklung von Regen-bogengemeinden in Osteuropa auseinander. Ich habe Julie anlässlich ihres Besuchs in Deutschland über ihre Erfahrungen in Russland interviewt. Das Interview übersetzte ich anschließend vom Englischen ins Deutsche.

Söderblom: „Erzähl mir ein wenig über dein Leben: Woher kommst du und was machst du beruflich?"

Julie: „Ich komme aus Moskau, Russland, und ich bin Lehrerin für Englisch, Dolmetscherin und LSBTTIQ-Aktivistin in einer christlich ökumenischen Gemeinschaft. Sie heißt *Light of the World.* Ich bin in einer großen Familie aufgewachsen. Meine Eltern gehören einer evangelikalen Freikirche an, in der ich selbst lange Mitglied war. Ich möchte daran mitwirken, dass es sichere und gastfreundliche Räume für queere Gläubige gibt. Denn ich weiß, wie wichtig eine solche Unterstützung ist."

Söderblom: „Wie hast du herausgefunden, dass du Frauen liebst? Hat diese Entdeckung dein Leben verändert?"

Julie: „Ich glaube, ich habe es gewusst, seit ich etwa elf Jahre alt war. Aber natürlich habe ich es nicht als gleichgeschlechtliche Liebe erkannt. Ich hatte eine Freundin, die ich immer in der Nähe haben wollte. Aber ich kannte keine Wörter wie *lesbisch*, *Homosexualität* oder ähnliches. Als ich 16 Jahre alt war, traf ich ein Mädchen, das später meine Freundin wurde. Seitdem habe ich mich ernsthaft mit meiner Identität auseinandergesetzt. Zum Glück habe ich schnell meinen inneren Frieden mit meiner Entdeckung gefunden. Obwohl meine Eltern sehr negativ reagiert haben und glaubten, dass ich von anderen in die Irre geführt wurde, wusste ich in meinem Herzen, dass ich stark und stur genug bin, um meinen eigenen Weg zu gehen.

Als ich meine Sexualität anerkannt hatte, fühlte es sich an, als würden Teile eines Puzzles zusammenkommen. Ich hatte nicht mehr das Gefühl, am Rand einer großen Leere zu stehen. Ich stand nicht mehr vor dem Nichts, wenn ich mir versuchte vorzustell en später einmal einen Mann zu heiraten. Diese Erkenntnis erschwerte meine Beziehung zu meinen Eltern. Ich kann bis heute mit ihnen darüber nicht reden. Es erlaubte mir jedoch, Verantwortung für meinen eigenen Weg zu übernehmen."

Söderblom: „Wie kannst du dein eigenes Leben leben, obwohl du über den homo- und transfeindlichen Kontext von Staat und Kirche in Russland und die strengen Beschränkungen der russischen Gesetze in Bezug auf LSBTTIQ-Menschen Bescheid weißt?"

Julie: „Moskau, die Stadt, in der ich wohne, ist eine Metropole mit über 15 Millionen Einwohnern. Anders zu sein, ist hier nicht so sehr ein Problem. Denn die Menschen haben meistens bessere Dinge zu tun, als sich um die Menschen um sie herum zu kümmern. Obwohl mir klar ist, dass dies trügerisch sein kann, fühle ich mich sicher, weil ich in meinem Aussehen oder meinen Handlungen nicht sehr *alternativ* bin. Menschen in Russland stören sich im Alltag eher an Dingen, die sich von traditionellen Sehgewohnheiten abheben, zum Beispiel im Hinblick auf Aussehen oder Geschlechterrollen. Mir ist aber auch klar, dass diese Haltung Schuldzuweisungen gegenüber Gewaltopfern fördert. Nach dem Motto: ihr seid selbst schuld, wenn ihr überfallen werdet. Ihr provoziert ja auch die traditionellen Werte in Russland. Viele sagen sowas, um negative Erlebnisse zu rechtfertigen, die anderen passieren. Und sie glauben, dass ihnen das niemals passieren würde, weil sie bestimmten Regeln folgen. Das ist gefährlich und unsolidarisch.

Zwei Gesetze betreffen die LSBTTIQ-Gemeinschaft in Russland direkt: Es ist zum einen das sogenannte *Gay-Propaganda-Gesetz*. Es untersagt die Verbreitung von Informationen über LSBTTIQ-Fragen an Minderjährige. Zum anderen gibt es ein Gesetz, das *nicht genehmigte öffentliche Demonstrationen* verbietet. Es macht es für das russische Volk unmöglich, ihre Stimme auf der Straße zu wichtigen Themen zu erheben. Wer es trotzdem tut, wird verhaftet.

Darüber hinaus bleiben queere Teenager meistens ohne jegliche Unterstützung. Die Gesetze behindern den Prozess, LSBTTIQ-Probleme in der Gesellschaft sichtbar zu machen und die Betroffenen zu unterstützen. Unterschiedliche Organisationen arbeiten mit unterschiedlichen Strategien: Einige verstoßen direkt gegen die von der Regierung festgelegten Regeln, während andere versuchen, ihre Arbeit eher zurückhaltend und unterhalb des Radars zu tun. Ob die Regierung an die Existenz von LSBTTIQs glaubt oder nicht, ist mir aber egal. Wir sind hier, wir sind queer und wir sind Teil der Gesellschaft."

Söderblom: „Wie verbindest du deine Lebensform mit deinem Glauben? Hast du eine christliche Gemeinschaft, die dich unterstützt?"

Julie: „Ich bin in einer christlich evangelikalen Familie aufgewachsen und selbst gläubige Christin. Ich hatte aufgrund meiner Erziehung eine klare Vorstellung davon, was der Wille und die Stimme Gottes war. Als ich merkte, dass ich eine Frau liebte, war plötzlich alles auf den Kopf gestellt. Aber ich war mir trotzdem sicher, dass daran nichts falsch war. Leider sahen das meine Eltern und ihre Kirche anders. Die vielen negativen Reaktionen machten mir Angst. Ich wurde fast paranoid. Es stresste mich, in meine eigene Kirche zu gehen. Ich hatte das Gefühl, dass alle über mich redeten und versuchten, für die *Heilung* von Schwulen und Lesben zu beten. So verließ ich im Alter von 20 Jahren meine Kirche. Kurz nachdem ich in Moskau eine andere Kirche gefunden hatte, die ausdrücklich erklärt hatte, dass gläubige LGBTTIQ willkommen sind, wurden die geistlichen Leiter dieser Kirche entlassen. Daraufhin wurde diese Kirche zu einer Brutstätte für Homofeindlichkeit und Sexismus. Eine Heimat konnte ich dort nicht mehr finden.

Aber obwohl eine andere Kirche für mich nicht sehr in Frage kam, suchte ich weiter nach einer geistlichen Heimat. Ich suchte online nach *LSBTTIQ Christians Moscow* und stieß in einem Online-Forum auf eine Nachricht, in der es um *Light of the World* ging, eine Gruppe für LSBTTIQ-Gläubige. Die Nachricht wirkte ein wenig komisch, also schickte ich meine Partnerin, um die Gruppe kennenzulernen. Als sie begeistert zurückkam, ging ich auch dorthin. Und nur einen Monat später reisten wir nach St. Petersburg, um am Forum der LSBTTIQ-Christ*innen in Osteuropa und Zentralasien teilzunehmen. Dort fand ich endlich eine Glaubens-gemeinschaft, nach der ich mich gesehnt hatte: Wir trafen Theologinnen und Theologen, die eine queere Sicht auf die Bibel präsentierten. Und wir lernten Menschen aus ganz Russland und darüber hinaus kennen, die gemeinsam beten und Gottesdienst feiern wollten und die die verschiedenen Identitäten der anderen respektierten und sich gegenseitig unterstützten. Es war ein wunderbar befreiendes Erlebnis für mich.

Seitdem bin ich Mitglied von *Light of the World*, auch wenn mein früherer Glaube nicht mehr existiert. Ich weiß nicht mehr, an was ich glaube. Aber egal was passiert, es ist mir wichtig, dass Menschen wissen, dass das, was sie spirituell brauchen, nur dort zu finden ist, wo sie willkommen sind und wo ihre Form zu glauben nicht infrage gestellt wird. *Light of the World* war und ist für mich ein solcher Ort. Es ist ein Schutzraum. Und ich möchte die Unterstützung, die ich erfahren habe, anderen weitergeben."

Söderblom: „Erzähl mir etwas über die Geschichte und die Ziele von *Light of the World.* Wie feiert ihr Freundschaft, Gemeinschaft und Glauben unter dem Regenbogen?"

Julie: „*Light of the World* wurde 2009 von zwei Freunden, Yana und Yury, und mehreren Gleichgesinnten ins Leben gerufen. Es hat ein paar Jahre gedauert, bis die Gruppe in Schwung gekommen ist. Wir treffen uns zweimal im Monat und leiten die Versammlungen abwechselnd. Wir sind alle Laiinnen und Laien. Jede*r kann eine Sitzung anleiten, solange er*sie den anderen nicht seine *ihre eigene Sichtweise aufdrängt. Zu unseren regelmäßigen Treffen kommen zwischen fünf und 15 Personen. Wir singen Lieder, lesen und diskutieren die Bibel, sprechen über soziale und psychologische Fragen, beten füreinander und genießen Tee und Kuchen. Die Versammlungen stehen Menschen aller Glaubens-richtungen, Sexualitäten und Geschlechtsidentitäten offen. Unsere Werte sind Respekt und Akzeptanz.

Am ersten Sonntag jeder Saison veranstalten wir für alle einen Gottesdienst. Er ist von den ökumenischen und interkulturellen Gottesdiensten des Europäischen Forums und des Osteuropäischen Forums inspiriert. Yana veranstaltet darüber hinaus zweimal im Monat Gebetstreffen, die seit einer Weile online stattfinden. Dadurch erhalten diejenigen, die es sich nicht leisten können zu unseren Versammlungen zu kommen, Zugang zu unserer Gemeinschaft. Zum Geburtstag der

Gruppe im November laden wir Freund*innen aus anderen LSBTTIQ-Organisationen in Moskau ein und wir feiern gemeinsam.

Ein weiterer wichtiger Aspekt unserer Gruppe ist das Sammeln und Veröffentlichen von persönlichen Geschichten russischsprachiger LSBTTIQ, die gläubig sind. Wir haben gerade unser drittes Buch veröffentlicht. (Auf Deutsch übersetzt heißt das Buch: *Auf der Suche nach der Wahrheit: Persönliche Geschichten von Gläubigen*, Anm. KS). Sicher finden wir solche Geschichten auch in englischer Sprache. Aber obwohl der Kern der Geschichten ähnlich sein mag, verändert der russische Kontext alles. Für unsere Leser und Leserinnen ist es wichtig zu sehen, dass es auch in Russland LSBTTIQ gibt, die gläubig und homo, trans oder queer sind. Wir hoffen, dass diese persönlichen Geschichten diejenigen ermutigen, die nach ihrem Weg suchen."

Söderblom: „Was bedeutet das Mentoring-Projekt des Europäischen Forums für dich und wie hat es dein Leben beeinflusst?"

Julie: „Ich habe schon ein paar Jahre über das Mentoring-Programm Bescheid gewusst, bevor ich bereit war, mich einzuklinken. Ich hatte eine tiefe Glaubenskrise erlebt und fühlte mich durch meine Arbeit und meinen Aktivismus ausgebrannt. Nun bin ich so froh, dass ich den Sprung gewagt habe! Die zwei wertvollsten Aspekte dieses Programms sind meine Mentorin und die Gemeinschaft. Es war mir sofort klar, dass Kerstin Söderblom, meine Mentorin, aufgrund der Klarheit und der geradlinigen Haltung, die sie ausstrahlt, eine perfekte Tandempartnerin für mich sein würde. Sie trug wesentlich zu unseren Treffen bei, da sie queere Bibelinterpretationen vorgestellt und mit der ganzen Gruppe bearbeitet hat. Ich habe ihre Interpretationen ins Russische übersetzt, sie bei unseren Treffen eingebracht und sie dann auf unseren Social-Media-Seiten für Menschen aus anderen russischen Städten und Ländern veröffentlicht. Sie gab auch zahlreiche Ratschläge zu Fragen, die mit der Weiterentwicklung und Leitung der Gruppe zu tun hatten. Außerdem genieße es, mit den anderen Teilnehmer*innen des Programms zusammen zu sein. Wir alle bringen etwas von unseren Qualifikationen und Erfahrungen ein und können voneinander lernen. Es ist beruhigend zu wissen, dass es in ganz Europa Menschen gibt, für die es ein Herzensanliegen ist, LSBTTIQ-Gläubige in ihrer Region zu stärken. Das Mentoring-Programm unterstützt mich und uns dabei."

Söderblom: „Was wünschst du dir für die Zukunft?"

Julie: „Das Mentoring-Programm wird noch einige Monate andauern. Ich hoffe, bis dahin noch einige queere Re-Lektüren von biblischen Geschichten sammeln und übersetzen zu können. Nicht nur damit unsere Gruppe sie nutzen kann, sondern auch, weil diese Materialien für andere Interessierte in Russland zum Einstieg in die Bibelarbeit für christliche LSBTTIQ-Gruppen hilfreich sind. Ich werde mich außerdem bemühen, das russische Buch mit persönlichen Geschichten von gläubigen LSBTTIQ ins Englische zu übersetzen. Ich hätte auch gerne eine deutsche Übersetzung. Schreibt mir also bitte, wenn ihr eine der Kurzgeschichten aus dem Englischen ins Deutsche übersetzen möchtet. Es wäre für uns von unschätzbarem Wert.

Light of the World wurde von einigen christlichen Gläubigen kritisiert, weil sie die angeblichen Sünden der LSBTTIQ Brüder und Schwestern nicht anklagten. Wir haben uns jedoch zum Ziel gesetzt, *Light of the World* als gastfreundlichen und inklusiven Ort zu gestalten. Es gibt viele Orte, an denen Personen abgewertet, ausgegrenzt oder sogar verdammt werden, nur weil sie ihr Leben so leben, wie sie sind. Möge *Light of the World* auch weiterhin ein Schutzraum bleiben, an dem Menschen respektiert werden und in Sicherheit sein können."

Bergfest: Polen

13.03.2019

Hintergrund

Am Wochenende vom 22. bis 24. Februar 2019 hat sich die internationale Mentoring-Gruppe des Europäischen Forums ein zweites Mal getroffen. In Jerewan/Armenien letzten November musste das geplante Treffen abgesagt werden. Nun fand es in Warschau statt.

Das zweite Mentoring-Treffen des Europäischen Forums in Jerewan/Armenien konnte im November 2018 nicht stattfinden, da Gewalt und Morddrohungen die Verantwortlichen zur Absage gezwungen hatten. Drei Monate später war es umso wichtiger, alle Beteiligten in Warschau zum so genannten Bergfest wiederzusehen. Bis auf eine Mentorin, die erkrankt war, waren alle da. Sie waren aus Russland, Ungarn, Armenien, Polen, Estland, Frankreich, England, der Schweiz, den Niederlanden und Deutschland angereist.

Schubladendenken

Nachmittags begann die gemeinsame Zeit mit einem Spaziergang durch Warschaus Altstadt. Blauer Himmel, eiskalte Winde und -2 Grad Celsius machten es zu einem eisigen Vergnügen. Auch heiße Schokolade mit Rum änderten daran nichts. Abends gab es ein großes Wiedersehen mit mehr Teilnehmenden, die mittlerweile angekommen waren. Ein Jahr hatten wir uns teilweise nicht gesehen. Zum Bergfest gab es viel zu erzählen. Ende Juni 2019 wird der Abschluss und die Auswertung des Mentoring-Prozesses in London stattfinden.

Am Samstag war die Mentoring-Gruppe vollzählig. Es gab Berichte, persönliche und inhaltliche, ein Input über Identitätskategorien, Schubladendenken, Stereotypen und ein Leben in verschiedenen Kategorien und Boxen. Wir diskutierten darüber, inwiefern uns Erwartungen und traditionelle Vorstellungen davon abhielten, diejenigen zu sein, die wir wirklich sein wollten. Identitäts- und Geschlechterkategorien pressen viele der Teilnehmenden in Schubladen, in denen sie keine Luft bekommen. Zugehörigkeit zu einer christlichen Glaubensgemeinschaft verstärkt dabei für die meisten ein Denken in engen Grenzen und Boxen.

Neben der Debatte über Identitätskonstruktionen und Erwartungshaltungen gab es vor allem Zeit für den Austausch unter den Mentor*innen und den Mentees in zwei verschiedenen Kleingruppen. Ziel war es, den Mentoring-Prozess des letzten Jahres aus der jeweiligen Rolle heraus zu reflektieren und auszuwerten.

Fazit des Wochenendes

Ein solches internationales und überkonfessionelles Mentoring-Programm zwischen christlichen LSBTTIQ Akteur*innen in Ost- und Westeuropa wurde von allen Beteiligten als wichtig und bereichernd erlebt. Insbesondere der gemeinsame Weg auf Augenhöhe zwischen den internationalen Tandems und in der Gesamtgruppe war für die Beteiligten ein Gewinn. Das Instrument des Mentorings unterstützt junge haupt- und ehrenamtliche Akteur*innen, ihr zivilgesellschaftliches und kirchliches Engagement zu vertiefen und Leitungsverantwortung zu übernehmen.

Ich bin dankbar Teil der Mentoring-Gruppe zu sein und stolz auf das, was im letzten Jahr in den Tandems und in der gesamten Gruppe gewachsen ist. Es hat einen interkulturellen und ökumenischen Lernprozess angestoßen. Viele kleinere und größere Fragen, Herausforderungen und Projekte wurden je nach Kontext bearbeitet, kreativ gestaltet und begleitet. Eine spannende Lernerfahrung!

Abschlussgottesdienst

Am Sonntagmorgen haben alle Beteiligten mit befreundeten Gästen aus Warschau gemeinsam einen Abschlussgottesdienst gefeiert. Gebete, Predigtmeditation und Abendmahlsliturgie sind erst an dem Wochenende in Resonanz zu den Diskussionen und Reflexionen entstanden. Eine reformierte Pfarrerin aus der Schweiz, eine Trans*Person aus der *Metropolitan Community Church* in England und ich als evangelische deutsche Pfarrerin führten durch den Gottesdienst mit Freiraum für Klagen, Loben, Fürbitten, Dank, Gemeinschaft und viel Musik.

Predigtmeditation

Zum Abschluss meine ursprünglich auf Englisch gehaltene Predigtmeditation (über Exodus 3,1-3) für diejenigen, die es interessiert auf Deutsch:

Du bist, wer du bist!

Wer bin ich?

Ich befinde mich in verschiedenen Boxen: Größere, kleinere mit Ecken und Kanten. Einige mit Öffnungen, andere total verschlossen, ohne Luft und ohne Lichteinfall. Boxen überall.

Wer bin ich?

Eine Frau, Tochter, Schwester, Tante, Partnerin, Freundin. Eine Lesbe, Sucherin, eine zweifelnde Gläubige, eine glaubende Zweiflerin, eine queere Pfarrerin, Seelsorgerin, professionelle Theologin, leidenschaftliche Aktivistin, eine Deutsche, Sportliebhaberin, keine *Digitale-Native*, über fünfzig... alt... sehr alt… Was sagen all diese Etiketten und Boxen über mich? Ich weiß es nicht.

Aber was ich weiß:

Ich fühle Druck, Erwartungen, ein riesiges Gewicht, das auf meinen Schultern liegt. Ich versuche, diesen Etiketten und Boxen gerecht zu werden. Ich versuche, die Erwartungen zu erfüllen. Und ich fühle mich unzureichend, erschöpft, klein und nicht passend. Ich passe nicht rein.

Und als Mose den brennenden Busch in der Wüste sah, fragte er Gott: „Was soll ich den Menschen in Israel sagen, wer Du bist?" Und Gott antwortete: „Ich bin, wer ich bin! Ich bin, wer ich bin. Ich rede mit dir. Ich bleibe bei dir und segne dich. Ich bin bei dir, egal ob du es merkst oder nicht. Ich werde dich aus Sklaverei und Unterdrückung in Ägypten und anderswo führen. Ich bin anwesend und abwesend. Ich bin hier und dort, nah und fern, verständlich und spürbar, unverfügbar und jenseits menschlicher Logik. Ich bin die Kraft der Liebe und der Befreiung. Ich bin jenseits von Etiketten, Worten und menschlichen Vorstellungen.

Und ich sage dir:

Du bist, wer Du bist! Du bist in meinem Bild gemacht. Ein Kind Gottes, das von Gott geschaffen und gesegnet wurde. Ich bin, wer ich bin, jenseits von Boxen und Etiketten. Und du bist, wer du bist, jenseits von Boxen und Etiketten. Würdig, einzigartig und gesegnet. Jeder und jede einzelne. Ohne in Boxen und Etiketten passen zu müssen, ohne

Erwartungen erfüllen zu müssen. Sei einfach, wer du bist, und sei auf dem Weg. Denn es ist eine lebenslange Reise."

Und Gott fuhr fort:

„Geh und erzähle es den Menschen in Israel und darüber hinaus. Ich bin, wer ich bin. Und du bist, wer du bist. Ein Kind Gottes, berufen, zu lieben aufgerufen, Hass, Unterdrückung und Gewalt hinter sich zu lassen, ermutigt, deine eigene Berufung und deine eigenen Talente und Leidenschaften zu finden, durch die Liebe Gottes gestärkt. Damit du dich selbst lieben und deine Nachbarn lieben kannst. Geh in Frieden und lass die Schubladen zurück!" Amen.

Nashville-Statement: Niederlande

6.02.2019

Anfang Januar haben über 200 protestantische Gläubige die niederländische Übersetzung der Erklärung von Nashville aus den USA unterzeichnet. Das hat in den Niederlanden hohe Wellen geschlagen und sorgt für kontroverse Diskussionen. Ich habe zu den Ereignissen Pfarrer Wielie Elhorst aus Amsterdam befragt.

Hintergrund

Auf einer Konferenz der Southern Baptists wurde 2017 das so genannte *Nashville Statement*, eine Abhandlung über Sexualität und Geschlechtsidentität verabschiedeUnterzeichner*innen beriefen sich auf die Gottgewolltheit der biologischen Geschlechter und auf die traditionelle Ehe. Dieses Statement hat 2017 in den USA für Aufregung gesorgt. Neben zahlreichen Befürwortern und Unterstützerinnen der Erklärung gab es auch Gegen-Initiativen, die das Nashville Statement kritisierten und eine eigene Erklärung veröffentlichten. Zu den prominenten Kritiker*innen gehörte unter anderem Nadia Bolz-Weber, eine bekannte lutherische Pfarrerin aus Denver in Colorado. Sie verfasste als Antwort das sogenannte *Denver Statement*, in dem sie der Nashville-Erklärung Punkt für Punkt eine inklusive und queer freundliche Erklärung entgegensetzte. Es hat zwei Jahre gedauert, bis das Nashville Statement ins Niederländische übersetzt wurde. Nun ist der Streit darüber in den Niederlanden angekommen.

Nashville Statement in den Niederlanden

Die konservative christliche Nashville Erklärung ist in den Niederlanden Anfang Januar 2019 zwar von 200 Gläubigen unterzeichnet worden. Gleichzeitig wurde sie dort von vielen Seiten mit Befremden aufgenommen. Zum Kontext: Im Jahr 2001 wurde in den Niederlanden die gleichgeschlechtliche Ehe als erstes Land legalisiert. Das Land ist mehrheitlich offen gegenüber queeren Lebensformen eingestellt. Dagegen gelten nur 15 Prozent der Bevölkerung als gläubig. Unter diesen gibt es allerdings eine starke evangelikale Minderheit, die das Nashville Statement unterstützt. Aus Protest dagegen hissten

LSBTTIQ, Angehörige und Freund*innen Regenbogenfahnen von Regierungsgebäuden, Unternehmen, Kirchen und christlichen Bildungseinrichtungen, um gegen die Erklärung von Nashville zu protestieren.

Ich habe den protestantischen Pfarrer Wielie Elhorst aus Amsterdam zu den Ereignissen befragt. Wielie Elhorst ist zu der Zeit Co-Präsident des Europäischen Forums gewesen. Er engagiert sich in den Niederlanden für eine inklusive, queer freundliche Theologie und für offene und regenbogenfreundliche Gemeinden.

Söderblom: „Lieber Wielie Elhorst, Du bist Pastor der protestantischen Kirche in den Niederlanden und lange Zeit Co-Präsident des Europäischen Forums gewesen. Worum geht es in der Debatte um die Nashville-Erklärung in den Niederlanden?"

Elhorst: „Es geht hauptsächlich um die Härte der in dem Statement verwendeten Worte. In der Erklärung wird eine klassische christliche Ansicht über Sexualität, Ehe und Geschlechtsidentität vorgelegt. Es wird ganz klar gesagt, dass jeder, der sich dieser Ansicht widersetzt, irrt und in Sünde lebt. Es heißt, Homosexualität könne *geheilt* werden, eine Ehe könne nur zwischen einem Mann und einer Frau geschlossen werden und Trans-Menschen seien verwirrt und täuschten sich. Diese Worte beleidigen und beschädigen viele LSBTTIQ Menschen, insbesondere solche, die sich konservativen protestantischen Gruppen und Gemeinden zugehörig fühlen."

Söderblom: „Warum wurde diese Aussage in den Niederlanden zwei Jahre nach ihrer ursprünglichen Veröffentlichung in den USA plötzlich zu einem so heißen Thema?"

Elhorst: „Weil die niederländische Version am Wochenende vom 5. und 6. Januar 2019 veröffentlicht wurde. Die ursprüngliche Erklärung war nur in kleinen Kreisen bekannt. Aber niemand hat es für möglich gehalten, dass sie in den Niederlanden so unkritisch aufgenommen würde. Die Erklärung ist sehr amerikanisch, beeinflusst von religiösen Rechten weltweit. Letztere versuchen, die Debatte über Sexualität und Geschlechtsidentität ideologisch in ihrem Sinne zu prägen. Zudem behaupten sie, dass Menschen sich für ihre Sexualität und Geschlechtsidentität entscheiden können. Diese Behauptungen reflektieren in keiner Weise bisherige wissenschaftliche Erkenntnisse in den

Niederlanden. Sie stimmen auch nicht mit den Debatten überein, die wir in den letzten zehn Jahren geführt haben."

Söderblom: „Was ist Deine persönliche Meinung zu den Behauptungen und wie hast Du auf die aktuellen Ereignisse in den Niederlanden reagiert?"

Elhorst: „Jeder hat natürlich ein Recht auf seine eigene Meinung, auch im Bereich des öffentlichen Lebens. Aber ich hoffe, dass die Leute darüber nachdenken, was sie *da draußen* sagen und in Vorträgen und Predigten präsentieren. Meine Gedanken zum Inhalt: Die Erklärung verweigert und verwirft alle theologischen und bibelwissenschaftlichen Forschungsergebnisse der letzten Jahrzehnte. Diese helfen, Sexualität und Geschlechtsidentität besser verstehen zu lernen, auch im Hinblick auf die Welt, in der wir leben. Die Erklärung bezieht sich zudem auf keinerlei fundierte biblische Hermeneutik. Ich sorge mich um die Auswirkungen der Erklärung auf Menschen, die aus konservativen reformierten und evangelikalen Gemeinschaften kommen. Untersuchungen zeigen, dass junge Menschen in diesen Gemeinden, die entdecken, dass sie lesbisch, schwul, bi* oder trans* sind, häufiger an Selbstmord denken als andere Jugendliche."

Söderblom: „Was erwartest Du von den beteiligten Akteur*innen?"

Elhorst: „Selbstreflexion und ein Überdenken ihrer Positionen. Ich erwarte, dass sie aufwachen und die Wirklichkeit einer veränderten und komplexeren Welt des 21. Jahrhunderts erkennen. Ich fordere sie auf, sich auf substanzielle Bibelauslegungen einzulassen und sie in ihrer Meinungsbildung zu berücksichtigen."

Söderblom: „Ist die Erklärung von Nashville für ganz Europa von Bedeutung, und wenn ja, was kann das Europäische Forum tun?"

Elhorst: „Die Sprache der Erklärung spiegelt die international verwendete Terminologie konservativer und fundamentalistischer Gruppierungen wider. Die Art und Weise, in der konservative Gruppen weltweit und auch in Europa ihre Reihen schließen, ist sehr besorgniserregend. Sie werden von Organisationen (mit viel Geld) unterstützt. Sie versuchen, die Gestaltung von Inklusions- und Antidiskriminierungsgesetzen der EU in den Mitgliedsländern zu beeinflussen und die Verabschiedung von Resolutionen im Europarat zu verhindern. Darüber hinaus beeinflussen sie in aggressiver Weise die öffentliche Meinung in ihrem Sinne, wie man in Ost- und Mitteleuropa beobachten kann. Seit Juli 2016 ist das Europäische Forum im Europarat vertreten. Durch unsere Präsenz versuchen wir, eine konstruktive Brücke zwischen den Menschenrechten von LSBTTIQ und den Religions- und Glaubensfreiheitsrechten zu schlagen. Ziel ist es, Kompromisse zu schließen und alternative Gesprächsnarrative zu entwickeln. Es wäre hilfreich, wenn alle Mitgliedsgruppen des Europäischen Forums in ganz Europa das Leben religiöser LSBTTIQ Menschen stärker sichtbar und hörbar machen könnten, mit allen Freuden und Nöten. Mitglieder sollten sich stärker an den öffentlichen Debatten beteiligen. Darüber hinaus sollten Kontakte zu Gemeinden und Kirchen verstärkt werden, um einen Perspektivwechsel einzuleiten und die öffentliche Meinung besser über die Lebenswirklichkeit von LSBTTIQ zu informieren. Dann müssen wir auch keine Angst mehr vor der Nashville-Erklärung haben."

„Wir geben nicht auf!": Armenien

28.11.2018

Vom 15. bis zum 18. November 2018 sollte eigentlich das diesjährige Europäische Forum für christliche LSBTTIQ in Osteuropa und Zentralasien in Jerewan/Armenien stattfinden. Aufgrund von Gewalt, Vandalismus und Todesdrohungen musste es abgesagt werden.

Osteuropäisches Forum

Auch ich war zu diesem Osteuropäischen Forum in Jerewan/Armenien angemeldet. Ich sollte einen Workshop über die queere Re-Lektüre eines Bibeltextes halten. Zudem sollte zeitgleich ein Treffen des Osteuropäischen Mentoring-Projekts des Europäischen Forums stattfinden. Ich hatte in diesem Mentoring-Projekt als Mentorin mitgearbeitet.

Seit über einem halben Jahr arbeiteten die Veranstalter und Veranstalterinnen an den Vorbereitungen der Konferenz und des Mentoring-Treffens. Sie hatten Podiumsdiskussionen, Plenardebatten, Workshops und Gottesdienste vorbereitet, Vortragende gewonnen und Räume organisiert. Seit 2004 wird diese Konferenz für osteuropäische und zentralasiatische christliche LSBTTIQ einmal im Jahr jeweils in verschiedenen osteuropäischen Ländern, wie der Ukraine, Estland, Moldawien, Rumänien und Russland, durchgeführt. Einfach war die Organisation dieser Tagungen bislang nirgendwo, aber abgesagt werden musste sie bis dahin noch nie.

Rechtsnationale Kräfte

All die Vorbereitungsarbeit im Vorfeld der Konferenz war umsonst. Und warum? Weil politische Oppositionsparteien es geschafft haben rechtsnationale, extremistische und fundamentalistische Kräfte in Armenien zu mobilisieren. Diese hatten mit Hilfe von Vandalismus, Gewalt und Todesdrohungen Angst verbreitet und friedliche Solidaritätsarbeit für LSBTTIQ diskreditiert und lahmgelegt. Die Oppositionsparteien hofften mit diesen Aktionen ihre Chancen auf Gewinn der anstehenden Wahlen am 9. Dezember 2018 zu erhöhen.

Gewalt und Todesdrohungen

Ich war schockiert, fassungslos und entsetzt, wie wenig es braucht, um konstruktive und friedliche Menschenrechtsarbeit für Minderheiten zu zerstören. Weder von der Polizei noch von der armenischen Regierung gab es Unterstützung für die verantwortliche Nichtregierungsorganisation *New Generation* aus Jerewan. Das Auto des Vorsitzenden der Nichtregierungsorganisation Sergey Gabrielian wurde demoliert, nicht beteiligte Tourist*innen, die fälschlicherweise für Teilnehmende der Konferenz gehalten wurden, wurden zusammengeschlagen. Die Organisatoren bekamen Todesdrohungen. Und Polizei und Regierung taten... nichts.

Hoffnungen

Dabei hatten die Menschen große Hoffnungen in die neue Regierung unter dem neuen Premier Nikol Paschinian gesetzt, die sich seit Frühjahr 2018 für ein demokratisches Armenien einsetzte und mit der sogenannten samtenen Revolution im In- und Ausland von sich reden gemacht hatte. Wenn es um gewalttätige rechtsnationale Kräfte im eigenen Land ging, die sich durch scharfe Homo- und Fremdenfeindlichkeit profilierten, kapitulierte die neue Regierung. Sie traute sich nicht dagegen zu halten, da sie sich davor fürchtete als *westlich dekadent* und als Verräter von traditionellen osteuropäischen Werten beschimpft zu werden. Statt Minderheiten zu schützen, schaute die Regierung lieber weg und machte gar nichts. Das war frustrierend und lebensgefährlich für Minderheiten in Armenien. Es war kein guter Start für die neue demokratische Entwicklung des Landes.

Die Sicht der Veranstalter

Die Veranstalter schrieben dazu in der Presseerklärung zur Absage der Osteuropäischen und Zentralasiatischen Konferenz Folgendes:

„Armenien steht ein langer Weg demokratischer Veränderungen bevor. Das Land ist Mitglied von Menschenrechtsinstitutionen wie dem Europarat, und wir rufen die Machthabenden auf, sich bewusst zu sein, dass Respekt und Schutz für alle Bürgerinnen und Bürger gilt. Wir vertrauen auf die Weisheit und die Liebenswürdigkeit der Menschen in Armenien und bieten ihnen in diesen Herausforderungen unsere Solidarität an. Armenien nennt sich mit gutem Recht

das erste christliche Land der Welt. Wir erinnern alle Menschen, besonders die Armenierinnen und Armenier daran, dass Gewalt nicht zu den wahren christlichen Tugenden gehört, Akzeptanz, Liebe, Respekt, Vielfalt und Solidarität dagegen sehr wohl."

Des Weiteren betonten die lokalen und internationalen Organisatoren der Konferenz, dass es im nächsten Jahr wieder eine Osteuropäische Konferenz für christliche LSBTTIQ geben würde. Sie ließen sich von Todesdrohungen, Hass und Gewalt nicht einschüchtern. Sie würden sich weiterhin für Respekt und für die Einhaltung der Menschenrechte für alle einsetzen und den betroffenen Minderheiten einen sicheren Ort für Austausch, Solidarität und Gebet ermöglichen.

„*Wir geben nicht auf!*", riefen sie all denen zu, die ihre Arbeit lahmlegen wollten.

Absage der Familienkonferenz in Moskau

Nur einige Tage nach der Absage der Konferenz in Armenien musste am 9. November 2018 auch in Moskau/Russland die 5. bis dahin jährlich stattfindende Regenbogenkonferenz für LSBTTIQ Familien und ihre Freundinnen und Freunde abgesagt werden. Auch diese Konferenz war von den Veranstalter*innen schon seit langem geplant worden und sollte in privaten Räumen in Moskau stattfinden. Yulia Malygina, die Leiterin der Planungsgruppe, hatte in den Tagen vor der Konferenz eine steigende Anzahl von Hassmails über soziale Medien erhalten. Aufgrund von massiven Drohungen und Übergriffen gegenüber zwei Mitorganisator*innen entschieden sich die Verantwortlichen die Bewilligung der Räume für die Konferenz zurückzuziehen. Die kurzfristige Suche nach Raumalternativen war zunächst erfolgreich. Es gelang einen Teil der Seminare stattfinden zu lassen, bevor auch der neue geheime Standort durch *Trolle* veröffentlicht wurde. So musste die Konferenz aufgrund von weiteren Drohungen und Pfeffersprayattacken gegenüber Mitorganisator*innen schließlich ganz abgesagt werden. Die Gefahr vor weiteren Übergriffen war zu groß.

Die Konferenzbeiträge wurden daraufhin zum Teil als Livestream im Internet verbreitet. Das Vorbereitungsteam der Regenbogenkonferenz war enttäuscht und geschockt. Denn seit einigen Jahren konnte die Konferenz bisher in privaten Räumen stattfinden. Aber die allgemeine

Gewaltbereitschaft gegen LSBTTIQ scheint stetig anzuwachsen. Hacker und *Trolle* die sich in angeblich geschützte Onlineräume einschleichen, werden immer professioneller und setzen alles daran, LSBTTIQ-Arbeit zu behindern oder gar zu zerstören. Dennoch sagen auch hier die Veranstalter und Organisatorinnen: „*Wir geben nicht auf!*"

Auch ich und viele andere werden mit aller Kraft weiter mit unseren christlichen Schwestern und Brüdern in Osteuropa und Zentralasien zusammenarbeiten und sie unterstützen, wo wir können. Ich hoffe darauf, dass auch christliche Kirchen in Europa und darüber hinaus ihren christlichen Schwestern und Brüder in Armenien, Russland und anderswo beistehen, die aufgrund ihrer sexuellen Orientierung und Genderidentität verfolgt, beleidigt und angegriffen werden.

Das Europäische Forum rief am Ende der oben genannten Presseerklärung ebenfalls zur Unterstützung auf:

> *„Wir rufen alle Institutionen der Demokratie und der Menschenrechte auf, unseren Protest in dieser Situation laut und deutlich zu unterstützen, und dies gegenüber der armenischen Regierung deutlich zu machen. Wir rufen auch alle Kirchen und religiösen Gemeinschaften und Gläubigen auf, am 18. November, dem geplanten Abschlusstag der abgesagten Konferenz in Armenien, eine Gebetswache zu halten und für die LSBTTIQ-Menschen in Armenien zu beten, für ihre Sicherheit, ihre Freiheit und ihre Rechte."*

Ein Zeichen setzen: Weltweit

11.07.2018

Im Juni und Juli finden in vielen Städten weltweit jedes Jahr Christopher-Street-Day (CSD) oder Gay-Pride-Paraden statt. Die Paraden sind bunt, schrill und provokant und verlaufen in der westlichen Welt zumeist fröhlich und friedlich. Das war nicht immer so. Und ein Zeichen von Respekt und Solidarität ist auch heutzutage vielerorts noch bitter notwendig.

Anfang Juli 2018 fanden CSD-Paraden in London, Budapest und Köln statt. Ende Juni waren sie in New York und Oslo zu erleben. Und bis zum Ende des Sommers wird noch in vielen Städten weltweit bunt und queer demonstriert, gefeiert und getanzt.

Hunderttausende waren in Köln auf den Straßen. Es gab Wagen mit politischen Parolen, Solidaritätsbekundungen und Plakate von Verbänden, queeren Netzwerken, Gewerkschaften, Firmen, Kirchen und Parteien. Musik-, Tanz- und Sportgruppen sind in der Parade mitgelaufen. Queere Gruppen aus allen Teilen der Bevölkerung fanden sich ein. Eltern waren da, Freundinnen und Freunde, Unterstützer und Bekannte aus nah und fern. Der CSD ist von außen betrachtet ein buntes multikulturelles Straßenfest mit Konzerten, Kultur- und Diskussionsveranstaltungen und großer Parade zum Schluss. Jüngere und Ältere, egal welcher Geschlechtsidentität und sexueller Orientierung, feiern gemeinsam das Leben und die Liebe. Sie setzen sich ein für Respekt und Gleichberechtigung ohne Ausgrenzung und Diskriminierung. Diese bunte Vielfalt an Menschen zu erleben, ist ermutigend und stärkend.

Wer in Köln Anfang Juli dabei war, könnte folglich meinen, dass doch alles in Ordnung sei. Es wurde friedlich getanzt, musiziert, debattiert und gefeiert. Sogar Mitglieder von Kirchen und religiösen Verbänden zeigten mit Transparenten und Regenbogenfähnchen ihre Unterstützung. Es wurden queere Gottesdienste und Segnungsfeiern angeboten, Seelsorger und Seelsorgerinnen waren präsent und ansprechbar. Viele waren da, um die Errungenschaften der letzten 50 Jahre zu erinnern und zu feiern und um dafür zu sorgen, dass es in Zukunft auch so bleibt. Aber der Christopher-Street-Day verlief nicht immer so friedlich.

Hintergrund

Am 28. Juni 1969 fand wie so oft damals eine gewalttätige Razzia der New Yorker Polizei in der Stonewall Bar in der Christopher Street in New Yorker Stadtteil Greenwich Village statt. Wahllos wurden damals vor allem Schwule und Transsexuelle schikaniert, gedemütigt und festgenommen. Politik, Polizei und Gesellschaft waren damals extrem homo- und transfeindlich eingestellt. Der Staat schützte die Rechte von Schwulen, Lesben und Transsexuellen nicht. Im Gegenteil, er schikanierte und kriminalisierte sie, wo er nur konnte, und grenzte sie aus dem gesellschaftlichen Leben aus.

An jenem Abend Ende Juni 1969 haben sich erstmals viele Opfer der Razzia gewehrt. Es war der Beginn von schwul-lesbischen und transsexuellen Menschenrechtsbewegungen. Betroffene sahen sich von da an nicht mehr nur als Opfer, die sich vor staatlicher Gewalt verstecken mussten. Sie wurden in den folgenden Jahren und Jahrzehnten zu selbstbewussten Subjekten ihrer eigenen Lebensgeschichten und forderten gleichen Schutz und gleiche Rechte ein. Bereits im Jahr 1970 gab es in New York einen ersten Gedenkmarsch zur Erinnerung an den Aufstand gegen staatliche Willkür und Gewalt mit etwa 4000 Teilnehmenden. Von da an wurde der 28. Juni 1969 als Beginn der sogenannten *Schwulenbewegung* gefeiert. Erst gab es diese Gedenkmärsche nur in New York und San Francisco. Später kamen andere Städte in den USA und Europa dazu. Mittlerweile werden die Paraden weltweit in vielen Ländern begangen.

Regenbogenfahne

Die Regenbogenfahne ist dabei das äußere Zeichen der Christopher Street Days. Überall sind sie zu sehen. Als Fähnchen in groß und klein, als Tücher, Röcke, Jacken, Regenbogenschmuck, Fächer, Stirnbänder und Taschen sind sie zu bewundern. Einfach alles ist in die Farben des Regenbogens getaucht. Klar ist das mittlerweile für viele Firmen auch ein attraktives Geschäft geworden. Aber der Regenbogen steht für weit mehr als nur für Marktanteile.

Der Regenbogen ist das Solidaritäts- und Erkennungszeichen LSBTTIQ-Bewegung weltweit. Er ist 1978 in San Franzisco zum ersten Mal in diesem Sinne gebraucht worden. Seitdem schmückt der Regenbogen in vielen Ländern Cafés, Bars, Restaurants und Geschäfte, die LSBTTIQ willkommen heißen. Sie versprechen mit dem Regenbogen sichere Orte, an denen Menschen Wertschätzung und Solidarität entgegengebracht wird und sie sich nicht verstecken müssen.

In der jüdisch-christlichen Überlieferung erinnert der Regenbogen daran, dass Gott einen Bund mit allen Menschen geschlossen hat (1. Mose 9). Gottes Zorn sollte von da an die Menschheit nicht mehr existenziell bedrohen. Die Menschen sollten Gott als ihren Gott anerkennen und ehren und untereinander jede einzelne Person als Gottes Ebenbild achten. Unabhängig von ihrer Hautfarbe und Nationalität, unabhängig von Alter, Genderidentität und sexueller Orientierung. Ausgrenzung und Diskriminierung verbieten sich danach. Der Regenbogen symbolisiert als Bundeszeichen diesen zentralen Bundschluss zu Beginn der biblischen Erzählungen.

Darüber hinaus stehen die Farben des Regenbogens für die Vielfalt aller Lebens- und Liebesformen. Sie gehören zusammen, verschwimmen aber nicht zu einem Einheitsgrau. Niemand muss sich verstecken und verbiegen oder die persönliche Farbe unkenntlich machen. Sonst wäre das Leben uniformiert, eng, langweilig und grau. Stattdessen leuchtet der Regenbogen und ermutigt zu Vielfalt. Aber der Regenbogen leuchtet nur deshalb so faszinierend, weil alle Farben für sich stehen und trotzdem gleichzeitig eine Einheit bilden. Diese Einheit in der Vielfalt ist Gottes Vermächtnis an die Menschheit. Der Regenbogen besitzt also religiöse, soziale und kulturelle Deutungskraft.

Zeichen der Solidarität

Auch wenn sich die Situation von LSBTTIQ im globalen Norden in den letzten 30 Jahren enorm verbessert hat, kann es nicht darüber hinwegtäuschen, dass in über 70 Ländern LSBTTIQ immer noch verfolgt und kriminalisiert werden.

In acht Ländern droht Schwulen immer noch die Todesstrafe. Und auch in Europa werden offen lebende LSBTTIQ immer noch Opfer von homo- und transfeindlichen Übergriffen. Auch in Berlin und Köln. Zeichen von Solidarität und Respekt sind für viele daher nach wie vor bedeutsam, manchmal sogar überlebensnotwendig. Wachsamkeit in Zeiten von wieder erstarktem Rechtspopulismus ist geboten. Insofern ist es wichtig und richtig, Regenbogen-Zeichen zu setzen. Ob nun beim CSD in New York, Kapstadt, Sydney oder in Köln oder bei kirchlichen

Großveranstaltungen, wie zum Beispiel auf den Kirchentagen. Respekt und Solidarität sind wichtiger denn je.

Katakomben unterm Regenbogen: Italien

6.06.2018

Etwa 150 christliche LSBTTIQ waren über Himmelfahrt in Albano Laziale zur Jahresversammlung des Europäischen Forums zusammengekommen. Es war eine wunderbare europäische und ökumenische Veranstaltung im Zeichen des Regenbogens.

Die Jahrestagung in der Nähe von Rom

Albano Laziale liegt etwa 30 Kilometer südlich von Rom. Es ist ein ruhiger und friedlicher Ort, an dem vor allem religiöse Bildungsveranstaltungen stattfinden. Perfekt für die Jahresversammlung des Europäischen Forums. Es gab interessante Vorträge zur Situation italienischer LSBTTIQ im christlichen und gesamtgesellschaftlichen Kontext. Dazu kamen Workshops, Andachten, Gottesdienste, Plenumsdiskussionen und eine zeitgleich abgehaltene Jugendkonferenz. Die Teilnehmenden der Jugendkonferenz haben die Ergebnisse ihrer Workshops und ihrer gemeinsamen Arbeit zur Situation junger LSBTTIQ in Europa im Rahmen einer öffentlichen Vortragsveranstaltung an der Theologischen Fakultät der Waldenser in Rom vorgestellt.

In den Katakomben

Vor dem Besuch der Theologischen Fakultät besuchten die Teilnehmenden des Europäischen Forums die Katakomben von San Sebastian vor den Toren Roms. Sie stiegen metertief in die Erde ab und erkundeten die Katakomben. Damals nach Jesu Tod waren christliche Gemeinschaften kleine Minderheiten am Rande der Gesellschaft. Sie wurden verlacht, verfolgt, zum Teil sogar getötet. Daher durften sie ihre Toten nur vor den Toren Roms begraben. Dort beteten sie auch und feierten ihre Gottesdienste. Denn dort fühlten sie sich sicher und unter ihresgleichen respektiert.

Der Besuch der Katakombe erinnert an die ersten Christ*innen im Römischen Reich. Bevor das Christentum im 4. Jahrhundert nach Christus Staatsreligion wurde, waren die Gläubigen selbst eine Minderheit. Sie wurden aufgrund ihres Glaubens verlacht, ausgegrenzt und verfolgt. Heute sind die Katakomben ein Vermächtnis für aktuelle Minderheiten. Sie sind in Stein gehauene Erinnerungen an versteckte und sichere Orte, die es in den ersten Jahrhunderten nach Christus trotz Verfolgung und Gewalt gab. Die Katakomben zeigen: Es gab damals sichere Orte für verfolgte Gläubige, und es gibt sie auch heute noch für sexuelle und andere Minderheiten. Zu solchen sicheren Orten gehören seit seiner Gründung 1982 in Paris die Treffen des Europäischen Forums.

Verfolgte Gruppen

Alle verfolgten Gruppen, damals wie heute, kennen Verzweiflung und Hoffnung, Angst und Zivilcourage und den unbändigen Willen, für Respekt und inklusive Gemeinden einzutreten. Als einzelne und als Gemeinschaft leben sie oftmals wie die ersten christlichen Gläubigen am Rand der Gesellschaft. Genau dort, wo auch Jesus Christus gelebt hat. Er hat gesellschaftliche Macht und Normen transzendiert und Ausgegrenzte vom Rand in die Mitte der Gesellschaft geholt.

Christliche LSBTTIQ tragen ihre Narben und ihre Verletzungen genauso wie ihre Stärken und Hoffnungen mit sich. Sie sind überzeugt, dass Gott stärker und solidarischer ist als Hass, Ausgrenzung und Gewalt. Sie sind überzeugt, dass sie von Gott beschützt werden, auch wenn sie verzweifelt sind, gefährdet oder allein. Dafür brauchen sie sichere Orte, so wie die Katakomben damals sichere Orte waren.

Das Europäische Forum

Das Europäische Forum bringt jährlich über Hundert christliche LSBTTIQ aus allen Ecken Europas zusammen. Sie kommen aus über 40 europäischen Mitgliedsgruppen aus mehr als 25 Ländern aus Süd und Nord, Ost und West. Es gibt einen ehrenamtlichen Vorstand von sechs Personen und drei bezahlten Mitarbeitenden. Sie sind für Öffentlichkeitsarbeit, Fundraising und den Haushalt zuständig. In den Jahresversammlungen, Mentoring-Projekten und den verschiedenen Arbeitsgruppen des Europäischen Forums (römisch-katholische Arbeitsgruppe, Arbeitsgruppe zum Ökumenischen Rat der Kirchen, christlich-orthodoxe Arbeitsgruppe, etc.) hat es immer sichere Orte für alle gegeben. Erst waren sie sehr klein und versteckt wie in den Katakomben von Rom. Mittlerweile sind sie offener und sichtbarer geworden. So wie beim öffentlichen Regenbogengottesdienst, der im Rahmen des Europäischen Forums in der protestantischen Waldenserkirche mitten im Zentrum von Rom gefeiert wurde.

Die Mitglieder des Europäischen Forums erzählen ihre Geschichten und Erlebnisse. Sie bieten Workshops und Trainingsprojekte an, und sie erheben ihre Stimmen zu den Themen, die sie betreffen. Europaweit und darüber hinaus setzen sie sich für Gerechtigkeit und Respekt für (sexuelle) Minderheiten in Kirchen und christlichen Gemeinschaften ein. Und sie wissen: Gottes Liebe wird ihr Leben und ihre Liebe weiter begleiten und stärken, unabhängig von ihrer Herkunft, Hautfarbe, sexuellen Orientierung und Geschlechtsidentität.

Danke an Hilde Rastaad (Norwegen/USA) für ihre Inspiration!

Mentoring auf Augenhöhe: Georgien

21.02.2018

Das Europäische Forum ist mit zehn Tandems in die zweite Runde ihres Mentoring-Projekts gestartet. Die Auftaktveranstaltung für die neuen Tandems hat Anfang Februar 2018 in Mzcheta bei Tiflis in Georgien stattgefunden.

Hintergrund

Die zehn Mentees des Mentoringprogramms des Europäischen Forums kommen aus Russland, Polen, Ungarn, Kroatien, Armenien und Aserbaidschan. Die zehn Mentorinnen und Mentoren kommen aus der Schweiz, den Niederlanden, aus Estland, England und Deutschland. Anfang Februar 2018 haben sie sich in Mzcheta bei Tiflis in Georgien für ein verlängertes Wochenende getroffen. Thema: Die Auftakt- und Einführungsveranstaltung für die zweite Runde des Mentoringprogramms für christliche Lesben, Schwule, Bi- und Transsexuelle, die in Osteuropa leben. Die erste Runde hat von 2015 bis 2016 stattgefunden.

Die osteuropäischen christlichen Mentees haben einerseits mit homo- und transfeindlichen Regierungen und Gesellschaften zu tun. Sie werden bespuckt, angefeindet, kriminalisiert und verfolgt. Andererseits haben sie mit aggressiv gegen sie predigenden Kirchen zu tun. Nicht nur die Römisch-Katholische und die Russisch-Orthodoxe Kirche sprechen sich in Osteuropa offen gegen LSBTTIQ aus, sondern auch die Protestantischen Kirchen und die Freikirchen.

Herausforderungen

Was für eine Herausforderung so zu leben: Schwul, lesbisch, bi, trans*, queer und gleichzeitig gläubig. Ich selbst bin eine der Mentorinnen und habe den Erfahrungen und Lebensgeschichten der Mentees zugehört. Ich war erschüttert über einige der Berichte. Wie können Menschen andere Menschen nur so verunglimpfen, sie beschimpfen und beleidigen, ohne dass sie sie kennen? Wie können sich Menschen christlich nennen und mit der Bibel in der Hand gegen andere Gläubige so hasserfüllt und menschenverachtend reden und handeln? Das passt für mich überhaupt nicht zusammen. Ich bin wütend auf das, was meine christlichen Schwestern und Brüder in ihren osteuropäischen Heimatländern erleben müssen. Und ich bin stolz auf sie, weil sie versuchen das Beste daraus zu machen.

Die Situation in Georgien

In Georgien ist die Situation für LSBTTIQ nicht einfach. Sie werden in Georgien zwar nicht kriminalisiert und verfolgt. Aber verunglimpft und gedemütigt werden sie schon. Allen voran ist die Georgische Orthodoxe Kirche dafür verantwortlich. Seit dem Zerfall der Sowjetrepubliken und ihrer kommunistischen Ideologie ist die Georgische Orthodoxe Kirche sehr mächtig. Sie genießt Verfassungsrang, Steuerfreiheit und wird staatlich gefördert. Was die orthodoxen Priester predigen, gilt als gesetzt und wird geglaubt. So auch deren Aussagen Homosexualität sei Sünde und werde von Gott verdammt. Entsprechend werden säkular aktive LSBTTIQ in Georgien öffentlich beschimpft. Und in der Vergangenheit wurden sie bei Veranstaltungen sogar angegriffen. Das ist der Grund, warum die meisten Georgischen LSBT Aktivisten nichts mit Kirchen oder überhaupt mit Religionen zu tun haben wollen. Das bedeutet aber auch, dass den religiösen Wortführern komplett das Feld überlassen wird, wenn es um so genannte moralische Werte und Vorstellungen im Hinblick auf Familien- und Lebensformen geht.

Dieses Dilemma wurde während des Wochenendes bei einem Treffen mit Wortführern der Georgischen Nichtregierungsorganisation *Identoba*, einer Georgischen Menschenrechtsorganisationen für LSBTTIQ in Tiflis, angesprochen. Einer der Wortführer, Levan Berianidze, bestätigte, dass sie ihre Energie lieber auf andere Menschenrechtsaktivitäten wie HIV-Prävention und staatliche Gleichberechtigung richteten als mit verbohrten Kirchenleuten über Familien- und Beziehungsformen zu diskutieren. Dass dadurch gläubige LSBTTIQ in Georgien allein gelassen werden, war ihnen bis dahin noch nicht in den Sinn gekommen. Sie wollten daher ihre Strategie gegenüber kirchlichen und religiösen Gruppierungen noch einmal kritisch überdenken und mit dem Europäischen Forum zukünftig hinsichtlich religiöser Themen gegebenenfalls kooperieren.

Auf Augenhöhe lernen

Während des Wochenendes in Georgien sind die Teilnehmenden des Mentoringprogramms zusammengewachsen. Wir haben uns unsere Lebensgeschichten erzählt. Wir haben über Glauben, Zweifel und Verzweiflung gesprochen. Wir haben die biblische Josephsgeschichte miteinander gelesen, queer ausgelegt und unsere Gedanken dazu geteilt. Wir haben viel über interkulturelle Kommunikation und Stereotypen gelernt, miteinander Gottesdienst und Abendmahl gefeiert und getanzt. Und das alles in wenigen Tagen.

Das Wichtigste war für mich die Offenheit aller Beteiligten, die warmen Blicke, das herzliche Lachen und die vielen kleinen und großen Gesten, mit denen wir uns beschenkt haben. Genauso war es: wir haben uns gegenseitig beschenkt. Im Gottesdienst haben wir uns gesegnet. Und wir haben uns Herzenswärme geschenkt, obwohl - oder gerade weil - so viele Beteiligte im Alltag Vorurteile, Hass und Gewalt ertragen müssen. Diese Hingabe und Zuwendung haben allen gut getan. Gerade denjenigen, die in ihren Heimatländern aus Angst vor Aggression und Gewalt schnell in Deckung gehen müssen.

Was für eine Wohltat sich gegenseitig zu unterstützen und zu segnen, sich Gutes zu wünschen und aufeinander aufzupassen. Was für ein Geschenk, eineinhalb Jahre miteinander auf Augenhöhe zu lernen, zu arbeiten und zu wachsen. Für die Zweiertandems in den monatlichen Skype-Anrufen und den gegenseitigen Besuchen genauso wie für die gesamte Gruppe.

Cuba libre? Kuba

16.11.2016

Zweieinhalb Wochen war ich auf Kuba. Zweieinhalb Wochen spannende Begegnungen, Bilder, fremde Gerüche, laute Musik, Lärm und politische Kommentare hinter vorgehaltener Hand. Trotz aller Zurückhaltung drehten sich viele Gespräche mit Einheimischen um die Wahl in den USA. Den meisten graute vor dem rassistischen und latinofeindlichen Donald Trump. Wie würde die politische Entwicklung zwischen Kuba und den USA weiter gehen und was hieße das für sexuelle Minderheiten in Kuba?

Jetzt war es also passiert. Trump war gewählt worden. Fassungslos stehe ich davor, wie so viele andere in den USA und dem Rest der Welt. Ich habe selbst einige Zeit in den Vereinigten Staaten gelebt und achte dieses Land sehr. Aber dieses Wahlergebnis gibt mir den Rest. Ein Rassist, der mit frauen-, homo-, trans- und islamfeindlichen Parolen Wahlkampf gemacht hat, gewinnt die Wahl zum 45. Präsidenten der Vereinigten Staaten. Während hierzulande nun spekuliert wird, was dieser Wahlausgang für Deutschland und Europa für Folgen haben wird, denke ich an meine Reise nach Kuba zurück, von der ich gerade zurückgekommen bin. Was bedeutet die US-Wahl für sexuelle Minderheiten auf Kuba?

Furcht vor Trump

Auf Kuba haben wir während unserer Rundreise mit einigen Leuten gesprochen. Frauen und Männer, Schwarze und Weiße, Jüngere und Ältere. Sie alle haben klar gemacht, dass sie sich vor einer Wahl von Donald Trump fürchten. Gerade ist die jahrzehntelange Eiszeit zwischen den USA und Kuba etwas abgeschmolzen. Die Menschen auf Kuba haben auf Hillary Clinton gehofft. Sie sollte Obamas Entspannungspolitik fortsetzen. Doch nun ist es anders gekommen. Trump ist gewählt worden. Die Welt ist entsetzt. Auch die Kubanerinnen und Kubaner. Die kubanische Regierung hat nach Bekanntwerden der Wahlergebnisse ostwendend eine Militärübung mit Kriegsschiffen in der Karibik eingeleitet. Sie trauen Trump nicht über den Weg. Mit Recht. Denn Trump hatte vor der Wahl angedroht, eine Mauer an der Grenze zu

Mexiko aufzubauen. Drei Millionen Illegale plant Trump zeitnah aus den USA auszuweisen, wie er schon kurz nach den Wahlen verlauten ließ. Das sind keine guten Nachrichten für ein Land, das seine Beziehungen zu den USA nach fast 60-jährigem Wirtschaftsembargo gerade erst wieder aufbauen wollte.

Der kubanischen Regierung und allen voran Raúl Castro kann das nicht gefallen. Aber um die Regierung geht es nicht. Es geht um die Tausenden von Frauen und Männern auf Kuba, die nach 57 Jahren sozialistischer Diktatur auf eine längerfristige Entspannungspolitik mit den Vereinigten Staaten gehofft hatten. Die sehen sich nun um ihre Hoffnungen betrogen. Von Trump erwarten sie nichts.

Verfall

An diese Menschen denke ich nun. Denn meine Reise durch Kuba hat mir die Augen geöffnet für eine Welt, die ambivalenter nicht sein könnte. Auf der einen Seite herrscht viel Armut und Kargheit. Verfallene Häuser und Fassaden, fast leere Geschäfte. Liebevoll aufgeputzte Oldtimer und wacklige alte Ladas irritieren und faszinieren zugleich. Auf der anderen Seite sind die Menschen freundlich, zuvorkommend und mit einer Mischung von Gelassenheit, Apathie und Sarkasmus unterwegs. Sie verzaubern ihre internationalen Gäste mit Salsa-Musik, feurigem Tanz, findigen Alltagsweisheiten und mit einer erstaunlich kreativen Verwaltung des allgegenwärtigen Mangels.

Schönheit der Natur

Hinzu kommen eine überschwängliche Schönheit und Farbenpracht der Natur. Es gibt viele Naturreservate mit Wasserfällen, Bergketten, Zuckerrohrfeldern, Kaffee- und Tabaksplantagen, Königspalmen und Karibikstränden. Ideologische Parolen und handgemalte Revolutionsplakate am Eingang von Dörfern und Städten stehen im krassen Gegensatz zu einem flächendeckenden Bildungs- und Gesundheitssystem, das für alle Kubanerinnen und Kubaner kostenlos ist. Unter Raúl Castro ist in den letzten Jahren auch das Kleinunternehmer*innentum stärker aufgeblüht. Moderater privater Besitz ist mittlerweile wieder erlaubt und motiviert Kreativität und Erfindergeist von Einzelnen. Telefonanschlüsse und WLAN gibt es dafür aber viel zu wenig. Digitale und technische Infrastruktur, Telefon- und Stromnetze sind auf einem vorsintflutlichen Stand. Und trotzdem kommen die Leute irgendwie zurecht.

Vorsichtige Öffnung Kubas

Seit der vorsichtigen Öffnung Kubas hin zu den USA und dem stärker werdenden Tourismus ist Kuba im 21. Jahrhundert angekommen. In einer ganz eigenen kubanischen Art und Weise. Armut und verfallene Fassaden grüßen genauso wie bunt renovierte Häuserfassaden, koloniale Prachtbauten in verschiedenen Verfallsstadien. Vor allem aber ist es auf Kuba unglaublich sauber. Die Devisen von Urlaubsgästen sind willkommen. Die staatlich organisierte Tourismusindustrie hat sich darauf eingestellt.

Kuba hat sich aber auch in anderen Bereichen verändert. Seit 1989 gibt es ein *Centro Nacional de Educación Sexual* (*Nationales Zentrum für Sexualaufklärung*). Das Zentrum wird seit dem Jahr 2000 von Mariela Castro Espín geleitet. Sie ist die Tochter des amtierenden Regierungschefs Raúl Castro und seiner Frau Vilma Espín. Außerdem ist sie Abgeordnete der *Asamblea Nacional del Poder Popular*, dem kubanischen Scheinparlament, und Hochschullehrerin an der Medizinischen Universität von Havanna. Mariela Castro Espín lebt offen lesbisch und setzt sich für die Rechte von sexuellen Minderheiten ein.

Diese Entwicklung ist nicht selbstverständlich. Denn Kuba war ein homo- und transfeindliches Land wie alle anderen karibischen Staaten. Eine Mischung aus katholischer Sexualmoral und lateinamerikanischem Machismo sorgte für ein homofeindliches Klima. Aber es gab und gibt Leute, die sich unermüdlich für Respekt und Gleichstellung engagieren und auch schon einiges erreicht haben. Mariela Castro Espín ist eine von ihnen. Sie übernahm im Jahr 2000 die Leitung des Zentrums. Gegründet wurde es von der deutschen Monika Krause. Das Zentrum ging aus der 1977 gegründeten Nationalen Arbeitsgruppe für Sexualerziehung bei der Ständigen Kommission der Nationalversammlung zur Betreuung der Kinder, Jugendlichen und für die Gleichberechtigung der Frau hervor. Anfangs ging es im Zentrum vor allem um Sexualaufklärung und um den Kampf gegen Teenagerschwangerschaften. Später kam die HIV- und AIDS-Prävention und der Kampf für die Gleichberechtigung sexueller Minderheiten hinzu. Die Gleichstellung gleichgeschlechtlicher Lebensgemeinschaften ist bisher allerdings noch nicht erreicht. Seit 2008 dürfen legal und kostenlos Geschlechtsumwandlungen durchgeführt werden.

Alltag

Aber auch wenn die rechtliche Gleichstellung der Frau erreicht ist und die Situation für LSBTTIQ in Kuba offiziell nicht schlecht ist, sieht der Alltag anders aus. Die meisten Frauen fühlen sich trotz formaler Gleichstellung nach wie vor allein für Haushalt, Kindererziehung und Familienversorgung zuständig, ungeachtet ihrer beruflichen Verpflichtungen. Bei LSBTTIQ sieht es noch schlimmer aus: Die erste Generation von Revolutionären in den sechziger Jahren des letzten Jahrhunderts wurde angeführt von zumeist heterosexistischen Männern und wenigen Frauen. Sie hatten eine militärisch erzwungene Revolution herbeigeführt, die zur Enteignung von Großgrundbesitzern und US-Amerikanischen Unternehmen führten. Sie befreiten Kuba von der Batista-Diktatur. Nur um sie durch eine sozialistische Diktatur zu ersetzen. Die Rechte von Minderheiten hatten sie dabei nicht im Blick. Im Gegenteil, Lesben und Schwule galten als bürgerlich dekadent und wurden kriminalisiert. Che Guevara hat in seinen Jahren als kubanischer Industrieminister bis 1964 Hunderte Gefolgsleute des Batista-Regimes im Gefängnis La Cabana erschießen lassen. Er ließ auch Lager für Regimegegner und *unmännliche Homosexuelle* errichten, da diese ins *saubere* Kuba nicht passten. (*Siehe: Michael Huhn, Eine kleine Geschichte Kubas, in: Weltgebetstag Kuba, Arbeitsbuch zum Weltgebetstag 2016, S.7-12, hier: S.9*). Diese sozialistische Position gegenüber sexuellen Minderheiten, hat sich in den letzten 25 Jahren nur langsam verändert.

Erdbeer und Schokolade

Der prämierte Kinofilm *Erdbeer und Schokolade* von 1994 legt von dieser Zeit ein berührendes Zeugnis ab. Der schwule Künstler Diego hat große Zweifel am kommunistischen System Kubas. Er sucht sein Heil in der Literatur, in christlicher Kunst und Symbolik. Er liebt Erdbeereis und Männer. Diego trifft David, der im System begeistert seinen Weg sucht, und verliebt sich in ihn. David liebt die Partei, Schokoladeneis und Frauen, wird aber gerade von Liebeskummer geplagt. So begegnen sich die beiden in einer Eisdiele in Havanna zum ersten Mal. Zunächst lehnt David Diego ab und will ihn bei der Parteileitung für seine Annäherungsversuche anzeigen. Dann spioniert er Diego aus. Später wird er zu einem guten Freund und lernt ihn zu respektieren.

Ich weiß noch, wie ich den Film in den neunziger Jahren im Kino gesehen habe und wie begeistert ich war von dem Kinofilm. Es ist ein beeindruckendes Melodram mit Witz und Humor über die Suche nach Selbstwert und Heimat in einem kommunistischen Land, über den Wert von Freundschaft jenseits von Ideologie und Parteiparolen und über den Versuch unter schwierigen politischen Bedingungen selbstbestimmt sein Glück zu finden. Dieser Film hat viele Preise erhalten und das Thema Homo- und Transfeindlichkeit in Kuba vor allem international ins Bewusstsein gebracht. Wie die Arbeit des CENESEX, das Coming Out von Mariale Castro Espín und von vielen anderen mutigen Aktivistinnen und Aktivisten die Situation von LSBTTIQ auf Kuba verändert haben, müsste ein neuer Film zeigen.

Fest steht eins: Die Wahl von Donald Trump macht weder die Beziehung zwischen Kuba und den USA noch die Situation von sexuellen Minderheiten auf Kuba einfacher. Keine guten Nachrichten für dieses beeindruckende Land.

Zum Weiterlesen

Weltgebetstag Kuba, *Arbeitsbuch zum Weltgebetstag 2016. Ideen und Informationen*, Konzeption und Redaktion: Petra Heilig und Lisa Schürmann, Gutenberg Druck & Medien GmbH 2016.

Das Heilige Boot: Niederlande

31.08.2016

Der Christopher-Street-Day in Amsterdam ist traditionell eine Parade auf den Kanälen von Amsterdam. In diesem Jahr war erstmals auch ein Boot der Weltreligionen mit unterwegs.

Kanalparade

Wielie Elhorst war dabei. Und er ist stolz darauf. Er war einer von ungefähr 60 LSBTTIQ auf dem *Heiligen Boot* der Weltreligionen, die am Wochenende vom 7.-8. August 2016 an der Kanalparade des EuroPride durch die Grachten von Amsterdam teilgenommen haben. Mit auf dem Boot waren: etwa 20 Geistliche und 40 Laiinnen und Laien. Dabei waren unter anderem Boris Dittrich, Humanist und Direktor vom Menschenrechtsprogramm von Human Rights Watch, Reverend Mpho Tutu-van Furth, Anglikanische Priesterin aus Südafrika und Tochter des ehemaligen Erzbischofs Desmond Tutu und eben auch Wielie Elhorst. Er ist ein protestantischer Pfarrer einer Amsterdamer Gemeinde und seit Juni hat er zusätzlich einen besonderen Dienstauftrag für die Arbeit mit LSBTTIQ-Gläubigen. Außerdem war er zu der Zeit Co-Präsident des Europäischen Forums christlicher LSBT-Gruppen.

Das Heilige Boot

Das *Heilige Boot* der Weltreligionen war während der Euro-Pride-Parade eine mediale Attraktion. Viele waren erstaunt so viele offen auftretende Geistliche und Ehrenamtliche aller Religionen zu sehen, die gleichzeitig lesbisch, schwul, bi-, trans*, inter* oder queer sind.

Die Hauptorganisatorin des *Heiligen Boots* war Barbara Rogoski. Sie gründete vor einigen Jahren eine LSBTTIQ-Gemeinde für ehemalige Soldatinnen und Soldaten in Den Haag. Die Kirche heißt *Internationale Rosa Kirche* (*Internationale Roze Kerk*). Vor zwei Jahren hatte Rogoski die Idee, ein *Heiliges Boot* der Weltreligionen auf der Kanalparade zum Christopher Street Day in Amsterdam mit dabei zu haben. Da Wielie Elhorst von 2008-2011 das so genannte *Heilige Boot* von christlichen LSBTTIQ-Gläubigen auf der Kanalparade in Amsterdam mit organisiert hatte, fragte sie Wielie Elhorst um Rat. Der unterstützte ihr Anliegen sofort und ermutigte sie zu diesem Schritt. Dann war es soweit. Das *Heilige Boot* der Weltreligionen fuhr mit. Für Wielie Elhorst war es eine wunderbare Erfahrung. Er beschreibt es so:

Wielie Elhorst: „Über 540.000 Leute standen am Ufer und sahen der queeren Kanalparade auf den Booten zu. Viele waren zunächst erstaunt, als sie das Boot der Weltreligionen sahen. Denn nicht wenige haben schlechte Erfahrungen mit queeren Themen in den Religionen gemacht. Sie haben bisher die Themen Weltreligionen einerseits und sexuelle Vielfalt und Genderidentität andererseits als unmögliche Kombination angesehen. Aber innerhalb weniger Sekunden waren die Zweifel überwunden, und die Leute begannen zu lachen, zu winken und uns zu feiern. Nur wenige Leute standen dem Boot ablehnend gegenüber. Das Boot hat den ersten Platz der Pride-Parade gewonnen, da es das Motto vom EuroPride am besten umgesetzt hat. Das Motto war: Sei dabei, bei unserer Freiheit! Das Motto vom Boot der Weltreligionen war: *Koexistiert in Freiheit!* Das Hauptziel des Bootes war es zu zeigen, dass Menschen mit ganz unterschiedlichen religiösen Hintergründen und Überzeugungen friedlich nebeneinander und mancherorts auch mit-einander leben können. Außerdem war es wichtig deutlich zu machen, dass in allen Religionen auch LSBTTIQ haupt- und ehrenamtlich arbeiten und ihren Glauben einerseits und ihre sexuelle Orientierung und Genderidentität andererseits miteinander verbinden können. Insofern hat das Heilige Boot der Weltreligionen so etwas wie eine Vision aufgezeigt: Respektiert euch und lebt friedlich miteinander. So sollte es auch im Alltag sein. Und daran arbeiten wir als religiöse Gemeinschaften zusammen mit unseren säkularen Partnern und den Menschenrechtsorganisationen.

Auf dem *Heiligen Boot* wurden die verschiedenen Religionen und humanistischen Gruppen durch zahlreiche LSBTTIQ-Gläubige und humanistische Aktivist*innen vertreten. Sie verbinden ihren Glauben, ihre Überzeugungen und ihre Lebensform und Genderidentität, ohne dass es für sie ein Widerspruch ist. Denn alle Menschen sind einzigartig und verschieden voneinander. Aber vor Gott und den Menschen sind sie gleich viel wert, unabhängig von ihrer Herkunft, Hautfarbe, Geschlechtsidentität, Religion und sexuellen Orientierung. Ein starkes Symbol.

Ich hoffe, es strahlt noch lange aus, ermutigt Menschen weltweit zu sich selbst zu stehen und ihren Glauben zu leben."

Pilgrims' Haven: Polen

3.08.2016

Zwischen dem 26. und dem 31. Juli 2016 trafen sich über eine Millionen Jugendliche aus der ganzen Welt in Krakau zum XXXI. katholischen Weltjugendtag. Dort gab es auch einen *Pilgrims' Haven*, einen sicheren Pilgerort für LSBTTIQ.

Hintergrund

Misha Cherniak war einer der Verantwortlichen im Organisations-Komitee des *Pilgrims' Haven* während des katholischen Weltjugendtags in Krakau, der am 31. Juli mit einer Messe vom Papst zu Ende ging. Organisiert wurde das Programm von der Glaubens- und Regenbogengruppe in Polen und dem Europäischen Forum. Das Programm auf dem Weltjugendtag wurde durch eine eigene Facebookseite beworben.

Die Beteiligten feierten in den Tagen Gottesdienste und Andachten, beteten, zeigten Filme, tauschten Erfahrungen aus, sangen und diskutierten gemeinsam. Der Ort war offen für alle, nicht nur für LSBTTIQ, nicht nur für Gläubige, nicht nur für Katholikinnen und Katholiken.

Misha Cherniak und die anderen Initiatorinnen und Initiatoren des Pilgerortes hatten sich im Vorfeld des Weltjugendtags darum bemüht, dass ihre Veranstaltungen mit in das offizielle Programm aufgenommen werden. Das wurde vom Organisations-Komitee abgelehnt. Dennoch waren viele der Verantwortlichen offen gegenüber ihrer Initiative eingestellt. Auch der Papst war über den Pilgerort in Krakau informiert.

Voller Erfolg

Die Veranstaltungen im *Pilgrims' Haven* waren ein voller Erfolg. Über 80 Leute aus verschiedenen Ländern weltweit waren da, informierten sich, diskutierten mit oder blieben einfach da und genossen die gastfreundliche Ausstrahlung des Ortes. Auch Priester und andere kirchliche Mitarbeitende besuchten den Ort. Außerdem tauchten über 30 Medienvertreter*innen auf. Dass der Ort sicher und gastfreundlich für alle geblieben ist, war ein Höhepunkt der Woche für Misha Cherniak. Im

Vorfeld hatten sie Angst vor Provokationen oder Gewaltattacken. Aber die blieben aus. Gott sei Dank!

Motive

Immer wieder wurde nach den Motiven für den *Pilgrims' Haven* gefragt. Ich fragte Mischa Cherniak danach.

Misha Cherniak: „In der Katholischen Kirche sind LSBTTIQ noch lange nicht gleichberechtigt. Schwule Männer dürfen offiziell keine Priester werden, gleichgeschlechtliche Paare können keine kirchlichen Segnungsgottesdienste in katholischen Kirchen bekommen. Kirchlich Mitarbeitende müssen in leitender Anstellung auch in Deutschland immer noch um ihren Job fürchten, wenn sie als lesbisch oder schwul geoutet werden oder wenn sie ihre gleichgeschlechtliche Partnerschaft registrieren lassen. In vielen anderen Ländern dürfen nicht einmal katholische Ehrenamtliche lesbisch, schwul, bi- oder transsexuell sein, ohne Repressalien oder sogar Ausschluss fürchten zu müssen. Entsprechend herrscht vielerorts im kirchlichen Umfeld Angst, dass Gläubige als schwul oder lesbisch entdeckt werden. Gläubig sein und schwul oder lesbisch sein, das ist vielerorts immer noch undenkbar."

Dennoch hat sich auch in der katholischen Kirche in den letzten Jahren einiges getan. Papst Franziskus hat den bekannten Satz geprägt: Wer bin ich, dass ich Homosexuelle richten kann? Franziskus erwartet von seinen Glaubensgenossen Respekt gegenüber LSBTTIQ. Er ermutigt sie, Grenzen zu überwinden gegenüber denjenigen, die anders sind, als sie selbst. Das sind deutliche Signale.

Veränderungen

Aber auch Franziskus hat nicht verhindern können, dass in den Verlautbarungen nach den beiden Familiensynoden in Rom im Oktober 2014 und 2015 zur Frage der Homosexualität kaum etwas notiert wurde. Die offizielle Linie gegenüber Homosexualität hat sich nicht verändert. Auch für Papst Franziskus bleibt bei aller Offenheit die heterosexuelle Ehe und Kleinfamilie das Zentrum katholischer Sexualethik. Darüber hinaus predigt er allerdings unermüdlich das Gebot der christlichen Nächstenliebe und schließt darin alle ein. Damit hat er die Haltung und den Ton verändert, mit dem von offizieller Seite in der Katholischen Kirche über das Thema gesprochen wird.

Doppelmoral

Aber die Doppelmoral bleibt: Es gibt schwule Priester und schwule und lesbische Mitarbeitende in der Katholischen Kirche. Solange dies nicht offiziell wird, unternimmt man nichts. Die Angst vor Entdeckung und Jobverlust bleibt aber bestehen und wird dadurch sogar noch größer. Auch die geistliche Not von vielen gläubigen LSBTTIQ weltweit, die sich nicht als gleichberechtigte Mitglieder der Katholischen Kirche fühlen können, ist ein Problem. Deshalb ist auch der Bedarf nach Seelsorge, Beratung und Unterstützung hoch. Auch für junge Menschen bleibt die Verunsicherung bestehen, wie es die Katholische Kirche mit LSBTTIQ-Gläubigen hält. Dafür war der Pilgrims' Haven beim Weltjugendtag in Krakau genau der richtige Ort, um Fragen zu stellen, andere Lesben und Schwule kennen zu lernen und mit ihnen über ihren Glauben zu reden, zu beten und Gottesdienste zu feiern.

Misha Cherniak war nach dem Abschluss des Weltjugendtags müde und zufrieden. Er und viele andere Ehrenamtliche haben einen sicheren Ort geschaffen, der gut angenommen wurde und medial beachtet war. Dass ausgerechnet er als orthodoxer Christ aus Russland, der seit einer Weile in Polen lebt, diesen Ort mit geleitet hat, veranlasste ihn zu einem Lächeln. Er sagte: „Klar ist das komisch, dass ausgerechnet ich einer der Mitveranstalter war. Andererseits, warum nicht?"

Kinder Gottes

Misha Cherniak ist seit einigen Jahren Mitglied im Europäischen Forum und kennt viele LSBTTIQ Brüder und Schwestern gerade aus Osteuropa, die nach einer Heimat im Glauben suchen. Er weiß aus eigener Anschauung, wie schwer es ist, schwul und gläubig zu leben, ohne dass er Diskriminierung oder sogar Gewalt fürchten muss, wie es in seinem Heimatland Russland üblich ist. Er selbst hat genau aus diesem Grund viele Jahre gebraucht, um zu seinem Schwulsein stehen zu können. Er hat sogar geheiratet, hat eine kleine Tochter, und dennoch hat es nicht geklappt. Die Ehe wurde geschieden. Und er konnte sich nicht länger etwas vormachen. Misha hat gute Freundinnen und Freunde gebraucht, die ihm geholfen haben, aus seiner Krise herauszukommen.

Er hat es geschafft. Darüber ist er dankbar. Heute kann er seinerseits Hilfe anbieten für solche, die in Not sind und Angst vor Zurückweisung haben. Insofern ist es doch ein Glücksfall, dass der schwule und gläubige orthodoxe Musiker aus Russland, der in Polen lebt, in Krakau einen sicheren Ort für gläubige LSBTTIQ mitgestalten konnte. Mishas Maxime: „Wir sind alle Gottes Kinder, geliebt, gesegnet und in Gottes Bild geschaffen. Das ist es, was zählt!"

Nachgedanken zu Orlando: USA

6.07.2016

Das Massaker in einer Schwulenbar von Orlando ist fast einen Monat her. Das Leben geht weiter. Aber das Entsetzen über das Verbrechen und die Trauer um die Opfer sind noch lange nicht vorbei.

Gräueltat

Viel ist schon über Orlando geschrieben worden. Wichtige Beiträge wurden dazu veröffentlicht. Trotzdem oder gerade deswegen schreibe ich noch einmal einige Nachgedanken zu den Gräueltaten. Denn das Grauen ist noch nicht vorbei. Familien, Freundinnen und Freunde müssen mit den schrecklichen Verlusten weiterleben. Und sie müssen auch damit leben, dass neben Solidaritätsbekundungen und ehrlicher Trauer auch Vorurteile und Hass weiter gehen. Es gibt sie, die ewig Unverbesserlichen wie die Anhänger der Terrororganisation IS, die den Tod von unschuldigen Menschen feiern. Andere meinen doch tatsächlich, dass das Massaker gerechtfertigt gewesen sei. Denn die Betroffenen seien selbst schuld. So habe ich es von einem Mann mittleren Alters in einer Kneipe gehört. „*Ehrbare Bürger* gingen eben nicht zu einer Schwulenbar. Wer dahin gehe, müsse mit *sowas* rechnen. Denn so eine Bar sei vom Teufel und die Leute darin allzumal."

Fassungslos habe ich nicht nur einen so schwadronieren hören. Was geht in solchen Menschen vor, dass sie nicht einmal angesichts von 49 Toten und über 50 Verletzten schweigen und ihre hasserfüllten Vorurteile unterdrücken können? Aber ich bin nicht nur fassungslos, sondern auch wütend. Wütend über die Ignoranz und Ahnungslosigkeit von so vielen.

Ihr habt keine Ahnung, was eine Schwulenbar wie das Pulse in Orlando für viele bedeutet, denke ich mir. Und deshalb schreibe ich es auf.

Sicherer Ort

Ich erinnere mich an meine eigene erste Erfahrung in einer Lesbenbar in Hamburg vor etwa 30 Jahren. Ich war aufgeregt und unsicher. Wie wird das sein? Wie werde ich mich fühlen? Was sagen die anderen?

Ziemlich schnell war klar: Einerseits war alles ganz normal. Wie es eben ist in einer Bar. Mit Tresen, Tischen, Musik, Getränken und Gästen. Andererseits registrierte ich schnell: Hier kann ich sein, wie ich bin. Ich muss mich nicht verstellen, muss nichts verstecken. Ich muss mir keine dummen Kommentare anhören und keine verächtlichen Blicke ertragen, wenn ich eine Frau küsse. Und ich muss auch keine Drohungen fürchten.

Über die Jahre wurde für mich diese Bar und manch andere im In- und Ausland zur Heimat. Ein sicherer Ort, der alle einlädt: LSBTTIQ und alle, die sich mit ihnen verbunden fühlen. Eine Regenbogenfahne markiert viele dieser Orte als gastfreundlich und offen für alle. An solchen Orten erlebe ich wohlwollende Blicke, freudige Umarmungen und Gelächter, tolle Partys, Flirts und gute Musik. Aber ich habe auch Tränen gesehen, Trauer und Angst. Angst vor Ausgrenzung, Erniedrigung, Häme und Gewalt, die vielen im Alltag drohen und die die meisten schon erlebt haben.

Oase in der Wüste

Wenn ich an das *Pulse* in Orlando denke, denke ich auch an meine Freundinnen und Freunde in Kingston/Jamaika. Im Jahr 2011 war ich Teil eines internationalen Teams des Europäischen Forums, das bei der Friedenskonvokation der Ökumenischen Rats der Kirchen in Kingston einen Workshop zu homo- und transfeindlicher Gewalt hielt. Aufgrund früherer Kontakte konnten wir in Kingston eine Gruppe von LSBTTIQ treffen. Der Treffpunkt befand sich in einem Hinterhof in einem Vorort von Kingston. Wir wurden dort hingefahren. Niemand durfte wissen, wo wir waren.

Der Hof war von der Straße uneinsehbar und wurde trotzdem von zwei privaten Security-Leuten bewacht. Eines der Garagentore im hinteren Teil des Hofes stand auf. Drinnen gab es zwei Räume. Im ersten war eine Bar mit Tresen und einigen Stühlen. Im zweiten Raum stand ein Sofa. Es gab niedrige Tische mit Stühlen, eine Musikanlage und eine winzige Tanzfläche. Die meisten Gäste saßen aber einfach draußen im Hof auf Plastikstühlen und unterhielten sich. Wir trafen uns mit der Chefin der Bar. Sie war eine Frau in mittleren Jahren, geschieden, zwei Kinder und lebte schon seit einigen Jahren mit einer Frau zusammen. Daraufhin hatte ihre Familie sie beschimpft, verstoßen und jeden

Kontakt abgebrochen. Sie bekam anonyme Drohungen und immer mehr Menschen zogen sich von ihr zurück. Als sie merkte, dass es Gleichgesinnten ebenso ging, beschloss sie, einen sicheren Ort zu schaffen, der für alle Heimat- und Schutzlosen einen Treffpunkt bieten sollte. Fast jede Nacht hat die Bar auf. Tagsüber ist sie verschwunden und verwandelt sich zurück in eine Garage.

Die Bar ist für viele Besucherinnen und Besucher zur Heimat geworden. Deshalb heißt die Bar auch *Oase*, wie uns die Chefin stolz erzählt hat. Sie ist eine Oase in der Wüste von Vorurteilen, Ausgrenzung und gewalttätigen Übergriffen. Die meisten haben im extrem homofeindlichen Jamaika schon einmal Gewalt erlebt. Die Oase ist ihr geschützter Ort, ihr Zuhause. Dort können sie Dinge erzählen, die sie nirgends sonst sagen können. Es ist ein sicherer Ort, um sich zu treffen, zu reden, sich auszuruhen, zu tanzen und das Leben zu feiern. Um zumindest für einen kleinen Moment die Sorgen und Nöte des Alltags hinter sich lassen.

Zerstörung eines Schutzraums

Einen solchen sicheren Schutzraum hat der Mörder von Orlando zerstört. Und damit weit mehr als nur das Leben von 49 unschuldigen Menschen und über 50 Verletzten, die ausgerechnet dort einen geschützten Raum gesucht hatten.

Denn die Vorbehalte der Mehrheitsgesellschaft sind nicht nur auf Jamaika immer noch erschreckend groß. Gleichberechtigung ist in den meisten Ländern der Welt noch nicht in Sicht. Das Schlimmste ist aber: Nicht wenige Lesben und Schwule gehen auch im Jahr 2016 noch mit Schuld- und Schamgefühlen in eine queere Bar. Einerseits ist es ein scheinbar sicherer Ort für sie. Andererseits schämen sie sich für ihre Gefühle und ihre Sexualität.

Schuld und Scham

Schuld und Scham werden in zahlreichen Familien tradiert, wie Carolin Emke in ihrem Artikel zu Orlando schreibt. Schuld und Scham werden in vielen muslimischen, evangelikalen und christlich fundamentalistischen Gemeinden verbreitet, statt den Menschen einen sicheren Ort anzubieten. Hass und Selbsthass werden in einem feindseligen Umfeld geschürt und durch Vorurteile und Hasskommentare online und offline vertieft.

Die Verantwortung für solch ein Verbrechen darf daher nicht nur auf pathologische Einzeltäter oder terroristische Organisationen geschoben werden. Das Verbrechen in Orlando ist ein Weckruf für die gesamte Gesellschaft, dass sie die Folgen von homo- und transfeindlichen Aussagen und Handlungen selbstkritisch hinterfragen und zukünftig verhindern.

Christliche und muslimische Gemeinden müssen sich dem genauso stellen wie die gesamte Zivilgesellschaft und die Politik, wenn sie pseudoreligiösen Fanatikern nicht das Feld überlassen wollen. Gerade religiöse Gemeinschaften sollten sich darauf besinnen, Menschen Schutz und Respekt zu gewähren, statt sie zu verurteilen. Rechtlicher Schutz und die Umsetzung der Menschenrechte sind keine Alltagsdekoration, sondern überlebenswichtig gerade für die Verletzlichsten in einer Gesellschaft. Diejenigen, die nicht einmal mehr auf die scheinbar sicheren Orte wie das *Pulse* in Orlando zählen können.

Norwegen traut sich: Norwegen

21.04.2016 (Veröffentlichung auf eigener Homepage)

Norwegen traut sich! Die Lutherische Kirche in Norwegen stimmte auf ihrer Synode in Trondheim für die Ehe-Öffnung für gleichgeschlecht-liche Paare.

Seit zwanzig Jahren verfolge ich die kirchenpolitische Entwicklung in der Lutherischen Kirche in Norwegen recht genau. Ich habe dort viele Freundinnen und Freunde. Mein positives Vorurteil, dass in Norwegen nicht nur staatlich, sondern auch kirchlich alles viel fortschrittlicher sei als in Deutschland, hat sich aber nur teilweise als richtig erwiesen.

Hintergrund

Ich musste erst lernen, dass Teile der Lutherischen Kirche in Norwegen sehr traditionell und konservativ sind. Sie tragen und trugen gegenüber Lesben und Schwulen geradezu einen Kampf um die letzte Bastion konservativer Werte aus. Zuerst ging es um die Frage, ob lesbische und schwule Pfarrerinnen und Pfarrer im Pfarrhaus zusammen-leben dürfen. Dann ging es um die Frage der Segnung lesbischer und schwuler Paare in der Kirche. Danach kam der Streit um die Adoption von Kindern in Regenbogenfamilien. In den letzten Jahren ging es schließlich um die Frage, ob Lesben und Schwule standesamtlich und kirchlich in Kirchen heiraten können. Dazu muss man wissen, dass heterosexuelle Paare in der ehemaligen Staatskirche von Norwegen sowohl die standesamtliche als auch die kirchliche Trauung in Kirchen vornehmen können. Es ist sozusagen ein *All-inclusive-Paket.*

Seit 2009 gibt es in Norwegen zwar eine staatliche Gleichstellung von homo- und heterosexuellen Eheschließungen. Aber nicht in den Kirchen. Seitdem wurde darüber gestritten, ob auch lesbische und schwule Paare in Kirchen standesamtlich und kirchlich heiraten können oder nicht.

Ehe für alle

Am Montag, den 11. April 2016, war es dann endlich soweit: 88 der 115 Delegierten stimmten auf der Kirchensynode in Trondheim für die Gleichstellung lesbischer und schwuler mit heterosexuellen Eheschließungen. Ab Januar 2017 dürfen auch lesbische und schwule Paare in Kirchen standesamtlich heiraten und sich gleichzeitig kirchlich trauen. Allerdings können Pfarrer*innen, die aufgrund ihrer religiösen Überzeugung keine Lesben und Schwule trauen wollen, nicht dazu gezwungen werden. Die Abspaltung konservativer Christinnen und Christen soll damit verhindert werden.

Der Erfolg der Abstimmung geht auf die engagierte Arbeit der liberalen Offenen Volkskirche zurück, die im letzten Jahr die Kirchenwahlen in Norwegen fast mit einer Zweidrittelmehrheit gewonnen hat. Ein beeindruckendes Ergebnis!

Zur Synodenentscheidung am 11. April habe ich Randi O. Solberg nach ihrer Einschätzung gefragt. Sie ist seit 21 Jahren Mitglied in der *Åpen Kirkegruppe* (*Offene Kirchengruppe*) in Oslo. Die Offene Kirchengruppe ist ein Netzwerk, das sich in Norwegen seit vierzig Jahren für die Rechte von LSBTTIQ in den Kirchen einsetzt.

Solberg bezeichnet die aktuelle Entscheidung als historisch. Es geht ihr dabei nicht nur um die *Homo-Frage*, sondern auch um die Frage, welche Kirche in Norwegen zukünftig gestärkt und gelebt werden soll. Bisher haben nach Solberg vor allem die Konservativen definiert, wer zur Kirche dazugehörte und wer nicht. Nun sind die Kirchentüren weit geöffnet. Diese Öffnung zeigt: Alle Menschen sind einzigartig und ganz verschieden. Aber sie sind gleich viel wert vor Gott und den Menschen. Und sie sind alle herzlich willkommen.

Für Solberg ist die Entscheidung persönlich ebenfalls bedeutsam. Wenn sie und ihre Partnerin sich entscheiden wollen zu heiraten, wird es keine Ehe zweiter Klasse mehr sein. Für sie ist es national wie international ein wichtiges kirchenpolitisches Signal und ein klares Votum für die Gleichstellung lesbischer und schwuler Paare.

Lange Zeit hat Solberg überlegt, aus der Kirche austreten. Sie hat sich nicht willkommen und entfremdet gefühlt. Aber dieses Gefühl ist vorbei. Nun ist sie stolz, Teil der Lutherischen Kirche in Norwegen zu sein.

Worüber sie sich allerdings immer noch ärgert: Konservative Pfarrer*innen haben die Möglichkeit, lesbischen und schwulen Paaren die kirchliche Eheschließung zu verweigern.

Neue Trauliturgie

Auf der Synode wurde ebenfalls beschlossen, eine neue Trauliturgie zu erarbeiten, die für homo- und heterosexuelle Paare gelten wird. Allerdings werden konservative heterosexuelle Paare das Recht haben, die neue Liturgie abzulehnen. Sie können weiterhin nach der traditionellen Liturgie getraut werden. Solbergs Kommentar dazu: „Wenn die den neuen Hochzeitskuchen nicht mit uns teilen möchten, dann bitte schön. Ich werde ihnen die Feier nicht verderben, indem ich sie daran hindere, das alte Brot zu essen!"

Streit in der Anglikanischen Kirche: USA

17.02.2016

In der weltweiten Familie der Anglikanischen Kirchen wird heftig um das Thema der gleichgeschlechtlichen Ehe gestritten. Es ist nicht das erste Mal. Aber dieses Mal ist der Streit eskaliert.

Drohende Spaltung

Schon als Gene Robinson im Jahr 2003 als erster offen schwul lebender Priester in der Episkopalkirche (Episcopalian Church) in New Hampshire/USA zum Bischof geweiht wurde, gab es weltweit Proteste aus anderen Anglikanischen Kirchen. Die Anglikanischen Kirchen vereinen weltweit rund 85 Millionen Gläubige aus 165 Ländern. Vor allen Dingen in afrikanischen und asiatischen Ländern haben sich konservative und homofeindliche Bischöfe und Theologen gegen die Bischofsweihe von Gene Robinson gewehrt. Der Streit drohte die weltweite Familie der Anglikanischen Kirchen zu spalten. Die Spaltung wurde damals mühsam abgewendet. Nun ist der Streit erneut ausgebrochen.

Streitfragen

Im Januar 2016 trafen sich leitende Geistliche aus 38 anglikanischen Kirchenprovinzen weltweit im südenglischen Canterbury, um unter anderem über diese Streitfrage zu debattieren.

Ich habe mit der anglikanischen Theologin Wilma T. Jakobsen über den Stand der Dinge in der Anglikanischen Kirche gesprochen. Sie war ist Priesterin in Saint Jude, einer Kirchengemeinde der Episkopalkirche in Cupertino in Kalifornien. Das Interview habe ich ins Deutsche übersetzt.

Söderblom: „Was genau ist geschehen zwischen der Episkopalkirche in den USA und dem Rest der Anglikanischen Kirchenfamilie?"

Jakobsen: „Leitende Geistliche der Anglikanische Kirchenfamilie weltweit haben kritisiert, dass die Episkopalkirche in den USA die biblische Grundlage zu Ehe und Familie verlassen habe. Sie protestierten dagegen, dass die Episkopalkirche die gleichgeschlechtliche Ehe in ihren

Kirchen in den USA erlaubt, ohne die Bedeutung dieser Entscheidung für den Rest der Anglikanischen Kirche bedacht zu haben. Die Geistlichen forderten, dass die Episkopalkirche der USA die Konsequenzen dafür tragen müsse, da sie sich vom Rest der Anglikanischen Gemeinschaft entfernt hat. Beim Treffen der Anglikanischen Geistlichen in Canterbury im Januar 2016 wurde dem Rat der Anglikanischen Kirchen empfohlen, dass die Episkopalkirche in den nächsten drei Jahren zwar in den Anglikanischen Gremien mit beraten aber nicht mehr mit abstimmen dürfe. Darüber hinaus sollte die Episkopalkirche die weltweite Anglikanische Kirchenfamilie nicht mehr bei ökumenischen oder interreligiösen Treffen vertreten dürfen. Über diese Empfehlungen wird der Anglikanische Rat bei seiner nächsten Sitzung im April in Zambia beratschlagen und entscheiden."

Söderblom: „Welche Konsequenzen hat diese drastische Empfehlung?"

Jakobsen: „Nun, die Episkopalkirche wird ihren Standpunkt zur gleichgeschlechtlichen Ehe nicht aufgeben. Davon bin ich überzeugt. Insofern bleibt die Anglikanische Familie in diesem Punkt zerstritten. Auf der nächsten Generalversammlung gibt es für mich keine Alternative dazu, den Dialog über die Streitpunkte fortzusetzen. Ziel muss sein, einen Konsens zu erreichen und dafür zu kämpfen, dass die Episkopalkirche Teil der Anglikanischen Familie bleibt. Mit Drohungen ist hier niemandem gedient. Dem Vorsitzenden der Episkopalkirche der USA, Bischof Michael Curry, traue ich zu, dass er etwas bewegen kann in dem verfahrenen Streit. Er hat schon so manches Wunder vollbracht."

Söderblom: „Was wünschen Sie sich für die Zukunft?"

Jakobsen: „Ich hoffe, dass die Anglikanische Familie auch in Zukunft ein Dach für verschiedene Theologien bieten kann. Unter diesem Dach sollte es möglich sein, dass die Beteiligten mit unterschiedlichen Standpunkten und Überzeugungen zur gleichgeschlechtlichen Ehe leben können und gleichzeitig als Anglikanische Familie verbunden bleiben. Das ist meine große Hoffnung. Ich bin Optimistin. Und ich glaube an die Kraft des Heiligen Geistes, der unsere Herzen und Sinne verändert und uns ermöglicht, die inklusive Liebe von Jesus Christus zu erkennen und umzusetzen."

Iona Community: Schottland

16.09.2015

Die Iona Community ist auf der Insel Iona zuhause, einer schottischen Insel westlich der Insel Mull. Dort befindet sich eine alte Benediktinerabtei aus dem 13. Jahrhundert. Der Ort hat eine magische Ausstrahlung und lädt ein zur Besinnung, zum Gebet, zum Austausch oder einfach zum tief durchatmen. Der Ort ist aber auch ein sicherer Ort für LSBTTIQ.

Zwei Wochen habe ich die Iona Community auf der schottischen Insel Iona besucht. Auf der Insel befindet sich eine alte Benediktinische Abtei und eine dazu gehörige Klosteranlage. Was mich am meisten beeindruckt hat: An dem Ort befindet sich eine internationale und überkonfessionelle christliche Gemeinschaft. Die Menschen leben dort zwischen sieben Wochen bis drei Jahren in einfachen Verhältnissen zusammen. Es sind Mitglieder der Iona Community, Angestellte oder Freiwillige, Alte oder Junge, Schwarze oder Weiße, Geistliche verschiedener Konfessionen oder Laien mit ganz unterschiedlichen beruflichen Hintergründen.

Geschichte der Abtei

Die Abtei von Iona ist auf den Überresten einer Klostergründung des Heiligen Kolumba im 13. Jahrhundert n.Chr. erbaut worden. Laut historischen Zeugnissen kam Kolumba im Jahr 563 n. Chr. mit einigen Mönchen auf einem Schiff von Irland zur Insel Iona. Er baute dort im sechsten Jahrhundert eine erste kleine Klosteranlage. Von Iona aus christianisierten er und viele andere Mönche Schottland und England. Das Christentum ist auf der Insel stark verbunden mit seinen keltischen Wurzeln. Natur- und Heimatverbundenheit und der ganzheitliche Bezug zu alten keltischen Mythologien, Symbolen und Legenden zeigen das bis heute.

1938 hat der schottische Pfarrer George Mac Leod die seit der Reformationszeit im 16. Jahrhundert in Ruinen liegende Klosteranlage auf Iona mit Geistlichen und arbeitslosen Handwerkern in jahrelanger Arbeit wieder aufgebaut. Als Tagesstruktur hat er das alte mönchische

Motto von Beten und Arbeiten eingeführt. Die klaren Zeiten von Gebet und Arbeit, von Reflexion und Aktion haben dabei geholfen, dass die Arbeiter und die Geistlichen nach anfänglichem Misstrauen miteinander ins Gespräch kamen und voneinander lernen konnten. Diese Tradition von Beten und Arbeiten, Reflexion und sozialpolitischer Aktion prägt bis heute das Leben in der Klosteranlage von Iona.

Gründung der Community

Pfarrer Mac Leod hat die Iona Community in Glasgow gegründet. 270 Mitglieder gibt es bisher. Sie leben vor allem in England und Schottland. Es gibt darüber hinaus aber auch Mitglieder in den USA, in Kanada, Australien und einige wenige in Deutschland, den Niederlanden, in Skandinavien und anderswo. Dazu kommen etwa 1500 assoziierte Mitglieder und noch einmal so viele Freundinnen und Freunde weltweit. Sie alle teilen eine gemeinsame Regel. Die Regel gründet sich auf Gemeinschaft in Gebet und Arbeit, fordert finanzielle Transparenz und wirtschaftliche Verantwortung unter den Mitgliedern und unterstützt soziale und friedenspolitische Aktivitäten. Die Iona Community versteht sich als überkonfessionelle christliche und inklusive Gemeinschaft. Ziel der Arbeit ist es, neue liturgische Wege zu gehen und die Herzen der Menschen zu erreichen. Sie tut das vor allem durch eine aktive Jugendarbeit, neue Liturgien, moderne Musik und einfache Gottesdienstformen. Die Gemeinschaft setzt sich für soziale Gerechtigkeit, Frieden und Umweltthemen ein.

Auf der Insel Iona leben rund um die Abtei etwa zwanzig Angestellte der Gemeinschaft in Wohngemeinschaften und einfachen Wohnungen. Sie arbeiten für höchstens drei Jahre u.a. in den Bereichen Geschäftsführung, geistliche Leitung, Programmarbeit, Musik, Hauswirtschaft, Küche, Außenbereich und Buchladen. Dazu kommen etwa dreißig junge Freiwillige aus der ganzen Welt. Sie arbeiten von sieben Wochen bis zu einem Jahr in den verschiedenen Bereichen freiwillig mit und leben dafür in einer interessanten spirituellen und internationalen Gemeinschaft zusammen. Mich hat die Gemeinschaft jedenfalls sehr beeindruckt, auch wenn es dort sicherlich auch Meinungsverschiedenheiten und Konflikte gibt.

Was mich am meisten gefreut hat: Die Iona Community heißt LSBTTIQ herzlich willkommen. Viele ihrer Mitglieder setzen sich aktiv für ihre Gleichberechtigung ein. Als in Schottland vor einigen Jahren die Ehe für alle abgestimmt wurde, hat sich die Iona Community beispielsweise einhellig für die Eheöffnung für LGBTTIQ ausgesprochen und einen entsprechenden Brief an das schottische Parlament geschrieben.

Solidarischer Geist

Dieser solidarische Geist ist in Begegnungen, Gesprächen, im persönlichen Austausch und selbst in Predigten in der Abtei zu spüren. „Fürchtet euch nicht und verzagt nicht!", so hat es die damalige stellvertretende Geschäftsführerin der Iona Community und Pfarrerin der schottischen Kirche Sharon Kyle in einem Gottesdienst gerufen. In ihrer Predigt hat sie von ihrem eigenen Coming Out als lesbische Frau erzählt und wie sehr die Angst vor Repressalien ihr damaliges Leben blockiert und beeinträchtigt hat. Als eine im Sterben liegende lesbische Freundin sie darum bat, die Partnerschaft von ihr und ihrer Partnerin in einem Gottesdienst zu segnen, ohne dass diese Segnungsgottesdienste damals offiziell erlaubt waren, hat Sharon Kyle ihre Angst abgelegt und getan, wovon sie überzeugt war: Sie hat das Paar gesegnet und ein wunderschönes Fest mit allen anwesenden Familienangehörigen, Freundinnen und Freunden gefeiert. Wenige Wochen danach ist ihre Freundin gestorben. Glücklich und dankbar, dass sie den Segnungsgottesdienst mit ihrer Partnerin erlebt hat und mit allen Anwesenden teilen konnte. „Gottes Segen hat die beiden Frauen getragen, im Leben wie im Sterben", fasste Sharon Kyle zusammen. Diese Partnerschaftssegnung wurde auch für ihren eigenen Werdegang bedeutsam. Sie entschied sich, ihr Leben nicht weiter mit Angst und Versteckspiel zu verbringen, sondern zu sich selbst zu stehen und sich klar für Gleichberechtigung, Respekt und Solidarität für alle Menschen in Kirche und Gesellschaft einzusetzen.

Die Abtei war mit mehreren hundert Menschen aus ganz unterschiedlichen Ländern voll besetzt. Trotzdem hätte man während der Predigt eine Stecknadel fallen hören können, so konzentriert und aufmerksam war die Atmosphäre. Die Predigt war leidenschaftlich und hat viele Menschen berührt. Genau einen solchen Ort von Respekt und Herzenswärme will die Iona Community anbieten. Ich habe es so erlebt und war bestimmt nicht zum letzten Mal da!

Hate Crime: Israel

19.08.2015

Selbst der israelische Ministerpräsident Benjamin Netanjahu nennt es mittlerweile *jüdischen Terrorismus*. Die Vereinten Nationen nennen es *Hate Crime*, also Hassverbrechen. Es geht um die Messerattacke auf die Gay-Pride-Parade in Jerusalem und die Brandanschläge auf Wohnhäuser von Palästinensern im Westjordanland im Juli 2015.

Hintergrund

Bei der Jerusalemer Gay-Pride-Parade am 30. Juli 2015 hat der ultra-orthodoxe Jude Yishai Schlissel sechs Teilnehmende mit dem Messer niedergestochen. Ein 16-jähriges Mädchen ist einige Tage später an ihren Verletzungen gestorben. Andere sind schwer verletzt worden. Schlissel war erst seit einigen Wochen aus dem Gefängnis entlassen worden. 2005 hatte er schon einmal drei Teilnehmende der damaligen Gay-Pride-Parade in Jerusalem mit einem Messer angegriffen und verletzt.

Am 31. Juli 2015 gab es einen Brandanschlag auf zwei palästinensische Häuser im Westjordanland. Ein achtzehn Monate altes Baby und sein Vater sind an den Folgen der schweren Verbrennungen gestorben. Der 24-jährige ultra-orthodoxe Jude Meir Ettinger ist für die Tat festgenommen worden. Er wird verdächtigt, auch bei dem Brandanschlag auf die Brotvermehrungskirche in Tabhga Mitte Juni mitgewirkt zu haben.

Es ging um Messerattacken und Brandanschläge aus Hass. Hass auf LSBTTIQ, die friedlich für ihre Gleichberechtigung demonstriert haben. Hass auf Palästinenser*innen, die allein durch ihre Anwesenheit ultra-orthodoxe Siedler und ihre aggressive Ausdehnungspolitik stören.

Es ist Terrorismus, der sich auf Hass gründet. So haben es mittlerweile mehrere Politiker*innen in Israel genannt. Wer die Taten verniedlicht, macht sich mitschuldig. Wer diese Taten leugnet, zündelt mit.

Die Vereinten Nationen nennen solche Verbrechen *Hate Crimes*. Es sind Verbrechen, die aus Hass auf Andere und Fremde ausgeübt werden, die angeblich gegen geltende Normen verstoßen. Fundamentalistische Religionszugehörigkeit ist häufig der Nährboden für die Verbrechen.

Pseudoreligiöse Argumente dienen nicht selten als Legitimation für die Gewalttaten.

Religiös motivierte Hassverbrechen

Die Grundstruktur ist stets ähnlich. Ob es nun ultra-orthodoxe Juden sind, die auf LSBTTIQ oder Palästinenser*innen losgehen. Oder ob es islamistische (IS-)Krieger sind, die alle so genannten *Ungläubigen* ermorden und Hass gegen alle schüren, die nicht so sind wie sie selbst. Oder ob es fundamentalistische Christen sind, die LSBTTIQ ausgrenzen, pathologisieren oder sogar Gewalttaten legitimieren. Hass ist stets die Grundlage. Unkenntnis, Verweigerung von Dialog und Angst vor den Anderen sind die Markenzeichen. Biologistische Argumente und wörtliche Lektüre der Heiligen Texte sind die Methoden. Sie beschwören Natur, Gott und die Heiligen Texte für ihre Vorurteile und kruden Gedanken.

In allen großen Religionen sind solche fundamentalistischen und extremistischen Auswüchse zu beklagen. Selbst radikale Buddhisten zündeten in den letzten Monaten die Häuser von Hunderten Rohingyas an, einer muslimischen Minderheit in Myanmar, und töteten in den letzten drei Jahren Tausende von ihnen. Zur Begründung wird in den internationalen Medien Hass auf die religiöse und ethnische Minderheit der Rohingyas genannt. Hass als Grund für Verfolgung, Gewalt und Massenmord!?

Diese Phänomene müssen als Hassverbrechen und Terror benannt werden und dürfen nicht heruntergespielt werden. Denn sie haben lange Tradition und System. Gleichzeitig dürfen solche Phänomene nicht dafür genutzt werden, undifferenziert und hasserfüllt auf Religionen allgemein draufzuhauen. Solche generalisierenden Reaktionen bedienen sich derselben Vorurteilsreflexe, wie sie diejenigen benutzen, die sie kritisieren.

Religiöse Schutzräume

Übersehen wird dabei, dass in allen Religionen Schutzräume für Andersdenkende und Andersliebende geboten werden. Und dass es in allen Religionen Akteure für Gleichberechtigung und Akzeptanz von Anderslebenden und Andersgläubigen gibt. Verschwiegen wird, dass in allen Religionen LSBTTIQ-Netzwerke bestehen, die sich innerhalb der jeweiligen Religion für Respekt und Gleichstellung einsetzen. Nicht wahrgenommen wird dadurch auch, dass Anfang August in Jerusalem mehrere tausend Menschen auf die Straße gegangen sind, um gegen die Messerattacken auf der Gay-Pride-Parade und gegen die Brandanschläge auf palästinensische Dörfer zu demonstrieren.

Letztere stehen für Austausch, Aufklärung und Lernprozesse. Sie nutzen Strategien, die die Bereitschaft zu Begegnung und Dialog voraussetzen. Genau das ist bei den meisten radikalen Fundamentalisten und Extremisten allerdings nicht gegeben. Sie sind nicht am Dialog interessiert. Ihr Weltbild ist abgeschlossen, dogmatisch und selbstreferentiell.

Allerdings dürfen diejenigen, die man mit Gesprächen nicht erreichen kann, weder die Macht haben Minderheiten zu verfolgen, noch dürfen sie den Einfluss bekommen Religionen generell zu verdammen. Zu schnell werden sonst ganz andere Vorurteile bedient: Antisemitismus, Islamophobie und Christenfeindlichkeit. Nur durch Sachlichkeit, Aufklärung und Differenzierung kann das verhindert werden.

Ansonsten hilft das, was die Panoramachefin Anja Reschke in ihrem Tagesthemenkommentar vom 5. August 2015 so eindringlich formuliert hat: „Man muss den Mund aufmachen, Haltung zeigen und sich gegen Hass und Gewalt wehren, um dem menschenverachtenden und hasserfüllten Treiben extremistischer und fundamentalistischer Kräfte Einhalt zu bieten."

Klare Worte: Kenia

5.08.2015

Barack Obama hat am 24. und 25. Juli Kenia besucht. Sein Vater ist Kenianer. Biografisch steht er dem Land sehr nah. Ein *Heimspiel* war sein Besuch trotzdem nicht. Trotz der Begeisterung vieler Menschen, die Obama auf den Straßen begrüßt haben. Denn Obama hat klare Worte gesprochen.

Barack Obama hat die politisch Verantwortlichen und die gesamte Bevölkerung Kenias aufgefordert, stärker gegen Korruption und Vetternwirtschaft vorzugehen. Die Menschen müssten das wirtschaftliche Schicksal des Landes selbst in die Hand nehmen, statt auf westliche Hilfen zu warten. Ansonsten lobte er die positive wirtschaftliche Entwicklung des Landes. Trotzdem sparte Obama nicht mit Kritik. Er prangerte die Ungleichbehandlung von Frauen in der Gesellschaft an und kritisierte die Diskriminierung von Lesben und Schwulen in Kenia. Dass Menschen aufgrund ihrer Liebe zu gleichgeschlechtlichen Partner*innen anders behandelt oder misshandelt werden, ist falsch - Punkt, sagte Obama unmissverständlich bei seinem Zusammentreffen mit Kenias Staatschef Uhuru Kenyatta in Nairobi. Klare Worte in einer schwierigen Gemengelage. Ich wünschte mir, dass Politiker*innen häufiger so klare Worte finden!

Hintergrund

In Kenia sind gleichgeschlechtliche Beziehungen illegal und können mit Haftstrafen bis zu 14 Jahren bestraft werden. Damit steht Kenia nicht allein da. In 31 afrikanischen Ländern südlich der Sahara ist gleichgeschlechtlicher Sex verboten. Strafen reichen von Gefängnis- bis zur Todesstrafe in Mauretanien, Sudan, Somalia und in Teilen des islamischen Nordens Nigerias. Lesben und Schwule werden drangsaliert, kriminalisiert und aus ihren Familien und Gemeinschaften ausgeschlossen. Lediglich in Südafrika sind die Rechte von Lesben und Schwulen in der Verfassung verankert, obwohl es auch dort immer wieder zu gewalttätigen Übergriffen kommt. In Mosambik und Botswana ist Diskriminierung aufgrund der sexuellen Orientierung ebenfalls verboten. Leider sind diese Beispiele Ausnahmen in einem scheinbar komplett homophoben Kontinent.

Dabei war das nicht immer so. Zahlreiche Wissenschaftler*innen und Afrika-Spezialist*innen weisen darauf hin, dass homosexuelle Subkulturen in afrikanischen Ländern durchaus bekannt und geduldet waren. In Kenia soll es allein vier Ethnien gegeben haben, die die Heirat unter Frauen erlaubt haben. Auch an der kenianischen Küste zum indischen Ozean und auf der Insel Sansibar waren Lesben und Schwule geduldet, solange sie ihre Beziehungen im privaten lebten und sie nicht an die große Glocke hängten.

Ubuntutu

Der kanadische Wissenschaftler Marc Epprecht weist darauf hin, dass die afrikanische Lebensphilosophie von *Ubuntutu* Mitmenschlichkeit, Gemeinsinn und Verantwortungsgefühl umfasst und lange Zeit Formen gleichgeschlechtlicher Beziehungen duldete. Epprecht hält den Standardvorwurf afrikanischer Politiker für geradezu absurd, dass Homosexualität ein Phänomen westlicher Dekadenz sei, um Afrika in neokolonialer Weise mit Homosexualität zu infizieren und zu schwächen. Denn nicht die Homosexualität sei mit westlichem Kolo-nialismus und westlicher Mission nach Afrika gekommen. Sie gab es vorher schon in Afrika. Sondern die puritanische und viktorianisch verklemmte Sexualmoral und Homofeindlichkeit, die der Westen mitbrachte.

In den Gesetzeskodexen der europäischen Kolonialherren war die Kriminalisierung von homosexuellen Handlungen enthalten. Sie sind teilweise bis heute gültige Grundlage der Rechtsprechung in verschiedenen afrikanischen Ländern. Diese Form der Kriminalisierung von Homosexualität hatte es vor der Kolonialisierung und Missionierung in den afrikanischen Ländern nicht gegeben.

Hasspredigten Evangelikaler

Heutzutage sind es vor allem US-Amerikanische Evangelikale und christliche Fundamentalisten wie der Lobbyist und Vorsitzende der *American Familiy Association* Scott Lively, die ihr fanatisches Missionsprojekt nach Afrika bringen. Nachdem sie in den USA und in westlichen Ländern kaum mehr gehört werden, exportieren sie ihre aggressiv homophoben Ansichten in afrikanische Länder. Scott Lively war gemeinsam mit den US-Amerikanern Don Schmierer und Caleb Lee Brundidge vor einigen Jahren an der Vorbereitung des Gesetzes zur Verschärfung der Strafbarkeit von Homosexualität in Uganda beteiligt. Das Gesetz sah die Todesstrafe für Lesben und Schwule vor. Aufgrund des internationalen Protests wurde die Strafe im Frühjahr 2014 in eine lebenslange Haftstrafe umgewandelt. Aber auch diese Verschärfung wurde aus Angst vor dem Verlust von westlichen Entwicklungsgeldern ausgesetzt. Zahlreiche Parlamentarier in Uganda setzen sich aber weiterhin für eine Verschärfung des Gesetzes ein.

Als ein konkreter Anlass für die aggressive Ablehnung von Homosexualität in vielen afrikanischen Kirchen wird die Ernennung des schwulen anglikanischen Priesters Gene Robinson zum ersten offen schwulen Bischof der Anglikanischen Kirche in den USA in der Diözese von New Hampshire im Jahr 2004 angesehen. Die Bischofsweihe von Robinson war umstritten und hat die Anglikanischen Kirchen weltweit fast in eine Spaltung geführt. Viele Anglikanische Kirchen in Afrika haben gegen die Bischofsweihe aufs schärfste protestiert und daraufhin ihre ablehnende Position gegenüber Homosexualität und gleichgeschlechtliche Partnerschaften explizit ausformuliert. Sie nutzten vor allem wörtliche Bibelzitate, um ihre Positionen pseudoreligiös zu legitimieren und zu stärken.

Staatspräsident Kenyatta hat Präsident Obamas Kritik an der Diskriminierung von Lesben und Schwulen am 25. Juli mit dem Hinweis zurückgewiesen, dass gleichgeschlechtliche Lebensweisen nicht zur Kultur und Religion Kenias bzw. Afrikas gehörten und daher der Bevölkerung nicht zu vermitteln seien. Der Umgang mit Homosexuellen sei für ihn daher kein Thema. Damit war für ihn das Thema beendet.

Ermordung David Katos

Von anderen wurden Obamas Worte mit Freude verfolgt. Denn seit den achtziger Jahren des 20. Jahrhunderts gibt es in verschiedenen afrikanischen Ländern mutige LSBTTIQ und ihre Freund*innen, die sich im Geheimen in Gruppen zusammenschließen und sich gegen Diskriminierung und Kriminalisierung engagieren. Viele von ihnen werden in ihren Ländern verfolgt. Der schwule Menschenrechtsaktivist David Kato beispielsweise wurde aufgrund seines Engagements in der Lesben- und Schwulenbewegung in Uganda im Jahr 2011 ermordet, nachdem die

Boulevardzeitung Rolling Stone die Fotos und Adressen von *100 Top Homos* unter der Überschrift *Hängt sie!* veröffentlicht hatte. Katos Name stand auf der ersten Zeitungsseite.

Hitzige Debatte

Auch der bekannte Schriftsteller Binyavanga Wainaina aus Kenia hat sich 2014 geoutet. Er fügte seinem Internetblog ein *verlorenes Kapitel* seiner 2011 veröffentlichten Autobiographie hinzu und outete sich als schwul. Dazu stellte er ein auf Youtube veröffentlichtes Video ins Netz, warum er sich nicht länger verstecken wollte. Damit hat Wainaina eine hitzige Debatte in Kenia ausgelöst. Übergriffe und Gewalt bleiben aber an der Tagesordnung.

Klare Worte

Diese und andere Hassverbrechen und homophoben Übergriffe in Kenia, Uganda, Kamerun und anderswo zeigen, wie wichtig die klaren Worte von Barack Obama bei seinem Besuch in Kenia waren. Die reservierten Reaktionen der Machthaber darauf zeigen aber auch, wie kompliziert die Auseinandersetzung in der Gemengelage von Kolonialismus, Mission, Rassismus und religiös motivierter Homofeindlichkeit sind.

Es bleibt noch viel zu tun, damit Menschen in Afrika unabhängig von ihrer sexuellen Orientierung und Genderidentität gleichberechtigt und sicher in ihren Ländern leben können. Als afrikanische Bürger und Bürgerinnen, denen körperliche Unversehrtheit zugesichert wird, und die sich auf unveräußerliche Menschenwürde und Menschenrechte für alle berufen können.

Zum Weiterlesen

Epprecht, Marc, Sexuality and Social Justice in Africa. *Rethinking Homophobia and Forging Resistance*, London - New York 2013.

Söderblom, Kerstin, *Homophobie und gruppenbezogener Menschenhass*, in: Strube, Sonja, Angelika (Hg.), *Rechtsextremismus als Herausforderung für die Theologie*, Freiburg i.Br. 2015, S.223-241.

IDAHOBIT: Weltweit

13.05.2015

Seit 2005 wird am 17. Mai der Internationale Tag gegen Homo-, Bi- und Trans*feindlichkeit (kurz IDAHOBIT) gefeiert. Weltweit setzen sich Menschen ganz unterschiedlicher sexueller Orientierung und Genderidentität für die Gleichberechtigung von LSBTTIQ ein. Einer von ihnen ist der anglikanische Priester Father Michael Lapsley.

Hintergrund

IDAHOBIT geht zurück auf den 17. Mai 1990. An jenem Tag hat die Weltgesundheitsorganisation (WHO) Homosexualität aus ihrem Register von psychischen Krankheiten gestrichen. Seitdem werden jedes Jahr am 17. Mai Mahnwachen und Demonstrationen abgehalten, um gegen die Diskriminierung von LSBTTIQ zu protestieren und um sich für deren Gleichberechtigung einzusetzen. Der Tag wird in über zwanzig Ländern weltweit anerkannt, in anderen wird der Tag inoffiziell mit Mahnwachen und Kranzniederlegungen begangen, um an Opfer von homo- und transfeindlicher Gewalt zu erinnern. Das ist immer noch nötig. Denn Homosexualität wird immer noch in etwa siebzig Ländern kriminalisiert und juristisch verfolgt. In sieben Ländern steht auf Homosexualität die Todesstrafe (Iran, Jemen, Mauretanien, Saudi-Arabien, Sudan und in den von der Scharia dominierten Teilen von Nigeria und Somalia).

In Deutschland

In Deutschland finden am 17. Mai jedes Jahr in vielen Städten Veranstaltungen, Konzerte, Filmvorführungen und Regenbogenflashmobs statt. Regenbogenfarbene Luftballons werden mit Botschaften gen Himmel geschickt und Infostände informieren über die Situation von LSBTTIQ weltweit. In manchen Städten gibt es IDAHOBIT-Aktionswochen wie beispielsweise in Mainz. In anderen Städten gibt es Gedenkveranstaltungen zu schwulen, bisexuellen und lesbischen Opfern im Nationalsozialismus.

Das Motto der IDAHOBIT-Veranstaltungen im Jahr 2015 war *Wir. Alle. Gemeinsam.* Menschen ganz unterschiedlicher sexueller Orientierung und Genderidentität werden dazu aufgerufen, die Anliegen des IDAHOBIT-Tags zu unterstützen und sich solidarisch einzumischen.

Father Lapsley

Dieses Motto nehme ich zum Anlass einen solidarischen Freund der IDAHOBIT-Bewegung vorzustellen. Es ist Father Michael Lapsley. So wird er von den meisten Menschen, die ihn kennen, genannt. Er ist anglikanischer Priester und kommt aus Neuseeland. Er ging zum Studium nach Australien und wurde dort ordiniert. Danach setzte er seine Studien in Durban in Südafrika fort und wurde dort 1973 zum Kaplan für Studierende aller Hautfarben an der Universität von Durban ernannt. Im September 1976 wurde er wegen seiner Anti-Apartheitsarbeit des Landes verwiesen. Er ging nach Lesotho und arbeitete dort als Priester in einer Exilsgemeinde des *African National Congress* (ANC). 1982 zog er nach Zimbabwe. Dort wurde ihm 1990 drei Monate nach der Freilassung von Nelson Mandela eine Briefbombe von südafrikanischen Freicorps zugestellt. Die Bombe explodierte, als er den Brief öffnete. Er verlor beide Hände und ein Auge.

Nach seiner Genesung zog er 1992 zurück nach Südafrika, wo er bis heute lebt und arbeitet. Er wurde Kaplan des Traumazentrums für Opfer von Gewalt und Folter in Kapstadt. Ebenfalls in Kapstadt gründete er 1998 das *Institute for the Healing of Memories* (IHOM). Er ist auch der Direktor des Instituts. Trotz des Bombenanschlags gegen ihn ließ er sich nicht von seiner Arbeit abbringen. Er setzte sich weiterhin für die Gleichberechtigung von Schwarzen in Südafrika ein und wurde seitdem nicht müde, sich gegen Rassismus, Gewalt gegen Frauen und gegen jede Form von Diskriminierung einzusetzen, ganz egal ob auf Grundlage von Hautfarbe, Herkunft, Geschlecht, Behinderung oder sexueller Orientierung.

Ich habe Father Lapsley im November 2013 beim Abschlussgottesdienst der Generalversammlung des Ökumenischen Rats der Kirchen (ÖRK) in Busan/Südkorea kennengelernt. Er hielt damals die Predigt. Er erzählte vom Bombenanschlag gegen ihn. Und er machte deutlich, dass er nach dem Anschlag nicht etwa verbittert und voller Hass zurückgeblieben ist, sondern dass er sich seitdem nur noch stärker für Gleichberechtigung und soziale Gerechtigkeit für alle einsetzt. Sonst hätten seine Peiniger gewonnen, wie er sagte. Und das wollte er auf keinen Fall.

Abschlusspredigt

In der Predigt sprach Father Lapsley auch das Unrecht an, das christliche Kirchen weltweit gegen Lesben, Schwule, Bi- und Trans*-Menschen ausgeübt haben. Er entschuldigte sich als geistliche Amtsperson für das Unrecht und das Leid, das LSBTTIQ weltweit aufgrund von religiös legitimierten Ausgrenzungen und Verurteilungen erleiden müssen und rief alle Gläubigen dazu auf, sich gegen Homo- und Transfeindlichkeit einzusetzen. Es war etwas ganz Besonderes, dass Father Lapsley LSBTTIQ bei einem offiziellen Gottesdienst des ÖRK explizit angesprochen und sie um Vergebung gebeten hat. Denn im offiziellen Sprachgebrauch des ÖRK kommen sie nicht vor. Sie werden verschwiegen, da zahlreiche Mitgliedskirchen die Auseinandersetzung scheuen und das umstrittene Thema offiziell nicht auf die Tagesordnung setzen wollen. Father Lapsley hat sich den Mund aber nicht verbieten lassen. Er hat die Predigt beim Abschlussgottesdienst in Busan bewusst dazu genutzt, sich solidarisch mit Opfern von gruppenbezogenem Menschenhass zu erklären, auch mit Lesben und Schwulen.

Ich danke Father Lapsley stellvertretend für viele Freundinnen und Freunde für seine Solidarität! Er hat am eigenen Körper erlebt, was es heißt, wenn Hass und Gewalt die Oberhand gewinnen. Er ist wegen seiner Antirassismus-Arbeit Opfer eines Bombenanschlags und verstümmelt worden. Trotzdem tritt er bis heute couragiert und klar für seine Überzeugungen ein.

Im Abschlussgottesdienst des ÖRK in Busan ging ein Raunen durch die Menge von über 2000 Christinnen und Christen, als Father Lapsley über seine Unterstützung von LSBTTIQ sprach. Aber das eigentliche Wunder geschah danach: Niemand ist aufgestanden und gegangen oder hat gegen die Predigt protestiert. Der Heilige Geist war spürbar im Raum. Für mich ist Father Lapsley ein außergewöhnlich mutiges und ermutigendes Vorbild im Glauben und zugleich ein Vorbild für die Aktionen von IDAHOBIT. Hoffentlich kann er mit seiner Arbeit und seinen Überzeugungen noch sehr lange Menschen begeistern!

Jenseits von schwarz - weiß: Jamaika

29.04.2015

Der Umgang mit dem Thema Homosexualität ist in christlichen Kirchen weltweit umstritten. Zu oft wird das Thema auf Gut-und-Böse-Sätze reduziert oder mit Hilfe von Schwarz-Weiß-Kategorien etikettiert. Stattdessen geht es allerdings um komplexe Sachverhalte, um Grauschattierungen und um nachdenkliche Zwischentöne.

Kim

Kim (Pseudonym) ist etwa fünfzig Jahre alt. Sie ist schwarz, gutaussehend und hoch intelligent. Ich habe sie vor einigen Jahren auf einer Tagung an der Evangelischen Akademie in Bad Boll kennen gelernt. Seitdem halten wir Kontakt. Kim ist lesbisch und kommt aus Jamaika. Vor über zwanzig Jahren ist sie aus Jamaika geflohen, weil sie es als lesbische Frau in ihrem Heimatland nicht mehr ausgehalten hat. Sie wurde von Familienmitgliedern bedroht und von ihren Eltern verstoßen. Sie verlor ihren guten Ruf, wurde sozial geächtet und war mehrfach gewalttätigen Übergriffen ausgesetzt. Heute lebt sie in den USA und setzt sich dort für die Rechte von schwarzen LSBTTIQ ein.

Am Rande einer Friedenskonferenz

Am Rande einer Friedenskonferenz des Ökumenischen Rats der Kirchen in Kingston/Jamaika habe ich Kim im Mai 2011 wieder getroffen. Sie war zu Besuch in ihrer alten Heimat. Ich war dort mit einer Gruppe von lesbischen und schwulen Trainerinnen und Trainern aus Moldau, Lettland und Norwegen für einen Workshop eingeladen. Wir haben uns mit Homophobie und Transphobie in verschiedenen Kirchen auseinandergesetzt und Strategien gegen religiös legitimierte Gewalt diskutiert. Wir trafen Kim - gemeinsam mit mehreren anderen lesbischen Frauen aus Jamaika - in einem Hinterhof an der Peripherie von Kingston. Eine alte Lagerhalle wird dort jede Nacht zu einen Musikclub umfunktioniert, in dem LSBTTIQ und ihre Freund*innen willkommen sind. Den Ort nennen sie *Oase*, er ist geheim und wird von privat organisierten Sicherheitskräften streng bewacht. Eine Oase ist dieser Ort allerdings für viele junge LSBTTIQ, die von ihren Eltern und Familien von zuhause rausgeschmissen werden und oftmals unter widrigen Bedingungen auf der Straße leben. Viele von ihnen prostituieren sich, um zu überleben. HIV-Infektionen und andere Infektionskrankheiten sind an der Tagesordnung. Die Oase ist für viele von ihnen der einzige Ort, an dem sie so sein dürfen, wie sie sind, an dem sie auf Gleichgesinnte treffen und sich sicher fühlen. Kein Wunder, denn Jamaika steht in der Kritik, eines der gewalttätigsten und homophobsten Länder der Welt zu sein. Offen lebende Schwule und Lesben leiden unter sozialer Ächtung und massiver physischer oder psychischer Gewalt.

Besuch in der Oase

Kim hat unsere kleine europäische Gruppe vor unserem Quartier an der Kingston University abgeholt und in die Oase gefahren. Den Ort hätten wir sonst nie gefunden. Nach einer herzlichen Begrüßung wurden uns die Räume gezeigt: eine Bar, ein kleiner Tanzraum und ein Beratungsraum, in dem nicht wenige von ihnen nachts ihre Schlafsäcke ausrollen, um dort zu übernachten statt auf der Straße. Am nächsten Morgen ab sechs Uhr muss aber alles wieder aufgeräumt und verschwunden sein. Denn der Ort wird tagsüber anders genutzt. Wir hörten Reggae-Musik, tranken Bier und sprachen über die Situation von LSBTTIQ in der Karibik und in Afrika.

Neokoloniale Untertöne

Trotz ihrer persönlichen Gewalt- und Diskriminierungserfahrungen in Jamaika hat sich Kim unserer europäischen Gruppe gegenüber deutlich positioniert:

Kim: „Die weiße westliche Welt wirft Afrikanischen Kirchen und Gesellschaften homofeindliche Predigten und die Unterstützung homofeindlicher Gewalttaten vor. Diese Vorwürfe sind einerseits berechtigt und richtig. Andererseits haben sie häufig rassistische und neo-koloniale Untertöne. Es besteht die Gefahr, dass westliche Gesellschaften und Kirchen auch im 21. Jahrhundert den Kirchen in Afrika und in der Karibik noch immer vorschreiben wollen, was diese zu tun oder zu lassen haben. Dabei sind es doch die Weißen gewesen, die mit ihren teilweise gewaltsamen Missionierungen und mit den damals auch in Europa noch sehr engen christlichen Moralvorstellungen diese Werte und Normen überhaupt erst nach Afrika gebracht haben. Auch die Kriminalisierung von Homosexualität ist erst mit den aus Europa importierten Gesetzeskodexen in die ehemaligen Kolonien gekommen. Das müssen Weiße heute wissen und kritisch reflektieren, wenn sie mit Afrikaner*innen und Asiat*innen über das Thema reden und scheinbar alles besser wissen!"

Kim hat mir mit ihrer Position eines unmissverständlich gezeigt: Es gibt bei diesem Thema keine einfachen Antworten, kein gut oder böse, schwarz oder weiß, keine globalen Rezepte und schon gar keine westlichen Anweisungen. Trotzdem gibt es klare Grenzen: Die Menschen-rechte von LSBTTIQ müssen in der Karibik, in Afrika und Asien genauso geachtet und geschützt werden wie überall sonst auch.

Mich haben Kims Sätze und auch die von den anderen lesbischen Frauen aus Jamaika nachdenklich gemacht. Auf Nachfrage, was sie denn von Europäischen und Nordamerikanischen Kirchen erwarten, betonten die Frauen: Homo- und transfeindliche Gewalt ist nicht akzeptabel und muss verurteilt und beendet werden. Insbesondere dann, wenn Hass, Gewalt und Menschenrechtsverletzungen mit der Bibel in der Hand begründet und legitimiert werden. Aus ihrer Sicht ist es aber genauso wichtig, dass die koloniale und rassistische Geschichte der europäischen und nordamerikanischen Kirchen erinnert und kritisch reflektiert wird. Ihr Ziel ist es, einen Dialog auf Augenhöhe zu führen - ohne Vereinnahmung und Paternalismus, um gemeinsam gegen Hass und Gewalt eintreten zu können.

Zuhören

Was ich verstanden habe: Es ist extrem wichtig zuzuhören. Auch in der Karibik und in Afrika, in Mittel- und Lateinamerika und in Asien gibt es Lesben und Schwule, Bi-, Trans- und Intersexuelle. Sie sind nicht nur Objekte von kirchlicher Verdammnis, staatlicher Verfolgung oder westlicher Fürsorge, sondern sie sind Subjekte ihrer eigenen Lebensgeschichte. Sie sind schwarz oder weiß, dunkel oder hell, alt oder jung, gläubig oder ungläubig und leben in ganz unterschiedlichen Zusammenhängen und Lebensformen. Sie sind in ihren Heimatländern geboren und aufgewachsen. Trotzdem werden sie ausgegrenzt, angegriffen und oft sogar ermordet. Ihnen wird ein *westlich dekadentes* Leben vorgeworfen, das nicht *typisch* afrikanisch, lateinamerikanisch oder asiatisch ist. Aber wenn sie nach Europa oder Nordamerika fliehen und Asyl beantragen, werden sie dort als Schwarze und Fremde misstrauisch beäugt, ihre Asylgründe werden häufig angezweifelt oder ihnen wird überhaupt nicht geglaubt. Diese fatalen Widersprüche und Doppelbotschaften gilt es im Blick zu haben, um die komplexe Situation zu begreifen, in der sich Kim und die anderen befinden. Darüber hinaus braucht es ein kritisches Verständnis für die Zusammenhänge von Homophobie, Rassismus und Kolonialismus, um daraus gemeinsame Handlungsstrategien ableiten zu können - jenseits von schwarz - weiß.

Zum Weiterlesen

Epprecht, Marc, Sexuality and Social Justice in Africa. *Rethinking Homophobia and Forging Resistance*, London - New York 2013.

Söderblom, Kerstin, *Homophobie und gruppenbezogener Menschenhass*, in: Strube, Sonja, Angelika (Hg.), *Rechtsextremismus als Herausforderung für die Theologie*, Freiburg i.Br. 2015, S.223-241.

Safe Space: Europa und weltweit

15.04.2015

Ein *Safe Space*, also ein sicherer Ort, ist für LSBTTIQ aus Osteuropa keine Selbstverständlichkeit. Beim Europäischen Forum finden sie ihn. Einmal im Jahr treffen sich christliche LSBTTIQ auf einer Konferenz des Europäischen Forums christlicher queerer Gruppen in einer europäischen Stadt. In diesem Jahr wird die Tagung über Pfingsten in Merville in Frankreich stattfinden. 100 bis 150 Junge und Ältere, Glaubende und spirituell Suchende aus West- und Ost-, Nord- und Südeuropa kommen dann zusammen, um Informationen auszutauschen, theologische und kirchenpolitische Themen zu diskutieren, Gottesdienste zu halten und miteinander zu feiern. Darüber hinaus werden insbesondere in Süd- und Osteuropa Veranstaltungen, Konferenzen und Trainingsprojekte orga-nisiert, um verfolgte christliche LSBTTIQ zu unterstützen und ihnen eine Stimme zu geben.

Persönliche Erfahrung

Ich bin seit über zwanzig Jahren Mitglied in diesem Forum. Es hat mich biografisch geprägt und in Krisenzeiten unterstützt und gestärkt. Als Mensch und als Christin. Dort habe ich Frauen und Männer getroffen, die mir gezeigt haben, dass Christsein und Lesbisch-, Schwul- und Queersein keine Gegensätze sind, sondern selbstverständliche Bestandteile des eigenen Lebens. Dankbar bin ich für die internationale Solidarität, die christliche Geschwisterlichkeit und die tiefe Herzenswärme, die ich dort erfahren habe.

Die Teilnehmenden tauschen sich aus über persönliche Glaubensfragen, diskutieren über kirchenpolitische und theologische Themen in Europa und darüber hinaus. Menschenrechtsverletzungen werden untersucht, gesellschaftspolitische Fragen debattiert, Solidaritätsveranstaltungen für Angefeindete und Verfolgte organisiert und Gottesdienste und Andachten gemeinsam gefeiert. Allen gemeinsam ist der Respekt gegenüber den Anderen als Geschwister in Christus. Die verschiedenen Frömmigkeitsstile und konfessionellen Traditionen und die unterschiedlichen Lebens- und Liebesformen der Mitglieder werden geachtet. Niemand wird beleidigt oder verurteilt aufgrund von Glauben, sexueller Orientierung oder Geschlechtsidentität.

Safe Space

Für viele meiner Freund*innen vor allem aus Osteuropa sind die jährlichen Treffen des Europäischen Forums der einzige Ort, an dem sie sich offen zeigen können. So wie sie sind. Für sie sind die Treffen ein *Safe Space*, ein sicherer Ort, an dem sie sich zuhause fühlen, an dem sie sich beschützt und verstanden wissen, spirituell und menschlich. Dort müssen sie keine Angst haben vor Häme, Ausgrenzung, vor physischer oder psychischer Gewalt. Denn viele von ihnen haben genau das schon erlebt. Beim Comingout von Mara aus Moldau (Pseudonym) beispielsweise haben ihre Eltern sie gezwungen in psychiatrische Behandlung zu gehen, um wieder *normal* zu werden. Sie wurde gedemütigt, verhöhnt und mit Elektroschocks behandelt.

Überfälle

Roman und Alexander aus Russland (Pseudonyme) erzählen von gewalttätigen Überfällen, wenn sie aus Bars oder Clubs herauskommen, die offen sind für LSBTTIQ. Gewaltanwendungen sind auch nach *Gay-Pride-Paraden* von Riga bis St. Petersburg an der Tagesordnung, wenn sie überhaupt zugelassen werden. LSBTTIQ erinnern bei solchen Demonstrationen an ihre Menschenrechte und fordern Gleichberechtigung und Schutz ihrer Menschenwürde. Denn genau die wird ihnen vielerorts nicht gewährt.

Selbst Vertreter*innen vieler kirchlicher Denominationen, allen voran die der orthodoxen Kirchen, verkündigen in Osteuropa immer wieder von der Kanzel, in der Presse und in Taskshows, dass Lesben und Schwule nicht gottgewollt leben und in der Hölle landen. Sie unterstützen oftmals rechtspopulistische und neonazistische Schlägergruppen, die im Namen einer heteronormativen Familienideologie Lesben, Schwulen, Bi- und Trans*Menschen auflauern und sie verprügeln. Man kann entsprechende Hassvideos im Internet sehen. Der Dokumentarfilm *They hate me in vain* der russisch-italienischen Regisseurin Yulia Matsiy legt ein schockierendes Zeugnis ab über Erniedrigungen, Hasstiraden, Erpressungen und Gewaltanwendungen dieser Schläger-gruppen gegenüber LSBTTIQ in Russland. Das schlimmste ist: Die Schlägertrupps werden aus der Mitte der Gesellschaft unterstützt. Ihnen wird applaudiert, statt den wehrlosen Opfern zu helfen.

Was ist das für eine Welt, die im Namen eines grausam verdrehten Christentums Menschen verprügelt, sie ihrer Würde entkleidet und verfolgt? Was ist das für eine Religion, eine Konfession, eine Kirche, die im Namen von Jesus Christus Verfolgung, Unterdrückung und Gewalt gegen Randgruppen und Minderheiten legitimiert und für gut befindet? Dazu sage ich deutlich: Solche Verhaltensweisen sind keine christliche Nachfolge, sondern pseudoreligiös legitimierter Menschenhass!

Westeuropa

In Westeuropa ist dieses menschenverachtende Verhalten mittlerweile subversiver zu beobachten und in der Regel nicht mehr offen gewalttätig. Aber auch in Westeuropa werden junge LSBTTIQ laut verschiedener Studien dreimal so oft beleidigt und angegriffen wie ihre Altersgenossen. Dreimal so häufig begehen sie Suizid, weil sie sich unverstanden fühlen, weil sie angefeindet werden oder unter Mobbing zu leiden haben. Selbst im liberalen Norwegen ist vor einigen Tagen eine offen lesbisch lebende Theologin von ihrer Bischöfin aufgrund ihrer sexuellen Orientierung nicht ordiniert worden, obwohl sie als Pfarrerin voll qualifiziert ist und vom Kirchenvorstand gewählt wurde. Wer schwingt sich da zum Richter auf über andere Menschen? Wer missbraucht da Machtpositionen, um Menschen angeblich im Namen Gottes zu bedrängen, ihnen Angst einzujagen oder sie zu diskriminieren?

Christliche Nachfolge

Christliche Nachfolge zeigt sich, wenn für Menschen, insbesondere für Bedrängte und in Not Geratene, ein *safe Space* geschaffen wird: Ein sicherer und gastfreundlicher Ort für alle, die danach suchen. Ein sicherer Ort, an dem Menschen mit ihren Lebens- und Glaubensgeschichten ernst genommen und gehört werden, an dem Menschen sich gegenseitig achten und sich solidarisch unterstützen. Dann ist auch Jesus Christus mitten unter ihnen.

Queer getagt

Einführung

In diesem Kapitel berichte ich über verschiedene Tagungen und Konferenzen, die ich besucht habe. Sie beschäftigen sich mit queer theologischen Themen und bemühen sich um Strategien, die Gleichstellung von LSBTTIQ in Kirchen und Gesellschaft voranzutreiben.

Heimat im Niemandsland

18.12.2019

130 Teilnehmerinnen waren am Wochenende des dritten Advent anlässlich der Lesbentagung zum Thema *Home sweet home. Wo finden lesbische und queere Frauen Heimat?* zur Evangelischen Akademie nach Bad Boll gekommen. Das Thema hatte einen Nerv getroffen. In Zeiten von Flucht, Migration und pluralen Identitäten ist die Suche nach Orten, die Sicherheit, Anerkennung und emotionale Nähe bieten, bedeutsam. Gleichzeitig verknüpfen Rechtspopulist*innen, identitäre und rechtsnationale Gruppierungen den Heimatbegriff mit völkischen und rassistischen Blut-und-Boden-Ideologien, wie es die Nationalsozialisten im Dritten Reich getan hatten. Der Heimatbegriff ist folglich umstritten, emotional aufgeladen und ambivalent.

Vorträge und Diskussionen

In Vorträgen und Podiumsdiskussionen diskutierten die Teilnehmerinnen engagiert über den Heimatbegriff. Sie fragten sich, ob es für Lesben und queere Frauen in kirchlichen Kreisen und darüber hinaus überhaupt Heimat geben kann. In Workshops vertieften die Teilnehmerinnen das Thema mit Hilfe von Gesprächen in Kleingruppen über politische, kulturelle und geografische Grenzverläufe, über alternative Wohnprojekte, Popmusik, Theater, Gender-Performance und sichere Orte in und im Umfeld von Religionsgemeinschaften. Auch im Abschlussgottesdienst wurden vielfältige Heimatvorstellungen beleuchtet. Unter dem Motto *Heimat, liebe Heimat - Wo finde ich zu mir?* gab es inhaltliche Impulse, Musik, Gebete und eine kreative Zeit, die die Themen Aufbruch, Umbruch und Geborgenheit fokussierten.

Heimatideologien

Im ersten Hauptvortrag fragte sich Stephanie Kuhnen, Journalistin und Autorin aus Berlin, skeptisch, ob der Heimatbegriff angesichts von Rassismus, Antisemitismus, Homo- und Transfeindlichkeit nicht ganz abgelehnt werden müsste. Denn Heimatideologien seien fruchtbarer Nährboden für rechtsnationales und rechtspopulistisches Gedankengut.

Sie plädierte dafür, Heimat durch Teilhabe, Anerkennung und Zugehörigkeit zu ersetzen.

Altersarmut

Reingard Wagner, Pädagogin und Beraterin aus Hamburg, sprach in ihrem Vortrag über Altersarmut und kleine Renten vieler Lesben und queerer Frauen. Deshalb sei es schwierig, im Alter altersgerechte und regenbogenfreundliche Heimaten zu finanzieren und zu gestalten. Viele Frauen, die in den siebziger und achtziger Jahren in autonomen Frauen- und Lesbenprojekten engagiert waren, haben dabei oft wenig bis gar kein Geld verdient. Es müssten daher noch viel mehr queere und alternative Wohnprojekte angeboten und finanziell unterstützt werden.

Heimatlos

In meinem Vortrag zeigte ich, dass gläubige und religiös interessierte Lesben und queere Menschen oftmals in dreifacher Weise heimatlos sind. Erstens werden sie in säkularen queeren Kreisen häufig nicht ernst genommen, für naiv oder verrückt erklärt oder offen abgelehnt, wenn sie noch etwas mit kirchlichen Institutionen zu tun haben. Zweitens gelten Lesben und queere Menschen in kirchlichen Kreisen immer noch vielerorts als sündig oder nicht gottgewollt. Und wenn drittens Betroffene im kirchlichen Umfeld zu Wort kommen, sind es lange Zeit vor allem schwule Männer gewesen. Lesben und queere Frauen waren wenig sichtbar und kaum anerkannt. So gründeten sie in den achtziger Jahren lesbische und queere Netzwerke, wie das *Maria und Martha Netzwerk*, *Labrystheia*, *Lesben und Kirche* und das *Netzwerk Katholischer Lesben*. Sie wurden für viele zu Heimatinseln im Niemandsland.

Ich plädierte dafür, dass es wichtig ist, dass sich säkulare und religiös orientierte queere Netzwerke und Verbände nicht gegeneinander ausspielen lassen. Alle haben das gleiche Recht auf Anerkennung, Teilhabe und den Schutz der Menschenrechte. Ob atheistisch, gläubig, spirituell interessiert oder zugehörig zu ganz unterschiedlichen Religionsgemeinschaften. Darüber hinaus ist es in kirchlichen Kreisen notwendig, Heimatakteur*innen zu finden, die sich für queer freundliche Schutz- und Begegnungsräume einsetzen, so wie das vielerorts bereits getan wird.

Heimatort

Bei allen kontroversen Einschätzungen und Diskussionen stand am Ende der Tagung eins für die meisten Teilnehmerinnen fest: Die Lesbentagungen in Bad Boll sind sichere und regenbogenfreundliche Veranstaltungen. Die Tagungen sind ein zeitlich begrenzter Heimatort. Sie ermöglichen einmal im Jahr intensive Begegnungen, Debatten, Andachten, Gottesdienste und die Gewissheit, dass die Teilnehmerinnen so sein dürfen, wie sie sind. Vielen Dank dem gesamten ehrenamtlichen Vorbereitungsteam, der Studienleiterin Claudia Schmengler und der Evangelischen Akademie Bad Boll, die seit 34 Jahren trotz mancher Anfeindungen loyale Gastgeberin der Tagungen ist.

Zum Weiterlesen

Hayali, Dunya, Haymatland, *Wie wollen wir zusammenleben?* Berlin 2018.

Kuhnen, Stephanie, *Lesben raus! Für mehr lesbische Sichtbarkeit*, Berlin 2017.

Krug, Dora, *Heimat. Ein deutsches Familienalbum*, 2019.

Stanišić, Saša, *Herkunft*, München 2019.

„Die Sonne hat auf uns geschienen!"

12.07.2017

Irène Schwyn ist Gemeindepfarrerin der Reformierten Kirche in Zug in der Schweiz. Bis Mai 2017 war sie Sekretärin im ehrenamtlichen Vorstand des Europäischen Forums christlicher LSBT-Gruppen. In diesem Interview blickt sie zurück auf ihre Amtszeit als Sekretärin und auf die letzte Jahrestagung in Gdansk/Polen vom 24.-28. Mai 2017.

Söderblom: „Du warst bis zur Jahrestagung im Mai 2017 Sekretärin des Europäischen Forums (EF). Was ist deine persönliche Bilanz deiner Arbeit?"

Schwyn: „Die Zeit im Vorstand war sehr bereichernd. Dass ich mit meinem beruflichen Hintergrund und meinen organisatorischen Fähigkeiten zum Zuge kommen würde, hatte ich im Voraus gewusst, in Bezug auf europäische Institutionen, Nichtregierungsorganisations-Management oder Mitarbeiterführung war es ein Sprung ins kalte Wasser, der sich gelohnt hat. Ich habe viel gelernt.

Der Umbauprozess ist allerdings noch im Gange. Einerseits verändern sich Rollen, Aufgaben, Strukturen und Kommunikationswege; sich immer wieder im ganzen EF darüber zu verständigen, was wichtig und was machbar ist, bleibt eine Herausforderung. In dieser Umbauphase ist auch die Arbeitsbelastung des Vorstandes sehr hoch. Ich habe sicher einen Tag pro Woche für das EF gearbeitet. Viele Menschen können nicht so viel Freiwilligenarbeit leisten, damit sind diverse gute Leute von der Vorstandstätigkeit ausgeschlossen. Wenn ich aber miterlebe, wie dank der Veränderungen Projekte, die früher ein Wunschtraum waren, nun realisiert werden, hat es sich gelohnt."

Söderblom: „Wie hast du persönlich die EF-Tagung in Gdansk erlebt?"

Schwyn: „Die Sonne hat auf uns geschienen - anders kann ich fünf intensive, berührende und wunderbare Tage nicht in wenigen Worten zusammenfassen."

Söderblom: „Was waren inhaltliche Schwerpunkte des Treffens?"

Schwyn: „*Vorwärts in Solidarität* lautete das Motto der Tagung, in Anlehnung an die Gewerkschaftsbewegung der 80er Jahre. Zeitgleich und verbunden mit der Tagung war die *Gdansk-Equality-Week*. Im

Konferenzzentrum auf dem Gelände der ehemaligen Werft fanden Teile des Programms statt. Darunter auch ein Film über Ewa Hołuska, eine ehemalige Anführerin der Solidarność - Untergrundbewegung. Sie ist heute Mitglied von *Wiara i Tęcza* (*Glaube und Regenbogen*), und nahm an der ganzen Tagung teil. Sie darüber sprechen zu hören, wie ihr Glaube ihr in der Haft geholfen hat, war sehr bewegend. Allerdings: wer sie in zeitgenössischen Dokumenten über die Solidarność sucht, wird vermutlich nicht fündig. Bei ihrer Geburt wurde sie als Junge identifiziert, und historische Dokumente beziehen sich auf den ihr zugeteilten männlichen Namen. Durch den Film über sie und Gespräche mit ihr und anderen polnischen Tagungsteilnehmenden lernte ich viel darüber, wie sehr die Geschichte von Solidarność auch die Geschichte von LSBTTIQ-Menschen ist - und wie schwierig es ist mitzuerleben, wie ehemalige Kampfgefährten homo- und transfeindliche Parolen rufen.

Was die Arbeit des EF betrifft: Auf der politischen Bühne hat das Europäische Forum seit letztem Jahr den Status einer internationalen Nichtregierungsorganisation und damit Zugang zum Parlamentsbetrieb des Europarats. Die eigentliche Vernetzungs- und Lobbyarbeit beginnt damit erst. Ein relativ neuer, aber wichtiger Fokus ist das Entwickeln einer Gegenstrategie zur Anti-Gender- Bewegung, einer international aktiven neo-konservativen Denk- und Politikströmung, die in Zentraleuropa bedrohlich viel Einfluss gewonnen hat, sich aber auch in der Schweiz z.B. mit der zum Glück verworfenen Ehedefinition bemerkbar gemacht hat, die in eine Steuergesetzvorlage geschmuggelt wurde. Im kirchlichen Umfeld sind drei Arbeitsgruppen des EF aktiv, die langjährigste davon konzentriert sich auf den Ökumenischen Rat der Kirchen, eine zweite auf die römisch-katholische Kirche, und die jüngste auf die orthodoxen Kirchen.

Intern bricht die Frage der Geschlechterbalance neu auf. Wie verbindet man geschlechtergerechte Positionen mit einer nicht-binären Geschlechterdefinition? Dazu kenne ich zwar theoretische Ansätze, die praktische Umsetzung innerhalb der Organisation muss das EF aber noch erarbeiten."

Söderblom: „Was war dein persönlicher Höhepunkt der Tagung?"

Schwyn: „Schwierig, etwas herauszupflücken. Für mich war vor allem das Beisammensein und die Gemeinschaft wichtig. Unter so vielen christlichen Aktivistinnen und Aktivisten entsteht ein ganz besonderer Drive, von dem ich jetzt noch, Wochen später, zehre."

Söderblom: „Welche Bedeutung hatte es, dass ihr beim *Gdanks-Equality-March* mitgelaufen seid?"

Schwyn: „Als lesbische, schwule, bi- und trans* Christinnen und Christen so zahlreich sichtbar zu sein, war in diesem Umfeld, in dem Homofeindlichkeit oft *christlich* begründet und legitimiert wird, wichtig und hat auch Medieninteresse ausgelöst. Die Organisation des Marsches war eine Herausforderung, da eine fanatisch homofeindliche Parlamentarierin im Namen des Christentums rund 50 Gegendemonstrationen anmeldete, welche die ursprüngliche Route blockierten. Am Schluss nahmen an den Gegendemonstrationen zusammengezählt weniger als hundert Personen teil, gegenüber 3000-5000 Teilnehmenden des Equality March. Es waren auch mit dem EF und anderen Gruppen mehr explizit christliche LSBTTIQ da als Gegendemonstranten. Ein riesiges Polizeiaufgebot trennte die beiden Gruppen. Für die Teilnehmenden aus Westeuropa war es eindrücklich zu erleben, dass der Polizeischutz nötig war, und gleichzeitig einen Marsch zu erleben, der eine fröhliche politische Demonstration war, nicht in erster Linie eine Straßenparty.

Sowohl die Polizei als auch die Bevölkerung haben mich enorm beeindruckt. Als Polizistin oder Polizist stundenlang in Krawallmontur in der heißen Sonne herumrennen und dann noch einen Dank mit „gern geschehen" zu quittieren, ist alles andere als selbstverständlich. Und wenn ich in der Schweiz ein solches Polizeiaufgebot sähe, würde ich einen großen Bogen machen. Viele Gdanskerinnen und Gdansker lächelten und winkten. Ich habe beobachtet, wie ein Kind im Kindergartenalter von Vater und Mutter wegrannte, durch den Polizeikordon hindurch, sich eine kleine Regenbogenflagge schnappte und strahlend zurück zu den Eltern ging. Die Eltern lächelten und zogen samt Kind und Regenbogenflagge ihres Weges, an den Gegendemonstranten vorbei.

Dass Menschen sich ändern können, bewies der Bürgermeister von Gdansk: Paweł Adamowicz hatte vor rund einem Jahrzehnt die Durchführung einer Pride-Parade noch abgelehnt. Dieses Jahr eröffnete er den Marsch für Gleichstellung höchstpersönlich."

Söderblom: „Was sind nach deiner Erfahrung besondere Herausforderungen für LSBTTIQ in Osteuropa?"

Schwyn: „Zunächst: Es ist wichtig, nicht ganz Zentral- und Osteuropa in einen Topf zu werfen. Die Rechtslage für LSBTTIQ in Estland oder Montenegro ist z.B. besser als diejenige in der Schweiz, und generell ist die Rechtslage innerhalb der EU deutlich besser als außerhalb. Vergleichbar sind hingegen die weit verbreitete gesellschaftliche und, für christliche LSBTTIQ besonders belastend, religiöse Ablehnung. Das Erstarken der politischen und religiösen Rechten wirkt sich im Moment in Osteuropa gravierender aus als im Westen.

Generell ist die Zahl der Aktivistinnen und Aktivisten im Vergleich zu den Aufgaben kleiner. Damit steigt die Belastung für die Einzelnen, und wenn jemand ausfällt, kann das ein Projekt oder das Fortbestehen einer Gruppe in Frage stellen. In dünner besiedelten Gegenden ist auch die Isolation ein großes Problem."

Söderblom: „Hast du einen Wunsch für die zukünftige Arbeit des EF?"

Schwyn: „Dass das EF weiterhin und in noch stärkerem Maß eine wichtige Stimme im Chor von LSBT einnimmt, die ihren Glauben praktizieren, und dass die Arbeit des EF noch besser wahrgenommen und gehört wird, in den Kirchen, in der Politik und in der Gesellschaft allgemein."

Zum Weiterlesen

Brinkschröder, Michael/Cherniak, Misah/Gerassimenko, Olga (Hg.), *„For I am Wonderfully Made". Texts on Eastern European Orthodoxy and LGBT Inclusion*, Nieuwegein 2017.

Wie fremde Sprachen lernen

7.06.2017

Auf dem Evangelischen Kirchentag in Berlin gab es zum dritten Mal nach Hamburg und Stuttgart wieder ein Zentrum Regenbogen. Von zwei hochkarätig besetzten internationalen Veranstaltungen in diesem Zentrum möchte ich beispielhaft berichten.

Das Zentrum Regenbogen war während des Evangelischen Kirchentags 2017 gemeinsam mit dem Genderzentrum in Berlin Friedrichshain im ehemalig größten Kino der DDR untergebracht: im Kosmos. Heute steht das Kosmos unter Denkmalschutz und ist ein Ort für diverse Kulturveranstaltungen. Eine coole Location, ein guter Ort für weltoffene und queere Themen. Vielfältige Veranstaltungen von Comingout, Homofeindlichkeit und Bibel bis hin zu Erzählcafés, Berichten zu Gender-Transitionen, Religiosität und verschiedene Lebensformen, Regenbogenfamilien und Strategien gegen Diskriminierungserfahrungen weltweit waren dort von Donnerstag bis Samstagabend Thema.

Sicherheit

Die Sicherheitsvorkehrungen waren streng. Alle, die ins Kosmos wollten, mussten ihre Taschen durchsuchen lassen und die Kirchentagtickets vorzeigen. Sonst gab es kein Reinkommen. Diese Sicherheitsvorkehrungen wurden auf dem gesamten Kirchentag streng gehandhabt. Aber im Kosmos hatte die Prozedur noch einen anderen Hintergrund: Referentinnen und Referenten im Zentrum Regenbogen waren nämlich unter anderem Kasha Jacqueline Nabagesera. Sie ist eine bekannte Menschenrechtsaktivistin aus Uganda, die 2015 den *Right Livelihood Award*, den alternativen Friedensnobelpreis, erhalten hat. Sie bezeichnet sich selbst als queer und setzt sich für die Gleichberechtigung und die Einhaltung der Menschenrechte von Lesben, Schwulen, Bi-, Trans- und Intersexuellen in Uganda und ganz Afrika ein. In ihrer Heimat wird sie dafür von vielen gehasst und angegriffen. Sie hat wiederholt Todesdrohungen erhalten. Aus diesem Grund lebt sie versteckt, niemand kennt ihre Adresse. Sie ist immer auf der Flucht. Sie wurde auch in Berlin in besonderer Weise geschützt.

Todesdrohungen

Auch der schwule Imam Muhsin Hendricks aus Kapstadt in Südafrika kennt dieses Lebensgefühl. In Südafrika hat er ebenfalls schon mehrfach Todesdrohungen erhalten. Er durfte seinen Wunschberuf als Imam nicht ausüben, obwohl er Islamische Theologie in Pakistan studiert hatte. Er war verheiratet, hat drei Kinder, ist geschieden und lebt seit einigen Jahren offen schwul. Das passt für viele Menschen nicht zusammen. Sie beschimpfen ihn, überziehen ihn mit Hassmails und bedrohen ihn. Trotzdem hat er in Kapstadt eine liberale muslimische Gemeinde namens *The Inner Circle* gegründet. Sie steht allen offen, die Allah suchen, unabhängig von ihrer Herkunft, Hautfarbe, sexuellen Orientierung oder Genderidentität. Darüber hinaus unterhält seine Einrichtung ein Seelsorgetelefon und Online- Beratungsmöglichkeiten. Diese Angebote werden in ganz Südafrika und weit darüber hinaus genutzt.

Todesdrohungen fürchten auch Geflüchtete, die sich nicht mit einer heterosexuellen Lebensform identifizieren. Die Journalistin und Mitarbeiterin des Evangelischen Pressedienst (epd) Natalia Matter hat drei von ihnen aus Syrien und Uganda interviewt und ihnen auf der Veranstaltung eine anonymisierte Stimme gegeben. Eindringlich wurde dadurch deutlich, wie allein, rechtlos und schutzlos viele queere Geflüchtete sind, die anders leben und lieben und die auch von ihren eigenen (religiösen) Gemeinschaften diskriminiert und verachtet werden. Daher sei es enorm wichtig, den Betroffenen spezifische Unterstützung und Schutz zu gewähren, so wie das in einigen Anlaufstellen für queere Geflüchtete mittlerweile passiert. Hier gebe es aber noch viel mehr Bedarf.

Religionsfreiheit oder Hassrede?!

Die erste internationale Veranstaltung im Zentrum Regenbogen hieß *Religionsfreiheit oder Hassrede*. Kasha Nabagesera erzählte anhand ihrer persönlichen Erfahrungen davon, wie insbesondere evangelikale Prediger aus den USA und Kanada Uganda und andere afrikanische Länder systematisch mit Hasspredigten überziehen und damit alte koloniale Verhaltensmuster reaktivieren. Sie missbrauchten dabei religiöse Sprache und wörtliche Bibelzitate, um alle nicht-heterosexuellen Lebensformen als sündig zu bezeichnen und als Zeichen der Apokalypse zu verteufeln. Homo- und transfeindliche afrikanische Vorstellungen würden dann das

Übrige tun, um LSBTTIQ zu kriminalisieren und zu verfolgen. Daher seien afrikanische Verbündete wie der ehemalige anglikanische Erzbischof Desmond Tutu aus Kapstadt so wichtig, da sie aus afrikanischer Perspektive für Respekt und Gleichberechtigung eintreten.

Prof. Dr. Heiner Bielefeld, ehemaliger Sonderbeauftragter für Religionsfreiheit der Vereinten Nationen, stellte klar, dass Religionsfreiheit als Menschenrecht da aufhört, wo Hassrede und Gewaltaufruf gegen Einzelne und Minderheitengruppen anfängt. Gegen religiös legitimierte Diskriminierungen könnten nur Aufklärung, Menschenrechtsbildung und internationale Zusammenarbeit von (religiösen) Menschenrechtsaktivisten etwas ausrichten.

Rückmeldung

Sarah-Luise Weßler, Anwältin des Publikums, schrieb als Rückmeldung zur Veranstaltung:

> *„Es war ein interessantes Podium mit vielen erschreckenden, ermutigenden und besonderen Geschichten! Diese Veranstaltung hat anhand von Lebensgeschichten verdeutlicht, wie unterschiedlich bis lebensbedrohlich die Lebenslagen von (christlichen) LSBTTIQ weltweit sind, aber auch wie ähnlich die Ziele im Kampf um Respekt, Akzeptanz und Gleichberechtigung sind. Der Hintergrund von lebensbedrohlichen Verhältnissen und die daraus resultierende Angst vor Diskriminierung, Gewalt und Hass wurden besonders deutlich, durch die drei Geschichten christlicher geflüchteter LSBTTIQ, die selbst aus Sicherheitsgründen nicht anwesend sein konnten und stattdessen ihre Geschichten vorlesen ließen. Diese Erfahrungen wie auch die Geschichten aus der UN-Arbeit von Heiner Bielefeld und der Menschenrechtsaktivistin Kasha Nabagesera haben gut vorstellbare und lebendige Bilder gezeichnet von den Erfolgen und auch von den Ängsten, die LSBTTIQ weltweit erfahren. Durch diese Veranstaltung ist mir wieder einmal klar geworden: ‚We stand together in solidarity!' - Auch wenn wir als christliche LSBTTIQ über den gesamten Erdball verstreut sind, so verbinden uns Geschichten im Kampf um gleiche Rechte, Anerkennung, Akzeptanz und gesehen werden. Uns verbindet dieses Streben und die Gewissheit, dass wir alle zu Gottes guter Schöpfung gehören. Dies alles macht uns zu Schwestern und Brüdern und verbindet uns in einer Weise, die stärker nicht sein könnte, selbst wenn wir uns gerade erst kennengelernt haben."*

Queer und religiös?!

Die zweite internationale Veranstaltung fand zum Thema *Queer und religiös* statt. Es war eine interreligiöse Dialogveranstaltung. Die jüdische und offen lebisch lebende Kantorin, Schauspielerin und Sängerin Jalda Rebling aus Berlin, der schwule Imam Muhsin Hendricks aus Kapstadt und die verheiratete lutherische Präsidentin des Norwegischen Kirchenrats Kristin Gunleiksrud Raaum diskutierten darüber, wie kontrovers es in ihren jeweiligen Religionen verhandelt wird, queer und religiös zu sein. Das Gespräch war offen, solidarisch und trotz vieler Rückschläge und Schwierigkeiten in den einzelnen Religionen von Humor und großer Wertschätzung getragen. Das Publikum erlebte drei engagierte Vertreter*innen ihrer Religionen, die gemeinsame Ziele haben: sichere Orte zu schaffen, um Erfahrungen austauschen, Lebens-geschichten erzählen und voneinander lernen zu können. Es sei entscheidend solche Schutzorte anzubieten, in denen gläubige Menschen unabhängig von ihrer Herkunft, religiösen Überzeugungen, sexuellen Orientierung und Genderidentität in Frieden, mit Respekt und ohne Angst ihren Glauben leben können. Hinzukommen müsste eine Null-Toleranz-Politik gegenüber Hass und Gewalt. Diese Übereinstimmung ihrer Ziele war für alle Anwesenden im Saal intensiv erlebbar und wurde zum Schluss mit rauschendem Applaus bedacht.

Noch einmal ein Eindruck von Sarah-Luise Weßler:

> *„Zusammenstehen, einander ansehen, aufmerksam sein, voneinander lernen und mutig auf Neues zugehen: Diese Worte dürften den Kern des Podiums am deutlichsten wiedergeben. Der gegenseitige Respekt füreinander war beispiellos und ein Vorbild für manches religiöse Weltgeschehen, das mit gegenteiligen Worten zu beschreiben wäre. Die Referentinnen und Referenten trafen bei diesem Podium zum ersten Mal zusammen und machten trotzdem den Eindruck, als wenn sie argumentativ ein eingespieltes Team wären. Es war ein leuchtendes Beispiel dafür, wie gut Menschen mit verschiedenen religiösen Hintergründen und sexuellen Orientierung stärkend und aufbauend miteinander ins Gespräch kommen können und direkt Ideen und Anregungen von anderen für die Weiterentwicklung des Eigenen nutzen können. Mögen viele von diesem Podium hören, davon erzählt bekommen, darüber lesen und die Visionen des Publikums lesen, um zu erfahren, was möglich ist. Wenn wir einander die Hände reichen, erreichen wir mehr, als wenn wir die Fäuste ballen!"*

Bei beiden Veranstaltungen wurden abschließend sowohl die Referentinnen und Referenten als auch das Publikum nach Visionen und Träumen gefragt. Ich möchte zum Schluss eine Aussage aus dem Publikum zitieren:

„Gefühle der Anderen
Verstehen lernen wie
Fremde Sprachen:
Mit Sorgfalt und
Aufmerksamkeit
Dazulernen,
Respektvoll
Worte zusammen suchen,
Fließend werden in Empathie."

Freiheit, Liebe und Verantwortung

20.12.2016

Etwa 70 Frauen setzten sich auf der Lesbentagung der Evangelischen Akademie in Bad Boll mit dem Reformationsjubiläum 2017 auseinander. Sie diskutierten intensiv, was das Reformationsjubiläum 2017 für lesbische Frauen bedeuten könnte.

Weibliche Lebensentwürfe in der Reformationszeit

Vom 16. bis zum 18. Dezember 2016 wurde auf der Lesbentagung der Evangelischen Akademie in Bad Boll in Impulsvorträgen zu den Themen *Weibliche Lebensentwürfe in der Reformationszeit*, *Folgen der Reformation für Frauen in verschiedenen Lebensformen heute* und zur *Situation von LSBTTIQ-Geflüchteten heute* ein komplexes inhaltliches Feld bearbeitet. Der gemeinsame Fokus der Beiträge war die Frage nach den Möglichkeiten weiblicher Lebensentwürfe von der Reformationszeit bis heute.

Aktuelle Herausforderungen

Darüber hinaus ging es um die aktuelle Herausforderung, wie Menschen angesichts von Migration und Fluchterfahrungen selbstbestimmt ihre Geschlechtsidentität und ihre sexuelle Orientierung leben können, ohne deshalb ausgegrenzt und verfolgt zu werden oder selbst in Geflüchteten-Unterkünften Gewalt zu erleben. Jouanna Hassoun, Berliner Sozialarbeiterin und hauptamtliche Mitarbeiterin des Zentrums für Migranten, Lesben und Schwule (MILES) des LSVD Berlin Brandenburg, hat dazu einen eindringlichen Vortrag gehalten. Sie selbst ist im Libanon geboren und mit sechs Jahren nach Deutschland gekommen. Insofern kennt sie Folgen von Migration, Entwurzelung und Traumatisierung aus eigener Erfahrung. Für ihr Engagement ist Jouanna Hassoun 2015 mit dem Verdienstorden des Landes Berlin ausgezeichnet worden.

Reformation, Pluralisierung der Lebensformen, Migration und Flucht: Die Teilnehmerinnen debattierten lebhaft darüber, welche Impulse der Reformationszeit sie noch heute inspirieren. In Workshops und plenaren Diskussionen wurden außerdem gesetzliche, gesellschaftspolitische und religiöse Faktoren beleuchtet, die Frauen weltweit bei der selbstbestimmten Wahl ihrer Lebensentwürfe unterstützen oder behindern.

Am Samstagabend feierten die Anwesenden ein Frauenmahl mit Tischreden engagierter Frauen. Eingerahmt wurde die Tagung von spirituellen Angeboten, Tanz und einem gemeinsamen Abschlussgottesdienst.

Lesung

Am Rande der Tagung konnte die Veröffentlichung des Buchs *Und GOTT sah, dass es seht gut war. Katholische LSBT-Menschen aus Europa erzählen ihre Geschichten* mit einer Lesung gefeiert werden. Über dreißig engagierte Frauen und Männer haben im letzten Jahr die englische Originalausgabe des Buches ehrenamtlich übersetzt, Korrektur gelesen und redigiert. Die niederländische Verlegerin Ineke Lautenbach hat das Buch in ihrem Verlag *Esuberanza* herausgebracht. Dort ist auch schon die englische Originalausgabe erschienen. Nicole Warning, die Koordinatorin für die Übersetzung der deutschen Ausgabe, konnte auf der Tagung gemeinsam mit Ineke Lautenbach das Produkt eines erfolgreichen Gemeinschaftsprojekts präsentieren. Über das Buch werde ich in meinem nächsten Blog mehr erzählen. Fest steht, dass die deutsche Übersetzung ohne die vielfältigen Vernetzungsaktivitäten auf den Bad Boller Lesbentagungen nicht so zügig gelungen wäre.

Impulse

So ging am Sonntag eine intensive Tagung mit vielen spannenden Impulsen, wichtigen Erkenntnissen und offenen Fragen zu Ende. Der Rechtsruck in der deutschen Gesellschaft einerseits und das wachsende Phänomen von Gewalt und Terrorismus andererseits werden nicht nur die Teilnehmerinnen der Lesbentagung als Bedrohung von selbstbestimmten Lebensentwürfen noch lange beschäftigen. Der schreckliche Terroranschlag in Berlin am 19. Dezember 2016 zeigte dies in voller Brutalität. Den Opfern, Verletzten und ihren Angehörigen, Freundinnen und Freunden galten unsere Anteilnahme und Gebete.

Richness in Diversity

11.05.2016

Vom 4. bis 8. Mai 2016 hat das Europäische Forum christlicher LSBT-Gruppen (EF) in Göteborg getagt. *Richness in Diversity* (*Reich an Vielfalt*) war das Thema der Jahrestagung.

Die Regenbogenfahne war vor dem Konferenzhotel gehisst. Aus Russland, Polen, Ungarn, Rumänien, Kirgisien, Lettland, Estland, Tschechien, Spanien, Portugal, Frankreich, Italien, Schweiz, Österreich, den Niederlanden, Belgien, Deutschland, Großbritannien, Norwegen, Dänemark und Schweden strömten die Teilnehmenden zur Konferenz. Gemeinschaft, Solidarität, gemeinsames Debattieren, Singen, Beten und Gottesdienst feiern gehören zu den wesentlichen Elementen der Tagungen. Sie werden seit über 35 Jahren einmal im Jahr in einer anderen europäischen Stadt ausgerichtet. 135 Teilnehmende aus über zwanzig europäischen Ländern waren in diesem Jahr als Delegierte und Interessierte in Göteborg vertreten.

Seit zwanzig Jahren nehme ich an den Tagungen des EF als Delegierte teil. Sie haben mein Leben verändert. Ich bin dankbar für die Erfahrungen von Freundschaft, ökumenischer Gemeinschaft und grenzüberschreitender Solidarität. Das EF gehört schon lange zu meiner Familie und ist meine geistliche Heimat geworden. Deshalb schreibe ich heute darüber.

Begrüßung

Die Teilnehmenden wurden unter anderem von Erik Andersson, Moderator der schwedischen Vorbereitungsgruppe herzlich begrüßt. Im Anschluss daran sprach der Bischof von Göteborg Per Eckerdal zu den Teilnehmenden. Er fand in seiner Begrüßung klare Worte: LSBTTIQ gehören in die christliche Familie wie alle anderen auch. Denn nur alle Menschen gemeinsam könnten die Glieder an dem einen Leib in Jesus Christus formen. Kein Glied dürfe verletzt werden oder verloren gehen. Und er wurde noch deutlicher: Ohne LSBTTIQ-Mitglieder sei Kirche keine Kirche. Dass sie bis heute gerade in Kirchen und christlichen Gemeinschaften oftmals ausgegrenzt und verletzt wurden, tue Eckerdal sehr leid. Er entschuldigte sich dafür. Denn Kirchen sollten ein sicherer

Ort für alle sein. Die Worte des Bischofs zu Beginn der Konferenz waren wohltuend und stärkend. Gerade für die Teilnehmenden aus Ost- und Zentraleuropa, die solche Sätze von ihren Kirchenführern bisher noch nicht gehört haben.

Sichere Orte

Die Tagungen des Europäischen Forums sind sichere Orte. Dort haben Erfahrungen von Hass und Ausgrenzung, Wut und Klage aber auch Freude und Dankbarkeit in Andachten, Gebeten, Beratungsgesprächen, Workshops und Vorträgen Platz. Genauso bedeutsam sind strategische und kirchenpolitische Planungen und Konzepte, wie Homo- und Transfeindlichkeit in den verschiedenen christlichen Kirchen und Gemeinschaften abgebaut werden können. Am wichtigsten ist für die meisten, ökumenische und europäische Gemeinschaft zu erleben, sich gegenseitig zu unterstützen, theologisch und kirchenpolitisch zu debattieren und gemeinsam zu beten, zu singen, zu tanzen und Gottesdienste miteinander zu feiern.

Ein Schwerpunkt der Arbeit im Europäischen Forum ist das theologische und kirchenpolitische Engagement im Ökumenischen Rat der Kirchen (ÖRK) und in den katholischen und orthodoxen Kirchen in Europa. So haben Mitglieder des Europäischen Forums gemeinsam mit einer internationalen Allianz von christlichen LSBTTIQ-Gruppen im Jahr 2013 bei der Vollversammlung des ÖRK in Busan/Südkorea einen Informationsstand auf der Messe betreut und Workshops und Side-Events ausgerichtet. Die katholische Arbeitsgruppe des Europäischen Forums hat mit anderen weltweit organisierten katholischen LSBTTIQ-Partner*innen im Oktober 2015 an einer Vorkonferenz zur Familiensynode in Rom teilgenommen. Einige Mitglieder der Arbeitsgruppe orthodoxe Kirchen werden im Juni 2016 an der Vollversammlung orthodoxer Christ*innen auf Kreta teilnehmen und sich für Respekt und Gleichberechtigung von LSBTTIQ einsetzen. Der Weg ist noch lang und die Vorurteile und Widerstände sind gerade in den orthodoxen Kirchen in Osteuropa sehr hoch. Aber steter Tropfen hölt den Stein.

Hier noch einige Stimmen zur Tagung des Europäischen Forums, die ich gesammelt und übersetzt habe. Sie sprechen für sich selbst.

Misha aus Russland: „Das Europäische Forum ist eine große Gemeinschaft. Es ist ein Ort, an dem ich fühle, dass wir mehr sind als die Summe der einzelnen Mitglieder. Beim Forum teilzunehmen, ist eine wundervolle Erfahrung. Vor allem für diejenigen, die in schwierigen und feindlichen Kontexten leben und sich sonst nicht so zeigen können, wie sie sind. Es ist so erleichternd zu wissen, dass es Menschen gibt, die meine Kämpfe kennen und meine Herausforderungen solidarisch teilen. (…) Seit ich am Europäischen Forum teilnehme, hat sich mein Horizont erweitert - und auch mein Herz. Und ich werde auch weiterhin daran mitarbeiten, dass diese bunte Gemeinschaft in Liebe wachsen kann. So wie es Jesus Christus mit seiner radikalen Liebe vorgelebt hat."

Olga aus Estland: „Das Europäische Forum bedeutete eine Lebenswende für mich. Seit ich im Europäischen Forum bin, kann ich endlich als die leben, die ich bin. Mit meiner Sexualität und mit meinem Glauben. Ich fühle mich persönlich akzeptiert und gestärkt, mein Leben verantwortlich und im Glauben an Gott zu leben. Das Europäische Forum hat mir die Möglichkeit gegeben, die Lebensgeschichten anderer ohne Bewertung kennen zu lernen. Ihre Geschichten haben Gesichter und keine Etiketten. (…) Es hat mich dazu gebracht, Lebensgeschichten mit Respekt, Zärtlichkeit und Bewunderung zu hören. Außerdem hat es mir geholfen, selbst mehr in meinem Leben und mit meinen Werten verwurzelt zu sein. Ich habe gemeinsames Lernen und Unterstützung im Europäischen Forum kennen gelernt. Seit neun Jahren nehme ich am Osteuropäischen Forum teil. Seit einigen Jahren bin ich nun auch beim Europäischen Forum dabei. Ich habe erlebt, wie offen das Europäische Forum für die Bedarfe von Osteuropäischen Teilnehmenden ist. Wir haben Ermutigung, Teilhabe, Unterstützung und Solidarität erlebt und durch Trainings und Mentoring-Projekte viel gelernt. Dieses Wissen kann ich in meiner Heimat an die Mitglieder unserer christlichen LSBTTIQ-Gemeinschaft weitergeben. Vor allem im Hinblick auf die Arbeit mit den orthodoxen Kirchen ist diese gegenseitige Unterstützung enorm wichtig. Ohne sie wäre ich nicht dort, wo ich jetzt bin!"

Tatjana aus Russland: „Das Europäische Forum bedeutet mir und meine Schwestern und Brüdern in Russland sehr viel. Ich kann darüber stundenlang reden: wunderbare Begegnungorte, um miteinander zu arbeiten, Freude und Schmerzen zu teilen. Aber zuallererst ist das Europäische Forum für mich Energie- und Glaubensquelle. Da ich in einem Land lebe, in dem alle: Kirche, Staat und Menschen gegen LSBTTIQ sind, ist es leicht, den Glauben und das Gefühl für Gottes Liebe zu verlieren. Das Europäische Forum hat mir geholfen, meine Glaubens- und Liebesbatterien wieder aufzuladen. Die Erinnerungen an die Tagungen helfen mir zu glauben. Bis zur nächsten Tagung."

Bettina aus Stuttgart: „Es war schön, in Göteborg beim Europäischen Forum nach einigen Jahren Bekannte, Freundinnen und Freunde aus ganz Europa wieder zu sehen. Gespräche, Austausch, Andachten und Gottesdienst mit so unterschiedlichen Menschen haben gutgetan. Die Freundlichkeit, die Unterstützung und Aufmerksamkeit füreinander waren sehr bewegend. Ein Highlight war für mich der Workshop mit Pastor Johannes Mokgheti-Heath, der für die Schwedische Kirche in der Ökumene arbeitet. Ich war die einzige Teilnehmerin aus Deutschland in diesem Workshop. Es ging darum, wie die schwedische Kirche ihre ökumenischen Beziehungen pflegt nach dem Beschluss der Schwedischen Kirche zur völligen Gleichstellung von LSBTTIQ-Mitgliedern. Zudem gibt es in Schweden auch eine lesbische Erzbischöfin. Das ist für ökumenische Beziehungen nicht einfach. Trotzdem, die klare Positionierung gegen jede Diskriminierung und die gleichzeitige konsequente Dialogbereitschaft mit den ökumenischen Partnerkirchen wünsche ich mir für alle christlichen Kirchen."

Heleen, Leny, Jenni und Ineke aus den Niederlanden: „Als wir das erste Mal zum Europäischen Forum kamen, lernten wir Freundinnen und Freunde kennen. Seitdem hatten wir die Möglichkeit, uns in ganz verschiedener Weise für LSBTTIQ-Glaubensthemen einzusetzen. Wir sind in dieser europäischen Gemeinschaft seit ca. 15 Jahren und hoffen, dass wir noch viele Jahre bleiben werden."

Matijs aus Lettland: „Meine erste Konferenz vom Europäischen Forum habe ich 2004 besucht. Seitdem war ich in verschiedenen Projekten aktiv. Ich schätze die Arbeit des Europäischen Forums. Sie hat langsame, aber stetige Veränderung in der Europäischen und weltweiten Gesellschaft bewirkt. Sie trägt dazu bei, dass sich sexuelle Minderheiten und Kirchen an vielen Orten versöhnen können. Außerdem fühle ich eine starke emotionale Verbindung zu den Teilnehmenden des Europäischen Forums. Einige von ihnen kenne ich schon seit vielen Jahren. Die Konferenz ist wie ein großes Familientreffen, das mich inspiriert und meine Batterien mit Liebe und Energie auflädt, sodass es für eine ganze Weile hält. Das Europäische Forum ist Teil meines Lebens geworden."

Feminismus: Viel erreicht - noch viel zu tun

20.12.2018

Vom 14.-16. Dezember 2018 fand die Lesbentagung an der Evangelischen Akademie in Bad Boll statt. Über hundert Frauen fanden sich ein, um gemeinsam zu diskutieren, in Workshops Themen zu vertiefen, miteinander zu singen und Gottesdienst zu feiern. Es war eine bewegende Tagung.

Seit 2017 bereitet ein neues ehrenamtliches Team die Lesbentagungen in Zusammenarbeit mit Claudia Schmengler, Studienleiterin der Evangelischen Akademie Bad Boll, vor. Diese fünf Frauen jüngeren und mittleren Alters und verschiedener politischer und religiöser Hintergründe haben die Perspektiven und das Programm der Tagung vielfältig bereichert. Ein kollegialer und fröhlicher Leitungsstil rundete den guten Einstieg des Teams ab.

Lesbengeschichte

Inhaltlich ging es intensiv zur Sache. Bereits am Freitagabend führte Corinne Rufli, promovierte Historikerin aus der Schweiz, ein in die Arbeit mit älteren lesbischen Frauen in ihrem Heimatland. Zahlreiche spannende Lebensgeschichten hat sie kennengelernt, viele Interviews hat sie geführt und daraus ein Buch gemacht. Es heißt: *Seit dieser Nacht war ich wie verzaubert.*

Zwei Frauen, Karin Rüegg (80) und Eva Schweizer (77), deren Lebensgeschichten in Ruflis Buch erzählt werden, waren ebenfalls anwesend. Zu dritt waren sie schon seit einer Weile auf Lesereise. Kurzweilig und humorvoll berichteten sie aus ihren Leben. Sie erklärten, was es für sie bedeutet, die eigene Lebensgeschichte zu erzählen und durch die Dokumentation die gesellschaftspolitischen Entwicklungen der Schweiz in den letzten Jahrzehnten aus feministischer Perspektive konkret zu reflektieren.

Digitaler Feminismus

Am Samstag führte Jessica Türk vom Vorstand des *Lesben- und Schwulenverband in Deutschland* (LSVD) ein in die Welt des digitalen Feminismus. Anhand einiger aktueller Hashtags auf Twitter und

Instagram, verschiedener Videoclips auf Youtube und einiger Wort-Bild-Marken im digitalen Raum erläuterte sie jungen und älteren Frauen ihre Beobachtungen zur Sprache, zu Bildern und Gesichtern der Frauenbewegung der letzten Jahre im Netz. Türk betonte, dass viele Frauen auffallend isoliert und mit vergleichsweise viel Text auf feministische Themen aufmerksam machen. Aber auch Humor, Selbstironie und Poetry Slams sind beliebte Mittel, um feministische Botschaften digital im 21. Jahrhundert in die Welt zu bringen. Türks Beobachtungen und Thesen sind für die Zukunft feministischer Debatten richtungsweisend.

50 Jahre lesbisch feministisch: Lising Pagenstecher

Die Journalistin Natalia Matter führte ein in die Lebensgeschichte von Lising Pagenstecher, da sie selbst aus Krankheitsgründen nicht anwesend sein konnte. Lising Pagenstecher ist promovierte Soziologin und politische Aktivistin. Seit über 50 Jahren ist sie feministisch und lesbisch-feministisch im deutschsprachigen Raum aktiv. Es hat ihr Leben und Denken geprägt. Über ihre Erlebnisse hat sie viel geschrieben und auf Vorträgen erzählt. Natalia Matter gab darüber einen spannenden Überblick.

Gleicher Lohn für gleiche Arbeit

Edeltraud Walla, Beauftragte für Chancengleichheit der Universität Stuttgart, führte anschließend ein in ihren Kampf durch alle gerichtlichen Instanzen, um im akademisch universitären Umfeld gleiche Entlohnung für gleiche Arbeit durchzusetzen. Ihre juristischen Erlebnisse, die sie bis zum Europäischen Gerichtshof führten und die schließlich nicht von Erfolg gekrönt waren, ließen alle Anwesenden fassungslos und kopfschüttelnd zurück. Hier ist weiterhin nicht viel erreicht und immer noch endlos viel zu tun.

Bisexuell, römisch-katholisch und Frau in Polen

Uschi aus Polen erzählte den Frauen aus ihrem Leben als römisch-katholische, bisexuelle und feministische Frau. Sie lebt in Polen und hat an vielen Stellen mit Vorurteilen und Stigmatisierungen zu kämpfen. Gleichzeitig erlebt sie auch viel Solidarität in der christlichen Gruppe *Wiara i Tęcza* (*Glaube und Regenbogen*). Mehr als hundert Mitglieder gehören in verschiedenen Regionalgruppen diesem Netzwerk an. Sie unterstützen sich gegenseitig, erzählen sich ihre Lebensgeschichten und feiern miteinander Feste und Gottesdienste. Allerdings werden sie von der römisch-katholischen Kirche in Polen weder anerkannt noch unterstützt.

Das polnische Netzwerk gehört dem Europäischen Forum christlicher LSBT-Gruppen an. In diesem Kontext beteiligt sich Uschi an einem Mentoring-Projekt des Europäischen Forums. Ihre Mentorin, Monika Bertram, war ebenfalls auf der Tagung in Bad Boll anwesend. So geschieht solidarische Begegnung und interkulturelles Lernen über Landesgrenzen hinweg.

Workshops

Neben den Vorträgen und anschließenden plenaren Diskussionen gab es Andachten, Vernetzungstreffen und Workshops zur Begriffsklärung von *queer*, zur lebendigen Lesbengeschichte, zu einem *Spoken-Word-Workshop* zur Neuverfassung eines *Feministischen Manifests* bis hin zu einer queeren Bibel-(Re-)Lektüre.

Abschlussgottesdienst mit Schuldbekenntnis

Höhepunkt der Tagung war der Gottesdienst mit Abendmahl, der von der Württembergischen Prälatin Gabriele Arnold und einem ökumenischen Team vorbereitet und gestaltet wurde. Im Rahmen des Gottesdienstes entschuldigte sich die Prälatin bei den anwesenden lesbischen und queeren Frauen dafür, dass die Kirchen Lesben, Schwulen, Bisexuellen, trans*, inter* und queeren Menschen in den letzten Jahrzehnten soviel Leid, Grauen und Schmerzen zugefügt haben.

Sie sagte: „Wenn Menschen wegen Liebe verachtet werden, dann macht sich eine Kirche schuldig."

Gabriele Arnold, die auch Schirmherrin des Stuttgarter CSD 2018 war, tat dies nicht als Privatperson, sondern als Regionalbischöfin der Württembergischen Landeskirche. Letztere segnet bis heute keine lesbischen und schwulen Paare. Sie ist damit eine der beiden letzten Landeskirchen, die dies nicht tun. Arnolds Bitte um Vergebung war ein Teil der Liturgie im Gottesdienst und wurde von den anwesenden Frauen mit Dankbarkeit angenommen. Es war ein historischer Augenblick. Bleibt zu hoffen, dass die Württembergische Landeskirche in Zukunft die Devise ihrer Regionalbischöfin umsetzt, Lesben, Schwule und queere Menschen nicht länger zu diskriminieren.

Im Zeichen des Regenbogens

10.06.2015

Der 35. Evangelische Kirchentag ist vorbei. Die Veranstaltungen des Regenbogenzentrums sind gut angenommen worden. Die Stimmung im Zentrum war herzlich und fröhlich. Trotz einer Fülle von schwierigen Themen.

Zu Gast in einer Kirchengemeinde

Die evangelische Kirchengemeinde aus Stuttgart Wangen war Gastgeberin des Regenbogenzentrums. Sie hat die Türen des Gemeindezentrums weit aufgemacht und alle herzlich willkommen geheißen. LSBTTIQ, ihre Angehörigen, Freundinnen und Freunde. Und bunt waren die Teilnehmenden des Regenbogenzentrums: Junge, alte, gesunde, kranke, schwarze, weiße, Menschen aus China, Taiwan, Südkorea, Kamerun, Uganda, Estland, Lettland, Rumänien, Finnland, Norwegen, Niederlande, Österreich, Schweiz, den USA, Kanada und von überall in Deutschland kamen sie ins Regenbogenzentrum. Und es gab eine Vielzahl von Veranstaltungen: Vielfalt der Lebens- und Beziehungsformen, Vielfalt sexueller Ausdrucksformen, Sexualität und Behinderung, LSBTTIQ und Gesundheit, LSBTTIQ und Alter, Comingout Erfahrungen, Umpolungsversuche, Bibel und Homosexualität, Umgang mit Homophobie und Transphobie in der internationalen Ökumene, in Osteuropa und in den Kirchen in Deutschland. Erfahrungen von LSBTTIQ mit Kirche als Arbeitgeberin, Streit um Bibelauslegung, um Segnungsgottesdienste und vieles mehr.

Stärkungen

Zur Stärkung von Leib und Seele gab es das Regenbogencafé, Tagzeitengebete, Kreuzweg-Andachten, in denen der Opfer von Homo- und Transfeindlichkeit weltweit gedacht wurde, Bibelarbeiten, Musik und Gebete. Geistlicher Höhepunkt war das Feierabendmahl im Regenbogenzentrum. Die Vorbereitungsgruppe setzte sich zusammen aus Mitgliedern der Wangener Kirchengemeinde und Mitarbeitenden der LSBTTIQ-Netzwerke. 350 Menschen sammelten sich im Gemeindezentrum. Über 50 befanden sich draußen auf dem Hof, wohin der

Gottesdienst übertragen wurde. Es war ein bewegender Gottesdienst mit Lebenszeugnissen von Gästen aus Asien und Osteuropa, mit Erfahrungen von Mitgliedern der Wangener Gemeinde und erfrischender Musik vom LSBTTIQ-Chor Queerubim. Das in Gruppen gefeierte Abendmahl symbolisierte die Gemeinschaft und die geschwisterliche Solidarität, die im Regenbogenzentrum die ganze Zeit zu spüren war.

Erfahrungen

Ein Gemeindeglied der Wangener Gemeinde fasste ihre Erfahrungen so zusammen:

„Sonntags sind wir normalerweise zehn Leute im Gottesdienst. Jetzt feiern wir hier mit 400. Bisher kannte ich keine Lesben und Schwule. Jetzt weiß ich: Ich habe noch nie einen so bewegenden, friedlichen und ermutigenden Gottesdienst erlebt. Die Leute sind freundlich und gehen respektvoll miteinander um. Warum hat unsere Kirche so ein Problem mit ihnen? Die sind doch klasse! Ich danke unseren Gästen für diese einmalige Erfahrung, die ich in meinem Leben nicht vergessen werde!"

Ein anderes Mitglied der Gemeinde fragte sich:

„Warum haben eigentlich so viele Christen Angst vor Lesben und Schwulen? Ich habe hier in Wangen wunderbare Menschen kennengelernt. Und sie sind mutig. Teilweise haben sie heftige Anfeindungen in ihren Kirchen erfahren. Warum? Nur weil sie einen Menschen lieben, der anderen nicht passt? Das kann doch wohl nicht wahr sein. Jesus hat doch selbst Nächstenliebe gepredigt. Die habe ich noch nie so eindrücklich erlebt wie in diesen Tagen im Regenbogenzentrum. Ich bin stolz darauf, zur gastgebenden Gemeinde zu gehören!"

Tatsächlich ist die Begegnung der Gäste aus ganz Deutschland und darüber hinaus mit den Gemeindegliedern in Wangen ein geglücktes Beispiel dafür, was passiert, wenn Menschen sich offen und ohne Vorurteile begegnen und miteinander ins Gespräch kommen.

Wir wollen nicht geduldet werden!

Umso ernüchternder waren die Aussagen von Werner Baur, Oberkirchenrat der Evangelischen Kirche in Württemberg. Er war

Redner auf der Großveranstaltung des Regenbogenzentrums in der Schwabenlandhalle *Wir wollen nicht erduldet werden!* Die Veranstaltung drehte sich um den umstrittenen Bildungsplan der rot-grünen Landesregierung in Baden-Württemberg. Der Bildungsplan sieht vor, dass vorurteilsfreie und respektvolle Aufklärung über sexuelle Vielfalt verpflichtend in die Lehrpläne verschiedener Fächer einbezogen wird.

Oberkirchenrat Baur blieb in seinen Aussagen wachsweich und vermied es klar Stellung zu beziehen. Aufgrund der Einheit der Kirche müsse er Befürworter und Gegner des Bildungsplans im Blick behalten. Seine Kirche könne sich daher nicht auf eine Seite schlagen. Die Zuhörenden warteten vergeblich auf ein klares Bekenntnis zur Verurteilung von Diskriminierung und für den Schutz von Menschenrechten von LSBTTIQ. Immerhin bestätigte Baur, dass seine Kirche in der Vergangenheit Schuld auf sich geladen habe. Nun sei aber alles viel besser. Lesbische und schwule kirchliche Mitarbeitende seien leistungsstarke Akteure in der Kirche. Die nicht vorhandene Gleichstellung im Pfarrerdienstrecht und die fehlende Möglichkeit von Segnungsgottesdiensten für lesbische und schwule Paare erwähnte er nicht. Der Wunsch von Loni Bonifert, der Leiterin der Selbsthilfegruppe für Eltern homosexueller Kinder, dass Kirche klar Stellung beziehen müsse gegen Ausgrenzung und Diskriminierung, blieb vom Oberkirchenrat ebenfalls unbeantwortet. Die Eltern werden von der Kirche damit genauso allein gelassen wie die Betroffenen. Die Selbsthilfegruppe stehe aber solidarisch zu ihren schwulen und lesbischen Familienmitgliedern und versuche die Betroffenen mit Selbsthilfegruppen, Gesprächen und Informationsveranstaltungen zu unterstützen, so Bonifert.

Gegenüber dem Oberkirchenrat war der baden-württembergische Kultusminister Andreas Stoch erfrischend klar. Er verteidigte mit emotionalen Worten die Position der rot-grünen Landesregierung. In den Lehrplänen müsse die Information über sexuelle Vielfalt vorurteilsfrei verankert sein. Jede Form der Diskriminierung auf der Grundlage von sexueller Orientierung sei klar entgegenzutreten. Es ginge nicht um Umpolung oder Ideologisierung, sondern um das Recht von Schülerinnen und Schülern, über sexuelle Lebensweisen ohne Angst und Vorurteile aufgeklärt zu werden. Für diese Position habe er seit letztem

Jahr Hunderte von Hassbriefen und Drohungen erhalten. Das sei erschütternd und dürfe in einem demokratischen Rechtsstaat nicht sein.

Auch Annemarie Renftle, Lehrerin und Mitglied der Gewerkschaft Erziehung und Wissenschaft, betonte, dass das Thema der sexuellen Vielfalt als Querschnittsthema in verschiedene Unterrichtsfächer gehöre. Dafür sei der Entwurf des Bildungsplans ein guter erster Schritt, der aber noch nicht weit genug ginge. Sie zeigte sich fassungslos über die teilweise aggressive Gegenwehr sogenannter *besorgter Eltern*. Nach ihrer Erfahrung hätten diese oftmals gar keine Kenntnis über den Bildungsplan, machten aber massiv dagegen Stimmung. Wichtig sei ihr als Lehrerin, dass zum Bildungsplan auch pädagogische und didaktische Konzepte erarbeitet würden. Damit die Umsetzung des Bildungsplans für Lehrerinnen und Lehrer in der Praxis auch möglich wird.

Internationale Partnerschaftsarbeit und Homosexualität

Bei der Veranstaltung des Regenbogenzentrums zur ökumenischen Partnerschaftsarbeit angesichts des Streitthemas Homosexualität fanden andere Kirchenvertreter klarere Worte. Prof. Dr. Martin Hein, der Bischof der Evangelischen Kirche in Kurhessen Waldeck, ist seit vielen Jahren Mitglied im Zentralkomitee des Ökumenischen Rats der Kirchen. Hein betonte die Notwendigkeit, Homophobie und Transphobie gegenüber afrikanischen und asiatischen Partnerkirchen anzuprangern und über die Thematik trotz aller Schwierigkeiten im Gespräch zu bleiben. Auch Dieter Bullard-Werner, der Geschäftsführer des Deutschen Zweigs der Baseler Mission unterstrich, dass Homophobie im ökumenischen Dialog eine große Schwierigkeit sei, die nur im respektvollen Gespräch miteinander statt übereinander bearbeitet werden könne. Menschenrechtsverletzungen dürften von den Kirchen aber nicht toleriert werden. Ähnlich deutlich äußerte sich Helmut Dopffel, Kirchenrat der Evangelischen Kirche in Württemberg. Er hat das kontroverse Gespräch innerhalb seiner Landeskirche über zwanzig Jahre lang erlebt und sich für Respekt und die Enttabuisierung des Themas eingesetzt. Wenn es nach ihm ginge, wäre seine Landeskirche auch im Hinblick auf die ausstehende Möglichkeit der Segnung lesbischer und schwuler Paare wohl schon weiter.

Die deutlichsten Worte gegen Verfolgung und Ausgrenzung von Lesben und Schwulen fand Alice Nkom aus Kamerun. Sie ist Juristin und Menschenrechtsaktivistin und setzt sich bereits seit über zwanzig Jahren für verfolgte Lesben und Schwule ein. Sie hat seitdem unzählige Morddrohungen erhalten, ist aus ihrer protestantischen Kirchengemeinde ausgeschlossen worden und kann sich nur mit Bodyguard bewegen. Trotzdem lässt sie nicht locker. Für sie ist es eine Frage von Recht und Gerechtigkeit, dass Menschen aufgrund ihrer sexuellen Orientierung und Geschlechtsidentität nicht kriminalisiert und verfolgt werden dürfen, wie es in Kamerun und in vielen anderen afrikanischen Ländern der Fall ist. Genau diese Position teilte auch Pearl Wong, Theologin und Geschäftsführerin der Queer Theological Academy in Hongkong. Sie hat in China mit ähnlichen Problemen zu kämpfen wie Alice Nkom in Afrika. Trotzdem bietet sie in einem kleinen Team Kurse in Queer Theology an und kämpft für die Gleichberechtigung von LSBTTIQ in den Kirchen in Asien.

Die beiden Frauen haben in der Veranstaltung zum Streit der Partnerschaftskirchen zum Thema Homosexualität die über 250 Anwesenden begeistert. Trotz der schwierigen Ausgangssituation in ihren Ländern setzen sie sich für Gleichberechtigung und Respekt ein, zum Teil wie bei Alice Nkom unter Einsatz ihres Lebens. Die Ermutigung und der Auftrag, die Partnerschaftsarbeit auch von Europa aus kritisch zu unterstützen und über den eigenen Tellerrand hinaus zu schauen, ist im Publikum angekommen.

Das Regenbogenzentrum hat in ganz verschiedene Richtungen Türen geöffnet und an einem solidarischen Ort Begegnungen und Gespräche ermöglicht. Es waren ermutigende und tolle Tage.

30 Jahre Lesbentagungen in Bad Boll

20.12.2015

Mit Sekt und einer wundervollen Jubiläumstagung haben fast 100 lesbische Frauen aus ganz Deutschland vom 11. bis 13. Dezember 2015 das 30-jährige Jubiläum der Lesbentagung an der Evangelischen Akademie Bad Boll gefeiert.

Die erste Tagung

1985 hat die erste Tagung an der Ev. Akademie in Arnoldshain im Taunus nördlich von Frankfurt am Main stattgefunden. Veranstalterinnen waren die damalige Studienleiterin der Akademie Leonore Siegele-Wenschkewitz, Herta Leistner und Ute Wild. Schon zwei Monate später fand die erste Lesbentagung an der Evangelischen Akademie in Bad Boll statt. Dort war damals Herta Leistner Studienleiterin. Seitdem war auch Monika Barz mit im Team.

Unsicher und verschüchtert waren die ersten Frauen gekommen. Und gleichzeitig war schnell klar: Der Bedarf war riesig! Ein sicherer Ort war nötig, an dem lesbische und bisexuelle Frauen im Umfeld von Kirche ihren Glauben und ihre lesbische Orientierung ohne Angst leben konnten. Zum persönlichen Austausch, zum Diskutieren von gesellschafts- und kirchenpolitischen Themen aus lesbisch-feministischer Sicht, zum Gottesdienst feiern und zum Gestalten einer inklusiven Theologie und Spiritualität. Der Start 1985 war sehr erfolgreich und fand viel positives Echo. Damals hätte allerdings noch niemand sagen können, wie erfolgreich die Tagungen einmal werden würden.

Anonymität und Schutz

In den Anfängen der Tagungen stellten sich die meisten Frauen nur mit Vornamen vor. Viele waren besorgt, geoutet zu werden und waren auf Anonymität und Schutz bedacht. Ich war 1986 als Studentin das erste Mal dabei. Ich lebte als Theologiestudentin offen an der Hochschule in Hamburg. Für mich war das einfacher. Denn ich arbeitete damals ja auch noch nicht im kirchlichen Dienst wie andere, die Repressalien fürchteten. Über die Altersgrenzen hinweg versuchten wir auf den Lesbentagungen gemeinsam Wege zu finden, an Universitäten, im kirchlichen Dienst und an sonstigen Arbeitsplätzen offener und sichtbarer zu werden. Heute kann ich sagen: mit Erfolg!

Lesbische Netzwerke

Im Laufe der Jahre wurden in Bad Boll lesbisch-feministische Netzwerke wie Lesben und Kirche (LuK) und das Maria und Martha-Netzwerk (MuM) für kirchliche Mitarbeiterinnen gegründet. Aber auch das Netzwerk *Wirtschaftsweiber* wurde in Bad Boll gegründet. So wuchs das kirchenpolitische und gesellschaftliche Engagement der Frauen durch Netzwerkarbeit, kirchenpolitische Aktivitäten in Kirchenvorständen, Synoden und Kirchenleitungen und durch die regelmäßige Teilnahme an den evangelischen Kirchentagen. Dort fanden sich Frauen, ein eigenes Programm für Frauen-/Lesbenzentren anzubieten. Es wurde unabhängig vom Kirchentag vorbereitet und durchgeführt. Koordiniert wurde die Arbeit lange Zeit auf den Lesbentagungen in Bad Boll. Seit dem Kirchentag 2013 in Hamburg ist diese Arbeit in eine vom Kirchentag offiziell anerkannte Projektleitung und ein finanziell gefördertes *Regenbogenzentrum* überführt worden. Allein diese Tatsache zeigt, wie stark sich die Situation für LSBTTIQ in kirchlichen Zusammenhängen verändert hat. Und das ist gut so!

Aber es bleibt immer noch viel zu tun. Die komplette staatliche Gleichstellung in Form einer *Ehe-für-alle* und kirchliche Trauungen auch für Lesben- und Schwulenpaare in der Kirche gab es 2015 in Deutschland noch nicht. Die Lesbentagungen und kritische Netzwerkarbeit sind weiterhin wichtig.

Beispiel Norwegen

Auf der Lesbentagung in Bad Boll hat uns die stellvertretende Präsidentin der Norwegischen Kirche Kristin Gunleiksrud Raaum vom langwierigen, aber erfolgreichen Prozess in der Norwegischen Kirche erzählt. Bis wir in Deutschland so weit sind, stehen in der EKD und in einzelnen evangelischen Landeskirchen noch einige kirchenrechtliche Konflikte und theologische Debatten aus.

Aber das Beispiel aus Norwegen zeigt auch: Es nützt etwas, dranzubleiben, kleine Schritte zu gehen, immer wieder auf dem Thema zu beharren und strategisch klug mit heterosexuellen Bündnispartner*innen zusammenzuarbeiten. Mit Geduld und langem Atem wird es gelingen.

Und die Lesbentagungen in Bad Boll als spiritueller und solidarischer Ermutigungsort tun ihr Übriges, um weiter zu machen und gemeinsam erfolgreich zu sein.

Herta Leistner resümierte ihre Erfahrungen:

„Ich hätte mir nie träumen lassen, was wir in all den Jahren erreicht haben und wie erfolgreich die Lesbentagungen in den 30 Jahren an der Ev. Akademie in Bad Boll gewesen sind. Vor allem hätte ich nie zu träumen gewagt, dass die Reichweite der Tagungen weit über die Akademie hinaus trugen durch die Gründung der lesbischen Netzwerke und die zahlreichen kirchenpolitischen Aktionen von lesbischen Frauen und ihren Verbündeten. Viele Aktionen wurden in Bad Boll verabredetet und ihre Strategien und Ziele auf den Tagungen koordiniertet. Darauf bin ich sehr stolz. Es ist eine echte Erfolgsgeschichte!"

Kein Wunder, dass der Sekt am Samstagabend reichlich geflossen ist. Herzlichen Glückwunsch zum 30. Jubiläum!

Zur weiteren Information

Dokumentarfilm zu den Lesbentagungen an der Evangelischen Akademie in Bad Boll von 2016: „Ich sehe die, die du nicht siehst" https://youtu.be/lu_UczdSx_Y (abgerufen am 23.02.2020).

Queer rezensiert

Einführung

In den letzten Jahren habe ich immer wieder Bücher gelesen, die mich aus verschiedenen Gründen beeindruckt haben. Ihre Geschichten und Botschaften haben mich teilweise längere Zeit begleitet. In diesem Kapitel stelle ich eine Auswahl meiner Lektüre vor, zu denen ich Rezensionen aus queerer Perspektive geschrieben habe.

Die Bibel lesen mit den Augen anderer

22.01.2020

Im November 2019 ist ein interessantes Buch zur interkulturellen Hermeneutik herausgekommen.

Das Projekt

Das Projekt hinter dem Buch: Menschen aus zweihundertfünfzig Gruppen aus zwanzig Ländern, fünf Kontinenten und fünfundzwanzig Sprachen haben sich in mehreren Projektphasen über einen Zeitraum von fünfzehn Jahren geschrieben, getroffen und ausgetauscht, um biblische Geschichten miteinander zu lesen und Erfahrungen und Gedanken aus dem jeweiligen Alltag in Verbindung mit biblischen Texten zu teilen. Es gab darunter auch einen Austausch unter Studierenden von vier Theologischen Seminaren in Atlanta/USA, Gwangju/Südkorea, Akropong/Ghana und Reutlingen/Deutschland.

Das Buch wurde von Gabriele Mayer und Berhard Dinkelaker herausgegeben. Beide arbeiten bei der *Evangelischen Mission in Solidarität (EMS)*, die ihren Sitz in Stuttgart hat. Das Buch wurde zeitgleich in Englisch und in Deutsch beim Verlag *Esuberanza* in den Niederlanden veröffentlicht.

Partnergruppen

Jeweils zwei Partnergruppen haben mit Unterstützung von Regionalkoordinator*innen biblische Texte aus einem extra veröffentlichten Arbeitsheft der EMS ausgesucht und jeweils in ihrer Muttersprache bearbeitet. Daraus wurden Gruppenberichte und Einsichten in Englischer Sprache verfasst und der anderen Partnergruppe zugeschickt, die ebenso vorging. So entwickelte sich ein lebendiger schriftlicher Austausch. Bei den meisten führten diese Bibelleseprojekte dazu, biblische Texte auch aus anderen Perspektiven wahrzunehmen und den eigenen Verstehens-Horizont zu erweitern. Die neuen Einsichten und Erkenntnisse wurden auf fünf internationalen Bibel-Workshops vertieft.

Fragen der internationalen und interkulturellen Hermeneutik, also der Auslegung der biblischen Schriften, standen im Mittelpunkt der Veröffentlichung. Dafür wurden vier internationale Projektteams eingerichtet. Es gab Regionalkoordinator*innen und Gastgeber*innen vor Ort, die die verschiedenen Bibelworkshops organisiert, geplant und mit allen Beteiligten umgesetzt haben.

Verschiedene Perspektiven

Das wichtigste war dabei, dass die Beteiligten gleichberechtigt ihre verschiedenen Perspektiven einbringen konnten. Ihre Lebenserfahrung, ihr kultureller Hintergrund und ihr religiöses Umfeld wurden sichtbar und erfahrbar in der Art und Weise, wie sie biblische Texte verstanden und auf ihr eigenes Leben bezogen. Indem sich die Beteiligten gegenseitig zuhörten, ihre Assoziationen und Gedanken austauschten, bibelwissenschaftliche Impulse zu den biblischen Texten aufnahmen und bearbeiteten, konnten sie sich gegenseitig beim Verstehen der biblischen Texte begleiten, unterstützen und ganz verschiedene Lesebrillen aufsetzen.

Ziel war es nicht, einen Kompromiss zu finden und einer Meinung zu sein im Hinblick auf das Verständnis der biblischen Texte, sondern von den anderen ihre Sichtweise auf die Texte zu hören, sich darauf einzulassen und dadurch mit den Augen anderer sehen und verstehen zu lernen, auch wenn es nicht der eigenen Meinung entsprach.

Die bibelwissenschaftlichen Einführungen zu den ausgesuchten Bibeltexten, die im Buch veröffentlicht wurden, kamen aus Kamerun, Indonesien, Hong Kong, Ghana und Deutschland. Darüber hinaus sind im Buch Ausschnitte aus Predigten und Besinnungen aus Indien, Südkorea, Südafrika, Indonesien und Deutschland abgedruckt.

Dieses internationale und interkulturelle Bibelleseprojekt ist ein zutiefst kontextuell gebundenes Projekt, deren Leistung es ist, dass die Beteiligten ihre vielfältigen Hintergründe, Lebenszusammenhänge und Überzeugungen trotz Sprachbarrieren ausdrücken konnten und von den anderen respektiert und ernst genommen wurden. Diese Formen der kontextuellen Arbeit, der bibelwissenschaftlichen Einführungen und des erfahrungsbezogenen Bibelteilens sind auch für queere Bibel-Re-Lektüren zentral. Denn nur so können die Alltagserfahrungen und Lebenskontexte von queeren Menschen mit biblischen Texten in Beziehung gesetzt und dadurch die Auslegung erweitert bzw. verändert werden.

Im Januar 2020 habe ich Gabriele Mayer zu der Veröffentlichung befragt:

Söderblom: „Inwiefern ist das Buch für queere Bibelleser*innen hilfreich?"

Mayer: „Queere Bibelleser*innen bringen ihre Erfahrungen und ihr Alltagsleben ein - und wünschen sich, dass ein ehrliches und offenes Gespräch über verschiedene Verstehensweisen pluraler Lebenswelten möglich ist. Dieses Buch stellt die Frage nach kontextuellen Zugängen zur Bibellektüre in einem internationalen und interkulturellen Erfahrungsraum. Es stellt gleichzeitig ein erfolgreiches Bibelleseprojekt vor: dass und wie unterschiedliche Perspektiven über einen längeren Zeitraum miteinander ins Gespräch gebracht werden können - und Veränderungen geschehen können."

Söderblom: „Welche Lehren können queere Christ*innen und Bibelleser*innen aus dem Buch ziehen?"

Mayer: „Der Projektprozess zeigt, dass unterschiedliche Perspektiven und Begegnungen sich sehr gut ergänzen, ja einander brauchen. Siehe auch die Andacht von Martin Franke S.95 (zum Thema Transsexualität, K.S.). Man muss nicht einer Meinung sein, um gut miteinander arbeiten zu können. Man muss sich aber miteinander auf den Weg machen und einander zuhören. Sonst klappt es nicht."

Söderblom: : Hast du einen Rat für queere Christ*innen, die sich mit abwertenden wörtlichen Bibelzitaten konfrontiert sehen?"

Mayer: „Damit setzt sich das Buch leider nicht im Detail auseinander. Es lädt vielmehr konsequent ein, eine Vielfalt von Perspektiven als Bereicherung zu erleben; und keine wörtlichen Bibelzitate ohne Kontextbenennung zu akzeptieren. Wenn Bibelteilen -wie es in diesem partizipatorischen Prozess in der Runde (und weniger von der Kanzel) stattfindet - und die eigene Erdung und Erfahrung zu Wort kommen, können neue und andere Lernprozesse in Gang gesetzt werden."

Zum Schluss des Buchs setzte sich Mayer mit möglichen Schritten in die Zukunft auseinander. Sie schreibt, dass es weiterhin wichtig sei, in interkulturellen Kontexten als wechselseitig Lernende unterwegs zu sein. Konflikthafte Themen sollten dabei angesprochen werden, ohne dass man sich einigen müsse. Die Vielfalt der verschiedenen

Auslegungskontexte und Meinungen sollte ernst genommen und gehört werden. Dadurch lernten sich die Beteiligten besser kennen und verstehen, auch wenn sie nicht einer Meinung sind. Innerchristlich sei vor allem der Umgang mit dem Thema Sexualität und Geschlecht strittig. Gabriele Mayer schreibt dazu:

> *„Ein besonderer Themenschwerpunkt der kontextuellen theologischen Reflexion lag auf Themen wie (…) Sexualität und Geschlecht als ethische Herausforderung. Es erreichten uns zum Beispiel Stimmen von Kirchen, die damit begonnen haben, eine neue kirchliche Arbeit mit Transgender-Personen aufzubauen oder gleichgeschlechtliche Ehen zu segnen. Andere Stimmen haben die Unmöglichkeit zum Ausdruck gebracht, solche Themen zuhause im Herkunftsland anzusprechen. Am Ende stellten wir fest, wie wichtig und sinnvoll diese Gespräche über kontroverse Themen waren. ‚Sexualität und geschlechtsspezifische Diskriminierung bilden einen Kernbereich, den ich zukünftig gerne weiterverfolgen möchte', so ein Teilnehmer aus Indien. Daraus ergibt sich die Frage: ‚Wie kann ich meiner Gesellschaft die Bedeutung der Idee der Gleichheit in allen Bereichen der Schöpfung Gottes bewusst machen, unabhängig von sexueller Orientierung und sozialer Schicht?' Eine Stimme aus Westafrika stellte bei sich fest: ‚Ich habe gelernt, verschiedene sexuelle Orientierung als Geschenk Gottes zu erkennen.' " (S.136 f.)*

Das Buch lohnt sich für alle, die offen sind für interkulturelle Bibelarbeiten im Kontext pluraler Lebenswelten. Queere Perspektiven sind ein Teil davon!

Zum Weiterlesen

Mayer, Gabriele/Dinkelaker, Bernhard (herausgegeben im Namen der Evangelischen Mission in Solidarität, EMS), *Die Bibel lesen mit den Augen Anderer*, Nieuwegein 2019.

Unverschämt schamlos?

28.10.2019 (Veröffentlichung auf der eigenen Homepage)

Im September 2019 ist Nadia Bolz-Webers aktuelles Buch auf den deutschsprachigen Markt gekommen. Ich habe es gelesen. Es lässt mich mit gemischten Gefühlen zurück.

Unverschämt schamlos?

Keine Frage, mit ihren ersten beiden Büchern hat Nadia Bolz-Weber, die tätowierte lutherische Theologin aus Denver in Colorado (USA), in Deutschland einen regelrechten Hype um ihre Person und um ihre Bücher ausgelöst. 2017 war sie zum Evangelischen Kirchentag u.a. zu einer Bibelarbeit in Berlin eingeladen. Wenn sie auftrat, mussten die Räume wegen Überfüllung geschlossen werden. Ihre Fans - nicht nur im deutschsprachigen Raum - werden täglich mehr. Aber auch ihre erbitterten Gegner*innen.

Nun ist also das dritte Buch von ihr auf dem deutschsprachigen Markt erschienen. Es heißt *Unverschämt schamlos. Mein Plädoyer für eine sexuelle Reformation.* Ist das Buch nun unverschämt? Und vor allem, ist es unverschämt schamlos? Nun, das kommt wohl auf die Perspektive an. Und auf das soziale und religiöse Umfeld der Leser*innen, auf die Lebenswelt, die Lebensform und auf vieles mehr.

Zielgruppe

In keinem anderen Buch von ihr wird so deutlich, dass Bolz-Weber für den US-amerikanischen Kontext schreibt. Und da vor allem für einen Leserkreis, aus dem sie selbst kommt: ein konservativ evangelikaler. Diese Information ist wichtig, um die Bedeutung des vorliegenden Buchs einordnen zu können.

Was erzählt Bolz-Weber nun über diesen konservativ evangelikalen Kontext? Verallgemeinerungen sind schwierig. Aber wenn man Bolz-Webers Ausführungen folgt, sind gläubige evangelikale Christ*innen fast immer obsessiv mit Sex beschäftigt, oder besser gesagt, mit der Verhinderung von Sex. Denn ihr höchstes Ziel ist es, *rein* und *unberührt* zu heiraten, zumindest für die Frauen. Für manche ist sogar schon ein Kuss vor der Ehe tabu. Kein Wunder, dass in diesen Kreisen auch

Homo- und Bisexualität und jede Form der nicht binären Geschlechtsidentität ein Gräuel darstellen.

Bedeutung der Bibel

Hinzu kommt, dass die Bibel in diesen Kreisen eine zentrale Rolle im Alltag spielt. Die Bibel wird als höchste Autorität und absolute Richtschnur fürs ganze Leben verstanden. Prediger*innen nutzen biblische Texte dafür, strenge Handlungsanweisungen auszusprechen und Menschen wegen abweichender Lebens- und Liebesweisen zu verdammen. Moralpredigten, sogenannte Dämonenaustreibungen, und sogar Verfluchungen sind dabei gängige Formate.

Die Bibel wird als Wort Gottes für bare Münze genommen. Sie ist nach dieser Lesart den Autoren der Bibel quasi verbal inspiriert in den Mund gelegt worden. Daher wird die Bibel wörtlich genommen. Jedes Wort gilt. Eigentlich. Denn wenn es um die Reinheits-, Kleidungs- und Essensvorschriften des Alten Testaments geht, dann gelten diese freilich als überholt. Das gilt aber nicht für andere Bibelstellen. Wenn es etwa um die Sünde Evas geht, sieht die Sache ernst aus. Denn Eva ist angeblich schuld an der sogenannten Ursünde. Sie hat Adam verführt und überredet, den Apfel vom Baum der Erkenntnis zu essen. Mit dieser Anschuldigung mussten sich seit Eva alle Frauen herumschlagen. Die Frauen sind danach bis heute qua Geschlecht schuld daran, dass der Satan in die Welt gekommen ist. Und mit ihm die Ursünde - oder Erbsünde, die von Generation zu Generation an alle Menschen weitervererbt wird.

Ziel des Buchs

Warum interessiert Bolz-Weber nun diese selbst in den USA doch eher mit Kopfschütteln bedachte Gruppe von erzkonservativen Evangelikalen, Freikirchlern und dogmatischen christlichen Fundamentalisten, die keinen-Sex-vor-der-Ehe predigen und Sexualität allgemein verteufeln?

Einerseits arbeitet sie sich an ihrer eigenen Biografie ab. Denn sie kommt aus einem streng evangelikalen Elternhaus und ist in einer eben solchen Gemeinde groß geworden. Erfahrungen aus ihrer religiösen Biografie lässt sie in Form von Erinnerungen in ihr Buch einfließen. Entsprechend kennt sie deren Positionen zu Sexualität und Sünde und die Frauen verachtenden Benimmregeln. Diese haben junge Frauen zu erfüllen, um *moralisch rein* vor einen späteren Ehemann treten zu können. Es sind Anleitungen, wie Mädchen und junge Frauen sich eine *keusche Weiblichkeit* zu eigen machen sollen. Genauso wie junge Männer eine Anleitung zu einer *dominanten Männlichkeit* eingetrichtert bekommen.

Andererseits sitzen bis heute zahlreiche Opfer dieser engen Sexualmoral und frauenfeindlichen Moralvorstellungen bei ihr in Seelsorge- und Beratungsgesprächen. Bolz-Weber arbeitet mit Opfern von religiös begründeter moralischer Gehirnwäsche und weiblicher Unterordnung. Sie hat Interviews mit Betroffenen geführt und lässt einige dieser Geschichten in ihr Buch einfließen. Es ist ihr erklärtes Ziel, diese Leute, vor allem Frauen und LSBTTIQ, aus den von Menschen gemachten Gefängnissen aus Schuld, Scham und Doppelleben herauszuholen. Und genau für diese Zielgruppe ist das Buch hilfreich und befreiend.

Ihre Kritik

Was Bolz-Weber kritisiert: Dominanz und Machtmissbrauch von Männern gegenüber Frauen, von Heteros gegenüber Homos, Weißen gegenüber Schwarzen. Dieser Missbrauch werde immer wieder durch biblische Texte, vor allem durch das Erste Buch Mose gerechtfertigt. Heteronormative Vorstellungen und rigide Sexualmoralvorstellungen werden als *Gottes Plan* dargestellt (S.57). Dagegen erwidert sie, dass alle Menschen aufgrund ihrer Einzigartigkeit und uneingeschränkten Gottesebenbildlichkeit ein Recht auf Selbstbestimmung, auch auf sexuelle Selbstbestimmung, und auf unveräußerliche Würde haben (S.62).

Ihr Zuspruch

Würde sei den Menschen aufgrund ihrer Gottesebenbildlichkeit ohne Vorbedingung geschenkt, ohne Vorleistung, ohne Anstrengung, ohne besonders keusch und weiblich oder besonders dominant und männlich sein zu müssen. Bolz-Weber wünscht sich, dass Menschen ihr Sexualleben ohne Verkrampfung, Furcht oder Scham entdecken und leben können oder sich frei und selbstbestimmt gegen Sex entscheiden. Was ihnen selbst gut tut, ist bedeutsam, und nicht, was irgendwelche evangelikalen Ratgbeber*innen vorschreiben.

Bolz-Weber hat in ihrem Buch auch über Erfahrungen einer lesbischen Frau und eines Trans-Mannes aus ihrer Gemeinde geschrieben. Zudem hat sie über ihre eigenen Erfahrungen von einem Schwangerschaftsabbruch berichtet. Zumeist einfühlsam, manchmal ironisch verfremdend schreibt sie über Krisen und schwere Lebensentscheidungen, ohne diese zu verurteilen.

Ihr Alltagsbezug und ihre Lebenserfahrungen machen es möglich, über diese Themen existenziell nachzudenken, trotz oder gerade weil diese Themen die Gemüter von konservativen Evangelikalen erhitzen und sie in ihrer selbstgerechten Inbrunst angeblich den *Kampf der Gerechten* kämpfen. Bolz-Weber hält dagegen das Recht auf Selbstbestimmung, die Freiheit, den eigenen Lebensweg zu gehen und eigenverantwortlich Entscheidungen zu fällen, ohne dafür verdammt zu werden.

Ihr intimstes Buch

Bolz-Weber hat mit *Unverschämt schamlos* wohl ihr intimstes Buch geschrieben. Es geht um die freie Selbstbestimmung bei den Themen Sexualität, Schwangerschaftsabbruch, sexuelle Orientierung und Geschlechtsidentität. Sie hat in diesem Buch alle Themen angefasst, die auch in Deutschland immer noch umstritten sind und kontrovers verhandelt werden. In ihrer gewohnt schnoddrigen und kreativ assoziativen Art hat sie dazu biblische Texte quer gelesen und lebensnah und anschaulich auf die strittigen Debatten hin bezogen.

Menschenfreundlich, humorvoll und empathisch stellt sie sich auf die Seite derer, die teilweise ihr Leben lang nichts anderes als Vorwürfe, moralischen Tadel und Verdammnis gehört haben und versucht, sie zu einem selbstbestimmten Leben zu ermutigen, ohne Verletzungen, biografische Bruchstellen und Narben zukleistern zu wollen. Aus eigener Erfahrung weiß sie, dass persönliche Entwicklung und Heilung nicht zu haben sind, ohne die Schmerzen und Abgründe anzuschauen, zum Teil mit professioneller Hilfe zu bearbeiten und hoffentlich irgendwann hinter sich lassen zu können. Es ist ein lebenslanger Prozess. Ihr Buch hilft als Begleitlektüre.

Mehrwert

Für Menschen, die im (west-)europäischen Kontext leben und aufgewachsen sind, erscheinen viele der lebensgeschichtlichen Beispiele allerdings weit hergeholt. Für sie wird dieses Buch nur aus distanzierter Perspektive einen Mehrwert haben. Auch ihr theologisch fundierter Zuspruch ist für viele nicht unbedingt neu. Insofern bietet dieses Buch für die meisten vermutlich weder eine *sexuelle Reformation*, noch ist der Inhalt *unverschämt schamlos*. Dennoch ist ihr erfrischend freier Umgang mit biblischen Geschichten und ihre Fähigkeit, Alltagsleben, biblische Texte und theologische Positionen zu den Themen Sexualität und Sexualmoral in leichter Sprache zusammenzubinden, faszinierend.

Für Menschen, die Bolz-Weber als Zielgruppe im Kopf hat, mag dieses Buch bestärkend, befreiend, ja sogar lebenswichtig sein. Für alle anderen ist es ein intimes Zeugnis darüber, wie sich Bolz-Weber und andere aus der erstickenden Enge konservativ evangelikaler Welten herausgelöst haben. Sie tun das, ohne die befreiende Kraft des biblischen Gottes zu verlieren, und gewinnen dabei eine que(e)r gebürstete und erfrischend undogmatische lutherische Theologie.

Zum Weiterlesen

Bolz-Weber, Nadia, *Unverschämt Schamlos. Mein Plädoyer für eine sexuelle Reformation*, Moers 2019.

Zuhause

25.10.2019 (Veröffentlichung auf der eigenen Homepage)

In diesem autobiografischen Essay geht Daniel Schreiber der Frage nach, was Zuhause ist. Mit Hilfe von Philosophie, Soziologie, Psychoanalyse und seiner eigenen Biografie identifiziert er Zuhause nicht als etwas Gegebenes, sondern als einen Ort der Sehnsucht, nach dem Menschen ein Leben lang suchen.

„Oft heißt es, dass man seiner Herkunft nicht entfliehen kann. Ich glaube, das stimmt. Nur bedeutet das nicht, wie viele Leute denken, dass man nicht ein anderes Leben führen kann als die eigenen Eltern und Großeltern. Es bedeutet, dass man die Erinnerungen und Erfahrungen aus der frühen Kindheit, die verschiedenen Ichs, die man einmal war, nie verlieren wird, dass sie in einem selbst immer aktiv sein werden, ob man es will oder nicht und ob es einem bewusst ist oder nicht. Es bedeutet, dass man sich diesen Facetten der eigenen Herkunft, des eigenen Ichs stellen muss, wenn man zufrieden sein möchte und die Möglichkeiten des Lebens, das man auf dieser Welt hat, ausschöpfen will. Wem also könnte ein Schwebezustand, wie jenes Gefühl des zuhauselosen Zuhauses einer war, wirklich jemals genügen? Geht es nicht darum, ein Leben zu führen, das mehr beinhaltet, als einsam durch die Welt zu gehen? Ein Leben, in dem man sich nicht verstecken oder weglaufen muss? Geht es nicht darum, einen Ort für sich zu finden, an dem man sich eine Zukunft vorstellen kann? Darum, die verschiedenen Fäden des eigenen Lebens zu verbinden? Sollte es nicht darum gehen, die Splitter seiner selbst, in die man über die Jahre zerbrochen ist, einzusammeln und zu etwas Neuem zusammenzufügen?" (Schreiber, Zuhause, S.93)

Suche nach Verwurzelung

Was der Autor sich fragt: Ist die Suche nach Verwurzelung oder wie es der indisch-amerikanische Ethnologe Arjun Appadurai geschrieben hat, der Wunsch nach Verortung wirklich ein menschliches Grundbedürfnis?

Und wenn ja, ist es tatsächlich der Geburtsort, der dieses Bedürfnis nach Zugehörigkeit, Sicherheit und Gemeinschaft befriedigen kann? Nach der Wahrnehmung von Schreiber gibt es für viele darauf keine klare Antwort. Mal ist Zuhause mit den Eltern verbunden, mal mit der Wahlheimat, mal mit dem Arbeitsort oder dem Ort, an dem Partner oder

Partnerin leben. Was er als Antwort notiert: Zuhause ist ein lebenslanger Suchprozess.

Daniel Schreiber hielt sich zu Beginn seines Essays in London auf. Dort ist er häufig mehrere Monate geblieben. Allerdings befand er sich in einer seelischen Krise. Die Beziehung zu seinem Partner war zu Ende gegangen, und er selbst wusste nicht so recht, wohin mit sich. Die Suche nach Sicherheit und Zugehörigkeit in einer Zeit des inneren Aufruhrs und der Krise war ein Antrieb, den vorliegenden Essay zu schreiben.

Eine wichtige Erkenntnis bei der Beschäftigung mit dem Thema kam ihm schnell:

> *„Vor allem diejenigen, die den Normen der Welt, in die sie hineingeboren wurden, nicht entsprechen, die mit ihrem Herkunftsort Erfahrungen von Ausgrenzungen und Stigmatisierung verbinden, können anderswo Menschen finden, die ähnliche Erfahrungen gemacht haben wie sie selbst, oder auch schlicht Menschen, die sie so akzeptieren und lieben, wie sie sind." (S.13)*

Da, wo Menschen sich Raum für ihr Anderssein geben, dort fühlt man sich sicher und zugehörig. Zuhause ist also nach Schreiber nicht unbedingt mit einem konkreten Ort verbunden, sondern vielmehr ein Sehnsuchtsort, der die Möglichkeit bietet, bei sich selbst anzukommen. Das waren wichtige Sätze für den Autor, der mit einer Depression kämpfte. Um Antworten auf die Frage zu bekommen, warum er sich so dringlich nach Sicherheit und Zugehörigkeit sehnte, begann er, sein bisheriges Leben zu rekapitulieren.

Kindheitsmuster

Als Überschrift für seine Suchbewegungen bezog er sich auf William Faulkner. Der hatte geschrieben, dass das Vergangene niemals tot sei. Es sei noch nicht einmal vergangen. Das Vergangene lebt also in Menschen fort. Sie wiederholen Kindheitsmuster, Wertevorstellungen, Familienerzählungen oder das nicht Erzählte, die Leerstellen, die zumeist unbewusst wahrgenommen, aber nicht aufgelöst werden. All diese Denkmuster und Deutungsfiguren beeinflussen Menschen und prägen aktuelle Verhaltensweisen mal bewusster, mal unterbewusster mit.

Daniel Schreiber bekam von seinen Eltern eine Art Familienarchiv in die Hand gedrückt, als er aus London zurückkehrte. Es war eine unsortierte Sammlung von Geburts- und Sterbeurkunden, Trauscheinen, Briefen und Magazinen aus den dreißiger Jahren, die sein Vater von seiner älteren Schwester bekommen hatte. Der gab es nun dem Sohn weiter mit dem Kommentar, dass es sich schließlich auch um seine Vergangenheit handele.

Schnell fand Schreiber die Geschichte seiner Urgroßmutter, die aus der Stadt Wolhynien im russischen Kaiserreich des 19. Jahrhunderts kam. Die Menschen lebten dort von der Landwirtschaft. Zar Alexander II. hatte Mitte des 19. Jahrhunderts darum geworben, dass Zuwanderer aus den Nachbarländern kommen, um als Bauern, Förster und Landarbeiter im russischen Kaiserreich zu arbeiten. Ihnen wurde preiswerter Grund und Boden und Religionsfreiheit versprochen. Das war für Familien aus Tschechien, der Ukraine, aus Weißrussland, Polen und Litauen, Deutschland und vielen anderen Ländern verlockend. Sie lebten jahrzehntelang in multiethnischen und multireligiösen Zusammenhängen friedlich nebeneinander. Seine Urgroßmutter wurde 1906 geboren. Dreimal musste sich ihre Familie zu ihren Lebzeiten auf die Flucht begeben. Ein kleines Dorf in Brandenburg wurde zu ihrer letzten Bleibe. Dort fühlte sie sich aber bis zu ihrem Tod als Fremde in einem fremden Land.

Zuhause als mythisch aufgeladener Ort

Ihr Herkunftsort wurde zu einem mythisch aufgeladenen Ort, den es nicht mehr gab. Zugleich schwieg sie über ihre Erlebnisse in zwei Kriegen. Sie schwieg zu ihren Erlebnissen bei Vertreibung und auf der Flucht. Die Familie wusste lange Zeit gar nicht, woher die Urgroßmutter gekommen war. Der Name Wolhynien war in der Familie unbekannt. Das Schweigen der Urgroßmutter und die fehlenden Nachfragen hatten eine Art kollektives Vergessen bewirkt.

Daniel Schreiber versuchte in seinem Buch, die Geschichte der Urgroßmutter und danach der Großeltern zu rekonstruieren. Er stieß aber immer wieder auf Leerstellen und Schweigen hinsichtlich der Geschehnisse während der Nazidiktatur. Niemand hatte in der Familie über Krieg, Flucht und Vertreibung gesprochen. Dabei war die Familie über Ostpreußen, Schlesien und Polen mit vielen dramatischen Irrungen und Wirrungen nach Brandenburg geflohen. Die Erfahrungen wurden aber nicht überliefert. Die psychischen und körperlichen Belastungen lassen sich vom Urgroßenkel nur erahnen.

Deutschland war bereits zur Zeit der Geburt der Urgroßmutter keine monolithische Nation, sondern ein vielfältiges Gemisch aus verschiedenen Milieus, Herkünften, Dialekten, Schichten, Kulturen, Weltanschauungen, religiösen und politischen Überzeugungen. Und die Flüchtlingswelle nach dem Zweiten Weltkrieg war die größte des 20. Jahrhunderts. Ein Fünftel der damaligen Bevölkerung Deutschlands war auf der Flucht. Flucht, Vertreibung und Migration waren während und nach dem Krieg eher der Normalfall. Seine Familie machte da keine Ausnahme.

Allerdings gab es kein kollektives Bild von dieser Flucht, das sich ins Bewusstsein der nachkommenden Generationen eingeprägt hätte oder Teil einer Erinnerungskultur geworden wäre. Die Schuld und die Scham angesichts der Verbrechen des Nationalsozialismus haben die Menschen verstummen lassen. Ohne die Möglichkeit der Verarbeitung durch Erzählungen hatte sich seine Urgroßmutter in diesen Wirren ein idealisiertes Bild ihres früheren Zuhauses geschaffen. Sie brauchte es, um zu überleben, um seelisch zu verkraften, dass sie kein Zuhause mehr hatte und auch keins mehr fand. Alles, was Zuhause und Heimat einmal für sie war, befand sich nach dem Zweiten Weltkrieg in Auflösung. Zuhause wurde verschoben in ein komplexes Gemisch aus Sehnsüchten, Stimmungen und Heimwehgefühlen.

Gleichzeitig waren die Begriffe von Zuhause und Heimat komplett von der völkisch-ideologischen Aufladung der Nationalsozialisten und der *Edelweiß-Purifizierung* (S.33) der Heimatfilme der fünfziger Jahre besetzt worden. Sie wurden nach dem Krieg zu Knotenpunkten der Nostalgie und der weichgewaschenen Erinnerungen. Unzählige Familiengeschichten wurden davon geprägt. Konkrete Erinnerungen wurden dagegen lange Zeit verschwiegen.

Posttraumatische Erfahrungen aus der Kriegszeit, Erlebnisse von Flucht und Vertreibung wurden allerdings nach Erkenntnissen von Psychoanalyse und Trauma-Forschung auch ohne Worte und Erzählungen in die nächsten Generationen hinein übertragen, sodass sie nicht nur die Erlebniswelt der Vorfahren, sondern auch die eigene genetisch und neurologisch formten.

Ruhelosigkeit

Von dieser Erkenntnis angestachelt, zog der Autor Linien von der Rastlosigkeit seiner Urgroßmutter hin zu seiner eigenen Ruhe- und Heimatlosigkeit. Er verband die Geschichten von Flucht, Sich-Niederlassen und von der Suche nach Zugehörigkeit mit seiner eigenen Lebensgeschichte. Denn keine Lebensgeschichte kommt aus dem Nirgendwo.

Schreiber notierte, dass die englischen Begriffe von *longing*, Sehnsucht, und *belonging*, Zugehörigkeit, nicht zufällig miteinander verwandt sind. Sehnsüchte seien oft rückwärtsgewandt und für viele mit Erinnerungen an die Welt der Kindheit verbunden. Von dieser Erkenntnis ausgehend fragte sich der Autor schließlich, welche Bedeutung seine Herkunft in seinem Leben hatte und hat.

Seine Antwort: Die Erfahrungen mit seiner Herkunft waren ambivalent. Er litt schon als Vierjähriger unter Ausgrenzung, war oft hin- und hergerissen und wollte fliehen. Das *Heimhafte* und das *Weghafte* tobten in ihm. Er wurde zum zeitgenössischen Nomaden, weil er sich zuhause nicht wohlfühlte. Aber das Nomadenhafte hatte seinen Preis. Traurigkeit, Orientierungslosigkeit, Fremdheit und Schmerzen prägten seine Wege. Was er schon früh verstand: „Das Zuhause ist kein Paradies, aus dem wir vertrieben wurden. Dieses Paradies hat nie existiert." (S.57)

Ausgrenzung und Mobbing

Für ihn war eine zentrale Lebenserfahrung, dass er schon früh wusste, dass er schwul war. Er wuchs in Mecklenburg auf. Als er Anfang der achtziger Jahre in den Kindergarten kam, stand Homosexualität in der DDR genau wie in der BRD noch unter Strafe. Schwule Männer galten als krank, pervers, potenzielle Straftäter, Kriminelle und Sexualstraftäter.

Er fühlte sich fremd und anders als die anderen. Seine Eltern reagierten eigentlich offen. Aber sie waren von der Situation dennoch überfordert. Denn befremdliche Identitäten wurden in Familien zumeist als Fehler in der Erziehung angesehen, was zumeist auch die Eltern in eine Identitätskrise stürzte. Schuld und Scham überschatteten alles. Die Verletzlichkeit des Kindes war nur schwer auszuhalten. Anpassungsversuche scheiterten. Selbsttäuschungen, Doppelleben und Lügen wurden losgetreten, um es den anderen recht zu machen, nur um auch daraus wieder auszubrechen, weil er es nicht aushielt (S.65).

Der soziale Druck eines kleinen Dorfes mit allem Klatsch, Gruppendruck, sozialer Kontrolle, Alkoholismus und aufgestauter individueller Frustration taten ein Übriges, dass er sozial geächtet wurde. Den Autor hatte es schon als Vierjährigen erwischt, da er angeblich feminin aussah und sich anders verhielt als die anderen. Die Angst, aufzufallen und nicht so zu sein wie die anderen, war in den sowieso engen Freiräumen der DDR krass ausgeprägt. Der Autor erlebte sowohl im Kindergarten als auch in der Grundschule Ausgrenzung, Mobbing und psychische Gewalt, weil er anders war. Linientreue Erzieher*innen und Lehrer*innen drangsalierten und terrorisierten ihn. Seinen Eltern erzählte er von alldem nichts. Er hatte nur Glück, dass seine älteren Geschwister und seine Eltern loyal waren und dass die DDR 1990 Geschichte wurde.

Schreiber resümierte: Er konnte sich in seiner Herkunftsfamilie nicht heimisch fühlen. Er konnte sich auch nicht mit den vorher gegangenen Generationen seiner Familie verbinden. Denn er passte nicht in die familiäre Abfolge von vorgegebenen Rollenzuweisungen. Er war auf der Suche nach Gleichgesinnten, mit denen er sich quer zum familiären Stammbaum horizontal verbinden konnte (S.64). Er verlor darüber sein Zuhause, und es machte ihn einsam.

Rastlos und Heimatlos

Als er zehn Jahre später schließlich in New York studierte und lebte, nahm er Drogen, hatte verschiedene Sexpartner und stürzte sich in stoffliche und emotionale Abhängigkeiten. Sein inneres Ich war immer noch mit den Minderwertigkeitsgefühlen seiner Kindheit und Jugend beschäftigt. Es führte zu auto-aggressiven Verhaltensweisen.

> *„Wenn einem beigebracht wird, dass mit jemandem wie einem selbst etwas nicht stimmt, dass man grundlegend falsch und nicht akzeptierbar ist, lernt man letztlich, sich dafür zu schämen, wie man ist, man lernt, sich zu verstecken. Man wird zwar auch lernen, viel zu erreichen, auf Erfolgserlebnisse hinzuarbeiten, die eine gewisse Linderung verschaffen, man wird lernen, unter allen Umständen unangreifbare Fassaden aufzubauen und den äußeren Schein zu wahren. Vor allem aber lernt man, das, was einen im Kern ausmacht, zu hassen." (S.75 f.)*

Daraus folgte für Schreiber ein fundamentales Gefühl der Zuhauselosigkeit und der emotionalen Beschädigung. Selbsthass und Scham wurden seine treuesten Begleiter.

Das zuhauselose Zuhause

„Die schmerzhafte Sehnsucht nach einem Zuhause lebt in jedem von uns. Es ist die Sehnsucht nach dem Ort (…), an dem wir nicht in Frage gestellt werden." (Maya Angelou)

Diese zwei Sätze von Maya Angelou wurden für Schreiber wichtig. Er fühlte sich in New York zuhause. Dort hatte er sechs Jahre lang mit seinem Partner in Brooklyn gelebt. Dort fühlte er sich akzeptiert und geliebt. Dort war er zumindest momenthaft zuhauselos zuhause, wie er sich niemals in Deutschland zuhause gefühlt hatte.

Für ihn war es zudem erleichternd, seine Muttersprache für eine Zeit komplett in den Hintergrund zu drängen. Denn Deutsch war für ihn die Sprache der Verletzung und der Ausgrenzung. Englisch wurde für ihn die Sprache der Befreiung. In Englisch begann er auch eine Psychoanalyse. Die hätte er auf Deutsch nicht beginnen können. Somit wurde New York für ihn zu einem Depot von neuen Gefühlen und Erinnerungen. Er fühlte sich dort sicher, von seinem Freund geliebt, von den Menschen der Stadt geachtet. Die englische Sprache wurde zu einer Sprache von Respekt. Die deutsche Sprache stand für ihn für Missachtung. Aber in New York lebte gleichzeitig auch die Spirale der Selbstzerstörung in ihm weiter. Er trank zu viel, nahm Drogen, hatte auto-aggressive Anwandlungen und kämpfte mit Depressionen. Er blieb zuhauselos zuhause. Die Sicherheit war brüchig und trügerisch, aber sie verschaffte ihm eine Ruhepause.

Zu sich kommen

Zurück in Berlin, hat er aufgehört zu trinken. Er blieb weiterhin auf der Suche nach sich selbst und nach einem inneren Ruhepunkt. Rastlos ging er durch die Stadt, die er hätte auswendig kennen sollen. Im Gehen, Wahrnehmen und Flanieren hat er sich schließlich wie ein Ethnograf mit neuem Blick an die Stadt herangemacht, die sein Zuhause sein sollte. Und im Gehen ist er ruhiger geworden. Auf der Suche nach einem

Zuhause ist er schließlich bei sich selbst angekommen. Seine Suche hatte sich verschoben. Er hat nicht mehr nach einem Zuhause gesucht, sondern begonnen, irgendwo zu wohnen und da zu sein. Das Wohnen wurde zum Anker in seinem Leben, während er erkannte, dass Heimat und Beheimatung ständig provisorisch und im Fluss bleiben würden. Er beschäftigte sich von da an mit dem Wohnen als seelischem Innenraum, in dem er Schutz und Ruhe finden konnte. Er bewegte sich zwischen innen und außen, zwischen Isolation und Teilhabe, zwischen Ich und Gesellschaft und akzeptierte, dass diese Phänomene auch beim Wohnen im Fluss bleiben würden. Er behauptete sich selbst, spürte sogar Anflüge von Zufriedenheit und richtete sich in aller Vorläufigkeit ein.

„Die amerikanische Intellektuelle Maggie Nelson beschreibt in ihrem Buch The Argonauts, dass sich das Sich-Einrichten in der Häuslichkeit für Schwule, Lesben, Transgender und alle anderen sich als queer identifizierenden Menschen in vieler Hinsicht problematischer ist als für die Mehrzahl der heterosexuell lebenden Menschen. Nelson schildert, wie sie, ihr Transgender-Partner Harry - ihre einzige Freundin, Lebenspartnerin und große Liebe - und ihre beiden Kinder sich zusammen ein Zuhause errichteten und wie schwierig dieser Prozess war. Ihnen sei es oft so vorgekommen, als würden sie eine Art Pionierarbeit leisten, so Nelson, als gäbe es keinerlei Vorbilder für die Art von Häuslichkeit, die sie und ihre unkonventionelle Familie benötigten - mehr noch, als wäre so etwas gesellschaftlich schlicht nicht vorgesehen. (…) Sie selbst, so Nelson, habe lange versucht, das Häusliche als einen in diesem Sinne politischen Protestraum zu verstehen, als eine Form queerer und feministischer Selbstbehauptung." (S.117 f.)

Narben bleiben

Schreiber beendete seinen Essay, indem er dankbar darüber schreibt, dass er gelassener und ruhiger geworden ist. Er sucht nicht mehr nach dem einen Ort, an dem er sich zuhause fühlt. Stattdessen versteht er es nun als einen lebenslangen Prozess, Wurzeln zu schlagen. Das perfekte Zuhause gebe es sowieso nicht. Es sei eine Idealvorstellung, der man ein Leben lang hinterherrennen könne, oder man akzeptiert, dass es diesen Ort nicht gibt. Denn Beschränkungen, Enttäuschungen, Leerstellen und Narben gehörten genauso zum Leben dazu wie glückliche Augenblicke, Momente von Zugehörigkeit und Zufriedenheit. Die gelte es bewusst wahrzunehmen und zu genießen.

Insofern bedeutet für ihn zuhause sein vor allem, bei sich selbst anzukommen und mit den disparaten Fäden, Strängen, Fragmenten und Bruchsteinen der eigenen Lebensgeschichte Frieden zu schließen. Dann sei es möglich, daraus eine Lebenserzählung zu formulieren, die einerseits eine autobiografische Imagination bleibt und andererseits die Narben nicht verdecken muss. Sie ist, was es ist, eine fragmentarische Konstruktion, in der man sich momenthaft zuhause fühlen kann.

Zum Weiterlesen

Schreiber, Daniel, *Zuhause. Die Suche nach dem Ort, an dem wir leben wollen*, Berlin 2018.

Zum Bilde Gottes geschaffen

2.05.2018

Die Evangelische Kirche in Hessen und Nassau hat im März 2018 als erste Landeskirche eine Handreichung zum Thema Transsexualität in der Kirche herausgegeben. Die zehnköpfige Fachgruppe Gendergerechtigkeit hat die Handreichung verfasst. Das Ergebnis kann sich sehen lassen.

Das Thema Transsexualität und Kirche ist bisher in evangelischen Landeskirchen in Deutschland wenig bearbeitet worden. Trotz einiger Expert*innen, die das Thema auch im kirchlichen Umfeld ansprechen, wie zum Beispiel Finn Wolfrum. Seit März 2018 liegt von der Evangelischen Kirche in Hessen und Nassau (EKHN) eine Handreichung vor. Sie beschäftigt sich mit der Lebenswirklichkeit von transsexuellen Menschen und setzt sich mit den Herausforderungen für kirchliches und kirchenleitendes Handeln auseinander.

Geleitwort

Bereits im Geleitwort des Kirchenpräsidenten Volker Jung wird deutlich, was die Handreichung erreichen will: Sie lädt dazu ein, geschlechtliche Vielfalt im Alltag und auch im Gemeindeleben erst einmal ohne Bewertung wahrzunehmen. Mit Hilfe von sachlichen Informationen, lebensgeschichtlichen Zeugnissen, theologischen Perspektiven und medizinischen Interventionsmöglichkeiten soll Wissen über verschiedene Geschlechtsidentitäten vermittelt werden. Darüber hinaus wird dazu eingeladen, eigene Denkmuster und Vorurteile zu überprüfen und ggf. zu verändern. Mittels handschriftlich aufbereiteter Zitate, gefälliger Grafiken und Informationskästen wird das Thema griffig aufbereitet und aus verschiedenen Perspektiven verständlich erklärt. Abschließend werden auch Handlungsimpulse für die Gestaltung einer inklusiven und geschlechtergerechten Kirche für alle vorgeschlagen. Die Handreichung positioniert sich damit im Sinne einer einfühlsamen Begleitung von Trans*Personen und einer Kirche, die offen ist für alle Geschlechtsidentitäten und sexuelle Orientierungen.

Interviews

In der Handreichung werden zunächst drei Interviews mit Betroffenen geführt. Diese erzählen von ihren unterschiedlichen Lebenswegen, bis sie sich selbst als Trans*Menschen bezeichnet und sich von alten Rollenbildern und Erwartungen freigemacht haben.

„Trans lässt sich nicht am Klischee messen. Es geht um etwas Tieferes. Es geht um mein Selbstverständnis. Wenn ich mir die Freiheit einräume, zu sein, wer ich bin - im Gebet, in der Meditation-, dann weiß ich es einfach." (Mattäus, 27 aus Nordhessen)*

Die drei interviewten Personen haben sowohl unterstützende als auch ausgrenzende und schmerzhafte Erfahrungen gemacht, als sie sich im Kontext von kirchlichen Gemeinden, Kirchenchören oder anderen kirchlichen Orten geoutet haben. Alle drei betonen, dass Offenheit, Respekt und ein selbstverständlicher Umgang mit Trans*Personen im christlichen Umfeld unterstützend und hilfreich sind.

Theologische Perspektiven

Auch die theologischen Perspektiven in der Handreichung sind interessant. Sie beschäftigen sich unter anderem mit 1. Mose 1,27:

„Gott schuf den Menschen in seinem Bilde, im Bilde Gottes schuf er ihn, männlich, weiblich schuf er sie."

Die Autor*innen der Handreichung betonen, dass der Bibelvers lange Zeit als normativ einschränkende Festlegung auf zwei Geschlechter ausgelegt wurde. Der Aussagegehalt des Textes sei damit aber reduziert worden. Denn die Bestimmung jedes Menschen zu Gottes Ebenbild gelte allen Menschen, unabhängig von ihrem Geschlecht, ihrer Herkunft, Hautfarbe oder ihrem Alter. Erst in einem zweiten Schritt sei die Erklärung damit verbunden, dass der Mensch männlich und weiblich sei. Auch im Sinne einer christologischen Aufhebung von menschlichen Kategorien, wie z.B. im Galaterbrief 3,28, seien diese Unterscheidungen keine Voraussetzung für Gottesebenbildlichkeit:

„Hier ist nicht Jude noch Grieche, hier ist nicht Sklave noch Freier, hier ist nicht Mann noch Frau; denn ihr seid allesamt einer in Christus Jesus." (Galater 3,28).

Biblisch-theologischer Teil

Im biblisch theologischen Teil wird auch darauf aufmerksam gemacht, dass in der Bibel Eunuchen (kastrierte Männer oder sog. Zwitter) sowohl im Alten als auch im Neuen Testament vorkommen und damit ein Beispiel für geschlechtliche Vielfalt darstellen. Im Neuen Testament spricht Jesus ohne Vorurteile von Eunuchen. Sie seien entweder aus dem Mutterleib so geboren und von Menschen abgewertet worden oder sie haben sich aufgrund ihrer Nähe zu Gott selbst zu Eunuchen gemacht (vgl. Matthäus 19,12). Ermutigend sei auch die Geschichte vom äthiopischen Eunuchen aus der Apostelgeschichte 8. Der Eunuch wird auf sein Bitten hin trotz seiner dunklen Hautfarbe und seiner erkennbar *anderen* Erscheinung von Philippus getauft. Die urchristliche Gemeinde habe demnach Verschiedenheit in Sprache, Hautfarbe, sozialer Herkunft und Geschlecht willkommen geheißen.

Nach den theologischen Überlegungen folgen Kapitel zu Transsexualität aus Sicht der Hirnforschung und zu Vorstellungen von Leib und Körper am Beispiel der Transsexualität. Danach werden medizinische und rechtliche Fragen beantwortet. Schließlich folgen noch einige Hinweise für den Umgang mit Transsexualität im gemeindlichen Alltag. Es wird empfohlen, dass Seelsorger*innen Kenntnis über die Selbstwahrnehmung von Trans*Personen haben müssten, damit sie Trans*Personen unvoreingenommen auf ihrem Weg begleiten könnten. Im Gottesdienst sollte die Vielfalt von geschlechtlichen Identitäten und sexuellen Orientierungen anhand von konkreten Beispielen und einer gendersensiblen Sprache zum Ausdruck gebracht werden. Auch auf mögliche Predigttexte wird eingegangen, die sich zur Thematisierung von geschlechtlicher Vielfalt und Vielfalt der Lebensformen eignen.

Insgesamt bietet die Handreichung einen guten Überblick, um in die komplexe Thematik Trans*sexualtiät/Transidentität und Kirche einzuführen. Auch vertiefende Literatur und vor allem Adressen von Selbsthilfegruppen und Verbänden werden angefügt. Ich kann nur empfehlen, diese Handreichung für die Seelsorgepraxis, die Gemeindearbeit und die (Jugend-)Arbeit an anderen kirchlichen Orten zu studieren. Mein Dank geht an die Autorinnen und Autoren und auch an die Kirchenleitung der EKHN, die sich die Überlegungen der Fachgruppe Gendergerechtigkeit zu eigen gemacht hat.

Zum Weiterlesen

Kirchenverwaltung der Evangelischen Kirche in Hessen und Nassau (Hg.), *Zum Bilde Gottes geschaffen. Transsexualität in der Kirche*, Wiesbaden 2018.

Lüdke, Klaus-Peter, *Jesus liebt Trans. Transidentität in Familie und Kirchgemeinde*, Göppingen 2018.

Dgti e.V. in Kooperation mit Asta Dittes, Livia Prüll, Anne Scheschonk, Johanna Schmidt-Räntsch und Gerhard Schreiber (Hg.), *Reformation für alle*. Transidentität / Transsexualität und Kirche*, Berlin 2017.

Von dieser Welt

26.04.2018 (Veröffentlichung auf der eigenen Homepage)

James Baldwins Werk *Go Tell It On The Mountain* ist im Jahr 2018 unter dem Titel *Von dieser Welt* neu übersetzt worden. Nicht nur in Deutschland wird James Baldwin seitdem eifrig zitiert und seine literarische Bedeutung debattiert.

Autobiografisch geprägter Roman

Das Buch *Von dieser Welt* ist ein stark autobiografisch geprägter Roman. James Baldwin veröffentlichte ihn schon 1953. Der 14-jährige Protagonist John Grimes wächst mit seiner Mutter, seinem Stiefvater und seinen Geschwistern im Harlem der zwanziger Jahre des 20. Jahrhunderts auf. Armut, Perspektivlosigkeit und Arbeitslosigkeit prägen den Alltag und den sozialen Kontext in Harlem der damaligen Zeit. Beschrieben werden in dem Buch aber vor allem Selbsthass und brutale Unterdrückungsmechanismen in der schwarzen Community selbst. Sie wurden laut Baldwin begründet und angeheizt durch religiösen Fundamentalismus und rigiden Moralismus von schwarzen charismatischen (Pfingst-)Gemeinden. Zu so einer Gemeinde gehören auch John und seine Familie.

Religiöser Eifer und rigider Moralismus

Die im Buch eindringlich beschriebene Form des religiösen Eifers und rigiden Moralismus hat auch James Baldwin in seiner Herkunftsfamilie erlebt. Sein Stiefvater war, wie im Buch, Prediger in einer Pfingstgemeinde in Harlem. James kam wie sein Protagonist im Buch überhaupt nicht mit seinem Stiefvater klar. Der Prediger war aus den Südstaaten aus der moralischen Enge und dem dort herrschenden offenen Rassismus nach New York gekommen. In New York wird er als Prediger allerdings selbst zur Personifikation moralischer Enge und Despotismus. Das eigene Scheitern und die Unzulänglichkeiten des Predigers gegenüber Ehefrau, Familie und Beruf wendet er aggressiv gegen andere. Er predigt Sünde, Höllenqualen, Tod und Teufel und sieht alle um sich herum, allen voran seinen Stiefsohn, als verlorene Seelen an. Nur sich selbst nimmt er von diesem Schicksal als bekehrter und berufener Prediger aus. Vor allem seine eigene Schwester Florence, die auch in New York lebt, kritisiert seine überhebliche Selbstgerechtigkeit und fehlende Selbstkritik. Johns Mutter Elisabeth ist ebenfalls aus den Südstaaten nach New York gekommen in der Hoffnung, dort ein würdevolles Leben zu finden. Ihr erster Freund und Vater von John hatte sich aufgrund von rassistisch motivierten Gefängnis- und Gewalterfahrungen das Leben genommen. Darüber kommt Johns Mutter nie hinweg. Ihr zweiter Mann scheint zunächst ein Segen für die alleinerziehende, recht- und geldlose Frau zu sein. Aber er entpuppt sich als schimpfender und zuweilen gewalttätiger Demagoge, der sein eigenes Leben nicht in den Griff bekommt.

Religiöser Fanatismus

Religiösen Fanatismus machte James Baldwin nicht nur in diesem Buch, sondern Zeit seines Lebens für internalisierten Rassismus und Selbsthass verantwortlich. Andererseits würdigt er in dem Buch auch die befreiende Kraft des christlichen Glaubens und der biblischen Geschichten, wie sie beispielsweise in schwarzer Gospelmusik, im Jazz oder in Soulmusik zum Ausdruck kommen. Wie andere schwarze Prediger*innen, Gospeksänger*innen und Feiheitskämpfer*innen bezog er sich auf das biblische Motiv der Befreiung des Volkes Israel aus der Sklaverei und auf den Auszug Israels aus Ägypten. Dieses sogenannte Exodus-Motiv ist bis heute die Grundfigur jeder Befreiungstheologie. Sie war und ist auch grundlegend für christlich geprägte Mitglieder der Black Consciousness Bewegung in den USA seit den sechziger Jahren des 20. Jahrhunderts.

Die Rolle von Religion

Religion spielt also eine ambivalente Rolle in Baldwins Büchern. Der Protagonist John hat mit 14 Jahren ein starkes religiöses Bekehrungserlebnis, so wie es James Baldwin selbst mit 14 Jahren erlebt hatte. Während das Buch *Von dieser Welt* damit endet, war Baldwin bis zu seinem 17. Lebensjahr daraufhin selbst freier Prediger in der Gemeinde seines Vaters. Danach wendete er sich allerdings völlig von der heimischen Pfingstgemeinde und jeder anderen Form von religiösem Eifer ab. Baldwin erkannte, dass es genau diese rigide Form von religiösem Extremismus war, die Schwarze gesellschaftlich und persönlich in den Abgrund führte.

Erst nach dieser Abkehr war es ihm möglich, seinen sexuellen Neigungen nachzugehen und schwulen Sex und queere Beziehungen auszuprobieren. Am deutlichsten hat er darüber in *Giovannis Zimmer* geschrieben. Genauso wie sich Baldwin sein Leben lang gegen das Label *Protestliteratur* im Hinblick auf seine Veröffentlichungen wehrte, lehnte er allerdings auch das Label *Homosexualität* für sich ab. Für ihn war das Leben viel komplexer, als es solche Kategorien je ausdrücken konnten. Damit bleibt Baldwin bis heute anschlussfähig für theoretische und philosophische Debatten um so genannte schwarze Identitäten, Genderidentitäten und Sexualitätsdiskurse. Am eindrücklichsten kommt sein literarischer und lebensgeschichtlicher Einfluss auf damalige und heutige Debatten in dem Dokumentarfilm von Raoul Peck *I am not your Negro* zum Ausdruck. Der Dokumentarfilm basiert auf dem unveröffentlichten Roman *Remember This House* von Baldwin. In ihm unterhält sich Baldwin mit drei Weggefährten der schwarzen Befreiungsbewegung, die alle drei ermordet wurden: Medgar Evers, Malcom X und Martin Luther King Junior. Raoul Peck verwendet dafür eine Fülle von Briefen, Texten, Fotos und Videomitschnitten. *I Am Not Your Negro* stellte James Baldwin über Nacht einem breiten interessierten Publikum vor.

Baldwins literarischer Einfluss auf die schwarze und queere Befreiungsbewegung ist unzweifelhaft. Was mir dagegen auffällt: In den aktuellen Lobeshymnen auf James Baldwin fehlen zumeist die Stimmen und Geschichten von afroamerikanischen und queeren Autorinnen wie Toni Morrison, Audre Lorde und anderen. Baldwins Werk muss nicht geschmälert werden, um auch diesen Autorinnen und Aktivistinnen angemessene Beachtung und aktualisierte Aufmerksamkeit zukommen zu lassen. Toni Morrisons jüngster Roman *Gott, hilf dem Kind* bietet dazu beste Gelegenheit.

Zum Weiterlesen

Baldwin, James, *Von dieser Welt*, München 2018.

Baldwin, James, *Giovannis Zimmer*, München 2015.

Morrison, Toni, *Gott, hilf dem Kind*, Reinbek bei Hamburg 2017.

Gottes Kleid ist bunt

8.11.2017

In Sommer 2017 ist die Autobiografie von Nulf Schade-James herausgekommen. Das Buch eröffnet persönliche Einblicke von seiner Kindheit in einem Dorf im Vogelsberg bis zur Jetztzeit als offen schwul lebender Gemeindepfarrer im Frankfurter Gallus-Viertel.

Kraftvolle Sprache

Wer Nulf Schade-James kennt, wundert sich nicht über die emotionale und kraftvolle Sprache in seiner Autobiografie. So spricht er auch. Direkt und leidenschaftlich. Als engagierter Seelsorger, der sich für Jugendliche auf dem Weg zum eigenen Leben stark macht, als glühender Redner auf Veranstaltungen der HuK auf Kirchentagen, Synodentreffen oder Diskussionsveranstaltungen zu sexueller Vielfalt und zu verschiedenen Lebensformen. Genauso begeistert er als Künstler auf der Bühne. Er singt, tanzt, lacht und berührt sein Publikum. Was Nulf Schade-James anpackt, scheint er mit vollem Einsatz zu tun. Laut und öffentlich. So erlebe ich ihn als Kollegin. Dass sein Leben auch Schattenseiten und Krisen kennt, wird in seiner Autobiografie schmerzhaft deutlich.

Nulf Schade-James ist 1958 in Gedern im Vogelsberg geboren. Er ist seit vielen Jahren Pfarrer in der Friedensgemeinde im Frankfurter Gallus-Viertel und seit über 20 Jahren mit dem US-Amerikaner David James verpartnert und verheiratet. Als Greta Gallus, Freifrau von Sodom ohne Gomorrha, war Schade-James jahrelang auf Kabarettbühnen zu bewundern.

Persönlichkeit des öffentlichen Lebens

Wer sein Buch liest, weiß, dass die schillernde Seite seines Lebens nur die Hälfte der Wahrheit ist. Nulf Schade-James ist eine bemerkenswerte Persönlichkeit des öffentlichen Lebens. Er wurde vom Schwulenmagazin *hinnerk* im Jahr 2002 auf Position 41 der bedeutendsten schwulen Persönlichkeiten in Deutschland gewählt. Andererseits hatte er als junger Mann und Theologiestudent lange Durststrecken zu überwinden. Fragen quälten ihn: Wer bin ich? Wie will ich leben? Was ist meine Berufung?

Comingout

Als Nulf Schade-James als junger Mann mühsam begriff, dass er Männer liebte, hatte er lange Zeit eine höllische Angst vor seinem Comingout. Wie würden seine Familie und seine Freude reagieren? Wie würde sich die Evangelische Kirche in Hessen und Nassau verhalten? Also die Kirche, bei der er als Pfarrer arbeiten wollte? Anfang der neunziger Jahre des 20. Jahrhunderts war eine offene und unterstützende Haltung von evangelischen Landeskirchen in Deutschland noch lange nicht selbstverständlich. Es gab schwule Pfarrer zum Beispiel in der Lutherischen Kirche in Hannover, die von ihren Pfarrstellen suspendiert und in den Wartestand versetzt wurden. Denn ihre Lebensform galt wahlweise als unwürdig, sündig oder für einen Pfarrer als ungeeignet. Blühte Nulf Schade-James dasselbe Schicksal, wenn er sich vor den Personalverantwortlichen seiner Landeskirche outete? Doch die Verantwortlichen in der Evangelischen Kirche in Hessen und Nassau reagierten unterstützend und suchten gemeinsam mit Schade-James nach machbaren Lösungen. Seine Einstellung in den kirchlichen Dienst war trotz aller Herausforderungen wegen seiner Lebensform nicht gefährdet.

Ein Stück aktuelle westdeutsche Kirchengeschichte

In Schade-James Autobiografie kann man ein Stück neuere westdeutsche evangelische Kirchengeschichte zum Thema Homosexualität und Kirche nachlesen. Persönlich formuliert und durch die Brille eines schwulen Theologen eingefärbt. Und dadurch erfrischend konkret. Insofern ist das Buch ein engagiertes Zeugnis einer langen und emotionalen Kontroverse. In dieser ging und geht es um nichts weniger als um das Schicksal von Lesben und Schwulen in christlichen Kirchen auf dem Weg ins 21. Jahrhundert. Es ist ein leidenschaftliches Ringen um Gleichberechtigung, um ein würdiges Leben ohne Doppelmoral, Ausgrenzung und Diskriminierung in Kirche und Staat.

Rückschläge

Viele Rückschläge gab es auf diesem Weg, Diffamierungen, Ausgrenzungen, persönliche Verletzungen und dramatische Schicksale. Nicht wenige LSBTTIQ haben wegen schmerzhafter Erfahrungen den Kirchen den Rücken gekehrt. Sie haben sich enttäuscht zurückgezogen, haben ihr haupt- oder ehrenamtliches Engagement beendet, nicht wenige sind aus der Kirche ausgetreten. Denn sie wurden nicht als gleichberechtigte Gemeindeglieder in christlichen Gemeinschaften angesehen. Es wurde viel diskutiert, übereinander statt miteinander geredet, Moral gepredigt und besser gewusst. In allen Landeskirchen war das Thema *Homosexualität und Kirche* mehr als einmal Thema in regionalen und überregionalen Kirchenparlamenten (Synoden).

Schlussendlich wurde aber immerhin miteinander debattiert: Auf Kirchentagen, auf Synoden und den vorbereitenden Veranstaltungen drumherum. Der Diskurs war teilweise intensiver als in Politik und Gesellschaft. Dies hat über Jahrzehnte hinweg immerhin ein langsames Umdenken in den Kirchen zur Folge gehabt. Die vielen positiven Beschlüsse zu Segnungsgottesdiensten in den evangelischen Landeskirchen bestätigen dies, auch wenn das kontroverse Streiten und Ringen rund um sexuelle Vielfalt und Lebensformen bis heute anhält.

Bitterer Beigeschmack

Die berechtigte Feierlaune von vielen Lesben und Schwulen aufgrund der Entscheidung für die *Ehe für alle*, die seit Anfang Oktober 2017 in Deutschland rechtskräftig gilt, hat einen bitteren Beigeschmack. Denn noch immer steht in einigen Ländern laut der *International Lesbian and Gay Association* (ILGA) auf Homosexualität die Todesstrafe (im Iran, in Saudi-Arabien, in Jemen und im Sudan, zudem in bestimmten Regionen von Somalia und Nigeria). In fünf weiteren Staaten steht die Todesstrafe zumindest noch auf dem Papier: Pakistan, Afghanistan, Vereinigte Arabische Emirate, Katar and Mauretanien). In 72 Ländern ist Homosexualität ein Straftatbestand und wird teilweise mit langen Haftstrafen geahndet.

In Ägypten

Nulf Schade-James kann auch dazu einiges berichten. Denn er hat als junger Vikar und Theologe zwei Jahre in Kairo gelebt und in der dortigen evangelischen Gemeinde und der deutschen Schule in Kairo gearbeitet. In dieser Zeit war er mit einem jungen Ägypter zusammen. Er musste die Beziehung in seinem Umfeld geheim halten. Zu gefährlich war es, dass die Information in falsche Hände hätte geraten können. Diese Beziehung überlebte alle kulturellen und religiösen Hürden in Kairo. Als Schade-James wieder nach Deutschland zurückkam, erlebte er dann die Hürden der deutschen Bürokratie. Eine für die Aufenthaltsgenehmigung eingefädelte Heirat von seinem Freund mit einer deutschen Frau hielt die Beziehung nicht aus.

Wissen um Unrecht

Dieses Wissen um Ungerechtigkeit, Demütigung und behördliche Abhängigkeiten prägte die theologische Arbeit von Nulf Schade-James fortan umso mehr. Er wurde zum Seelsorger und Mentor für alle, die sich an den Rand gedrängt fühlten, für Ausgegrenzte, Suchende und Verzweifelte. Das offene Auftreten des schwulen Pfarrers, Sängers und Künstlers macht den Menschen Mut. Sie schätzen seine klaren Worte und sein leidenschaftliches Auftreten.

Ich habe Nulf Schade-James einige Fragen zu seinem Buch gestellt:

Söderblom: „Was war deine Motivation, das Buch zu schreiben?"

Schade-James: „Meinen Weg als Schwuler in die Kirche wollte ich aufschreiben. Arbeitstitel war und ist bis heute: *Ich danke Dir dafür, dass ich wunderbar gemacht bin, wunderbar sind Deine Werke, das erkennt meine Seele.* Dieser Titel war für meine damalige Beraterin zu lang. Aber unter diesem Titel habe ich das Buch geschrieben."

Söderblom: „Was ist die wichtigste Botschaft in deinem Buch?"

Schade-James: „Ich möchte damit zeigen, wie wunderbar Gott ist, vielfältig und bunt. Immer wieder sind wir uns begegnet, immer hatte ich das Gefühl, geführt zu werden. Das Buch soll Mut machen, aber auch aufrütteln. Seht her, so war es, und Gott sei Dank, so wird es wohl nie mehr sein!"

Söderblom: „Gab es etwas, das dir beim Schreiben schwergefallen ist?"

Schade-James: „Über die wirklich intimen Momente habe ich lange nachgedacht. Aber sie sind wichtig, denn so war und ist die Szene. Nichts ist in diesem Buch erfunden, alles ist wahr."

Söderblom: „Was möchtest du mit deinem Buch erreichen?"

Schade-James: „Ich wünsche mir, dass ein jeder, eine jede, die das Buch liest, lacht und Mut bekommt, ihr eigenes Leben zu leben. Wenn der das geschafft hat, dann schaffe ich das auch. Wenn Gott so bunt ist, dann darf auch ich bunt sein. Und noch etwas ist mir wichtig: - die Geschichte der Lesben und Schwulen in der Kirche anhand meines

Lebens aufzuschreiben. Gleich am Anfang im ersten Abschnitt des Buchs steht der Satz: *Ich glaube, dass ich, genau wie die vielen anderen Frauen und Männer… auch schillernd geschaffen bin.* Und auf der letzten Seite: *Damit dies nie mehr geschieht, hier bei uns und auf der ganzen Welt, werde ich nicht aufhören… zu beten.* Dazwischen liegt eine Menge Leben."

Nulf Schade-James hat es viel Gottvertrauen, Mut und langen Atem gekostet, sich seiner Kirche und den Kirchenmitgliedern gegenüber offen und damit auch verwundbar zu zeigen. Er hat im Familien- und Freundeskreis Unterstützung und Solidarität erlebt. Aber er hat auch Beleidigung, Unverständnis und Ausgrenzung erfahren. Verzweifelt war er so manches Mal in seinem Leben. Aber seinen Glauben und sein Gottvertrauen hat er dabei nicht verloren. Im Gegenteil, je länger man in der Autobiografie liest, desto mehr erkennt man, dass alle Lebensprüfungen und Krisen seinen Glauben und seinen Lebensmut nur gestärkt haben.

Seine große Liebe

Schließlich hat er auch seine große Liebe kennen gelernt: David James, ein US-amerikanischer Soldat, der in Deutschland stationiert war. Seit über 20 Jahren leben sie zusammen. Gemeinsam mit ihrem Ziehsohn pflegen sie ein offenes und gastfreundliches Leben. In ihrem Haus wird viel gefeiert, gelacht und geweint. Lebensfreude, Zuflucht und Herzenswärme kann man beim Ehepaar Schade-James erfahren. Das habe ich selbst schon so einige Male dankbar erlebt.

Die Autobiografie von Nulf Schade-James ist eine liebevolle Hommage an das Leben und ermutigt alle, die jenseits des Mainstreams ihren Platz im Leben suchen. Schade-James ruft ihnen zu: „Fürchtet euch nicht! Lebt euer Leben und zeigt euch, so wie ihr seid! Ihr seid geliebt und gewollt!" Aufgrund seiner bewegten Lebensgeschichte nimmt man Schade-James jeden Buchstaben dieser Botschaft ab. Er lebt sie mit Charme, Witz und Leidenschaft. Das Buch ist als Autobiografie und Zeitdokument absolut lesenswert!

Zum Weiterlesen

Schade-James, Nulf-A., *Gottes Kleid ist bunt. Wie ein schwuler Pfarrer die Kirche veränderte*, Frankfurt 2017.

Orthodox und inklusiv

10.05.2017

Sexuelle Minderheiten und verschiedene Genderidentitäten sind bisher in den christlich-orthodoxen Kirchen offiziell kaum vorgekommen. Und wenn doch, dann sind die Aussagen zumeist abwertend, verletzend oder ausgrenzend. Ein neues Buch zeigt, dass es dennoch Denk- und Freiräume gibt.

Das Buch *„For I Am Wonderfully Made"* (*Denn ich wurde wunderbar gemacht*) wurde von drei Mitgliedern vom European Forum of LGBT Christian Groups herausgegeben: Michael Brinkschröder aus Deutschland, Misha Cherniak aus Russland/Polen und Olga Gerassimenko aus Estland. Es ist ein Sammelband, der sich aus theologischen, geisteswissenschaftlichen und persönlichen Perspektiven mit dem Thema orthodoxe Kirche und Inklusion auseinandersetzt.

Ergebnis theologischer und seelsorgerlicher Arbeit

Das Buch ist ein Ergebnis der intensiven theologischen und seelsorgerlichen Arbeit des Europäischen Forums mit LSBTTIQ Christ*innen aus Mittel- und Osteuropa. Die meisten mittel- und osteuropäischen Länder sind im Europäischen Forum vertreten. Die Mitglieder aus diesen Ländern berichten immer wieder von Diskriminierungserfahrungen und von homo- und transfeindlichen Attacken in Russland, Tschetschenien, Rumänien, Serbien, Moldau, der Ukraine und in anderen Ländern. Daher haben Mitglieder des Europäischen Forums schon vor über zehn Jahren diese Erfahrungen zum Anlass genommen, theologische Summerschools und Trainingsprojekte zu Menschenrechtsfragen und zur Antidiskriminierungsarbeit speziell für Mitglieder und Gläubige orthodoxer Kirchen anzubieten.

Die meisten osteuropäischen LSBTTIQ müssen sowohl innerhalb und als auch außerhalb der orthodoxen Kirchen ihre Lebensform oder Genderidentität versteckt leben. In manchen Ländern wie in Russland werden sie kriminalisiert und verfolgt. In Tschetschenien wurden im Frühjahr 2017 Lager für (angeblich) schwule Männer eingerichtet. Mehr als hundert Männer sollen nach verschiedenen Berichten gefoltert und ohne Verfahren eingesperrt worden sein. Matthias Albrecht berichtete dazu auch auf evangelisch.de. Bis heute ist nicht geklärt, was aus den Männern geworden ist.

Diese und andere Phänomene sind der Grund dafür, dass beim Europäischen Forum spezielle osteuropäische Forumskonferenzen stattfinden. Dort werden die spezifischen Bedürfnisse und Themen osteuropäischer LSBTTIQ Christ*innen ausgetauscht, reflektiert und zukünftige Strategien für kirchliche Aufklärungs- und Gleichstellungsarbeit entwickelt. Diese Arbeit hat kleine zumeist unabhängige christliche LSBTTIQ-Gruppen in verschiedenen mittel- und osteuropäischen Ländern gestärkt, inspiriert und ermutigt, eigene Gottesdienste zu feiern und Spiritualität und Glauben auch jenseits von offiziellen Amtskirchen zu teilen und zu feiern.

Dieses vielfältige Engagement ist die Grundlage für das vorliegende Buch. Der Sammelband besteht zur einen Hälfte aus Vorträgen eines Seminars, das im August 2015 in Finnland stattgefunden hat. Das Seminar hat sich mit orthodox-theologischen Reflexionen zum Thema von LSBTTIQ beschäftigt. Die andere Hälfte der Artikel des Buchs zeigt das Denken und Schreiben von orthodoxen LSBTTIQ-Theolog*innen, Forschenden und Aktivistinnen und Aktivisten innerhalb der letzten zwanzig Jahre. Die Sammlung bietet eine ermutigende und stärkende Botschaft an LSBTTIQ in orthodoxen Traditionen. Der Titel fasst diese Botschaft in einem Zitat aus Psalm 139,14 zusammen: „Ich lobe dich, denn ich bin wunderbar gemacht."

Gliederung

Der Sammelband ist in fünf Bereiche aufgeteilt:

I. Trinität, Person und Gender. Anthropologische Grundlagen
II. Neue Perspektiven zur orthodoxen Tradition: Quellen für eine LSBT befürwortende Theologie
III. Orthodoxe Kirche: Vom Ausschluss zum Dialog
IV. Neue pastorale Annäherungen: Von der Beichte zum Zeugnis
V. Das Heilige und Große Konzil der Orthodoxen Kirche: Hoffnung für die Zukunft.

Reicher Fundus

Das Buch stellt vor allem für theologisch Interessierte und Gebildete einen reichen Fundus an Informationen, Inspiration und Strategien für theologische Debatten dar. Biblisch hermeneutische Fragen werden ebenso diskutiert wie Fragen nach christlich-orthodoxen Menschen-, Kirchen- und Gottesbildern, Ehe- und Familienvorstellungen und Herausforderungen von Beichte, Gottesdienst und Abendmahl für LSBTTIQ im orthodoxen Kontext.

Persönliche Erfahrungen

Im vierten Teil des Buchs werden auch persönliche Erfahrungen in orthodoxen Kirchen dokumentiert. Es wird von spiritueller Gewalt gegenüber LSBTTIQ-Christ*innen berichtet. Sie wurden im Rahmen von Beicht- oder Seelsorgegesprächen beleidigt, verbal verletzt oder sogar dämonisiert. Aber es werden auch positive Erfahrungen aufgezeigt. Interessant sind zwei dokumentierte Runde-Tisch-Diskussionen von LSBTTIQ-Aktivist*innen und Geistlichen zum Thema Seelsorge und Beichte einerseits und zum Thema Familie und Ehe andererseits.

Insgesamt ist das Buch eine beeindruckende Sammlung von theologischen Texten, seelsorgerlichen Perspektiven und persönlichen Geschichten. Es bietet eine Fülle an Material für all diejenigen, die sich für orthodoxe Theologie und LSBTTIQ-Themen interessieren. Absolut lesenwert! Und achja, es ist auf Englisch. Hoffentlich wird es bald ins Deutsche übersetzt!

Zum Weiterlesen

Brinkschröder, Michael/Cherniak, Misah/Gerassimenko, Olga (Hg.), *„For I am Wonderfully Made". Texts on Eastern European Orthodoxy and LGBT Inclusion*, Nieuwegein 2017.

Und GOTT sah, dass es seht gut war!

11.01.2017

„Die Geschichten werden dein Leben verändern”, schreibt Sister Jeannine Gramick in ihrem Vorwort zum Buch *Und GOTT sah, dass es sehr gut war. Katholische LSBT-Menschen aus Europa erzählen ihre Geschichten.*

Ein Jahr nach der Herausgabe des englischen Buches *And GOD saw it all was very good. Catholic LGBT People in Europe Telling Their Stories* liegt seit 2016 die deutsche Übersetzung vor. 34 persönliche Geschichten werden im Rahmen von sechs Themenbereichen vorgestellt:

Familie
Ist Katholischsein Heimat?
Ein religiöses Leben?
Eine lange Reise
Bedeutsame Ereignisse
Einsatz für Verständnis und Akzeptanz.

Die lesbischen, schwulen, transgender und queeren Autor*innen sind zwischen 20 und 80 Jahre alt und kommen aus 13 verschiedenen europäischen Ländern: Albanien, Belgien, Deutschland, England, Frankreich, Italien, Malta, die Niederlande, Norwegen, Polen, Russland, Spanien und Tschechien.

Beeindruckende Projektleistung

Nicole Warning, die Koordinatorin der deutschen Ausgabe, berichtete, dass 26 ehrenamtliche Übersetzerinnen und Übersetzer an der deutschen Ausgabe mitgewirkt haben. Dazu kommen drei Korrekturleserinnen. Das war eine beeindruckende Projektleistung. Sie gründete sich auf die gute Vernetzung der christlichen LSBTTIQ-Netzwerke und die beharrliche Koordinationsarbeit von Nicole Warning.

Was sie durch die Lektüre gelernt hat:

„Mich hat überrascht, wie viele katholische LSBT-Menschen irgendwann mal eine Zeit im Kloster verbracht haben (oder es noch tun), und wie viele innere (und äußere) Kämpfe ausgefochten wurden, um Katholisch- und LSBT-Sein unter einen Hut zu bekommen. Ich kann das aus meiner eigenen evangelischen Biografie nicht nachvollziehen. Da es offenbar noch immer sehr schwer ist, beides gut zusammen

zu leben, ist es toll, dass es 34 beispielhafte Geschichten gibt, die davon erzählen, wie es gehen kann und die ermutigen können. Mein Wunsch ist es, dass auch katholische Kirchenobere die Geschichten lesen, um zu erfahren, wie schwer es die offizielle katholische Lehre Menschen macht, im Frieden mit sich zu leben. Vielleicht führt das irgendwann dazu, dass Verantwortliche von offizieller katholischer Seite anders mit der Thematik umgehen werden. Die Hoffnung stirbt zuletzt!"

Die deutsche Ausgabe

Die deutsche Ausgabe wurde auf der Lesbentagung der Evangelischen Akademie in Bad Boll am 16.12.2016 im Rahmen einer kleinen Lesung vorgestellt. Etwa 30 Frauen waren anwesend, als Ausschnitte aus verschiedenen Geschichten katholischer LSBTTIQ vorgelesen wurden. Die niederländische Verlegerin des Buchs Ineke Lautenbach war dazu eigens angereist und hatte 25 frisch gedruckte Bücher im Gepäck. Sie konnte sie an dem Wochenende alle verkaufen. Weitere Exemplare wurden bestellt. Kein Wunder! Denn das Buch lohnt sich. Es werden ganz persönliche Geschichten über Comingout, Sinnsuche, Glauben und Mitgliedschaft in der katholischen Kirche vorgestellt. Die Geschichten zeigen eine große Vielfalt von Suchbewegungen und Lebenswegen, wie Religiosität, sexuelle Selbstbestimmung und persönliche Identität miteinander verbunden werden können.

Kundenrezension zur englischen Originalausgabe

Was ich anlässlich der englischen Originalausgabe im Jahr 2015 in einer Kundenrezension dazu geschrieben hatte:

„Es ist spannend und berührend, wie sich die Akteure für Anerkennung, Respekt und Gleichberechtigung in und außerhalb der katholischen Kirche eingesetzt haben und es immer noch tun. Sie haben teilweise Diskriminierungen und Ausgrenzungen erlebt und/oder mit ihrem Glauben gerungen. Vor allem aber leben sie ihr Leben, vielfältig und bunt, mit Freundinnen und Freunden, mit und ohne Kinder, in Regenbogenfamilien, mit solidarischen Netzwerken und Familienangehörigen. Es ist ein bewegendes Buch, das zeigt, dass es längst Realität ist, lesbisch, schwul, bi- oder transsexuell und katholisch zu sein, egal was der Vatikan dazu sagt."

Die Geschichten helfen dabei, das Bewusstsein über die komplizierte Situation von katholischen LSBTTIQ zu erhöhen. Sie verheimlichen nicht die schwierige Gradwanderung zwischen Ausgrenzung, Doppelleben, Selbstbestimmung und Sichtbarkeit in der katholischen Kirche und beschreiben ganz unterschiedliche Suchbewegungen auf dem Weg zu sich selbst.

Zum Weiterlesesn

Barnes, Hazel/Taylor, Sandra (Hg.), *Und GOTT sah, dass es sehr gut war. Katholische LSBT-Menschen aus Europa erzählen ihre Geschichten*, Nieuwegein, 2016.

Unheilige Heilige

28.07.2017 (Veröffentlichung auf der eigenen Homepage)

Um es gleich vorne weg zu sagen: Das Buch *Unheilige Heilige* hat mich fasziniert. Ich habe es in zwei Tagen durchgelesen. Das ist mir mit einem theologischen Buch noch nie passiert.

Aber es ist eben kein klassisches theologisches Buch mit vielen klugen und richtigen Sätzen. Es ist ein Buch aus dem vollen Leben. Es verbindet erlebte und durchlittene Erfahrungen mit theologischen Fragen und Gedanken.

Zweifel und Hoffnungen

Nadia Bolz-Weber gelingt es, ihre Erlebnisse als Pfarrerin der Gemeinde *House for All Saints and Sinners* (*Haus für alle Heiligen und Sünder*) in Denver/Colorado mit ihrer eigenen Suchgeschichte, mit ihren Zweifeln und Hoffnungen zu verknüpfen. Ihre Sprache ist dabei erfrischend gerade heraus und ohne Schnörkel. Sie benutzt nicht gerade wenige Schimpfworte, für die sie während ihrer theologischen Ausbildung auch schon einmal von Vorgesetzten einbestellt und verwarnt worden war. Sie hat sich ihre Sprache aber nicht verbieten lassen. elbstironie und ihre etwas schnoddrige Sprache ist nie verletzend, sondern bleibt respektvoll gegenüber den Meschen, die sie beschreibt. Sie verheimlicht in ihrem Buch auch nicht, dass sie früher Alkoholikerin war und dass sie in der Zeit wenig auf die Reihe bekommen hat. Sie formuliert offen, dass sie als trockene Alkoholikerin mit Suchtthemen leben muss und dass sie in ihrer Pubertät ziemlich selbstbezogen, ignorant und aggressiv anderen gegenüber war, also ein ziemliches Scheusal gewesen sein muss. So sieht sie es jedenfalls in der Rückschau.

Schicksalsschläge

Nadia Bolz-Weber zeigt sich in ihrem Buch verletzlich. Sie erzählt Geschichten aus ihrem Alltag, in denen Menschen ihr mit ihren Schicksalsschlägen, Dramen, mit Trauer und Fragen voller Zweifel begegnen und sie bis an die Grenze ihrer Professionalität herausfordern. Angenehm ist, dass sie keine Rezepte und schnellen Antworten für die Menschen parat hält, sondern da ist und sich auf eine Reise mit ihnen begibt. Und das, obwohl sie oftmals gar keine Lust auf Konversation und Begegnung hat. Wenn sie sich dennoch darauf einlässt, passieren in solchen Begegnungen wichtige Dinge. Sie lernt mit den Menschen, denen sie zuhört. Oftmals ist dabei die Alltagsklugheit ihres Gegenübers der entscheidende Schlüssel zum weiteren Verlauf der Geschichte.

Es geschieht Unvorhergesehenes, Überraschendes, Berührendes. Und das alles ist eingebunden in eine feste Struktur. Die Vorgaben des Kirchenjahres und der lutherischen Liturgie werden eingehalten und bieten Orientierung und Rahmung für moderne Ausgestaltungen und Interpretationen, sowohl von biblischen Texten als auch von kirchlichen Festen und Anlässen.

Allerheiligen

Es ist kein Zufall, dass in ihrer Gemeinde für alle *Heiligen und Sünder* der Tag von Allerheiligen groß gefeiert wird, und alle Gemeindeglieder ihre eigenen Heiligen (und Unheiligen) mitbringen und vorstellen können. Genau dieser Tag ist im Protestantismus kritisiert und abgeschafft worden und durch die Jahrhunderte in Vergessenheit geraten. Nadia Bolz-Weber und ihre Gemeinde beleben diesen Tag auch in der lutherischen Tradition neu und verknüpfen ihn mit Vorbildern, Alltagsheldinnen und Helden aus der Jetztzeit.

Das ist vielleicht die stärkste Attraktion von Nadia Bolz-Weber und ihrer Gemeinde. Sie verbinden feste traditionelle und liturgische Vorgaben und füllen sie mit aktuellen Erfahrungen und modernen Formen der ritualisierten Bearbeitung. Dabei wird in der Gemeinde niemand ausgeschlossen. Im Gegenteil, die Gemeinde setzt sich zusammen aus einer ganzen Reihe von Menschen, die aus anderen Lebensbereichen und Kontexten schon einmal ausgeschlossen worden sind: Drag Queens, Schwule, Lesben, Transgender, Rollstuhlfahrende, von sexualisierter Gewalt Gezeichnete, Suchtkranke, Tätowierte, Atheisten, Zweifelnde und viele andere mehr.

Gemeinde der Ausgestoßenen

Nadia Bolz-Weber rätselt einmal in ihrem Buch, warum in ihrer Gemeinde nicht die coolen Hipster zuhause sind, die sie sich in ihren geheimen Fantasien wünscht. Viele in den Vereinigten Staaten und anderswo denken, dass solche Hipster Mitglieder in ihrer Gemeinde seien. Stattdessen kommen diejenigen, die sonst niemand haben will und die eher di Außenseiter, Minderheiten und am Rande Stehenden sind. Sie beantwortet sich die Frage dann selbst. Natürlich sind es die Ausgestoßenen. Die Coolen haben viele andere Orte und Bühnen und brauchen die Gemeinde nicht. Die Ausgestoßenen schon. Sie sind genau diejenigen, zu denen sie in ihrem Leben selbst lange gehört hat. Und sie sind genau diejenigen, mit denen auch Jesus gemeinsam gegessen, geredet und gefeiert hat. Warum sollte das heute anders sein?

Was mir gut gefallen hat: es weht in dem Buch kein paternalistischer Habitus. Auch keine christliche Selbstgerechtigkeit. Die, die kommen, sind die Richtigen. Sie bringen ihre Fähigkeiten und Katastrophen mit und fügen sich ein in eine bunte und verletzliche Gemeinschaft. Diejenige, die am meisten daraus lernt, ist die Pfarrerin. Dass sie dies beschreibt, ohne ihre eigenen Leistungen unter den Scheffel zu stellen, macht das Buch zu einem erfrischenden und nachdenklich stimmenden Bericht aus dem vollen Leben.

Zum Weiterlesen

Bolz-Weber, Nadia, *Unheilige Heilige. Gott in all den falschen Leuten finden*, Moers 2016.

Ein gutes Leben

5.01.2016 (Veröffentlichung auf der eigenen Homepage)

Ich bin in Bensheim an der Bergstraße aufgewachsen. Es ist eine südhessische Kleinstadt. 40.000 Einwohner*innen mit allen umliegenden Eingemeindungen leben dort. Die Altstadt mit ihren Fachwerkhäusern ist renoviert und attraktiv. Es gibt ein kleines Stadtweingut mit guter Reputation. Die Lage an der Bergstraße mit ihren Weinbergen, Burgen und Schlössern in der Nähe ist günstig. Mit der Rheinebene im Westen und dem Odenwald im Osten vor der Tür ist Bensheim ein beliebtes Naherholungsziel für das gesamte Rhein-Main und Rhein-Neckar-Gebiet. Viele pendeln von Bensheim zur Arbeit nach Darmstadt, Frankfurt, Mainz, Mannheim oder Heidelberg.

Trotz dieser Vorzüge ist Bensheim eine Kleinstadt geblieben und nicht sonderlich bekannt. Umso mehr hat es mich gefreut, ein Buch über einen Bensheimer zu lesen, der seit über sechzig Jahren in San Francisco lebt. In dem Buch ist er auf den Spuren seiner Kindheit unterwegs und kommt nach Bensheim zurück. Es handelt sich um Gerald B. Rosenstein, genannt Jerry, der mit dem Autor Friedrich Dönhoff von San Francisco über Amsterdam nach Bensheim gereist ist.

Zwei Zeitebenen

Das Buch entwickelt sich auf zwei Zeitebenen. Die eine spielt 2013, als der 86-jährige Jerry Rosenstein gemeinsam mit Friedrich Dönhoff von San Francisco nach Amsterdam aufbrechen und von dort nach Bensheim reisen, um die Orte seiner Kindheit zu finden und sich zu erinnern. Die Ich-Perspektive wird vom Autor und Reisebegleiter Friedrich Dönhoff eingenommen. Die zweite Zeitebene beginnt mit der Machtergreifung Hitlers und wie die politischen Veränderungen das Leben der jüdischen Familie Rosenstein in Bensheim verändern, bis rechtliche Schikanen, Enteignungen und ein Brandanschlag auf ihr Haus ein Weiterleben in Bensheim unmöglich machen. Auf dieser Zeitebene berichtet Jerry Rosenstein aus der Ich-Perspektive von der Flucht der Familie nach Amsterdam, der Deportation seiner Mutter nach Theresienstadt, der Deportation von Vater und Sohn nach Ausschwitz und dem Schicksal seiner beiden Brüder Ernst und Hans. Alles, was Jerry auf dieser Zeitebene erzählt, erzählt er Friedrich Dönhoff auf der gemeinsamen Reise nach Bensheim. Vorher hat er über die traumatischen Erlebnisse geschwiegen. Auch nach 1945, als seine Eltern und er, die drei Überlebenden der Familie, zunächst nach Paris und dann nach New York zogen, um dort ein neues Leben aufzubauen, wurde darüber nicht geredet. Über die Ereignisse auf der Flucht und in den Lagern wurde auch später in seiner neuen Heimat San Francisco nie gesprochen. Schweigen als Überlebensstrategie. Eine Strategie für Hunderttausende dieser Generation. Für Opfer und Täter. Erst die Reise zu den Plätzen seiner Kindheit machte diese Erzählung möglich.

Jerry Rosenstein hat mit seinen Eltern Sophie und Max Rosenstein und seinen Brüdern Ernst und Hans seine frühe Kindheit in einer Villa an der Darmstädter Straße in Bensheim verbracht. 1927 wurde er geboren. Bis 1933 war sein Leben sorgenfrei. Sein Vater hatte in Bensheim eine Möbel- und Polsterfabrik aufgebaut, die Einkünfte waren gut. Jerrys Mutter stammte aus der altehrwürdigen jüdischen Familie Bendheim, die schon seit über 200 Jahren in Bensheim lebte und gut angesehen war ist. Die Familie war jüdisch und fromm. Es wurde koscher gegessen und Freitag abends und Samstag vormittags wird in die Synagoge gegangen. Das Leben verlief strukturiert und geordnet.

Ende der heilen Welt

Aus dieser heilen Welt wird die Familie mit dem Machtantritt von Adolf Hitler jäh herausgerissen. Die Schikanen gegen die jüdische Bevölkerung und gegen jüdische Geschäftsinhaber nehmen zu und machen auch vor Bensheim nicht halt. Als Hitler 1935 auf dem Weg nach Heidelberg in Bensheim Station macht und ihn die Bevölkerung inklusive des kleinen Jerrys jubelnd begrüßt, ahnt der noch nicht, dass dieser Mann und seine faschistische und antisemitische Politik schon bald sein Leben von Grund auf ändern wird. Bis 1936 hält die Familie den rechtlichen Einschränkungen und Enteignungen stand. Dann fliehen sie nach Amsterdam und lassen sich dort in der Hoffnung nieder, vor den Nationalsozialisten sicher zu sein. Diese Hoffnung geht nicht in Erfüllung.

Einfühlsam und ohne Pathos werden die beiden Erzähl-Ichs von Jerry Rosenstein und Friedrich Dönhoff auf den beiden Zeitebenen miteinander verbunden. Die Themen finden scheinbar zufällig einen Bezug auf der jeweils anderen Zeitebene und kommentieren sich damit gegenseitig. Dönhoff gelingt es, das frühere und das aktuelle Leben von Jerry Rosenstein vor den Leserinnen und Lesern aufschimmern zu lassen. Achtsam und liebevoll wird Jerry Rosenstein porträtiert.

Sein Lebensmotto

Sein Lebensmotto *Ein gutes Leben ist die beste Antwort* bestätigt sich im Buch, obwohl das Leben von Jerry Rosenstein auch nach 1945 nicht einfach war. Denn er ist schwul. Er wusste, dass seine frommen Eltern das nicht verstehen würden. So musste er sich von seinen Eltern in New York emanzipieren. 1949 ist Jerry allein nach San Francisco gezogen. Erst dort hat er zu sich selbst gefunden: Ein nicht gläubiger jüdischer schwuler Mann, ohne festen Partner, mit einem vielfältigen und interessanten sozialen Umfeld. Ein erfolgreicher Geschäftsmann mit einem guten Leben. Er ist liebenswürdig, feingeistig und humorvoll. Mit seinen 87 Jahrenist er 2013 während der Reise körperlich fit und geistig wach. Er liebt Musik, Oper und seinen Hund Foxy.

Am Schluss des Buchs sagt Jerry im Hotel in Bensheim zu seinem Reisebegleiter Friedrich Dönhoff: „Weißt du, ich habe mir etwas überlegt: Wenn es meine Gesundheit zulässt, komme ich nächstes Jahr wieder!"

Ich hoffe sehr, dass Jerry noch lange gesund bleibt und noch oft nach Europa zurückkommt. Hoffentlich auch nach Bensheim!

Zum Weiterlesen

Dünhoff, Friedrich, *Ein gutes Leben ist die beste Antwort. Die Geschichte des Jerry Rosenstein*, Zürich 2014.

Story Telling

14.10.2015

Wenn Vorurteile auf persönliche Geschichten treffen, fangen erstere oftmals an, in sich zusammenfallen. Denn wer Gesicht zeigt, zeigt sich als Mensch. Konkret, verletzbar, einzigartig. Der Comingout-Day, der jedes Jahr am 11. Oktober gefeiert wird, würdigt genau diese persönlichen Geschichten. Der Tag weist darauf hin, dass für viele ein Comingout immer noch (lebens-)gefährlich ist.

Hintergrund

Im Mai 2015 haben fast zwei Drittel aller Iren und Irinnen für die Zulassung der gleichgeschlechtlichen Ehe gestimmt. Ein katholisches Land hat mit *Ja* gestimmt. Menschen im In- und Ausland reagierten begeistert oder fassungslos. Viele waren überrascht über das klare Urteil, andere konnten es kaum fassen oder verstanden die Welt nicht mehr. Das katholische Irland hat mit *Ja* gestimmt und erhält nun eine fortschrittlichere Gesetzgebung als Deutschland und viele andere europäische Länder? Unglaublich!

Aus Sicht von Schwester Jeannine Gramik von den *Sisters of Loretto* aus Maryland in den USA waren allerdings persönliche Gründe wichtiger als gesellschaftspolitische oder religiöse. Im Vorfeld der Wahlen war sie selbst in Irland und beschreibt, was sie erlebt hat: Einige bekannte Persönlichkeiten aus dem Show Business, der Politik und der Zivilgesellschaft sind vor der Wahl an die Öffentlichkeit gegangen und haben von ihren lesbischen, schwulen, bi- und transsexuellen Kindern, Verwandten und Bekannten erzählt. Oder sie haben sich selbst geoutet. Es ging um konkrete Einzelschicksale, um Erfahrungen von Mobbing, Ausgrenzung und Gewalt gegen LSBTTIQ im katholischen Irland der letzten Jahrzehnte genauso wie um ermutigende Geschichten und um gelebte Solidarität. Diese persönlichen Geschichten haben Menschen nach Einschätzung von Schwester Gramik mehr bewegt als die ideologische Debatte um das Leitbild der heterosexuellen Ehe und Kleinfamilie oder die katholische Sexualmoral.

Zauberwort

Story Telling ist laut Schwester Gramik das Zauberwort. Wenn Vorurteile ein Gesicht bekommen und sich dahinter eine konkrete Lebensgeschichte zeigt, dann fallen viele Vorverurteilungen und Klischeebilder in sich zusammen. Schwester Gramik verdankt ihre positive Haltung zu LSBTTIQ ebenfalls einer persönlichen Geschichte. Vor über 40 Jahren traf sie einen jungen schwulen Studenten. Er wollte Franziskanermönch werden. Aber er verließ den Orden wegen seines Schwulseins. Er wurde von seinen Eltern aus der Familie verstoßen und von der katholischen Kirche exkommuniziert. Nur, weil er schwul war. Durch den Studenten lernte Schwester Gramik mehrere Lesben und Schwule kennen, die aufgrund ihrer sexuellen Orientierung aus ihrer Kirche ausgeschlossen wurden. Sie spürte, dass etwas schrecklich falsch läuft in einer Kirche, die Ausgrenzung und Diskriminierung zulässt oder sogar unterstützt. Durch die konkreten Lebensgeschichten hat Gramik ihre Haltung zu Homosexualität verändert. Sie begann, Seelsorge und Beratung für LSBTTIQ in den Mittelpunkt ihrer Arbeit zu stellen.

Lebensgeschichten

Heute ist sie stolz darauf, dass sie das Vorwort zu einem Buch schreiben konnte, das Lebensgeschichten von 34 LSBTTIQ im Alter von 20 bis über 80 Jahren aus 13 europäischen Ländern vereint. Es heißt: *And GOD saw it all was very good. Catholic LGBT People in Europe Telling Their Stories*.

Das Buch

Auf deutsch heißt das Buch: *Und GOTT sah, dass es seht gut war. Katholische LSBT-Menschen aus Europa erzählen ihre Geschichten.* Die Autorinnen und Autoren kommen aus Albanien, Belgien, Deutschland, England, Frankreich, Italien, Malta, den Niederlanden, Norwegen, Polen, Russland, Spanien und der Tschechischen Republik. Sie alle sind mehr oder weniger katholisch sozialisiert und bezeichnen sich selbst als katholisch. Auf ihren Lebenswegen haben sie in verschiedener Weise darum gerungen, ihre Lebensform oder Genderidentität, ihr Katholischsein und ihren Glauben miteinander in Einklang zu bringen. Denn genau diese Verbindung wurde den meisten von ihnen abgesprochen. Die Lebensgeschichten sind in sechs Kapitel unterteilt:

Familie
Ist Katholischsein Zuhause?
Religiöses Leben?
Eine lange Reise
Bedeutungsvolle Ereignisse
Arbeit für Verständnis und Akzeptanz.

Das Buch wurde von den Engländerinnen Sandra Taylor und Hazel Barnes herausgegeben und vom niederländischen Verlag *Esuberanza* pünktlich vor der Familiensynode in Rom veröffentlicht. Das Buchprojekt wurde schon 2007 von Michael Brinkschröder und Andrea Krüger im Rahmen des Europäischen Forums christlicher LSBT-Gruppen angestoßen und ist komplett ehrenamtlich entstanden. Mit Hilfe von zahlreichen Freiwilligen aus ganz Europa und der finanziellen Unterstützung der *Arcus Foundation* konnte es endlich realisiert werden.

Im Einsatz

Das Buch ist bereits auf einer internationalen Konferenz zum Einsatz gekommen. Titel der Konferenz war: *LGBT Voices to the Synod*, also lesbische, schwule, bi- und transsexuelle Stimmen zur Synode. Sie fand im Kontext der Bischofssynode zum Thema Familie vom 1. bis 4. Oktober in Rom statt. Sie war zugleich die Gründungsveranstaltung des *Global Network of Rainbow Catholics*. 85 LSBTTIQ aus Nigeria, Kenia, Botswana, Namibia, Südafrika, Indien, China, Malaysia, Australien, Tonga, Chile, Brasilien, Kolumbien, Puerto Rico, den USA und aus vierzehn europäischen Staaten waren vertreten.

Das globale Netzwerk hat auf der Konferenz ein Statement verabschiedet, das der Bischofssynode übermittelt wurde. Die Mitglieder erwarten vom Vatikan, dass LSBTTIQ in der katholischen Kirche willkommen sind, ihre Partnerschaften anerkannt werden und die traditionelle Bewertung von Homosexualität als Sünde aufgegeben wird. Zugleich fordern sie vom Vatikan einen Dialog auf Augenhöhe. In der Tat wäre es ein wichtiges Signal, wenn die Bischöfe und Kardinäle sich endlich mit LSBTTIQ treffen und ihren Lebensgeschichten zuhören würden. Denn um es mit Worten von Schwester Gramik zu sagen: Persönliche Geschichten sind stärker als dogmatische Lehrsätze.

Zum Weiterlesen

Taylor, Sandra/Barnes, Hazel (Hg.), *And GOD saw it all was very good. Catholic LGBT People in Europe Telling Their Stories*, Nieuwegein 2015.

Taylor, Sandra/Barnes, Hazel (Hg.), *Und GOTT sah, dass es seht gut war. Katholische LSBT-Menschen aus Europa erzählen ihre Geschichten*, Nieuwegein 2016.

Danksagung

Dieses Buch gäbe es nicht, wenn das Onlinemagazin *evangelisch.de* nicht Anfang 2015 beschlossen hätte, die Rubrik *kreuz & queer* einzuführen. Dafür hat der zuständige Redakteur Markus Bechthold fünf bis sechs Blogger*innen gesucht, die regelmäßig in dieser Rubrik Blogeinträge veröffentlichen sollten. Ich wurde eine von ihnen. Ich danke Markus Bechthold und dem gesamten Team von *evangelisch.de* für ihr Vertrauen. Danke auch dafür, dass ich die vorliegende Auswahl von Blogeinträgen in diesem Sammelband veröffentlichen darf.

Ebenso danke ich meinen Kolleg*innen, die mit mir zusammen diese Rubrik bisher mit klugen, witzigen, nachdenklichen und oft auch provokanten Beiträgen bestückt haben: Matthias Albrecht, Rainer Hörmann, Katharina Payk, Nulf A. Schade-James und Wolfgang Schürger. Ich bin stolz darauf, *kreuz & queer* mit euch zusammen nun schon seit fünf Jahren zu gestalten.

Ich danke den unzähligen religiös interessierten, queeren und nicht queeren Akteur*innen in Religionsgemeinschaften, Kirchen und diversen gesellschaftlichen Zusammenhängen für ihre Bereitschaft, sich von mir interviewen zu lassen und ihre Expert*innenmeinung für meine Blogbeiträge zur Verfügung zu stellen.

Herzlich danke ich allen, die sich kurzfristig bereit erklärt haben, mein Manuskript in aufgeteilten Portionen Korrektur zu lesen: Nicole Warning, Sarah-Luise Wessler, Tina Stroheker, Cornelia Rauch, Andrea Trautmann, Irene Löffler und Margarete Voll.

Ich danke außerdem meinen vielen Freund*innen aus den queeren ökumenischen Netzwerken, wie Labrystheia, LuK, MuM, HuK, NKL und den Lesbentagungen an der Evangelischen Akademie in Bad Boll. So manche von euch treffe ich seit fast dreißig Jahren immer wieder. Unsere Denk- und Begegnungsorte tragen mich durch Frust und Krisen hindurch. Die Gespräche und Debatten mit euch haben mein queer-theologisches Denken geschärft und bereichert.

Ich bin dankbar für meine internationale Wahlfamilie im Europäischen Forum christlicher LSBT-Gruppen. Seit fast 25 Jahren diskutieren wir, lernen, lachen, weinen und feiern wir gemeinsam Partys und Gottesdienste. Ihr seid einfach super! Meine internationale

Wahlfamilie hat mich inhaltlich und religiös stark geprägt. Die Themen des Europäischen Forums finden sich daher auch regelmäßig in meinen Blogbeiträgen.

Ebenso danke ich meiner Verlegerin Ineke Lautenbach vom Verlag Esuberanza in den Niederlanden. Sie hat diese Veröffentlichung professionell begleitet. Ihr Verlag ist ein großes Glück für alle, die im internationalen Bereich religiöse *und* queere Themen bearbeiten und dazu veröffentlichen wollen. Auf weiterhin gute Zusammenarbeit!

Schließlich danke ich meiner Partnerin Ulrike und allen, die mich beim Schreiben geduldig begleiten, die mich mit Ideen für neue Blogbeiträge beschenken und mir kritische Rückmeldung geben. Ohne euch ginge gar nichts!

Abkürzungsverzeichnis

EF	Europäisches Forum christlicher Lesben, Schwulen, Bi- und Trans*-Gruppen
EKD	Evangelische Kirche in Deutschland
EKHN	Evangelische Kirche in Hessen und Nassau
EKiR	Evangelische Kirche im Rheinland
EKBO	Evangelische Kirche in Berlin, Brandenburg und Schlesische Oberlausitz
IDAHOBIT	International Day Against Homophobia, Biphobia and Transphobia
ILGA	International Lesbian and Gay Association
LSBT	Lesben, Schwule, Bi- und Trans*
LSBTTIQ	Lesben, Schwule, Bi-, Transidente, Trans*, Inter*, Queere* Menschen
LGBTIQ	Lesbian, Gay, Bisexual, Transgender*, Inter* and Queer* Persons
LSVD	Lesben- und Schwulen-Verband Deutschland
ÖRK	Ökumenischer Rat der Kirchen
HuK	Ökumenisches Netzwerk Homosexuelle und Kirche
LuK	Ökumenisches Netzwerk Lesben und Kirche
MuM	Ökumenisches Maria und Martha Netzwerk
NKL	Netzwerk Katholischer Lesben
…*innen	Zwischen der männlichen und weiblichen Form bedeutet das Gendersternchen, dass alle, die sich nicht binär als weiblich oder männlich bezeichnen, einbezogen sind.
Trans*	Das Sternchen hinter trans* zeigt an, dass Personen, die sich als transsexuell, transident, transgender und divers bezeichnen, einbezogen sind.

Inter*	Das Sternchen hinter inter* zeigt an, dass Persoenen, die sich als intersexuell, nicht binär und divers bezeichnen, einbezogen sind.
Queer*	Das Sternchen hinter queer* zeigt an, dass alle Personen, die sich als queer bezeichnen, unabhängig von sexueller Orientierung und Geschlechtsidentität, einbezogen sind.
LSBTTIQ	Ich benutze in diesem Band die inklusive Bezeichnung LSBTTIQ, solange ich nicht eine andere Bezeichnung zitiere oder in einem Interview jemand eine andere (Selbst-) Bezeichnung verwendet.

Literaturverzeichnis

Aydemir, Fatma/Yaghoobifarah, Hengameh, *Eure Heimat ist unser Alptraum*, Berlin 2019

Baldwin, James, *Von dieser Welt*, München 2018

Baldwin, James, *Giovannis Zimmer*, München 2015

Bils, Sandra/Herrmann, Maria (Hg.), *Vom Wandern und Wundern. Fremdsein und Prophetische Ungeduld in der Kirche*, Würzburg 2017

Bolz-Weber, Nadia, *Ich finde Gott in den Dingen, die mich wütend machen. Pastorin der Ausgestoßenen*, Moers 2016 (3. Aufl.)

Bolz-Weber, Nadia, *Unheilige Heilige. Gott in all den falschen Leuten finden*, Moers 2016

Bolz-Weber, Nadia, *Unverschämt Schamlos. Mein Plädoyer für eine sexuelle Reformation*, Moers 2019

Breckenfelder, Manuela (Hg.), *Homosexualität und Schule*, Opladen - Berlin - Toronto 2015

Brinkschröder, Michael/Cherniak, Misah/Gerassimenko, Olga (Hg.), *„For I am Wonderfully Made". Texts on Eastern European Orthodoxy and LGBT Inclusion*, Nieuwegein 2017

Cornwall, Susannah: *Wild Rice and Queer Dissent*, in: Isherwood, Lisa u.a. (Hg.), *Wrestling with God*, Leuven 2010, S.61-75

Guest, Deryn/Goss, Robert E./West, Mona/Bohache, Thomas (Hg.), *The Queer Bible Commentary*, London 2006

Dgti e.V. in Kooperation mit Asta Dittes, Livia Prüll, Anne Scheschonk, Johanna Schmidt-Räntsch und Gerhard Schreiber (Hg.), *Reformation für alle*. Transidentität / Transsexualität und Kirche*, Berlin 2017

Dünhoff, Friedrich, *Ein gutes Leben ist die beste Antwort. Die Geschichte des Jerry Rosenstein*, Zürich 2014

Epprecht, Marc, Sexuality and Social Justice in Africa. *Rethinking Homophobia and Forging Resistance*, London - New York 2013

Evangelische Akademie Bad Boll (Hg.), Dokumentarfilm zu den Lesbentagungen an der Evangelischen Akademie in Bad Boll: *Ich sehe die, die du nicht siehst* (2016), https://youtu.be/lu_UczdSx_Y (abgerufen am 12.05.2020).

Guest, Deryn/Goss, Robert E./West, Mona/Bohache, Thomas (Hg.), *The Queer Bible Commentary*, London 2006

Hayali, Dunya, Haymatland, *Wie wollen wir zusammenleben?* Berlin 2018

Isherwood, Lisa u.a. (Hg.), *Wrestling with God*, Leuven 2010

Kirchenverwaltung der Evangelischen Kirche in Hessen und Nassau (Hg.), *Zum Bilde Gottes geschaffen. Transsexualität in der Kirche*, Wiesbaden 2018

Kuhnen, Stephanie, *Lesben raus! Für mehr lesbische Sichtbarkeit*, Berlin 2017

Krug, Dora, *Heimat. Ein deutsches Familienalbum*, 2019

Labouvie, Eva (Hg.), *Glaube und Geschlecht - Gender Reformation*, Wien - Köln - Weimar 2019

Lanwerd, Susanne/Moser, Marcia (Hg.), *Frau Gender Queer, Gendertheoretische Ansätze in der Religionswissenschaft*, Würzburg 2010

Lüdke, Klaus-Peter, *Jesus liebt Trans. Transidentität in Familie und Kirchgemeinde*, Göppingen 2018

Mantei, Simone/Sommer, Regina/Wagner-Rau, Ulrike (Hg.), *Geschlechterverhältnisse und Pfarrberuf im Wandel. Irritationen, Analysen und Forschungsperspektiven*, Stuttgart 2013

Mayer, Gabriele/Dinkelaker, Bernhard (herausgegeben im Namen der Evangelischen Mission in Solidarität, EMS), *Die Bibel lesen mit den Augen Anderer*, Nieuwegein 2019

Morrison, Toni, *Gott, hilf dem Kind*, Reinbek bei Hamburg 2017

Pithan, Annebelle/Arzt, Silvia/Jakobs, Monika, u.a. (Hg.), *Gender - Religion - Bildung. Beiträge zu einer Religionspädagogik der Vielfalt*, Gütersloh 2009

Schade-James, Nulf-A., *Gottes Kleid ist bunt. Wie ein schwuler Pfarrer die Kirche veränderte*, Frankfurt 2017

Schmelzer, Christian (Hg.), *Gender Turn. Gesellschaft jenseits der Geschlechternorm*, Bielefeld 2013

Schreiber, Daniel, *Zuhause. Die Suche nach dem Ort, an dem wir leben wollen*, Berlin 2018

Schulz, Dagmar (Hg.), *Macht & Sinnlichkeit. Ausgewählte Texte von Audre Lorde und Adrienne Rich*, Berlin 1983

Söderblom, Kerstin, *Geschlechtsidentitäten und Lebensformen. Evangelische Kontroversen*, in: Labouvie, Eva (Hg.), *Glaube und Geschlecht - Gender Reformation*, Wien - Köln - Weimar 2019, S.283-302

Söderblom, Kerstin, *Darf es auch bunt sein? Gleichgeschlechtliche Lebensformen als Herausforderungen für eine Religionspädagogik der Vielfalt*, in: Pelikan, Loccum (1/2017)

Söderblom, Kerstin, *Homophobie und gruppenbezogener Menschenhass*, in: Strube, Sonja, Angelika (Hg.), *Rechtsextremismus als Herausforderung für die Theologie*, Freiburg i.Br. 2015, S.223-241

Söderblom, Kerstin, *Schulseelsorge für lesbischen Mädchen und schwule Jungs als Beitrag für eine Pastoraltheologie der Vielfalt*, in: Breckenfelder, Manuela (Hg.), *Homosexualität in der Schule*, Opladen - Berlin - Toronto 2015, S.259-269

Söderblom, Kerstin, *Kämpfen mit einem queeren Gott? Aspekte einer queeren Theologie*, in: Christian Schmelzer (Hg.), *Gender Turn. Gesellschaft jenseits der Geschlechternorm*, Bielefeld 2013, S.173-187

Söderblom, Kerstin, *Lebensformen im Pfarrhaus*, in: Mantei, Simone/Sommer, Regina/Wagner-Rau, Ulrike (Hg.), *Geschlechterverhältnisse und Pfarrberuf im Wandel. Irritationen, Analysen und Forschungsperspektiven*, Stuttgart 2013, S.135-146

Söderblom, Kerstin, *Fremde Haut - Unter die Haut. Aspekte einer queeren Theologie, in: Lanwerd*, Susanne/Moser, Marcia (Hg.), *Frau Gender Queer, Gendertheoretische Ansätze in der Religionswissenschaft*, Würzburg 2010, S.273-284

Söderblom, Kerstin: *Religionspädagogik der Vielfalt. Herausforderungen jenseits der Heteronormativität*, in: Pithan, Annebelle, u.a. (Hg.): *Gender - Religion -*

Bildung. Beiträge zu einer Religionspädagogik der Vielfalt, Gütersloh 2009, S.371-387

Solberg, Randi O. (Hg.), *Let our Voices be Heard! Christian Lesbians in Europe Telling Their Stories*, Nieuwegein (Hamburg 2004, 1. Aufl.)

Solberg, Randi O. (Hg.), *Que(e)r durch Europa. Let our Voices be Heard!*, Nieuwegein 2008

Stanišić, Saša, *Herkunft*, München 2019

Strube, Sonja, Angelika (Hg.), *Rechtsextremismus als Herausforderung für die Theologie*, Freiburg i.Br. 2015

Taylor, Sandra/Barnes, Hazel (Hg.), *And GOD saw it all was very good. Catholic LGBT People in Europe Telling Their Stories*, Nieuwegein 2015

Taylor, Sandra/Barnes, Hazel (Hg.), *Und GOTT sah, dass es seht gut war. Katholische LSBT-Menschen aus Europa erzählen ihre Geschichten*, Nieuwegein 2016

Weltgebetstag Kuba, *Arbeitsbuch zum Weltgebetstag 2016. Ideen und Informationen*, Konzeption und Redaktion: Petra Heilig und Lisa Schürmann, Gutenberg Druck & Medien GmbH 2016